KB196854

동학과 서학

이해와 관점의 전위와 변신

동학과 서학

이해와 관점의 전위와 변신

한국信연구소 기획

이은선 최대광 김정숙 정경일
김응교 이찬수 이찬석 이정배 지음

동학 모시는사람들

1.

격동의 시절입니다. 다시 혁명과 개벽의 시간입니다. 지금부터 130여 년 전 1892년, 당시 동학교난을 이끌던 해월 최시형 선생의 허락과 독려에 힘입어 공주에서부터 교조신원운동이 불붙기 시작한 이후, 대한민국 역사에는 끊임없이 유사한 민중 횃불과 촛불 운동이 있어 왔습니다. 2024년 12월 윤석열 정부는 마침내 탄핵정국으로 들어섰고, 온 세계가 놀랄 만큼 대한민국 국민은 인류 역사에서 직접민주주의의 길을 뛰어나게 개척하고 있습니다.

이러한 역동의 해, 수운 최제우 탄신 2백 주년을 맞이해서 〈도서출판 모시는사람들〉은 기독교 신학자들에게 '동학과 서학의 만남'이라는 주제로 공동저술을 의뢰해 왔고, 여기에 이미 얼마 전부터 한국사회에 범상치 않게 불고 있는 동학 '다시 개벽'의 바람을 주시하고 있던 신학자들은 그 초대에 감사와 겸허의 마음으로 응했습니다. 저자 중 한 명인 최대광의 「동학의 수행과 기독교 영성의 전위적 만남」이라는 글이 이러한 만남을 일종의 '전위'(傳位), 즉 이해와 관점의 위치를 이동해서 상대에게로 들어가 새로운 변신('성육신')을 경험하는 것이라고 지적한 대로, 이 책의 저자들은 이미 나름대로 동학에 관한 이전의 탐구와 사귐이 있었지만, 이번 저술을 통해서 또 한 번의 새로운 변신을 경험했을 것을 의심치 않습니다.

2.

제1부의 이은선은 「참 인류세를 위한 동학(東學)과 서학(西學) 그리고 신학(信學)」이라는 긴 글로 어떻게 한국 사상사에서 19세기 동학이 나오기까지 그 토대가 되었던 조선 유학, 그리고 거기서의 서구 근대 서학의 도전 속에서 동학이 '다시 개벽'으로써 응전하고, 다시 그 동학이 오늘 21세기 인류 위기의 상황에서 하나의 전위 신학으로서 한국적 '신학(信學)', '믿음의 학'으로 탄생하여 새롭게 자리매김할 수 있는가를 탐색합니다. 저자는 특히 오늘 젊은 개벽파 연구자들의 '근대성' 논의를 넘어서 조선 유학적 언어로 동학의 한국 사상사적 위상을 밝히고자 합니다.

제2부의 첫 저자 최대광은 「동학의 수행과 기독교 여성의 전위적 만남」이라는 글로 지금까지 서구 전통의 마이스터 에크하르트 신비주의 영성과 사상에 천착해 온 연구자의 관점에서 수운 최제우와 해월 최시형의 삶과 사유를 서구 중세 에크하르트를 매개로 해서 새롭게 이해하고자 합니다. 그 일을 통해서 저자는 오늘 모든 기독인의 일상 수행을 위한 "기독교적 만트라"의 탄생을 희망합니다. 두 번째로 김정숙은 「구원 신학으로서의 초월적 휴머니즘」이라는 제목 아래서 이미 13세기 서구 중세 베긴 여성신비가들의 정치적 신비주의에 관해 귀한 저술이 있는 학자로서, 이번에는 유대교 카발라 신비주의의 한 분파인 18세기 유럽 하시디즘의 창시자 바알 셈 토브와 수운 최제우의 신비체험을 비교 연구합니다. 저자는 그 둘의 대화를 통해서 "초월적 휴머니즘"이라는, 오늘 진정 탈형이상학과 탈종교의 시대에 우리가 긴요하게 요청하는 새로운 "구원 신학"을 내놓을 수 있기 바랍니다. 세 번째 저자 정경일은 박사학위 과제로 동학을 연구한

학자로서 우리에게 이미 세월호 참사와 더불어 참 사회적 영성가의 삶이 어떠한지를 잘 보여주었습니다. 이번에 「'내면의 빛'과 '시천주'」라는 제목 아래서 그는 17세기 중반 영국 퀘이커교의 창시자 조지 폭스와 19세기 조선의 수운을 연결하여서 그 눈물과 고통에 찬 삶으로부터 얻어진 깊은 종교체험을 살피면서 거기서 뛰어난 사회적 영성의 가르침을 얻어냅니다.

3.

이렇게 제2부가 동서의 내재적 초월주의로서 동서 종교의 신비주의적 전통을 탐색한 것에 반해서, 제3부는 그 내재적 신비주의가 어떻게 오늘 여기의 구체적인 삶에서 전복적이고 사회 해방적인 실천과 수행의 원리로 작동할 수 있는지를 밝혀줍니다. 김응교는 「동아시아 문학이 보는 '가족', 그리고 동학과 기독교」라는 제목으로 중국과 일본, 한국의 전통 가족주의가 여성과 사회 공동체에 가하는 폭력성을 주로 문학작품을 통해서 드러내면서, 거기에 대한 동학과 예수 가족의 전복적이고 여성해방적인 측면을 부각합니다. 그것을 그는 "전 근대를 극복하는 영적 가족관"이라고 명명합니다. 두 번째 이찬수는 「멸멸하는 개벽과 신국-인류세의 개벽론, 비인간 존재들의 신국론에 대하여」라는 제목의 글로 오늘날 인류세 위기의 물음을 밝히며, 또한 '개벽'이라고 하는 것도 한 번에 이루어지는 것이 아니라 기독교의 신국 개념이 계속 전개 확장되는 것처럼, 오늘 인류세 위기 시대에 제일 긴요한 개벽의 이상으로 비인간 존재들과 선한 관계를 맺을 수 있는 '경물'(敬物)의 가능성을 탐색합니다. 제3부 마지막 이찬석의 글 「모심과 오심」은 동서의 종말론에 관한 성찰입니다. 그는 기독교 신학, 특히 몰트만의 종말론은 기존 다른 서구 신학자들의 종말론과 다르게 하나님이 이 세상으로 '오심'이라는 것을 강조하며 이 세상 중심적이라고 밝힙니다. 거기에 대해서 수운의 '모심'의 종말론도 몰트만과 유사하게 시천주와 수심정기, 무극대도의 새로운 세상을 이 세계 안에서 이루고자 하지만, 몰트만의 신중심적 특성보다 인간의 몫과 자리가 더욱 분명하고, 그래서 이 두 종말론의 상호적 대화, '모심-오심'의 종말론을 제안합니다. 이 책의 마지막 제4부 이정배의 「동학과 개벽 신학-多夕의 '바탈'과 '역사 유비'에 근거하여」는 제1부 글처럼 긴 글입니다. 이정배는 동학과 서학의 만남의 열매를 특히 "개벽 신학"이라는 언어로 구성하고, 그에 도달하기까지 한국 고(古) 사상이 집약되어 있다고 보는 「천부경」을 중시하고, 그로부터 도올 김용옥의 기학적 동학 이해를 넘어서고자 합니다. 그 일을 위해서 다석 유영모의 '바탈(夅)' 의식과 이신(李信)의 전위 묵시문학 의식으로부터 '역사 유비'라는 언어를 얻고, 특히 자신이 제안하는 개벽 신학의 세 가지 핵심 원리로 '공(夅)·공(公)·공(共)'을 내놓습니다.

4.

수운 선생은 1860년 4월 무극대도를 득도한 후 1년여 동안 내적 수련을 쌓고, 이후 포덕을 시작하며 '동학'이라는 말과 함께 용담에서 도를 계속 전하려 하자 관의 탄압과 이웃의 비방이 들끓었습니다. 이에 그는 용담을 떠나서 전라도 남원으로 넘어갔고, 그곳 은적암이라는 곳에 터를 잡고 「권학가」와 「논학문(동학론)」 등을 짓습니다. 이것은 오늘 노벨문학상의 한강이 잘 표현한 대로, 언어라는 실을 타고 동에서 서로, 생명의 빛과 전류가 흘러간 것을 말하고, 그래서 한강 작가도 그 한 젖줄을 먹고 자랐다고 할 수 있는 한반도의 서쪽 지역이 동학혁명의 중심지가 되는 기원이 되었다고 할 수 있겠습니다. 오늘 그 생명의 실이 여덟 저자의 언어를 타고 더욱 온 세상으로 퍼져나가기를 간절히 바랍니다. 그 일을 통해서 한국의 기독교가 새롭게 태어나고, 한국의 개벽종교 천도교도 다시 큰 역동성을 회복해서 서로 자극하고 이끌어주면서 새로운 후천개벽의 인류세를 열어갈 수 있기를 희망합니다. 그 일을 통해서 온 만물이 큰 우주적 생명 공동체 안에 함께 거할 수 있는 여지를 얻기 바랍니다. 각지불이(各知不移), 만물이 각자 자신의 터전과 집을 얻는 일, 그렇게 하늘 부모님 집에는 있을 곳이 많다는 것을 예수와 수운은 굳게 믿고 역설했습니다.

　부족한 책을 내놓으며 오늘 우리의 인류세가 이 믿음 안에서 다시 새로운 행보를 취할 수 있기를 기도합니다. 어려울 때에 이와 같은 귀한 성찰과 다짐의 기회를 마련해주신 도서출판 모시는사람들께 심심한 감사를 드립니다. 오늘 촛불혁명의 현장이 수많은 인파와 춥고 불편한 환경에도 불구하고 쓰레기 하나 남지 않고 시종일관 평화롭게 질서 속에서 유지되는 것을 보며 세계가 감탄하고 있는데, 그것이 바로 19세기 말 동학농민혁명 때부터 이어져온 것임을 이번에 알고 다시 머리를 숙입니다. 인류세의 새로운 빛이 이 동방에서 나올 것임을 예시하고 있습니다.

2024년 12월 16일
여덟 저자의 마음을 모아
이은선 씀

동학과 서학

차례

제2부

제3부

제4부

제1부

참 인류세를 위한 동학(東學)과 서학(西學),
그리고 신학(信學)

이은선

1. 시작하는 말
—칼 폴라니의 '거대한 전환'과 더불어 살펴본 한국 사회와 인류 문명의 위기

1944년 제2차 세계대전이 마무리되는 시점에서 '우리 시대의 정치·경제적 기원(The Political and Economic Origins of Our Time)'이라는 부제를 달고 출간된 칼 폴라니(Karl Polanyi, 1886-1964)의 『거대한 전환(The Great Transformation)』은 그 결론에서 "이제 서구 문명에서 기독교 이후의 시대가 이미 시작되었고, 이 사회에서는 이제 더는 복음서의 가르침이 결코 충분한 것이 될 수 없었다. 그런데도 우리 문명은 계속 옛날 복음서의 가르침을 기초로 삼고 있었던 것이다."라고 일갈했다.[1] 이 말은 폴라니가 영국의 감리회 신자 사회 개혁가 로버트 오언(Robert Owen, 1771-1858)의 사회주의(socialism) 의식에 깊이 공감하면서 일찍이 서구 문명에서 『신약성경』 예수의 가르침에 의해 일깨워진 개인주의적 자유 의식은 더는 문명을 이끄는 충분한 의식이 될 수 없다는 지각에서 언술한 것이다. 그 이유는 18세기 이후 산업 문명을 겪으면서 '사회'라는 실재가 강력하게 대두되어 그

---

[1] 칼 폴라니, 『거대한 전환-우리 시대의 정치·경제적 기원』, 홍기빈 옮김, 도서출판 길, 2009, 603쪽.

때까지 계획과 조정, 통제 없이 지속된 서구 제국주의적 무한 경쟁과 무한 팽창의 자유 방임적 시장은 계속될 수 없다는 것을 밝히 보았기 때문이다.

폴라니에 따르면 서구는 특히 유대인 『구약성경』의 이야기를 통해서 '죽음'에 대한 깨달음을 얻었고, 『신약성경』의 예수 그리스도의 가르침에 따라서 우주에 하나뿐인 소중한 '개인'이라는 의식을 얻었다. 거기에 더해서 산업사회의 삶을 통해서 '사회'에 대한 의식을 얻었지만, 산업혁명 이후 인간을 맷돌에 갈아 먹는 것과 같이 착취하고 죽이는 산업 자본주의 기계 문명은 그 경제와 시장을 조정하고 계획하려는 어떤 사회적 시도도 그것을 '자유의 부정'이라고 반박해왔다. 그러면서 소수 자본가와 독섬 기업가들의 편에 서서 그 대신에 시장의 '자기 조정'을 주장해 왔다. 그러나 소위 그와 같은 시장주의적 '자유주의자들'의 형태는 인간이 동료들과 더불어 연대하며 동료 옆에서 영혼을 가진 존재로 살아가는 것을 철저히 부정하는 것이고, 마침내 누구의 자유도 허락하지 않는 파시즘의 파국으로 이어졌다는 것이다. 20세기 오스트리아나 독일 나치의 파시즘과 더불어 일어난 세계 제1, 2차 대전의 파국을 말하는 것이다. 폴라니는 그렇게 '사회'의 실재를 '시장'이나 '국가'에 묻어 버리는 것은 인간의 자유와 이상을 근본적으로 파괴하는 비극만 낳고, 인간 본성의 요구에도 어긋나므로 결코 성공할 수도 없다고 강조한다. 그래서 마지막으로 서구 문명에 "이제 인간은 자신의 모든 동료가 누릴 수 있도록 풍족한 자유를 창조해야 한다는 새로운 과제를 안게 되었다."라고 일갈한다.[2]

---

2   같은 책, 599-604쪽.

여기서 필자가 올해 최제우 탄신 200주년을 맞이하여 〈동학과 서학〉이
라는 주제 아래 성찰을 시작하면서 보통 경제학자로 알려진 칼 폴라니의
이야기를 먼저 조금 길게 가져온 것은 이런 그의 이야기가 바로 오늘 한국
사회 윤석열 정부 아래의 우리 상황에 관한 서술에도 진정적실한 것을 보
기 때문이다. 오늘 대통령과 그 주변 사람들이 제일 많이 쓰는 단어가 '자
유'이고, 그러나 현실은 윤 정부 부자 감세의 저주 아래 "더 달려 달라."는
배송 회사 쿠팡의 요청에 대해서 "개처럼 뛰고 있긴 하다."라는 대답을 하
며 죽어 가는 노동자가 부지기수이다. 소액의 생활비로 빌린 돈을 갚지 못
해 신용 불량자의 절망으로 빠지는 청년 세대가 급증하는 등, 이로 인해서
모든 연령대에서 한국 자살률은 세계 최고로서 10여 년간 15만 명이 자살
해서 소도시 하나씩 소멸할 정도가 되었다는 기록이 나온다. 그러면서 최
근에는 군대에 의한 계엄령 선포나 남북한 사이의 국지전이 거론되는 등,
정말 한 치 앞도 내다보기 힘들 정도로 또 하나의 파시즘 망령이 횡횡하고
있다. 오늘 한반도 주변에 포진해 있는 세계 헤게모니 국가들의 지향은 신
자유주의 무한 팽창과 무한 경쟁의 신제국주의 경제 제일주의에 깊이 사
로잡혀 있다. 우크라이나 전쟁이나 팔레스타인에서의 오랜 갈등과 전쟁,
대만해협에서의 위기 고조와 한반도 전쟁 발발 가능성 등은 오늘 다시 제
3차 세계대전이 이야기되는 범세계적인 상황에 대한 신호이고, 이보다 더
욱 근본적으로 전 지구적으로 몰려오는 지구 기후 위기와 생태 위기는 오
늘 인류 문명 전체가 거대한 전환 앞에 다시 서 있다는 것을 밝혀 준다.

　본 논문은 이와 같은 한국 사회 현실과 범인류 문명적 위기 상황과 대
면하면서 〈동학(東學)과 서학(西學)의 만남〉이라는 주제 아래서 그 가능한

타결의 실마리를 찾고자 하는 것이다. 오늘 우리 주변에는 개인적인 차원에서도 그렇고, 범사회적이고 인류 문명적인 차원에서 비관적인 목소리가 높다. 그러면서 지구 위기 차원에서 이제까지 인류 문명이 저지른 탐욕과 죄악으로 지구 생태계 멸절 위기가 온 것이니 거기서 인간종만 사라지면 다른 생명 종들에게는 오히려 살 기회가 되는 것일 테니 더는 걱정하지 않겠다는 소리도 들리고, 또는 지구 혹성 탈출이라는 대안을 제시하며 이곳 지구 집의 상황과 그 안에서의 살림보다는 먼 우주 개발에 몰두하고자 한다. 즉 오늘 크게 회자하는 '인류세(Anthropocene)'의 위기 대응 방식에서 '지구 소외'와 '인간 소외'가 큰 것을 말하며, 그에 대해서 본 성찰은 우리 지구 집을 동쪽과 서쪽으로 나누어 동쪽에서 나온 대안과 성찰을 '동학'이라고 하고, 서쪽의 것을 '서학'이라고 우선 명명하면서 그 둘을 서로 대면시키고, 대화하게 하고, 서로 간의 비판과 조정, 화합과 새로운 구성을 통해서 인간 생명과 지구도 포함해서 온전한 우주 생명 공동체를 위한 어떤 방안이 마련될 수 있는지를 성찰해 보려는 것이다. 인간 없는 지구, 지구 없는 우주는 우리에게 의미 없는 빈껍데기에 불과하고, 그것이야말로 진정 허구라고 보기 때문이다.[3]

위에서 칼 폴라니가 19세기 서구 근대 산업 문명이 무너졌다고 선언하며 그것을 지탱하고 있던 한 근간이 '자기 조정 시장(self-regulating market)'이라는 시장 자유주의자들의 허구적 유토피아니즘이었다는 것을 밝힐 때, 그는 그것을 '기독교 시대의 종식'이라는 의미로도 해석했다. 이것

---

3   金恒, 『正易』, 8면, "天地匪日月公殻, 日月匪至人虛影.", 류승국, 『한국사상의 연원과 역사적 전망』, 유교문화연구총서 10, 유교문화연구소, 2009, 261쪽.

은 곧 21세기 오늘날, 경제가 그때보다 오히려 더 모든 것 중의 모든 것이 되어 있는 세계 신자유주의 경제 시대에 대한 물음에서도 그와 같은 더 근본적인 문명적 차원의 가치 물음과 존재 물음이 함께 가야 한다는 것을 시사해 준다. 그의 경제 사유에서 많이 주목받는 "묻어 들어 있음(embeddedness)"이라는 단어에서도 드러나고, 또 책의 한국어 역자도 해제에서 강조한 대로, 그의 경제 이론은 단지 자유주의 시장 자본주의의 비인간성을 고발하면서 그에 따른 적절한 국가의 개입과 규제의 필연성을 진부하게 설파하고자 한 것이 아니다. '경제'가 어떻게 '정치·종교·사회 관계들'에 종속되어 있고 함께 묻어 들어 있으며, 그래서 인간이 단지 사적 재산만 모으면 되는 존재가 아니라 영혼의 존재로서 친족과 동료들과의 관계 속에서 정해지는 사회 성원으로서 사회적 지위가 있는 존재라는 것을 강하게 호소하려는 것이었다.[4] 오늘 우리 동학과 서학의 대화도 유사한 지향이며, 특히 폴라니가 강조하며 밝힌 대로 '사회(공동의 삶)'를 결코 '시장'이나 '국가'에 묻어 버려서는 안 된다는 주창은 바로 동학의 오랜 가르침이며 실천이므로 폴라니가 서구 기독교 문명의 자식으로서 '기독교 이후 시대'를 말한 것이 의미 깊게 다가온다.

---

4   같은 책, 314, 633쪽.

2. 서구 '근대성(modernity)' 논의와 유학(儒學) 그리고 동학(東學)

1) '토착적 근대' 또는 '포스트 근대'

오늘 지구 집과 거기서의 문명이 크게 문제가 된 상황에서 가장 자주 논의되는 주제 중 하나가 '근대성(modernity)'에 대한 것이다. 특히 그 근대성이 서구에서 나온 것으로 여겨지고, 오늘 전 세계가 거의 그 서구적 근대성으로 함께 세례를 받은 것으로 보이는 상황에서 그에 대한 비판과 재고, 또는 여전히 그 온전한 성취를 이야기하면서 전 세계는 마치 서구화의 길로 가는 것만이 정해진 정도(正道)를 가는 것으로 여겨질 지경이다. 하지만 특히 20세기 후반 1978년 에드워드 사이드(Edward Said, 1935-2003)가 『오리엔탈리즘』을 출간한 이후 지구 곳곳에서 서구 근대성에 대한 비판과 반격이 거세졌으며, 한국에서도 최근 동학에 대한 열기가 뜨거워지면서 이에 대한 논의가 새롭게 두드러지고 있다. 이미 1980년대, 미국 유학에서 돌아온 도올 김용옥(檮杌 金容沃, 1948-현재) 선생은 그의 저서 『東洋學(동양학) 어떻게 할 것인가』(1985)에서 그에 대해 포문을 열었으며, 이어서 그의 최한기(崔漢綺, 1803-1877) 연구서인 『讀氣學說(독기학설)』(2004)에서 조선 사상사 연구에서 나온 '실학(實學)'이라는 개념을 해부하며 서구 근대성 개념에 종속된 조선 사상사 연구를 신랄하게 비판했다. 2000년대에 들어서 동학 연구에 관한 기념비적인 작품들을 내고있는 그가 최근 자신의 『주역(周易)』 연구서 『도올 주역 계사전』(2024)에서 "단언컨대 우리 동방에는 중세기가 없다!"라고 하며, "따라서 서구적 근대(modernity)도 우리에게는 불필요한, 부질없는 개념이다."라고 확언한다.[5] 19세기 후반 조선의 최한기에게서 윤리(倫理)보다는 물리(物理)에 집중하는 독자적인 '기학(氣學)'의 탄생을 본 그는 서구 산업 물질문명을 낳은 서구적 '근대성'의 잣대가 우리에게는 불필요한 개념이라는 것이다.

이에 대해서 1970년대 이래 한반도에서의 민족문학론을 전개하고, 분단체제론을 말하며 한반도 문제의 체계적 연구에 몰두해 온 백낙청(白樂晴, 1938-현재) 선생은 "근대의 이중 과제"라는 언명과 함께 특히 동아시아의 한반도는 분단 체제와 맞물려서 '근대 적응'과 '근대 극복'의 이중 과제를 안고 있다고 주장한다. 그러면서 근대 및 서양 근대 문화의 '근대성'이 과연 무엇이냐 하는 점에서는 여러 논란이 있을 수 있지만, 세계사적 시대 구분상 근대는 '자본주의 시대'로 규정하는 것이 그 논란을 최소화할 수 있는 지점이라고 강조한다. 그래서 한국의 경우 조선 말 1876년 병자수호조약으로 한반도가 자본주의 세계시장에 편입된 시기가 바로 그 근대의 출발점이 되는 시점이고,[6] 이러한 입장은 최근 동학의 '개벽'사상에 대한 서로 간 논의에서 드러난 대로 도올의 근대 개념 무용론과 그 서구적 강압성에 대한 비판과는 결이 많이 다르다. 백낙청 선생은 현실적으로 오늘 세계가 거의 모두 자본주의 체제 아래 획일화되어 있는 상황을 인정하면서 근대 논의를 시작해야 한다는 의견이고, 도올은 자본주의란 인간의 욕망과 연결된 '사악한 죄악'인데 왜 그 자본주의가 '근대의 승리'로 여겨져야 하

5 김용옥, 『도올 주역 계사전』, 통나무, 2024, 19쪽.
6 백낙청, 『근대의 이중과제와 한반도식 나라만들기』, 창비, 2021, 60쪽.

는지를 강하게 비판한다. 그는 '민주'의 이상은 있을 수 있으나 '근대'라는 이상은 있을 수 없다고 하며, 근대라는 개념 자체에 강한 거부를 드러낸다.[7] 그러한 관점에서 그는 그 근대와는 다른 한국적 '개벽(開闢)'에 대해서 논의를 시작한다.

이와 같은 앞선 세대의 '근대'나 '개벽' 논의 옆에 최근 지난 몇 년 사이 젊은 세대의 개벽과 근대 개념에 대한 논의와 담론이 무성하다. 그 대표 주자 중의 한 사람인 조성환은 2018년 『한국 근대의 탄생』이라는 제목으로 책을 묶어 내며 거기서 '서구적 근대'라는 개념 대신에 '비서구적 근대'로서 "토착적 근대" 또는 "영성적 근대"라는 개념을 제안한다. 그러면서 그는 '개화에서 개벽으로'를 주창하는데, 일본의 기타지마 기신(北島義信) 교수, 또는 인도 출신의 P. 두아라(P. Duara) 교수 등이 현금의 인류 문명적 위기 상황을 보면서 그것을 주도적으로 이끌어 온 서구 근대성 대신에 아프리카나 동아시아의 비서구적 근대성을 '토착적 근대성(indigenous modernity)', '포스트-서구 근대성(post-Western modernity)' 등으로 부각시키고자 하는 것에 주목한다.[8] 특히 조선 말 '척왜양(斥倭洋)'을 주창하며 동학농민혁명을 일으킨 한국의 동학을 그 대표적인 표현으로 보는데, 그에 따르면 19세기 후반부터 일제강점기를 거쳐 등장한 동학이나 그것을 이은 천도교, 또한 대종교, 증산교, 원불교 등 일련의 자생 종교는 바로 그러한

---

7 백낙청, 김용옥, 정지창, 이은선 외, 『개벽사상과 종교공부』, 창비, 2024, 053쪽.
8 조성환, 『한국 근대의 탄생-개화에서 개벽으로』, 도서출판모시는사람들, 2018, 120 쪽; Prasenjit Duara, *The Crisis of Global Modernity-Asian Traditions and a Sustainable Future*, Cambridge University Press, 2015, p. 11.

한국적 '토착적 근대'의 표현이고, 거기서 특히 서구 근대와 다른 점은 이들이 '도덕'과 강력한 사회 실천성을 동반한 '영성적' 종교운동으로 나타났다는 것이라고 한다. 즉 '영성적 근대(spiritual modernity)'의 모습이고, 그래서 이들을 함께 "개벽파" 운동이라고 부르며, 이때 조선에 물밀 듯이 몰려오는 서구 근대에 대한 응전으로서 이미 한국 사상사에서 보편적으로 지목되어 있는 '척사파'와 '개화파'와 더불어 동등하게 '개벽파'라고 불러 달라고 요청한다.[9]

 매우 의미 있는 관점이고 이해이다. 앞으로 본 논문이 진행되면서 더욱더 드러날 것이지만, 그러나 필자는 이렇게 오늘날 동학이 여러 차원과 그룹에 의해서 크게 주목을 받으면서 이 땅에서 일어난 새로운 사상운동이고 창조적 문명 운동이라는 것에는 동의하지만, 그래서 특히 '개벽'이라는 단어에 주목하는 것에 이의가 없지만, 그러나 최수운 선생도 단지 '개벽'을 말한 것이 아니라 "다시 개벽"을 말씀했다는 것은 개벽도 단 한 번의 일이 아니라 '다시' 일어나는 일임을 표시한 것이고, 그런 의미에서 그 동학의 개벽을 마치 전적으로 하늘에서 뚝 떨어진 것과 같은 유일한 어떤 것으로 보는 것은 지양해야 한다고 생각하는 바이다. 즉 필자의 관점은 동학을 그 이전 조선 사상사에서의 전통인 '신유학(新儒學)'과 또한 당시 조선에 퍼져 있던 서구 기독교 문명의 '서학(西學)'과 더불어 좀 더 긴밀한 관계성 속에

9　조성환, 같은 책, 126쪽; 조성환은 2020년의 공저『개벽의 징후』에서 동학을 개화파나 척사파보다 '개벽파'라고 처음 명명한 사람은 2019년 두 사람이 함께『개벽파선언』을 낸『유라시아 견문 1-3』의 저자 이병한이라는 것을 밝힌다. 모시는사람들 기획,『개벽의 징후』, 2020, 175쪽.

서 살펴보려는 입장이라는 것이다. 그리고 그에 더해서 오늘날은 특히 자본주의만큼이나 거의 모든 인류의 삶에서 보편이 된 '과학적 보편주의' 시대에 그 과학적 보편주의도 거치고 넘으면서, 예를 들어 서구의 이매뉴얼 월러스틴(Immanuel Wallerstein, 1930-2019) 같은 사람은 '보편적 보편주의'를 말하는데, 동학이 그렇게 인류 문명이 한 보편으로 향하고자 하는 전환의 길에서 어떠한 모습과 방향으로 전개될 것인가에 관심갖는다는 의미이다.[10] 이것은 매우 역사적이고, 역학(易學)적이며, 더욱더 인류 동서 문명적 통합의 시각을 말하는 것이다.

필자는 그러한 관점에서 동학 이후 한국 사상의 전개를 특히 '믿음을 위한 학(Korean Integral Studies for Faith)'인 '신학(信學)'이라는 이름 아래서 살피고자 한다. '신학(神學)에서 신학(信學)으로'라는 모토 아래, 범생명과 우리 인간이, 그리고 인류가 계속 삶을 선택하고, 윤리를 택하며, 공동체[公]를 지향하도록 하는 참 '보편'이 무엇일까? 라는 물음이 핵심을 이룬다. 필자는 그것을 '인간[人]'의 '언어[言]'와 밀접한 관계가 있는 '신(信, 人+言=信)', 믿음, 신뢰, 지속력과 관계력, 창발력과 성실성과 진실성 등의 문제라고 본다. 이것은 오늘날 인류세라고 하는 전 지구적 상황에서 어떻게 여기 동학의 나라에서 다시 생명을 낳고 살리며, 가꾸어서 퍼져 나가도록 하는 참된 근거와 기초를 발견할 수 있겠는가 하는 탐색이라고 할 수 있다. 유사한 의식에서 '씨올' 사상을 전개한 함석헌(咸錫憲, 1901-1989) 선생의 주창대로, 그러한 일이란 특히 지난 두 세기 동안 동서 인류 문명의 온갖 갈등과

---

10 이매뉴얼 월러스틴, 『유럽적 보편주의: 권력의 레토릭』, 김재오 옮김, 창비, 2022, 138쪽.

싸움, 물질문명의 영욕을 함께 겪은 이 땅의 사람들이 할 수 있고, 또 해내야 하는 과제와 명(命)이라고 생각하는 바이다.[11]

이렇게 한반도에서 중첩적으로 만나고 서로 연결되는 동서 제 종교 전통의 도전과 응전의 역사 속에서 동학의 자리도 포함해서 그것을 특히 생명 진화의 역사적 관점에서 살피고자 하므로, 앞에서 조성환 선생 등이 제안하는 '토착적 근대'라는 서술이 그렇게 적실해 보이지 않는다. 그것은 여전히 서양이 제안한 근대라는 잣대에 맞추어서 동학이나 당시 일련의 한반도적 추구를 살피는 것이고, 그래서 도올 선생이 제안한 대로 아예 '근대'라는 말을 탈각시키거나, 아니면 동학 탄생의 밭이 되는, 유불선 삼교의 신유학적 통합인 동학 이전의 조선 유교를 '근대'로 보면서, 동학은 토착적 근대로서 서구 근대의 아류가 아니라 오히려 그 서구적 근대도 포괄해서 그것을 넘어서는 '후기 근대(post-modern)'의 모습으로 볼 수 있지 않을까 하는 생각이다. 백낙청 선생도 주장한 대로 오늘 세계 인류가 '자본주의' 물질문명에 보편적으로 놓여 있는 상황이고, 그것을 서구 근대와 연결 짓지 않을 수 없다면 더욱 그러하다는 관점이다.

이렇게 해서 본 논문은 다음 장에서부터 먼저 조선 유교 또는 유학의 참 추구와 거기서의 사각지대가 무엇이길래 서학이 그에 도전해 오면서 새로운 서구적 대안을 제시하고자 했는지, 이후 동학은 그러면 둘과의 관계에서 어떤 개벽적 전환과 응전으로 '다시 개벽'의 새로운 세상을 열고자 했

---

11 이은선, "인류세와 함석헌의 종교", 『씨올의 소리』 2023년 7 · 8월호 통권 제284호, 20쪽 이하.

는지를 살피고자 한다. 그리고 마지막 마무리로서 앞의 그러한 탐색과 추구에서 얻어진 열매들을 중첩적으로 통합하여 오늘 21세기 인류세 위기를 헤쳐 나갈 한국적 '신학(信學)'을 나름으로 제시해 보고자 한다.

2) 조선 유학(儒學)과 근대성

한국전쟁뿐 아니라 현대사 연구에서 누구보다 의미 있는 영향을 끼친 브루스 커밍스(Bruce Cumings, 1943-현재)는 그의 『한국 현대사(Korea's Place in the Sun: a modern history)』에서 역사학자 페르낭 브로델(Fernand Braudel, 1902-1985)도 거명하면서, 이러한 학자들이 왜 동아시아에서 중국 송나라나 고려 등이 오랫동안 서양을 앞서가다가 서양에게 '추월'당했고, 그로부터 과학과 자본주의, 근대성을 향한 꾸준한 발전이 이루어지지 않았는지 매우 의아해했다는 이야기를 전한다. 하지만 커밍스는 그러면서 동시에 지금부터 수백 년 후 더 긴 시간의 안목에서 보면, 동아시아 비서구 국가들이 나름대로 살아왔고 몰두해 온 삶의 방식이 서구적 방식, 변화와 진보, 격동의 방식보다 "더 나은 것으로 간주될지 모를 일이다."라고 의문을 제기한다.[12] 나는 이러한 의문과 상상의 답이 조선 시대 유교 문명 이해에도 유사하게 적용될 수 있다고 생각한다. 1392년 이성계와 더불어 조선왕조를 세운 건국의 아버지들은 빠르게 새 왕조의 체제를 주자학적 성리학의 리(理)로 다듬기 원했다. 전(前) 왕조 고려의 도덕적 문란과 삼정(三政:

---

12 브루스 커밍스, 『한국현대사 Korea's Place in the Sun: a modern history』, 김동노 외 옮김, 창비, 2003, 58-59쪽.

전정·군정·환곡)의 혼란을 유교 주자학의 강력한 왕권 정치와 도덕 정치로써 바로잡고자 한 것이다. 여기서 제일 중요한 것이 그 최고 통치자인 왕이 '도덕적 왕', 곧 '성인(聖人)'이 되는 것이었다. 이 지난한 이념과 큰 이데올로기에 의해서 시작된 조선은 그런 의미에서 하나의 강력한 통치권이 세워지기 이전의 서양적 봉건 중세가 아니었고, 오히려 근대적 '국민국가(nation-state)'였다고 할 수 있다. 비록 당시 동아시아 문명의 더 큰 중심축이었던 중국 왕조와의 관계에서는 그 조선이 하나의 군자국으로 여겨졌을지라도 말이다.

1980년도 이후 서구에서 크게 일어난 '포스트모던(post-modern)' 논쟁에서 포스트모던 시대가 해체하기를 원하던 모던, 즉 '근대'의 네 가지 큰 이야기로 '진리', '주체', '역사', '책'이 말해진다. 다시 말하면 '포스트모던 조건'이란 바로 이러한 네 가지의 큰 이야기를 더는 믿지 않는다는 것이고, 그 반대로 여전히 모던, 근대에 사로잡혀 있다는 것은 이 네 이야기의 뜻을 믿는다는 것이었는데,[13] 우리가 한눈에 보더라도 조선 유교 사회야말로 바로 이 네 가지 원리에 의해서 크게 주도된 나라였다는 것을 부인할 수 없다. 즉 조선은 '근대'국가였다는 것이다. 여기서 가장 논란이 되는 것이 '주체'와 관련한 일일 것이다. 아주 쉽게 우리는 조선은 '왕' 한 사람의 나라였지 백성이나 민중의 나라가 아니었고, 거기서 개인이나 주체는 철

---

13 M. C, Taylor, *Erring-A Postmodern A/Theology*, Chicago & London: The university of Chicago Press, 1984; J. F. Lyotard, *Das postmoderne Wissen, Ein Bericht,* Graz & Wien, Edition Passagen, 1986, in: 이은선 · 이정배 지음, 『현대이후주의와 기독교』, 다산글방, 1993, 427쪽 이하.

저히 중첩적으로 사회적이고 신분적인 종속인으로 살아갔을 뿐이라고 비판한다. 특히 조선의 유교화 과정에 대한 탐색과 연구에서 조선 사회에서의 세습적 '노비' 또는 '노예' 비율과 숫자에 관련한 논란에서는 이 비판이 더욱 거세진다. 17세기 후반 조선 후기 연구에서 유형원(柳馨遠, 1622-1673)의 『반계수록』을 가장 뛰어난 조선 경세론이라고 평가한 제임스 B. 팔레(James B. Palais, 1934-2006) 교수도 거기서 '노비제도'에 주목한다.[14] 그러면서 조선 건국 초기와 15세기에 성리학이 도입되어 불교를 압도했을 때에

---

14 오늘날 임진 · 병자 양난 이후, 17세기 후반부터 시작된 조선 사상사의 새로운 흐름을 '실학'(實學)이라고 명명하는 것에 대해서 논란이 많지만, 그 실학적 방향의 첫 주자로 꼽히는 반계 유형원(柳馨遠, 1622-1673)에 관해서 미국 한국학자 제임스 B. 팔레(J.B. Palais) 교수는 방대한 연구서를 썼다. 그 팔레 교수 책의 번역자인 김범 박사는 팔레의 용어 "slaves"를 '노예'라기 보다는 "조선을 포함한 동양과 관련해서" '노비'라는 말로 옮겼다고 밝힌다. 그 이유를 나는 추정하기를, 팔레 교수도 지적한 바와 같이 조선의 노비는 공 · 사노비 모두 대부분 주인집과는 떨어져 사는 외거노비였고, 그들은 토지도 사고 사적 재산도 소유할 수 있었으며, 자녀들에게 상속도 할 수 있었다는 점에서 우리가 보통 알고 있는 서양 로마제국의 노예나, 특히 서구 근대 제국주의 시대 끔찍한 식민지 노예제도의 그것과는 다르다는 것을 드러내기 위해서였다고 생각한다. 종종 한국 사람들조차 조선 유교 문명을 세차게 비난하는 사람일수록 조선의 노비를 서양적 '노예'와 일치시키는데, 나는 조선시대의 노비는 많은 경우 오늘날 산업 자본주의 사회에서의 '임금노동자'와 더 비슷한 처지가 아니었을까 상상한다. 제임스 B. 팔레 지음, 『유교적 경세론과 조선의 제도들-유형원과 조선 후기 1』, 김범 옮김, 산처럼, 2007, 일러두기와 304쪽; 또한 이에 더해서 필자는 조선의 유교화 과정에 대한 다른 이해를 위해서 다음과 같은 사실도 지적하고 싶다: '노비'에 대한 주목보다도 조선 사회의 '양반화' 또는 '양반 지향화'에 관심하는 다른 연구는 18세기 후반으로 가면서 전체 인구에서 노비 수가 전체 인구의 10분의 1로 격감했고, 대신 양반 비율이 급격히 늘어나는 것을 말한 것이다. 그러면서 노비와 양인 사이의 경계선, 양인과 중인 사이의 경계가 사라지기 시작하는 것이 지목된다. 미야지마 히로시, 『양반-역사적 실체를 찾아서』, 노영구 옮김, 강, 1996, 382쪽, in, 이은선, 『잃어버린 초월을 찾아서-조선 유교의 종교적 성찰과 여성주의』, 도서출판모시는사람들, 2009, 51쪽.

도 사회 개혁안에 노비를 해방하는 방안은 포함되지 않았고, 노비제도나 노비제 사회에 대해서 어떤 심각한 비판도 제기되지 않았음을 알 수 있었다고 한다.[15] 다시 말하면 유교적 도덕가들이 '노비제도'에 대해서는 큰 도덕적 자각이 없었고, 당시 강고한 농경 위주 사회에서 개혁가들이 그 폐단을 개혁하려면 바로 자신이 속한 계층에 큰 경제적 영향을 주고 사회적 혼란을 야기할 것이므로 크게 두려워하여 그렇게 하지 못했다는 것이다.[16] 오늘 21세기 한국 국회에서 노동법이나 상속세법 등의 개혁을 논하는 자리와도 별반 다르지 않다고 보는데, 하지만, 한편 팔레 교수는 서구 기독교 사회에서는 노예제도를 원죄에 대한 처벌로 이해한 성 아우구스투스가 있었고, 16세기 종교개혁이나 퀘이커교도 등이 노예제도를 비판했지만, 19세기 영국의 노예무역 반대와 미국의 노예제도 폐지 운동 등에서 보듯이, 그 "노예제도가 기독교의 종교적 양심에 비추어 참을 수 없게 되기까지는 1,800년이 걸렸다."라고 적시했다.[17]

이러한 비교와 지적을 한 팔레 교수도 동아시아 유교 조선 사회를 당연히 '중세'라고 명명하며 모든 연구를 진행했다. 하지만 나는 앞에서 언급한 '토착적 근대'를 말한 두아라 교수가, 헤겔 등이 서구 국민국가 '근대(modern)'에 대한 찬양에서 동아시아 중국 전통의 제국 역사를 자신들의 고대·중세·근대의 3단계 시대구분 방식으로 나눈 것은 잘못이라고 지적한 것에 주목하고자 한다. 두아라 교수는 오늘의 국민국가 이론에서 근대

---

15 제임스 B. 팔레 지음, 같은책, 62, 174, 312쪽.
16 같은 책, 380쪽.
17 같은 책, 301쪽.

적인 '민족(국민)'과 '제국' 사이의 차이라는 관념은 지나치게 과장된 것임이 판명되었다고 하면서,[18] 유교의 예를 들어서, 유교가 근대성과는 양립 불가능한 것이라고 보는 것의 한계를 지적한다. 전통과 근대의 이분법이 지나치게 고정적이어서 진정 그 삶이 지녔던 투명하고 역동적인 현실을 반영하기 어렵다고 하는데,[19] 필자는 이러한 지적이 조선 유교 전통과 사회를 이해하는 데도 잘 적용된다고 생각한다. 이런 모든 논의와 더불어 필자는 조선 유교 전통이란 인간 문명이 사유하고 그릴 수 있는 최고의 권위[天]와 가치[聖], 윤리[公] 등을 '리(理)'로 표현하며 그것을 여기 이 땅과 현실에 세우기 위해 고투해 온 과정이었다고 보고자 한다. 나라를 처음 열 때 건국의 아버지 정도전(鄭道傳, 1342-1398)의 웅장한 기획을 꼭 거론하지 않더라도, 또한 처음 시기 왕자의 난이나 세조의 왕위 탈취 등의 곡절이 있었지만, 주자 성리학적 '천즉리(天卽理)'의 길을 조선 땅에서 적실하게 실현해 보려는 긴 여정이었다고 생각하는 바이다.

거기서 조선은 언어와 사유가 다른 중국의 전달을 그저 답습하지 않았다. 전 우주를 포괄하는 '궁극(the Great Ultimate, 太極 또는 天理)'에 대한 중국 성리학적 성찰을 더욱더 여기 지금의 구체적인 공간과 시간에 말을 거는 '천명(天命)'으로 바꾸었고, 그 하늘의 소리와 명령을 온갖 어려움과 고난이 있는 이곳 땅에서의 중첩적인 공동체적 삶에서 참된 하나 됨과 화락을 위한 마음공부의 '성리(性理)'의 일로 이루고자 했다. 또한, 그 마음

---

18 프라센지트 두아라 지음, 『민족으로부터 역사를 구출하기-근대 중국의 새로운 해석』, 문명기 · 손승희 옮김, 삼인, 2004, 130쪽.
19 같은 책, 141쪽.

과 몸의 일을 나라 구석구석 온 땅으로 퍼뜨리고자 온 가정과 마을의 삶을 '효친(孝親)'의 대동(大同)의 학교로 만들고자 오랜 시간을 보냈다. 물론 이런 과정에서 역시 현실에서의 차별과 배제가 항상 있었지만, 전(全) 문화와 문명의 지향은, 함석헌 선생도 이미 그의 『뜻으로 본 한국 역사』에서 지적한 대로, 항상 선(善)과 의(義), 덕(德)과 진실[誠], 예(禮)와 공손함[敬] 등의 선한 공동체를 이루고자 하는 추구였음을 부인할 수 없다.[20]

여기서 더 나아가서 도올 같은 사상가는 우리나라에서 이미 삼국시대 때 들어온 불교가 "철저한 개인의식(individuality)"을 고취시켰다고 한다.[21] 그런 의미에서 조선 유교 전통을 주체 의식과는 상관없는 서구적 '전(前)근대'의 것으로 보는 것은 너무 자기 비하적이고 비주체적인 관점으로 보인다는 것이다. 그는 2004년 『도올심득 東經大全 1』을 내면서 "플레타르키아(pletharchia)"라는 조어를 만들어 냈다. 그 말은 보통 지금까지의 서양식 민주주의 의식보다 더 철저히 '민중(plethos)'에게 권력의 '근본(arche)'이 있다는 의미로[22] 그것을 서양적 '모더니티(modernity)'를 대체하는 개념으로 삼고자 한다고 밝혔다. 그는 우리나라는 이미 신라 시대부터 불교라는 '서방 종교'와 그 언어의 심층적 사유 체계를 체험했고, 그래서 그와 같은 불교와의 통섭인 조선 신유교 퇴계 리기론적 심성론은 이미 고도의 동서 문명의 융합에 도달한 것이라고 주장한다. 그러므로 조선 민족이 서양을 19세기에 접했으며, 그것을 중심으로 '개화'와 '근대'를 운운하는 것은 "근

---

20 함석헌, 『뜻으로 본 한국역사』, 제일출판사, 1993, 105쪽.
21 수운 최제우 지음, 도올 김용옥 역주, 『도올심득 東經大全 1』, 통나무, 2004, 72-73쪽.
22 같은 책, 44쪽.

원적인 재성찰을 요구하는 오류"라는 것이다.[23] 그에 따르면 그러한 '민본'의 플레타르키아는 공자와 맹자, 기나긴 중국 불교사, 그리고 조선왕조를 개국한 신흥 관료 엘리트들에게도 꾸준히 확대되어서 리(理)라는 도덕적 이상을 추구하게 했다고 한다.[24] 하지만 조선 사상사가 조선 말기 위정척사(衛正斥邪)론의 등장까지도 주리론으로 확대되어서 이러한 '이화(理化)'가 결국 현실 정치를 올바르게 이끌지 못하는 관념화에 빠져 나라를 잃게 되기까지 했고, 그와는 전혀 다른 새로운 패러다임을 구축하려는 운동이, 그에 따르면, 19세기 중엽에 조선에서 잉태된 혜강 최한기(惠岡 崔漢綺, 1803-1877)의 '기학(氣學)'이고, 수운 최제우(水雲 崔濟愚, 1824-1864)의 '동학(東學)'이라는 것이다.[25]

하지만 필자가 보기에, 이렇게 19세기에 와서야 조선이 '근대'와 접했다는 종전의 한국사 근대 논의에 대해 이미 신라 시대 불교와의 만남에서부터 '개인'과 '주체성'의 자각을 말하며 이의를 제기하는 도올이, 역사의 주체를 '기(氣)'라고 하면서 리화(理化)를 세차게 비판하고 기학을 강조하는 논리는 그 안에 자체 모순을 담고 있다. 바로 오늘날 19세기 조선을 '토착적 근대'라고 밝히는 관점까지도 포함해서 그렇게 '근대'를 말하고 조선은 '전근대'였다고 주장하는 근거로 바로 '기(氣)', 그 기적 차원인 개인과 주체의 측면이 억눌리고 소외된 것을 들기 때문이다. 즉 도올이 그렇게 비판하고 거부하는 입장, 비록 '토착적' 근대라고 말하지만 '근대'라는 기준과 언

23 같은 책, 82쪽.
24 같은 책, 138-139쪽.
25 같은 책, 140쪽.

명을 받아들이는 입장이 바로 기학적 입장이며, 기(氣) 중시적인 시각에서 그렇게 하는 것이기 때문이다. 이런 맥락에서 필자는 앞에서 잠깐 언급했지만, 오히려 도올의 기학보다 '리'(理)의 올바른 복권이야말로 조선 사상사, 아니 우리의 훨씬 더 긴 역사를 그 수많은 실패와 찬탈, 소외에도 불구하고 그 의미성을 찾는 길이라고 본다. 그것을 표면적으로 단순히 '주리론(主理論)'이라고 할 것이 아니라, 예를 들어 퇴계 선생의 고투처럼 어떻게든 기(氣)의 실재와 현실에도 불구하고 리(理)의 궁극성 또는 영원성(eternity)을 놓치지 말자는 의미에서 리기(理氣)의 불가분리설 속에서도 그 혼륜을 반대하고[不相雜, 不相離], '이기호발설(理氣互發說)'이나 '이도설(理到說)'까지 내놓은 것이라고 보기 때문이다. 즉 단순히 주리론이나 이화(理化)만을 말한 것이 아니라 소리도 냄새도 없고 토대성도 잘 드러나지 않지만, 이기가 함께하는 영원한 불이성(不二性)과 묘합성을 드러내고자 한 뜻이라는 말이다. 그때도 이미 기(氣)의 현실성에 관한 주장이 더 논리적이고 합리적으로 보였고, 시대도 점점 더 기(氣) 위주로 가고 있었지만, 그렇게 되는 것의 위험성과 사각지대를 본 것이고, 그런 의미에서 필자도 퇴계 선생처럼 리(理)를 내세우고자 하는 관점과 표현이 특히 오늘날 서구 근대의 자본주의가 그 극을 달리는 상황에서 혜강 등을 부각하며 강조하는 도올의 기학이나 그러한 명칭보다도[26] 오늘의 자본주의적 '이익[利]'과 자아에 대한 무제한적 추구에 더 잘 저항할 수 있다고 보는 바이다.

주지하다시피 조선 18~19세기 호락논쟁에서 인간과 만물 본성의 같음[人物性同論]을 주장하면서 한눈에 보기에 주기론적 경향을 띠는 것으로 보

---

26 도올 김용옥 지음, 『혜강 최한기와 유교』, 통나무, 2004, 79쪽 이하.

이는 낙론 계열 홍대용 등의 북학파로부터 '개화파'가 나와서, 그 반대편의 '위정척사파'와는 달리 쉽게 외세와 서구 근대의 공리주의적 이익[利]과 타협하는 그룹이 되었다. 위정척사파는 서양 제국주의적 침략에 맞서서 의병을 일으키고, 논의와 쟁론을 통해서 무너져 가는 나라를 지키고자 했을 때, 화서 이항로(華西 李恒老, 1792-1868)는 심지어는 자신들이 그렇게 지키고자 하는 나라의 존망보다도 유학의 근본정신을 지키는 것이 더 우선적인 과제라고 역설했다.[27] 그는 리(理) 중심적 이기론과 심주리론(心主理論)적 입장에서 유교 문명의 근본도인 천리(天理)와 인의(仁義)를 지키는 것이 선비가 목표로 해야 하는 제일의 과제이고, 비록 서양이 그 도를 어지럽히는 것이 가장 걱정이지만, 천지 사이 동방에 한 줄기 따뜻한 맥이 있어서 이 도를 밝히는 일을 마치 불 속에서 사람을 구하듯 해야 한다고 역설했다.[28]

조선시대에 전해 오는 이야기에 따르면 예전 조선 어머니들은 아이가 부지불식간에라도 '이익[利]'이라는 단어를 입에 올리면 어린아이가 왜 이익에 대해서 말하냐며 회초리를 들었다고 한다. 그만큼 조선 유교도는 인간의 본분은 부나 물질적 이익[利]을 쌓는 일과 서로 같이할 수 없는 일로 본 것이다. 특히 척사파에게 가장 근본적인 '사악[邪]'은 사람들이 도덕이 아니라 이익을 추구하는 것이었다. 그처럼 리(利)와 사(私) 등과는 거리를 멀리하고자 하는 유교도를 인간 최고의 보편도로 삼고 살아온 나라가 그와는 반대로 부를 축적하고 이익을 남기는 일을 최고의 가치로 아는 서

---

27 나종석 지음, 『유교와 한국 근대성』, 예문서원, 2024, 569쪽.
28 이항로, 『화서집(華西集)』, 노대환 지음, 『위정척사』, 예문서원, 2024.

구 근대 자본주의 제국주의 국가의 침범을 받았으니 거기에 패하는 것은 어쩌면 당연했는지 모르겠다. 구한말 호남의 유학자 홍암 나철(弘巖 羅喆, 1863-1916)이나 해학 이기(海鶴 李沂, 1848-1909) 등이 대종교를 창시하기 전 치열하게 구국 운동을 할 때, 이들은 일본을 그러한 인류 보편적 유교 인 의와 도덕으로 설득하면 이웃 나라를 침범하려는 생각을 접게 할 수 있을 것이란 희망을 품고 있었다.[29] 이보다 앞서 다산 정약용(茶山 丁若鏞, 1762-1836)도 일본 유학을 살피면서, 이토 진사이나 오규 소라이 같은 유학자를 배출할 정도로 일본 유학이 성숙해져 문명화가 진척되고 있으니 이제는 과거(임진왜란)처럼 이웃을 침략할 염려는 없겠다고 생각했다고 한다.[30]

『군자들의 행진』이라는 상징적 제목의 저술을 낸 이황직 교수는, "척사 파 유림들은 '소중화'로 대변되는 종교적 가치의 존숭자였기 때문에 외세 와의 타협 대신 '종교전쟁'을 선택했다."라는 평가를 내놓았다. 그것은 조 선 성리학이 철저하게 '의(義)'를 대의(大義)로 삼아 '종교화'된 종교로서의 국가 정치 이상이 표현된 것이라고 이해하는 것을 말한다.[31] 그러나 이런 모든 희생과 헌신, 절절한 저항에도 불구하고 그들이 지키고자 한 조선왕 조는 명을 다하고 넘어갔으며, 이후 9년 만에 일어난 1919년 항일 3·1운 동 때 유림들은 한낮의 독립 만세 시위를 주도한 세력이 자신들이 지금까 지 '무부무군(無父無君)'의 야만 종교로 비난해 왔고, 동학농민혁명을 '난

---

29 이은선, "한 말의 저항적 유학자 해학 이기의 신인의식과 동북아 평화", 『동북아 평화 와 聖·性·誠의 여성신학』, 동연, 2000, 227쪽.

30 노관범, 『껍데기는 가라-한국근대유학탐史』, 푸른역사, 2022, 189쪽.

31 이황직, 『군자들의 행진-유교인의 건국운동과 민주화운동』, 아카넷, 2017, 같은 책, 142-143쪽.

(亂)'이라고 하며 토벌에 앞장서 온 천도교(天道敎)인 것을 알고 "충격에 빠졌다."라고 했다.[32] 그래서 그들도 나름으로 부랴부랴 1919년 제1차 세계대전 마무리로 열린 열강들의 파리강화회의에 한국의 독립을 청원하는 '파리장서운동'을 시작했지만, 기호 유림의 대표 간재 전우(艮齋 田愚, 1841-1922)는 그것마저도 서구 근대와 타협하는 것으로 여기며 함께 서명하는 것을 거절했다고 한다. 그렇게 해서 조선 유학은 오늘날까지도, 나라를 잃게 한 장본인이고, 이후 한국 사회의 온갖 잘못된 것의 기원으로 여겨지며 그 오명과 비난을 떨쳐 내지 못하고 있다.

3. 근대 서학(西學)의 힘과 그 사각지대는 무엇이었는가?

1) 유교개혁의 시도

20세기 한국 사회는 유교 담론의 전성기였다고 평가받는다.[33] 그만큼 서구에서 밀려오는 새로운 사상들의 유입과 실질적인 위협, 나라 안에서의 유학의 한계가 심하게 드러나서 그것을 혁신하려는 열망 또한 강했기 때문이다. 19세기 후반부터 본격화된 아래로부터의 민중 세력의 성장과 위에서는 유교적 지배 집단의 폐정, 밖으로부터는 외세의 침략이라는 조건 속에서 '리존기비(理尊氣卑)'적인 이항로·최익현·유인석 등의 척사의리(斥邪義理)적 반격도 거셌지만, 한편에서는 전래의 유학을 새롭게 개혁하

---

32 같은 책, 192쪽.
33 노관범, 같은 책, 170쪽.

여 '다른 유교'의 모습을 보이며 당시 '구학(舊學)'으로 명명되던 유학의 핵심 가르침을 서구에서 전해져 오는 '신학(新學)'과 더불어 긍정적으로 대화하려는 개화파적 시도가 있었다. 박은식(朴殷植, 1859-1925)은 유교의 '구신(求新)'을 말하면서 유교가 공자의 대동(大同)이나 맹자의 강한 민본 의식에도 불구하고 지금까지 제왕 편에 서 왔다고 비판했다. 문을 굳게 닫고 사람들이 찾아오기만을 기다리며 불교나 기독교처럼 적극적으로 나가서 그 도를 전하지 못했고, 주자학 위주로 어렵고 번잡한 법문(法門)에만 몰두해 왔다는 것이다. 퇴계 학맥의 리(理) 중심성을 더 세차게 밀고 나간 한주 이진상(寒洲 李震相, 1818-1886)이나 아들 이승희(李承熙, 1847-1916)와 같은 맥락에서, 송기식(宋基植, 1878-1949)은 유교의 '유신(維新)'을 말하며 '공자도'를 중심으로 한 유교 종교화 운동을 추진했다. 그는 유교 쇠퇴의 원인으로 양반 계층의 과거 시험 독점과 세력 점유, 한문만 중시하고 유교 경서들을 한글로 번역하는 일에 소홀하면서 신세대의 학교교육과 종교의 도덕성을 일깨우는 데 소홀한 점, 유림에서 사색당파의 당론을 완전히 풀지 않은 것 등을 들면서 유교 경(敬)의 덕목이 기독교에 필적할 만한 것이라고 밝히며 '공교(孔敎)' 운동으로서 유교 치유와 부흥의 길을 찾고자 했다.[34]

또 다른 맥락에서 유교개혁의 물줄기가 된 조선 양명학이 자리했던 강화의 이건방(蘭谷 李建芳, 1861-1939)은 당시 "무조건 동양은 모두 배척하고 서양 것을 모두 숭상하니 어찌 조국이 있다고 할 것이냐!"고 하며, "서양은 기독(그리스도)의 기원(紀元)을 사용하는데 동양은 단군을 기원으로 하면

---

34 宋基植 著, 『儒敎維新論』, 김순석, 『근대 유교개혁론과 유교의 정체성』, 도서출판모시는사람들, 2016, 73-75쪽.

왜 그르다는 것이냐?" 하고 물었다.[35] 그는 '실심(實心)'과 '실학(實學)'을 강조하며 진짜와 가짜를 예리하게 구분하면서 조선 학문의 주체성과 독자성을 강조했는데, 그의 뒤를 이어서 제자인 위당 정인보(爲堂 鄭寅普, 1893-1950)는 "5천 년간 조선의 얼"을 말하며 이른바 '조선학'에 대한 관심을 크게 고조시켰다. 그는 1926년 6월 10일 순종의 인산일에 망국의 황제를 떠나보내며 통한의 사설을 썼는데, 《동아일보》가 손기정 선수 일장기 말소 사건으로 1935년 1월 1일부터 1936년 8월 29일 무기 정간을 당할 때까지 440회에 걸쳐 '조신의 얼'에 대한 연재를 쓰면서 "얼이 없으면 곧 사람이 아니다. … '저는 저로서'가 이른바 '얼'이니 여기 무슨 심오함이 있으며 무슨 미묘함이 있으랴!'라며 일제의 식민 사학에 정면으로 도전하였다.

그런 정인보는, 바로 18세기 후반부터 중국을 통한 '서학'의 도래에 치열하게 응전하면서 전통 유학과 대결하며 다른 유학을 세워 보고자 한 다산 정약용(茶山 丁若鏞, 1762-1836)의 기념사업을 주도했다고 한다. 또한, 21세기 오늘까지도 많이 알려지지 않은 한말 호남의 저항적 유학자 해학 이기(海鶴 李沂, 1848-1909)의 묘지명과 그의 『이해학유서(李海鶴遺書)』 12권을 위해서 서문을 쓰기도 했는데,[36] 이렇게 1930년대 '고적 보전 운동'의 확산을 낳으면서 1933년부터 정약용의 『여유당전서(與猶堂全書)』 간행 계획을 마련하였다.[37]

35 유명종, 『한국의 양명학』, 동화출판공사, 1983, 230쪽.
36 이규성, 『한국현대철학사론』, 이화여자대학교출판부, 2015, 218쪽.
37 이황직, 같은 책, 208쪽.

2) 서학과 다산 정약용의 창조적 만남

"서학, 조선을 관통하다"라는 인상적인 제목으로 1770년대 중반 이후 조선 천주교회 태동기부터 1801년 신유박해까지의 시간을 천주교회나 국학(유학) 중 어느 한편으로 치우친 입장이 아니라 "중간자적 시각"에서 살폈다는 정민 교수는, "서학이 조선 사회를 관통하면서 일으킨 지진은 생각보다 충격파가 컸다. 지금은 다 덮여 보이지 않지만, 여진이 깊고도 길게 갔다."[38]라고 밝힌다. 그는 특히 정약용에 대해서 지금까지의 유학자('실학파')들이 그의 삶과 사유를 조선 유학사의 내재적 발전이라는 측면에서 온전히 유학적인 것으로만 해석하려는 경향에 대해서 유보적인 입장을 드러낸다. 그에 따르면, 기록에 남겨진 사실만으로는 진실에 다가갈 수 없다. 다산이 많은 배교 언급에도 불구하고 그것은 대부분 자신의 목숨을 부지하기 위한 거짓말이었을 것이라고 한다. 다산은 배교 선언 후 강진 유배 기간에도 서학의 대표적인 저서 중 하나인 예수회 판토하 신부의 『칠극(七克)』을 아끼며 제자들이나 자식들에게 보낸 편지에 그것에 기댄 가르침을 지속해서 드러냈다고 하고,[39] 신유박해 당시 조선 정부가 천주교 신자들을 신문한 내용을 기록한 문헌인 『사학징의(邪學懲義)』가 있는데, 그 속 정체 모를 세례명 중에 다산이 1801년 2월 10일 의금부 국청에 끌려가 심문을 받는 현장에서 전혀 모른다고 부인한 '정약망(丁若望)'이 바로 그의 세례명 '요한'의 조선 한자음 표기였다고 한다.[40] 또한, 1795년 5월, 그 전 해에 조

---

38 정민, 『서학, 조선을 관통하다』, 김영사, 2022, 13쪽.
39 같은 책, 37쪽 이하.
40 같은 책, 337쪽.

선 천주교회가 천신만고 끝에 모신 중국인 주문모 신부가 한 배교자의 밀고로 체포 위험에 처하자, 다산이 그 밀고자가 고발하던 현장에 있어서 천주교 측에 급하게 연락을 취해 신부가 피할 수 있도록 한 사람이었다고 한다. 이밖에도 다산이 다블뤼 신부가 『조선순교사비망기』를 쓰기 위해 기초 자료로 활용한 『조선복음전래사』를 저술했다는 주장인데, 이러한 주장과 추측을 하는 정민 교수는 다산 『조선복음전래사』의 원제목이 그가 불교에 대해 『대동선교고(大東禪教攷)』라는 저술을 쓴 것에 미루어서 『대동서교고(大東西教攷)』 또는 『서교동전고(西教東傳攷)』쯤이 아니었을까 추측한다.[41]

이상의 모든 논의를 본 글이 더 따라가기는 어렵다. 하지만 이미 많은 다른 다산 연구에 대한 논의를 두루 숙지하면서 필자는 그가 구체적으로 천주교 신자였는가나 배교 여부를 떠나서 당시 서학과 관련한 그 학문의 실존적 정황을 다음과 같이 상상해 본다; 즉 다산은 '온전한 유교인'으로서, 그러나 그때 특히 조선 후기 정조(재위 1776-1800)와 순조(재위 1800-1834) 시기 정쟁과 당파 싸움이 극심했고 정조 사후 세도정치가 펼쳐지며 1811년 홍경래의 난 등, 정치적 부패와 사회적 불만이 팽배했던 때에, 전통 성리학이 현실 문제를 전혀 해결하지 못하는 것을 보면서 매우 답답함과 갈등을 느꼈을 것이다. 그때 '서학'을 만났고, 그 서학(천주교)의 영향으로 평소 자기 주변 유학자들에게 생각지도 못할 경천동지(驚天動地)의 구체적 인격 변화나, 신분제 해체, 부와 명예에 대한 자발적 포기와 자기 헌

---

41 같은 책, 649쪽.

신 등의 큰 변화를 보고서 그 이유에 대해서 무척 궁금했을 것이다. 다시 말하면, 그는 20대 젊은 시절 서학을 만나서 깊은 충격을 받았고("정신이 어리둥절하여 마치 은하수가 끝없이 펼쳐진 것을 보는 것 같았다."),[42] 이후 1801년 신유박해로 멀리 강진에 유배된 후 현실적인 개혁가로서보다는 시대와 현실을 깊이 사색하고 성찰하는 개혁 사상가로서, 젊은 시절 만나서 (1785년경) 자신의 안목에 깊은 영향을 준 서학을 또 하나의 사유 대상으로 삼아서 자신의 학문과 전통을 새롭게 해석해 나갔을 것이라는 추측이다.[43] 그래서 그것은 유학과 서학의 "놀라운 창의적 융합"이고,[44] 동서양이 서로 보편적으로 만날 가능성이 있음을 보여주는 "동서양의 사상적 다리"라는[45] 평가가 나온다.

다산이 유학의 개혁을 위해서 가장 긴요하게 생각한 것은 어떻게 하늘[天]을 살아 있는 '인격'으로서 만날 수 있는가였다. 당시 조선 성리학에서 궁극은 '리(理)'로서 표현되어 있었고, 모든 성리학자가 끝없이 '성(誠)'과 '경(敬)'을 말하지만, 그가 보기에 그와 같은 원리와 관념으로서의 하늘 이해는 현실 삶에서 충실한 도덕적 실천력으로 역할을 하지 못하였다. 그래서 다

42 정약용, 『여유당전서與猶堂全書』, 한국문집총간 281집, 336쪽; 이은선, "18 · 19세기 조선 성리학, 천학(天學)에 이르다", 『한국 페미니스트 신학자의 유교 읽기-神學에서 信學으로』, 126쪽.

43 정두희, "다산과 서학에 대한 여러 가지 관점들", 김승혜 외, 『다산사상 속의 서학적 지평』, 서강대학교 인문과학연구원, 2004, 2쪽, 29쪽.

44 금장태, "다산의 유학사상과 서학사상", 최석우 외, 『다산 정약용의 서학사상』, 다섯수레, 1993, 정두희, 같은 글, 8쪽.

45 김승혜, 『동아시아 종교전통과 그리스도교의 만남』, 영성생활, 1999, 181쪽, 정두희, 같은 글, 29쪽.

산이 주목한 것은 원시 유교에도 나와 있는 '상제(上帝)'였으며, 이런 가운데 평소 유학적 전통에서 강조되지만, 회의가 있었던 '신독(慎獨)'에 대해서, 하늘을 리(理)가 아니라 상제로 보면서 그것이 걷히는 것을 느꼈을 것이라고 생각한다. 그는 1814년의 『중용자잠(中庸自箴)』에서 말하기를,

리(理)는 본래 지각이 없고 위엄도 없는데, 어떻게 이것이 경계하고 삼가게 하여 두려워하고 떨게 하겠는가[理本無知, 亦無威能. 何所戒而慎之, 何所恐而懼 之乎]! 군자는 (아무도 보지 않는) 암실에 있어도 두려워하고 떨면서 감히 악을 행하지 않는다. 상제가 자기 앞에 임재하여 있는 것을 아는 것이다[君子 處暗室之中, 戰戰栗栗, 不敢爲惡. 知其有上帝臨女也].[46]

이와 함께 다산은 우리가 많이 들었듯이 주자 성리학에서 그 초월적 리를 인간 본성[性]의 선함[仁]으로 연결하는 것을 단절하고 그 대신에 현실적 인간의 '마음[心]'과 그 자연스러운 '활동성[기호(嗜好)]'에 주목한다. 그러면서 조선 성리학이 강조하는 리(理)나 본성[性]에 관한 주장이 얼마나 허언일 수 있는가를 다음과 같은 논리로 비판한다. 그의 '고대 유학'에 대한 천착에서 나온 경학적 비판들이다:

자사가 『중용』을 지으면서 분명히 "하늘이 명한 것을 일러 성(性)이라 한다 [天命之謂性]."고 했다. 그런데 지금 심(心), 성(性), 천(天) 셋을 뭉뚱그려 한 가지 이(理)라 하면 … 이(理)가 명한 것을 일러 이(理)라 한다[理命謂之理]는

46 정약용, 『중용자잠』, 조성환, 『하늘을 그리는 사람들』, 소나무, 2022, 151쪽 재인용.

것이 되고 만다는 주장이 괜한 소리가 아니며, 맹자도 또한 그 이(理)를 다 하는 자는 그 이(理)를 알며, 그 이(理)를 아는즉, 이(理)를 안다[盡其理者知其理, 知其理則知理矣]고 말한 셈이 된다. 만 가지 다른 것을 묶어 하나에 돌렸다가, 그것을 다시 뒤섞어 버리면, 무릇 천하의 일은 생각할 수도 분변할 수도 없는 것이어서, … 아 그것이 어찌 (공맹이 창도한) 수사(洙泗)의 옛 모습이리오, 무릇 이(理)란 어떤 물건인가, 이(理)는 애증도 희노도 없는 텅 비고 막막한, 이름도 없고 실체도 없는 것인데, 우리 인간이 이에 품부하여 성(性)을 받았다고 하는데, 또한 그것이 길이 되기가 어렵지 않은가.[47]

이러한 주자학적 '성즉리(性卽理)'에 대한 비판과 함께 다산이 내놓은 대안은 다음과 같다:

성(性)이란 이(理)가 아니다. 이(理)란 물건은 (저절로 그러한) 자연(自然)에 돌아가기 마련이다. (저절로 그러한) 자연이 어떻게 성(性)이 될 수 있는가. 만물의 삶에는 모두 그 처음 비롯됨[所始]이 있다. 무릇 어찌 본연(本然)이란 것이 있다 하겠는가.[48] 성(性)이란 인간의 경향성[嗜好]을 말한다. (송대 이래의) 선유(先儒)는 그것으로 정신적 실체[영체(靈體)] 자체를 가리켰다.[49]

여기서 다산은 인간의 구체적인 마음이나 활동, 경험 이전의 '본연(本

47 정약용, 『맹자요의』, 2:38, 한형조, 『주희에서 정약용으로』, 세계사, 1996, 200-201쪽의 번역을 조금 수정해서 재인용.
48 정약용, 『맹자요의』, 1:51, 같은 책, 208쪽의 번역을 약간 수정해서 재인용.
49 정약용, 「심경밀험心經密驗」, 『대학강의』, 2: 26, 같은 책, 210쪽 재인용.

然)'이라는 것의 상정을 원치 않는 것을 알 수 있다. 또한, 인간 마음의 활동도 포함해서 모든 존재의 삶은 확실한 '시작[所始]'이 있는 것이지 저절로 현현되는 것[自然]이 아니라고 강조한다. 이것은 다산이 동아시아의 오랜 성리학적 전통인 역학적(易學的) 우주론을 떠나서 우주와 존재[有]의 시작에서 창조주[天主]의 '의도[意]'를 말하고, 인간 삶과 도덕적 실천에서도 인격적 주재성을 강조하는 서학의 영향 아래서 당시 조선적 성리학을 넘어서 고대 유교의 가르침을 그와 같은 방향으로 새롭게 해석한 것을 말한다. 그에게 조선 성리학자들이 그처럼 강조하는 '성'(誠)과 '경'(敬)의 근본은 '하늘을 인격적으로 섬기는 일'(事天)에 있는 것이다[誠敬之本, 在於事天].[50]

여기서 다산이 사용한 '영체'(靈體)라는 단어를 한형조 교수는 "정신적 실체"라고 번역하는데, 그 단어가 필자의 주목을 끈다. 이것은 다산이 전통 성리학의 이기론(理氣論)을 벗어나서, 특히 주자적 성리학에서는 잘 쓰지 않는 '영(靈)'이라는 단어를 가져와서, 더욱 역동적이고 몸적이며, 살아 있는 궁극을 표시하는 단어로서 천(天)의 인격성과 주재적 주체성을 드러내고자 한 말이라고 필자는 이해한다. 그와 더불어 인간 심에 다시 '영명'(靈明)한 선(善)을 향한 힘과 자발성으로 부여받은 무형의 근원을 표시하기 위해서 쓴 말이라 생각한다. 다산은 전통적 성리학의 '성(性/理)'과 '심(心/氣)'이라는 이분론을 떠나서 '신(神, 정신)'과 '형(形, 육체)'이라는 기적(氣的) 측면에서 얻은 새로운 이원적 구조를 통해서 인간을 이해하고자 하는

---

50 정약용, 『시경강의』, 권 3:15a, 김선희, 『마테오 리치와 주희, 그리고 정약용』, 심산, 2012, 492쪽에서 재인용.

데,[51] 이 신(神)과 형(形)의 이분 구조를 성(性)과 심(心)에도 적용해서 성에
도 영지(靈知)의 기호와 육체의 기호가 있고, 심에도 육체로서의 유형의
심장과 영명(靈明)으로서의 무형의 심이 있다고 주장한다:

> 유형의 마음은 나의 심장이고, 무형의 마음은 우리의 본체이니 허령불매
> 한 것이다[有形之心, 是吾內臟, 無刑之心, 是吾本體, 卽 所謂虛靈不昧者也].[52]

다산은 이 마음-심장의 이분을 다시 맹자적인 '대체(大體)'와 '소체(小體)'
의 이분으로도 표현하는데, "대체라는 것은 무형의 영명이고, 소체는 형질
의 껍데기이다[大體者 無形之靈明也, 小體者 有形之軀殼也]."라고 한다.[53] 이렇
게 다산이 전통적으로 성리학에서 리(理)나 성(性)이 말하고자 하는 것을
특히 '영명(靈明)'이라는 단어로 표현한 것[人之受天 只此靈明]은[54] 전통적 리
(理)나 성(性)으로는 하늘과 인간의 생생하고 인격적인 관계를 잘 드러낼
수 없다고 여겼기 때문이다. 또한, 그 전통의 성리학에서는 쉽게 자연(본
연) 속에 함몰되는 인간의 위치를 구별해서 인간이 영명으로 만물을 뛰어
넘고, 그래서 향유하고 이용할 수 있는 특별한 존재임을 드러내고자 한 의
도임을 읽는다. 이것을 김선희 교수와 같은 연구자는 특히 다산의 "인간
중심주의"라고 밝히고, 서학의 『천주실의』나 『영언여작(靈言蠡勺)』보다는

51 김선희, 『마테오 리치와 주희, 그리고 정약용』, 499쪽.
52 정약용, 『대학강의』, 권 2:3b.
53 정약용, 『맹자요의』, 권 2:30b.
54 정약용, 『중용강의』, 권 1:2b.

또 다른 책 『성학추술(性學觕述)』과의 연관을 지적한다.[55] 이제부터 다산은 이 인간 심의 무형적 본체로서, "선을 즐거워하고 악을 미워하며[樂善而惡惡], 덕을 좋아하고 악을 부끄럽게 여기는[好德而恥惡]" 영명(靈明)을 인간이 하늘과 직접 통하고, 그래서 천명(天命)을 들을 수 있는, 천과 인간을 연결하는 중심축이라고 보는 것을 지적한 것이다. 김선희 교수는 더 나아가서, 이렇게 다산이 리(理)로서의 성(性)을 부정하고 그 대신 기호(嗜好)를 말하지만, 모든 것을 심으로 환원하지도, 성을 버리지도 않았다고 말한다.[56] 다산에게 성(性)이란 여전히 '하늘의 명령[天命]'이기 때문이다. 그런 의미에서 그가 초월을 이해할 때 그 완전성이나 절대성보다는 '소통 가능성'에 주목하면서 인격성을 강조했지만, 그 인격의 변화가 궁극적으로 사회의 변환(『경세유표(經世遺表)』, 『목민심서(牧民心書)』, 『흠흠신서(欽欽新書)』)을 지향했고, 그러므로 그의 상제관과 심성론을 단순히 "내면으로 향하는 종교적 지향"으로 평가해서는 안 된다는 것이다.[57] 그보다는 오히려 "철학적 신앙"의 차원이라고 하는데, 하지만 한형조 교수의 다산 연구는 다산이 서학과의 관계에서 자신의 전통을 다시 근본[經學]으로 돌아가서 새롭게 하고자 한 일에 대해 다음과 같이 밝힌다:

> 유학의 윤리학은 본시 '신학(神學)'의 바탕 위에 서 있었던바, 정약용은 이 문맥에 철두철미 하려 한 사람이다. 그는 고전의 재발견을 통해 성리학이

---

55 김선희, 같은 책, 497쪽 이하, 509쪽.
56 같은 책, 520쪽.
57 같은 책, 542쪽.

묻어 버린 '신학적' 측면을 회복시키고자 노력했다.[58]

필자는 여기서 이 "신학(神學)"이라는 언술이 의미하는 바가 크다고 생각한다. 그것은 다산 유학뿐 아니라 동아시아 전체 유학이나 특히 조선 유학이 서구 기독교의 '신학(神學)'과 대등하게 견줄 수 있는 또 다른 '신학'이라는 것을 밝혀 주면서 서구적 신학에 대해서 다른 방식으로, 다른 언어 체계 속에서도 그것이 뛰어나게 가능함을 밝히는 의미로 보고자 한다. 동아시아의 유학이 단지 인간 이성적 차원에서의 철학이거나 도덕 윤리론이 아니라는 것을 밝히는 차원에서 필자는 진정한 유교와 기독교의 대화가 가능하다고 보기 때문이다. 한 교수는 이러한 언술에 대한 각주에서 그러한 일을 "선구적 불씨를 지핀 사람"의 일로 표현하며, 바로 조선 서학 천주교의 문을 연 그의 외우(畏友)이자 매형인 광암 이벽(曠庵 李檗, 1754-1785)을 지목했다.[59]

3) 다산 유학적 '신학(神學)'의 의미와 한계

그런데 일찍이 퇴계는 영에 대해서 다음과 같이 말했다:

신령한 것, 영(靈)은 본래 기(氣)이다. 그러나 기(氣)가 어떻게 스스로 신령할 수 있겠는가? 이(理)와 합하였기 때문에 신령하다[靈固氣也, 然氣安能自靈?

---

58 한형조, 같은 책, 228쪽. 여기서 '신학'과 '신학적'이라는 말에 대한 강조의 따옴표 부호는 본인이 넣은 것이다.
59 같은 책, 228쪽 각주 22.

緣與理合, 所以能靈].[60]

여기서 우리는 다산이 조선 전통 성리학의 이기론(理氣論)을 해체하고 서학의 영향과 더불어 세계와 인간에 대한 다른 구상을 시도하는 가운데, 이 '영체(靈體)'나 '영명(靈明)'이라는 단어를 썼다는 것은, 거기서의 '영(靈)' 이 퇴계도 지적하듯이 리(理)와 기(氣)가 어우러져 있지만 기(氣)를 더욱 지시한다는 점에서, 그의 사유도 점점 더 기적(氣的) 차원으로 나아갔다는 것을 유추해볼 수 있다. 하지만 그것이 다시 '체(體)'나 '명(明)'과 함께 짝을 이루어 있다는 점에서 리(理)의 차원에 대한 주목도 결코 잃지 않은 것이라고 할 수 있다. 그런 맥락에서 다산의 사유는 조선 성리학 전통에서 퇴계가 유사하게 전복적 사유에서 리(理)의 살아 있음과 창발성[理發/理到]을 강조하면서 시대적 기(氣)의 우세에 맞섰던 것과 맥이 닿아 있고, 그래서 신(神)과 형(形)의 이분을 쉽게 하나로 하거나 섞지 않은 다산 사유가 퇴계 천(天) 사유의 철저화라고 보는 것은 적실하다고 여긴다.[61] 일찍이 다산 사유에서의 천(天)의 무언성[天有行而無言]에 주목한 김승혜 교수는 다산 천사상에서 그가 성리학의 '천리(天理)'는 제외하지만, '상제'라는 이름을 쓰기보다는 '천(天)'이라고 부르는 것을 더 선호했다고 지적한다.[62] 천(天)의 주재자가 상제인데, 감히 그의 이름을 부르는 것보다는 예전 유교 전통에

---

60 퇴계 이황 지음, 『이자수어』, 성호 이익 · 안정복 엮음, 이광호 옮김, 예문서원 2010, 95쪽.

61 이정배, "불교적 유교에서 기독교적 유교로-정약용 연구", 『토착화와 세계화』, 한들출판사, 2007, 157쪽; 조성환, 『하늘을 그리는 사람들』, 147쪽.

62 정약용, 『맹자요의』, 김승혜, "無言으로 배려하는 天: 다산의 천사상에 수록된 서학적 지평", 김승혜 외, 『다산사상 속의 서학적 지평』, 57쪽 재인용.

서 한 국가의 임금을 그 이름으로 직접 부르지 않고 국가의 이름으로 대신하던 예를 따른 것이라고 한다. 이것은 물론 다산의 개혁성과 파격성이 결국 유교 전통과 조선왕조를 넘지 못했다는 비판의 근거로도 여겨질 수 있다.[63] 그러나 또 다르게 생각해 보면 다산 사상의 통합성과 오늘 과학적 보편주의 시대에 서구 기독교의 인격적 신론과 기독론의 한계가 더욱 드러나고 있는 상황에서, 다시 동서의 창조적이고 중도적 통섭으로서 다산 사상의 의미를 새롭게 새기는 여지를 준다고도 이해할 수 있다. 또한, 다산은 만물의 부모라는 이미지를 '음양(陰陽)'으로부터 '천(天)'으로 이전시키면서 동아시아의 제 중신(衆神)의 역할을 인간과 천(天) 사이의 중간적 위치로서 복을 중재하는 존재로 보았다. 그러면서 그들에 대한 제사를 배척하기보다는 '사천(事天)'으로 모두 수렴하고자 한 것이라고 한다. 이것은 상제를 최고신으로 하면서도 동아시아의 전통적 다신 사상을 받아들여 신령한 세계와 인간사 전체를 질서 있고 조화롭게 관통하는 신관을 세우려 한 것이고,[64] 특히 오늘 여성들에 의해서 '무교(巫敎, shamanism)'의 의미가 더욱 부각되면서 과거 가부장주의적 유일신관이 세차게 비판받고 있는 상황에서 다산의 이러한 신관은 많은 긍정성을 내포하고 있는 것이라 볼 수 있다. 이렇듯 다산이 서학적 천관에서 두드러지는 특성들을 거의 받아들였지만, 그 수용이 결코 단순한 것이 아니었음을 보여 주고, 그의 '천(天)' 사상이 유교 전통과 그리스도교 전통 사이에 그어져 있는 금을 뛰어

63 도올 김용옥, "안병무 민중신학과 조선사상사(3)", 『기독교사상』 2023, 02, 통권 770호, 11쪽.
64 김승혜, "無言으로 배려하는 天: 다산의 천사상에 수록된 서학적 지평", 81쪽.

넘을 수 있는 큰 포용성을 내포하고 있는 것은 확실하다.[65]

 그렇다면 이제 마지막으로 이 글에서 '서학'의 대표주자로 살핀 다산이 이처럼 자신의 유교 전통을 크게 흔들면서 천(天)의 인격성과 그 천(天)으로부터 영명한 도덕적 인격성을 받아서 살아 있는 교제 속에서 인간이 도덕적일 수 있고, 윤리적일 수 있다고 힘껏 주창했는데, 과연 그의 구체적인 삶에서는 이러한 유교적 유신론 또는 유학적 신학(神學)의 실천력이 어느 정도로 역할을 했는지 묻고자 한다. 다산은 1801년 신유박해로 강진으로 유배를 가서 1818년에 『목민심서』를 완성했다고 하는데, 그곳에서 서울 자식들에게 보낸 편지들에서, 그는 아버지가 유배된 폐족이라고 해도 절대로 서울을 떠나 다른 곳으로 이사하지 말 것을 부탁하곤 했다. 서울을 떠나면 영영 다시 가문을 회복할 길이 없다고 믿었기 때문이다.[66] 필자는 이런 글들을 읽으면서 다산 사상이 그 모든 전복성에도 불구하고 '양반 상놈'의 신분 차별, 출세를 위한 과거제도에 관한 확고한 믿음, 서울 중심의 특권층 의식, 처첩제의 처절한 여성 억압과 차별 등, 전통 유학 주변의 오래 묵은 폐습들을 쉽게 넘어서지 못한 것을 본다. 당시 시대의 많은 전복가들도 유사한 처지였을 것인데, 그렇다면 어디에서, 무엇을 통해서 그러한 것들이 진정 달라지고 온 사회가 변혁될 수 있을 것인가를 묻지 않을 수 없다. 이러한 가운데 서학과 천주교회는 1779년 천진암 모임을 시작으로 1784년 이벽의 집에서 신자 공동체로 모인 이후, 1886년 조불수호조약

65 같은 글, 121쪽, 133쪽.
66 정약용 지음, 『유배지에서 보낸 편지』, 박석무 편역, 창비, 2009.

에 의해 부분적으로 포교의 자유를 얻기까지 100여 년 동안 거의 1만여 명의 순교자를 냈다고 한다. 다음 장에서 살펴볼 최제우의 동학과 그와 더불어 '다시 개벽'의 혁명에서는 당시의 문명 전환과 관련해서 그렇다면 그 이후 어떤 전개를 보였으며, 그것이 어떻게 이루어졌는지를 계속 탐색해 보고자 한다.

4. '다시 개벽'의 동학(東學), 그 혁명적 힘과 새로움에 대하여

1790년대 조선의 유학자가 쓴 〈서학(西學)〉이라는 제목의 장시가 있다. 거기서 시인은 서학인을 비판하며 그들은 "부모를 빈 병처럼 여기고[父母視空瓶]", 자신들을 그 병 속의 물건으로 여기는데, 그 물건을 따른 뒤에는 "병에 무슨 정이 있겠나[脫來瓶何情]"라고 읊으면서 부모 공경을 소홀히 한다고 지적했다. 또한, 모든 사람은 한가지로 살기를 좋아하는데, 왜 그들은 '천당에 오른다' 하며 목숨을 매개로 삼아 "베여 죽는 것을 즐거워하는가?'라고 물었다.[67] 이 장시를 소개한 정민 교수는 그것이 당시 유학자들이 서학에 대해 가진 일반적인 오해를 드러내는 것이라고 말했지만, 여기에는 어쩌면 서구 서학, 기독교의 핵심적 사각지대가 잘 나타나 있는지 모르겠다. 즉 궁극적으로는 자신들의 부모조차도 인정하지 않는 자아와 주체[私]의 절대주의를 말하는 것이며, 성속(聖俗)에 대한 기독교적 이원론이 빠져들 수 있는 저 세상주의적 '공(公)'의 탈각을 말하는 것이라 할 수 있다.

1860년 동학의 창시자 수운 최제우(水雲 崔濟愚, 1824-1864) 선생이 대각

---

67 정민, 같은 책, 214-215쪽.

을 통해서 '상제(上帝)'를 만난 후 서학에 대해 가했던 비판에서도 유사한 것을 읽을 수 있다. 그가 당시 개인적, 시대적으로 깊은 고통과 환란을 겪으면서 간절히 찾고자 한 궁극적인 답과 조우하면서 그 체험의 첫 고백서인 「포덕문」에서 밝히기를, "근래 이후로 온 세상 사람들이 '각기 자신만을 위하는 마음[各自爲心]'으로 하늘의 이치[天理]와 명[天命]을 따르지 않아서 항상 두렵고 편치 않아 마음을 어디에 두어야 할지를 알지 못했다."고 했다.[68] 그는 주변에서 듣기를, "서양 사람들은 부귀를 취하지는 않지만, 천하를 공격하는 것을 하느님의 뜻으로 생각한다고 한다. 교회당을 세우고 도를 행한다고 하는데, 나 역시 그러한가, 설마 그럴 수가 있는가 하는 의심이 든다."라고 자신의 속마음과 생각을 밝혔다.[69]

1) 수운의 대각과 동학의 출발

수운은 순조 24년인 1824년, 경주 월성군에서 아버지 근암공 최옥(近庵公 崔鋈, 1762-1840)이 어렵게 재취를 해서 63세에 얻은 아들이다. '효(孝)'와 '공(公/義)'을 가장 귀한 도로 섬기는 유학자 집안에서 비록 그 어머니 한씨가 삼취(三娶) 재가녀(再嫁女)여서 과거 시험은 볼 수 없었지만, 늦게 태어난 아들로서 아버지의 극진한 사랑을 받고 자라서 부모를 쓸모없게 된

---

68 『동경대전東經大全』, 「포덕문」, 又此挽近以來 一世之人 各自爲心 不順天理 不顧天命 心常悚然 莫知所向矣. 여기서부터 『동경대전』의 번역은 윤석산 주해, 『동경대전』, 동학사, 2004와 도올 김용옥 지음, 『동경대전』 1, 2, 통나무, 2021, 김재형 역해, 『동학편지』, 모시는사람들, 2013 등을 같이 참조하여 본인이 최종 말들을 선택하였다.
69 『동경대전』, 「포덕문」, 至於庚申 傳聞西洋之人 以爲天主之意 不取富貴 攻取天下 立其堂 行其道 故 吾亦有其然 豈其然之疑.

'빈 병'으로 여긴다거나 그 부모의 연장인 하늘[天]을 자기 의도를 위한 수단이나 방법으로 여기는 일은 생각할 수 없었을 것이다. 그래서 그러한 원초적인 선한 심성의 바탕 위에, 인생의 실패에 따른 고통을 육친에 대한 떨칠 수 없는 사랑으로 더욱 처절하게 느끼면서[70] 그는 새로운 길을 찾아갈 용단을 내렸고, 긴 탐색을 거쳐 마침내 1860년 4월 '무극대도(無極大道)'를 득도했다. 이후 또 1년여간 마음을 안정시키고 기운을 바르게 하며 내적 수련을 하면서, 포덕을 권하는 상제의 명을 따라서 「포덕문」을 지어 포덕을 시작했다. 그는 1862년 1월에 지은 「논학문(論學問)(동학론)」에서 비로소 처음으로 "동학(東學)"이라는 말을 사용했는데[71] 수운은 당시 그의 관심과 시선을 사로잡은 서학에 대하여 "상제"와의 대화에서 얻은 상제의 말로 다음과 같이 언술한다:

> 양학(洋學)은 우리 도와 다름이 있고, 기도[呪]가 있는 듯하나 실지[實然]가 없다. 그러나 운(運)은 하나이고, 도(道)도 같지만, (그 도에 도달하는) 이치[理]가 잘못되어 있다. 묻기를, 어찌하여 그러합니까? 하니 답하기를, 나의 도는 무위이화(無爲而化)이다. 그 마음을 지키고 그 기를 바르게 하고[守心正氣], 성품을 따르고 가르침을 받으면[率其性受其敎], 스스로 그러한 가운데서 화하여 나오는 것[化出於自然之中]이다. 서양 사람은 말에 단서가 없고, 책을 보아도 옳고 그름을 가릴 수 없어 도무지 진정 하느님을 위한다는 단서가 없고, 오직 자기 몸만 위하여 비는 모략만 있다. 몸에는 기화의 신령함[氣

70 조동일, 『동학성립과 이야기(개정판)』, 도서출판모시는사람들, 2011, 64쪽.
71 삼암 표영삼 지음, 『동학 1』, 통나무, 2004, 170쪽.

化之神]이 없고, 배움에는 하느님의 가르침[天主之敎]이 없다. 형태는 있으나 (구체적인) 자취가 없고, 사모하는 것 같지만 진정한 비는 것이 없으니 도가 거의 허무에 가깝고, 학은 하느님이 없으니 어찌 가히 [우리 도(道)와] 다름이 없다 할 수 있겠는가![72]

이 단락 속에는 참으로 많은 뜻이 담겨 있다. 수운은 서학도 자신이 받은 도도 모두 "천도(天道)"라고 했다. 또한, 그 두 도가 모두 운(運)이 같아서 지금 이때 나와서 역할을 하는 것이지만, 그 서학적 천도는 자신이 동방의 조선 땅에서 태어나서 공자나 맹자의 '추로지풍(鄒魯之風)'과도 다르게, 여기 이곳 조선에서 "동학"의 천도로 받은 것과는 다르다고 강변한다. 그 다름을 가르는 좌표[理]는 바로 서학은 자신들의 가르침을 "성교(聖敎)"라고 하고, 하느님을 가르치는 "천주학(天主學)"이라고 하면서도 진정 천주(상제)를 위하는 "실(實)"이 없고, 결국 모두 자기 자신을 위한 수단과 방법으로 기도를 하는 것뿐이라고 한다. 그래서 그들은 도가 이룩되고 덕이 세워졌다고 하면서도 무기로 천하를 공격하는 사리에 맞지 않는 일을 한다는 것이다.

수운은 당시 조선에게 세상의 중심이었던 중국이 아편전쟁(1840-1842)과 왜곡된 기독교 신앙에 탐닉한 홍수전(1814-1864)의 태평천국의 난(1851-

---

72 『동경대전』, 「논학문」, 曰與洋道無異者乎 曰洋學如斯而有異 如呪而無實 然而運則一也 道則同也 理則非也 曰何爲其然也 曰吾道無爲而化矣 守其心正其氣 率其性受其敎 化出於自然之中也 西人 言無次第 書無皂白而頓無爲天主之端 只祝自爲身之謀 身無氣化之神 學無天主之敎 有形無迹 如思無呪 道近虛無 學非天主 豈可謂無異者乎.

1864) 등을 겪으면서 무너져 내리는 것을 보고 큰 충격을 받았다.[73] 서학의 나라 서양의 거대한 제국주의적 실상을 보면서 수운은 그들의 서도가 진정 거룩한 가르침[聖教]이고 하느님의 학[天主學]인지 강한 의혹을 느낀다. 그런 그들 앞에서 당할 수 있는 사람이 없다고 하는데, 수운은 그것을 "운(運)"으로 설명하면서도 자신도 잘 이해하기 어렵다고 말한다.[74] 그런 서학과 서도에 대해서 수운이 내세우는 동학은 먼저 "무위이화(無爲而化)"의 학이라는 것을 강조한다. 그것은 "하지 않는 데서[無爲]" 참변화가 일어나고[而化], "우부우민(愚夫愚民)"이라도 깨닫기만 하면 그 안에 거룩한 영과 함께하는 큰 영의 삶을 살게 되고"내유신령(內有神靈)"], 온 세계가 한가지로 인간과 더불어 '참된 정신화'에 이르는["외유기화(外有氣化)"] 가르침의 학이고 도라는 것이다. 수운은 이러한 천지개벽의 큰 깨달음[大道]이 들어 있는 감을 하고, 그것이 "자연의 도[自然之理]"가 아님이 없음을 깨닫고 1년여에 걸쳐 21자의 '주문(呪文)'으로 지어서 사람들에게 전하고자 했다.[75]

주문도 서도와는 달리 기도하는 자신을 위한 것이 아니라 "지극히 천주를 위한 글[至爲天主之字故 以呪言之]"이라고 설명하는 수운은 자신의 '무위이화'와 '내유신령', '외유기화'의 공부 길은 아주 자연스럽게 우리 안에 내

---

73 도올 김용옥 지음, 『동경대전』 1, 통나무, 2021, 378쪽 이하.

74 『동경대전』, 「논학문」. 吾亦幾至一歲 修而度之則 亦不無自然之理 故 一以作呪文 一以作降靈之法 一以作不忘之詞 次第道法 猶爲二十一字而已.

75 『동경대전』, 「논학문」, 侍者 內有神靈 外有氣化 一世之人 各知不移者也 主者 稱其尊而與父母同事者也 造化者 無爲而化也 定者 合其德定其心也 永世者 人之平生也 不忘者 存想之意也 萬事者 數之多也 知者 知其道而受其知也故 明明其德 念念不忘則 至化至氣 至於至聖.

재하는 "바른 기운을 잘 지키고[守心正氣]", "성품을 따르고[率其性]", "가르침을 받는[受其敎]" "자연지리(自然之理)"의 길이라고 강조한다. 그래서 이 길은 일면 수동적인 것처럼 보인다. 앞 장에서 다산이 조선 성리학의 도덕적 고사(枯死)를 막기 위해서 서학적 천의 인격성(주체성, 意)과 인간 심의 도덕적 자발성[靈明]을 크게 강조한 것과는 거의 반대처럼 여겨질 수 있다. 하지만 수운 동학의 길이 단순한 비주체의 수동의 길이 아니라면, 그것은 오히려 더 극진한 의미에서 하늘과 하나 됨의 경지를 체득한 지경의 서술이라고 할 수 있다. 수운은 하늘로부터 "나의 마음이 곧 너의 마음이다[日吾心卽女心也]."라는 말을 들었고,[76] 다산이 쓰기 힘들어하는 '천주(天主)'라는 말도 자유롭게 쓰면서 서학에서의 어떤 인격적 대화보다도 더욱 생생하고 구체적으로, 그리고 지속해서 그 상제와의 인격적 교제를 나눈다. 그래서 수운은 자신이 동학의 도를 받은 것으로 "개벽 후 오만년 만에", 그때까지 어떤 인간의 종교나 도를 통해서도 이루어지지 못한 하늘의 뜻을 전하는 일이 바로 자신을 통해서 비로소 가능하게 되었다는 것을 강조한다. 그것을 하느님의 직접적인 전언으로 들었다고 밝히며, 순한글 가사 「용담가」를 통해서 다음과 같이 고백한다:

한울님 하신말씀 개벽후(開闢後) 오만년(五萬年)에
네가또한 첨이로다 나도또한 개벽이후
노이무공(勞而無功) 하다가서 너를만나 성공(成功)하니
나도성공 너도득의(得意) 너희집안 운수(運數)로다

---

76 『동경대전』, 「논학문」.

이말씀 들은후에 심독희(心獨喜) 자부(自負)로다.[77]

상제는 지금까지 5만 년 동안이나 자기 뜻을 참으로 알아주고 실현할 사람을 공을 들여 찾았지만, 모두가 하늘과 상제를 위한다고 하면서 결국 자기 자신만을 위하는 일뿐이었다고 수운에게 불평한다. 그래서 "노이무공(勞而無功)"을 말하고, 따라서 수운의 '무위이화'와 '수심정기', '내유신령 외유기화'의 동학이야말로 참으로 "성공"한 대도이고 그것이야말로 진정한 5만 년 만의 '개벽', 즉 "다시 개벽(開闢)"의 도라고 일러준다. 주지하다시피 이 '개벽(開闢)'이라는 단어는 중국을 통해 유입되는 서학에 대해서 열린 자세를 보인 성호 이익(星湖 李瀷, 1681-1763)의 제자 중에서 공서파(攻西派)의 신후담(愼後聃, 1702-1761) 등이 이미 썼던 말이다. 신후담은 서학의 천주가 세계를 무에서 '창조[制作天地]'했다고 주장하는 데 대해서 세계는 인격적 신의 '창조'가 아니라, 자취와 형질은 없지만 기(氣)를 제어하고 기를 통해서 현시되는 리(理)에 의해서 열리는 "개벽(開闢)"의 일이라고 비판하면서 이 단어를 썼다.[78] 그렇게 개벽은 유교 세계에서는 보편적인 단어였는데, 수운은 이 개벽이라는 단어를 가져와서 당시 "나라에 악질이 가득

---

77 평생을 직접 맨발로 뛰면서 동학의 자취와 흔적을 발굴해서 동학사를 생생하게 구현하고자 한 삼암 표영삼 선생을 도울 김용옥은 진정 평생 "동학을 해온 진인(眞人)"이라고 칭송한다. 그 표영삼 선생은 수운이 1854년 10년간의 주류팔로(周流八路)를 끝내고 귀가해서 새로운 길을 찾고자 수행에 들어간 지 6년만인 1860년(37세) 4월 5일 (양, 5월 25일)에 체험한 경지를 노래한 「용담가」가 1883년 8월경에 간행한 계미년 경주판에 위와 같은 한글로 실려있었다고 밝힌다. 삼암 표영삼지음, 도올 김용옥 서문, 같은 책, 100쪽.
78 신후담 지음, 『하빈 신후담의 돈와서학변』, 김선희 옮김, 사람의무늬, 2014, 143쪽.

하고 백성들이 한시도 편안할 때가 없는 현실"이 크게 개혁되는 "다시 개벽"을 힘주어서 주창한 것이다.[79]

2) 5만 년 만의 '다시 개벽'으로서의 동학

수운은 그 개벽과 다시 개벽을 위해서 상제가 마련한 것은 "영부(靈符, 신령한 부적)"와 "주문(呪文)"의 두 계책이라고 밝힌다. 5만 년 만의 다시 개벽을 원해서 수운에 말 길어온 상제기 무위이화의 방책으로 제시한 '영부'와 '주문'은 자아를 위한 것이 아니고 다시 상제를 위한 것이고, 상제가 주(主)와 주체가 되는 방식인데, 그래서 그것은 우선 지금까지의 모든 인간 도와 학이 중시하는 '책'의 해체라고 할 수 있고, 그 책을 중시하며 사람과 남녀를 차별해 온 조선 유학의 과거제와 신분제의 해체이며, 그래서 수운은 대각 이후 자신 집의 두 여종을 며느리와 딸로 삼았다. 그는 민중 누구에게나 보편적으로 붓글씨를 가르치고 아이들과 더불어 글씨 쓰는 일을 그의 다반사로 삼았다.[80] 또한, 당시 민중들이 뭐니 뭐니 해도 가장 힘들어했을 고통, 즉 병들었을 때 치료비가 없어서 죽어 가야 했던 고통을 날려 버리는 일이기도 했으니 '물질'의 해체라고 할 수 있겠다. 그런 큰 해방 앞에서 결국은 자아의 감옥에 갇혀 세계 소외와 지구 소외를 불러오는

---

79 도올에 의하면 수운은 "후천개벽"이라는 말은 절대 쓰지 않았고, "개벽"과 "다시 개벽"이라는 말만 썼는데,「용담가」(2회)나「안심가」(2회),「몽중노소문답가」(1회) 등의 가사 말을 분석해 보면 '개벽'은 천지개벽과 문명개벽의 두 차원을 모두 포괄한다고 지적한다, 도올 김용옥,『동경대전』2, 41쪽.

80 박맹수 편저,「최선생문집도원기서」,『최제우 최시형 강일순』, 한국사상선 16, 창비, 2024, 69쪽.

서학적 '주체'의 주장은 설 자리가 없고, 5만 년 만의 '다시' 개벽이라는 것과 "가서 돌아오지 않음이 없는 도리[無往不復之理]"라는 점에서 '역사'의 해체도 포함하면서 만물을 서로 소통하는 관계[萬事知]로 돌려놓는[81] 문명적 대전환의 선언이라고 할 수 있다.[82] 그래서 그로부터 연원한 모든 사회 혁신 운동은 단순한 '개화'가 아닌 '개벽' 운동이었고,[83] "혁명을 넘어서 개벽"이라고 주창된 것이다. 수운 스스로가 밝혔듯이, "누천년(累千年)에 운이 다한" 동양의 유불도 삼도를 포괄하고, 거기에 서도에 대한 응전도 당시 사람들이 그의 가르침을 서학의 한 부류라고 오해할 만큼 심도 있게 받아들여 이룬 것이기 때문에 진정 "동학은 이전의 어떤 개념으로도 규정할 수 없는 새로운 종교"라는 말을 듣는다.[84] 그것은 지금까지는 없던 "전 지구사와 전 우주사의 변혁에 지렛대"를 놓은 시작으로 이해되곤 한다.[85]

필자는 수운이 「논학문」에서 주문 21자의 시천주(侍天主)를 '내유신령(內有神靈)'과 '외유기화(外有氣化)', 그리고 '각지불이(各知不移)'로 설명한 것이 무엇보다도 큰 의미를 담고 있고, 그것은 자신이 체험한 하느님과의 하나 됨의 경험을 온 세상과 우주의 만물에게로 펼치는 초월의 급격한 내재화라고 이해한다. 즉 '성(聖)'의 평범성의 확대'가 극진히 이루어져서 전통

81 『동경대전』, 「논학문」. 萬事者 數之多也 知者 知其道而受其知也故 明明其德 念念不忘則 至化至氣 至於至聖.

82 M. Foucaut, "Truth and Power", The Foucault Reader. edited by P. Rabinow, New York: Pantheon 1984, p.60, 이은선 · 이정배 지음, 『현대이후주의와 기독교』, 430쪽.

83 백낙청 외, 『개벽사상과 종교공부』, 125쪽.

84 도올 김용옥 지음, 『동경대전』 1, 65쪽, 54쪽.

85 김지하, 『동학이야기』, 솔, 1994, 142쪽.

유학이나 다산의 경우를 개벽적으로 훌쩍 뛰어넘어서 더욱 극진하고 지극하게 '거룩'이 온 민중과 온 천하로 퍼져 나가는 것을 말하는 것이라는 의미이다.[86] 그래서 지금까지 유자들이 항상 '공(公)'과 '공동체(共)'를 강조해 왔지만, 여전히 신분을 가르고, 지역을 나누고, 여성과 재가녀를 천시하고, 아이들을 소홀히 여기면서 온갖 사적 욕심[私利]에 빠진 것[各自爲心]을 해체하는 근거를 얻은 것을 말한다. 수운이 "시(侍)" 자와 더불어 설명하듯이 우리 모두에게는 '부모'와 같은 "거룩한 영[神靈]"이 함께하시고, 그래서 우리 긱자는 이 세상에서 자신에게 가장 알맞은 장소와 역할을 얻으면서 그것을 쉽게 빼앗길 수 없는, 빼앗겨서도 안 되는 거룩한 존재이며, 그러한 살아 있는 영의 힘을 각자의 삶에서 힘차게 체험하며 살아가야 하는 존재임을 드러낸 것이다. 그러한 "각지불이(各知不移)"와 "조화정(造化定)"의 의식으로 온 우주와 만물이 하나로 '영화(靈化)'되고 '기화(氣化)'되는 삶의 방향과 지향[外有氣化]을 밝힌 것인데, 이것은 서학의 '신인(神人)' 이원적 관계나 다산에게서의 '영체' 의식보다도 훨씬 더 전복적으로 하늘과 땅, 상제와 인간, 전통 유학의 언어로 하면, 리(理)와 기(氣)를 분리를 넘어서, 그러나 단순한 일원론이 아닌 '불이적(不二的)'인 관계의 방식으로 서로 깊이 연결한 것이라고 필자는 이해한다. 도올은 그것을 "우리가 하느님이다."라는 말로 표현했다.[87]

86 이은선, 『잃어버린 초월을 찾아서』, 도서출판 모시는사람들, 2009, 74쪽 이하.
87 주지하다시피 도올은 그의 대작 『동경대전』 1, 2의 부제를 "나는 코리안이다"와 "우리가 하느님이다"로 잡았는데, 이것은 수운과 동학의 핵심이 바로 전통의 중국과 당시 새로운 운(運)을 따라 등극한 서양을 넘어서 진정 인류 새 문명의 원천이 동아시아 '조선'이라는 나라, 국(國)의 발견이고, 그 대각의 본질은 바로 神의 급격한 육화임을 밝히는 의미이다. 도올은 수운을 예수와 바울과도 비교하고, 그의 시천주의 의식이

이렇게 거룩이 이 땅과 각인(各人)과 각 사물에 다가왔으니 사람의 본분은 이제 나라 전체의 삶과 생명을 마음에 담고 그들을 도와서 편안하게 하고, 안심시키는 "보국안민(輔國安民)"의 그것이 되었다. 구체적으로 동학도들에게는 사회와 자기 공동체와 온 천하를 변화시키고자 하는 실천과 삶이 보인다. 수운은 「포덕문」의 마지막을 바로 이 보국안민의 일로 주제를 삼았고, 자신의 개벽적 하늘 체험과 상제와의 만남이 이 보국안민의 지향이 나온 근거임을 밝힌다. 무극대도의 대각 후 1년여를 수련으로 보내고 나서 수운이 글쓰기에 몰두하면서 나온 글 중에 「안심가(安心歌)」가 있다. 말 그대로 당시의 민중들, 특히 여성들을 대상으로 그들에게 이제 자신이 서학과는 다른 동학의 "나의 가르침"을 줄 것이니 질병으로부터, 주변에서 동학 하는 사람들을 위협하는 기득권 세력으로부터, 일본을 비롯한 외세로부터의 침략에 대해서 "두려워하지 말고" "안심하라"고 가르친다.[88] 지금 나라의 상태가 매우 위험하지만, 상제께서 모든 나라[十二諸國]를 다 버리고 조선[我國運數]에서 "다시 개벽"의 일을 시작하시고, 자신을 "신선(神仙)"이라고 명하며 수백 장의 영부 종이로 낯빛이 변하게 하고, 신선처럼 도인처럼 새 몸이 되게 하셨는데, 그런데도 이웃이 자신을 "서학"하는 것이라고 싸잡아서 비난하는 것이 매우 안타깝다는 것이다:

가련(可憐)하다 가련하다 아국운수(我國運數) 가련하다

전세임진(前世壬辰) 몇해런고 이백사십 아닐런가

근원적으로는 멀리 고조선의 홍익의식과 연결됨을 주장한다. 도올 김용옥 지음, 『동경대전』 1, 340쪽.

88 김재형 역해, 『동학편지』, 206쪽 이하 참조.

십이제국(十二諸國) 괴질운수(怪疾運數) 다시개벽(開闢) 아닐런가

요순성세(堯舜聖世) 다시와서 국태민안(國泰民安) 되지마는

기험(崎險)하다 기험하다 아국운수(我國運數) 기험하다 [89]

한울님이 내몸내서 아국운수(我國運數) 보전(保全)하네

그말저말 듣지말고 거룩한 내집부녀(婦女)

근심말고 안심(安心)하소 이가사(歌詞) 외워내서

춘삼월(春三月) 호시절(好時節)에 태평가(太平歌) 불러보세 [90]

이러한 가운데 관의 탄압과 이웃의 비방으로 더 용담에 머물러 있을 수 없던 수운은 포덕을 그치고 용담을 떠나서 성주(星州)에서 충무공 묘소를 참배하고[91] 전라도 남원으로 향한다. 그 지역의 '은적암'이라는 곳에 터하여 1862년의 새해를 맞으면서 「권학가(勸學歌)」, 「논학문(동학론)」을 짓는다. 그 「권학가」에 보면 수운은 자신의 삶뿐 아니라 시운(時運)에 대해서 "가서 돌아오지 않음이 없는" "일성일쇠(一盛一衰)"의 도리로 말하면서 보국안민(輔國安民)의 일에 대한 자신의 염려를 더욱 드러낸다. 수운은 당시 인심 풍속을 살펴보면 부자유친·군신유의·부부유별·장유유서·붕우유신의 오륜이 있지마는 모두 의미가 없어졌고, 또한 서학에서 말하듯이 "부모 죽은 후에 조상귀신이 없다 하고 제사도 안 지내고, (천당에 가고자) 빨리

---

89 같은 책, 200-201쪽.
90 삼암 표영삼, 같은 책, 147쪽.
91 표영삼선생은 여기서 성주가 충무사가 있는 전남 승주(昇州)의 오기라고 추측한다.
　　같은 책, 149쪽.

죽길 기도"하는데, "부모의 혼령 혼백이 없다 하면서 어찌 저만 유독 있어 하늘에 오르고자 하는가!"라고 날카롭게 비판한다.[92] 이것은 그가 운이 다한 유학과 "요망한 서양 도적[西洋賊]"의 서학에 대해서 동시에 개탄하고, 그런 가운데서도 "무정한 세월"을 넘어 진정 나라를 바르게 하고 인민을 안심시키는 새로운 도를 제시하고자 하는 것과 대비된다.

그는 여기서 영부와 주문에 대해서는 말하지 않는다. 그보다는 다시 "각자위심(各自爲心)"을 탄식하면서 그것을 "동귀일체(同歸一體)"와 "붕우유신(朋友有信)"과 대비하며 바로 인간 누구나가 할 수 있는 '보편'의 공부 방법, "성경이자[誠敬二字]"와 "정성공경[精誠恭敬]"을 제안한다. 이 '정성[誠]'과 '공경[敬]'으로 부모와 나라(군왕)에 대해서 다하지 못한 죄를 뉘우치고, "하루하루 음식도 정성으로 먹고", 날마다 "더욱더 정성과 공경으로 하느님만 생각하소[誠之又誠 恭敬]."라는 부탁을 하는데, 그것이 바로 무극대도이고, 건강도 찾게 되고, 우환 없이 지내면서 나라도 지킬 수 있는 길이라는 것이다.[93] 즉 그의 동학 공부의 핵심은 다시 하늘 아래서 우리의 지극한 '정성[誠]'과 '공경[敬]'이라는 참으로 보편적이고 상식적인 길이 되는 것이다.

3) '성(誠)·경(敬)·신(信)'의 보편선(Universal Good)

이 성(誠)과 경(敬)에 대해서 수운은 이미 「포덕문」에서 말하길, 영부를 받고 주문을 올리는 일에서도 "하느님을 지극히 위하는 사람[至爲天主者]"은

92 김재형 역해, 「권학가」, 같은 책, 282쪽 참조; 삼암 표영삼, 같은 책, 169쪽.
93 삼암 표영삼, 같은 책, 169쪽.

"정성을 들이고 또 들여서[誠之又誠]" "받는 사람의 정성과 공경으로[此非受人之誠敬耶]" 효험을 얻게 된다고 말한다. 그가 아이들을 데리고 붓글씨를 가르치고 검무를 추는 것도 모두 이 정성과 공경의 힘을 기르기 위함일 것이다. 그의 『동경대전』 세 번째 글로서 1862년 6월 은적암에서 이제 경주로 다시 돌아가야겠다고 생각하며 쓴 「수덕문(修德文)」에는 "인의예지는 예전 성인이 가르치신 바이지만, 수심정기는 오직 내가 새로 정한 것이다[仁義禮智 先聖之所敎 修心正氣 惟我之更定]."라는 말과 함께 "대저 이 도는 마음으로 믿어 성실해지는 것이다[大抵此道 心信爲誠]."라고 단언한다. 그러면서 그 '신(信)'과 '성(誠)'에 대해서 다음과 같은 자세한 설명을 더한다:

신(信)이라는 글자를 풀어 쓰면 사람 인(人) 자와 말씀 언(言) 자로 이루어져 있다. 말에는 맞는 말도 있고, 틀린 말도 있다. 맞는 말을 취하고 틀린 말을 버리고, 재차 생각해서 마음을 정하고, 정한 뒤에 다른 말을 믿지 않는 것이 곧 믿음이다. 이렇게 수련하여 마침내 성실함을 이루는 것이다. 성실함[誠]과 믿음[信]은 서로 그렇게 멀리 있지 않다. (그것은 모두) 사람의 말로써 이루는 것이니 먼저 믿음으로써 성실해질 수 있다. 지금 내가 명백하게 가르치니 어찌 믿을 만한 말이 아니겠는가. 공경함으로 성실히 이루고, 이 가르침에 어긋남이 없기를 바란다.[94]

수운은 이후 1863년 3월 그의 사후 『최선생문집도원기서』를 지은 영덕

---

94 『동경대전』, 「수덕문」, 大抵此道, 心信爲誠. 以信爲幻, 人而言之. 言之其中, 曰可曰否, 取可退否, 再思心定. 定之後言, 不信曰信. 如斯修之, 乃成其誠. 誠與信兮, 其則不遠. 人言以成, 先信後誠. 吾今明諭, 豈非信言! 敬以誠之, 無違訓辭.

의 유학자 강수가 자신을 찾아와 도를 수련하는 방법을 물을 때 〈좌잠(座箴)〉이라는 시를 써 주면서 "나의 도는 넓으나 간략하니 많은 말과 의론이 필요하지 않다. 다른 도리가 없으니 성·경·신 세 글자이다[吾道博而約 不用多言義 別無他道理 誠敬信三字]."라고 다시 한번 자신의 도와 그 수련의 길을 '성(誠)·경(敬)·신(信)'이라는 인간 삶의 지극한 '보편선(Universal Good)'으로 정리해 준다.[95] 앞의 「수덕문」에서 수운은 말하길, 자신이 대각 후에 선유(先儒)들의 "하늘을 경배하는 이치[敬天之理]"를 잘 살펴보니 그들은 하늘의 명을 잘 따랐으나 후대는 그것을 망각했다는 것을 알게 되었다고 한다. 또한, 공부자(孔夫子)의 도(道)도 전체로 보면 "하나로 관통하는 일리[一理之所定]"로서 자신의 도와 "대동소이(大同小異)"하면서 "사리의 항상 그러함[事理之常然]"이고, "사람으로서 당연히 해야 하는 일[人事之所爲]"의 "자연스러운 원리[莫非自然]"라는 것을 확실히 알 수 있었다고 한다.[96] 그러나 여기서 공자의 도, 아니면 이후 역사 속에서 썩은 나무와 식은 재처럼 운이 다한 당시 유학보다 수운의 '무위이화(無爲而化)'와 '내유신령(內有神靈)', '외유기화(外有氣化)'의 동학은 그렇게 인간 일상사 당연지사의 보편적인 사리를 말하면서도 "가슴에는 불사의 약, 궁을 태극의 형상을 담고 있고, 입으로는 장생의 21자 주문을 소리 높여 노래하며", "문을 활짝 열어 사람들을 맞이하고 … 법을 설파하니 그 맛이 달고", 아이들도 함께하고, 어른들

95 도올 김용옥 지음, 같은 책 2, 292쪽.

96 『동경대전』, 「수덕문」, 察其易卦大定之數, 審誦三代敬天之理. 於是乎, 惟知先儒之從命, 自歎後學之忘却. 修而煉之, 莫非自然. 覺來夫子之道, 則一理之所定也; 論其惟我之道, 則大同而小異也. 去其疑訝, 則事理之常然; 察其古今, 則人事之所爲.

도 같이 공부하면서 "함께 노래하며 춤추는"[97] 그런 '영(靈)'이 살아 있는 공부였다는 것을 그의 「수덕문」의 또 다른 서술들이 뚜렷하게 밝히고 있다. 필자는 그것을 또 다른 말로 '생리(生理)'와 '활리(活理)', 또는 '지기(至氣)'와 '기화(氣化)'의 역동이 살아 있는 공부와 공동체의 삶이었다고 말하고자 하고, 다시 서구 기독교적인 언어로 하면, '성령의 역사'가 일어난 초대교회와 같은 배움 공동체였다고 말해보고자 한다.

수운은 그런 모습을 보고 "아름다워라[美哉!]" 하고 찬탄한다. 그러면서 사람들이 모여서 함께 노래하고 춤추며 붓글씨를 쓰고 시를 지을 때, '왕희지의 필적인가 놀라고, 나무꾼과 같은 서민이 시를 지어도 감탄하지 않는 사람이 없고, 참으로 뉘우친 사람은 (전설적인 부자인) 석숭의 재물 앞에서도 욕심을 내지 않고, 지극하게 정성을 들일 줄 아는 아이는 사광과 같은 천재 소년의 총명을 부러워하지 않으며, 용모가 환골탈태하여 환해져서 신선들의 노래가 바람처럼 임하는 것 같고, 오랜 병이 저절로 나아서 (편작과 같은) 명의의 이름도 잊어버리게 된다.'라고 세상 모든 갈망과 욕심, 차별과 혐오의 근거, 특히 유교 사회의 주지주의적 폐해를 극복하고 벗어난 공동체의 모습을 환희에 차서 그린다.[98]

---

97 『동경대전』, 「수덕문」, 又勸布德. 胸藏不死之藥, 弓乙其形; 口誦長生之呪, 三七其字. 開門納客, 其數其然; 肆筵設法, 其味其如. 冠子進退, 悅若有三千之班, 童子拜拱, 倚然有六七之詠. 年高於我, 是亦子貢之禮; 歌詠而舞, 豈非仲尼之蹈!

98 『동경대전』, 「수덕문」, 美哉! 吾道之行. 投筆成字, 人亦疑王羲之迹; 開口唱韻, 孰不服樵夫之前. 懺咎斯人, 慾不及石氏之賮; 極誠其兒, 更不羨師曠之聰. 容貌之幻態, 意仙風之吹臨; 宿病之自效, 忘盧醫之良名.

4) 일상의 성화(聖化)와 영화(靈化)를 위한 해월 최시형

(1) **해월 최시형에게 전해진 동학의 도**: 동학의 공동체는 크게 열려 있었고, 거기서 삶은 구체적으로 변화하는 경험을 통해서 온갖 사적인 욕망과 욕심에서 벗어나서 참으로 '공(公)' 할 수 있고, '보국안민'이 제일의 과제가 되는 것이었다. 이와 같은 삶과 배움, 거룩과 일상, 믿음(信)과 공경(敬)과 성실(誠)이 함께하는 도와 공부를 더욱 크게 밀고 나간 사람이 수운에게서 "용담의 물이 흘러 사해를 이루고", "구미산의 봄이 옴으로 온 세상을 꽃 천지로 화하게 할" 도라는 것을 직접 전해 받은 제자 해월 최시형(海月 崔時亨, 1827-1898)이다. 수운은 삶의 마지막 날들에도 자신들의 공부가 "천년이 운세(千年運)"와 "백 세대로 이어질 과업(百世業)"으로서의 일이라는 것을 거듭 말하며 같은 길을 가는 도반(道伴)들에게 "온 세상 산하의 대운이 이 도로 돌아올 수밖에 없으므로(山河大運 盡歸此道)" "마음의 기둥을 굳세게 하고(固我心柱)" 결코 "마음을 급하게 먹지 말라(勿爲心急)."고 당부한다. 또한, "이 큰 도를 자신의 작은 일을 이루는 데 쓰지 말고, 공훈을 세울 수 있을 기회에 임해서 극진하게 정성을 다하면 자연스럽게 도움이 있으리라(如斯大道 勿誠小事 臨動盡料 自然有助)."라고 밝힌다.[99]

수운은 이 「탄도유심급(歎道儒心急)」 시의 마지막을 "그러하지 않은 것 같아도 그러한 것(不然而其然)이고, 멀리 있는 것 같아도 멀리 있지 아니하다(似遠而不遠)."라는 말로 끝맺는다. 이어서 수운이 1863년 12월 10일 체

---

99 『동경대전』, 「탄도유심급歎道儒心急」, 김재형 역해, 『동학편지』, 108쪽과 도올 김용옥 지음, 『동경대전』 2, 255쪽 번역 참조.

포되기 한 달 전쯤 마지막 '유서'와도 같이 쓴 글에서 "불연이기연(不然而其然)"이란 단어가 다시 나온다. 다가오는 마지막을 예감하며 다시 한번 그때까지 세상의 토대와 도전이었던 유학과 서학, 그리고 당시의 비참한 나라 상황을 마주하고서 자신의 우주관과 세계관, 역사관과 깊은 존재론을 드러낸 글을 쓴 것이다. 다음 장에서 이 글에 대한 더욱 세밀한 논의를 하고자 한다.

　수운은 1864년 2월 20일경 대구 감영에서 마지막으로 혹독한 심문을 받았다. 이때 다리뼈가 부러지며 우렛소리가 났다고 하는데, 그날 날이 저문 후 옥리의 종으로 변장해서 찾아온 제자 해월에게 "… 기둥은 말라 버린 모습이나 그 힘은 여전히 남아 있도다[枯似固形力有餘]."라는 시와 함께 "높이 나르고 멀리 도망가서[高飛遠走]" 화(禍)를 피하여 도를 전하라는 큰 명(命)과 임무를 전했다.[100] 해월은 1864년 3월 10일 수운이 대구 남문 밖 관덕당 앞뜰에서 참형된 후 대구를 빠져나와 1898년 5월 24일 강원도 원주에서 붙잡혀 7월 20일 경성 감옥에서 교수형을 당하기까지, 34년 동안을 '최보따리'라는 별명의 2대 교주로서, 스승이 열어 놓은 '다시 개벽'의 일을 재건하고 확산하기 위해서 온갖 고생과 박해, 위험을 무릅쓴 것이다. 그는 자신의 식솔과 수운 선생의 부인(박 씨)과 식구들을 보살피며 1865년 가을, 동학 탄압이 뜸해지는 틈을 타서 그는 태백산맥 오지에서 첫 번째 맞는 수운 탄신 기념 제례를 준비하면서 동학 조직 재건을 모색했고, 여기서

100　삼암 표영삼 지음, 같은 책, 317-318쪽, 도올 김용옥 지음, 『동경대전』 2, 396쪽; 이날 감옥에서 마지막 시를 해월이 직접 받았나, 아니면 옥리 곽덕원이 받아서 전해준 것인가에 대해서 두 연구자의 의견이 서로 다르다.

해월은 "인(人)은 즉천(卽天)이라."는 '인내천(人乃天)'을 주제로 강론을 펴면서 귀천의 신분 차별 타파를 가장 먼저 주장하였다.[101] 표영삼 선생은 이것을 수운 선생의 '시천주(侍天主)'의 신 관념을 "일상적인 생활에 적용하게끔 재해석한 것"이라고 밝힌다.[102]

(2) **일상의 성화** : 이어지는 도피 생활 속에서도 해월은 다시 1866년 3월 10일 수운의 순도 기념 제례를 열면서 조선왕조 체제의 근간이었던 신분제의 하나인 '적서(嫡庶)' 차별을 철폐하자고 강조했다. 또다시 가을 10월 28일 탄신 기념 제례를 마련하면서 이제 매년 두 차례, 순도 기념일과 탄신 기념일을 정기화하면서 계 조직으로 접 조직을 되살리고자 했다. 여기서 해월은 도인들의 수행 자세에 대하여 강론하며 '양천주설(養天主說)', 즉 "내 몸에 모셔 있는 한울님의 뜻을 부모님의 뜻처럼 잘 받들어 모신다."는 뜻을 펼쳤다.[103] 스승 수운이 돌아가신 후 해월의 행적을 읽으면서 필자에게 참으로 감탄스러웠던 것은, 그가 어떻게 경상도, 강원도, 충청도의 깊은 산중으로 어려운 도피 생활을 하면서도 이러한 기념 제례들을 준비했고, 또 그 가운데서 하늘을 섬기고 예배하는 일로써 자신의 수련을 지극히 몰고 갔느냐는 것이다. 해월은 도반들과 함께 지속적으로 21일, 49일 주문 수련을 반복해서 온 정성으로 하면서 거기서 힘을 얻어 접도 살려 가고, 동학 고유의 하늘에 드리는 제례식(고천제·구성제)도 정착시켜 간 것이

---

101 삼암 표영삼 지음, 같은 책, 335쪽.
102 같은 책, 337쪽.
103 같은 책, 338-346쪽.

다.[104] 그러면서 어떻게든 수운의 행적을 올바로 전하고자 사적을 편찬하고 수운이 남긴 노래와 글을 경전으로 간행하는 일을 이루고자 했다. 1879년 『최선생문집도원기서(崔先生文集道源記書)』라는 동학의 초기 역사서 간행 착수를 시작으로 1880년 『동경대전(東經大全)』을 강원도 인제에서 출간했다(인제경진초판본).[105] 1881년 수운이 남긴 한글 노래 모음집인 『용담유사(龍潭諭詞)』와 1883년 『동경대전』의 목천판과 경주판 출간 등, 해월은 구송이나 문자로 기록되어 내려오는 것을 각고의 노력으로 판본화하여 정착시켜 나간 것이다.[106] 그러나 해월이 이러한 일들을 헤 나가는 동안 나라는 점점 더 위기 상황에 부닥치며 1866년 병인양요와 1876년 병자수호조약 이후 임오군란(1882)과 갑신정변(1884)을 거치면서 돌이킬 수 없는 상황으로 내달았다.

『최선생문집도원기서』나 『해월선생문집』[107] 등을 보면, 해월과 강수 등은 기회가 닿는 대로 49일 주문 수련을 하면서 주문 외우기를 백만 번으로 정하여 하루에 주문 2~3만 회씩 외웠다고 한다.[108] 해월은 특히 동학의 수행은 일상생활을 참되게 살아가도록 하자는 공부라는 점을 강조했고, '시천주'의 신 관념을 분명히 깨달아야 한다는 점을 거듭 말하면서 "천지신명은 뭇[生物]로 더불어 추이(推移, 변화 생성하는 것)하는지라."라고 했다. 이

104 삼암 표영삼 지음, 『동학 2』, 통나무, 2005, 83쪽 이하.
105 도올 김용옥 지음, 『동경대전』 2, 411쪽.
106 윤석산 주해, 『동경대전』, 326쪽 참조.
107 박맹수 편저, 『최제우 최시형 강일순』, 한국사상선 16, 167쪽 이하, 175쪽.
108 삼암 표영삼 지음, 『동학 2』, 54쪽.

것은 하느님을 저 높은 초월의 세계에서 찾는 것이 아니라, 바로 여기 살아 움직이는 생물과 더불어 변하고 생성하는 분이라는 것을 알라고 강조한 것이다.[109] 그래서 우리의 공부는 그 생물과 더불어 마음으로 조율하는 노력을 통해 서로 소통하는 경지로 나아가는 것이고[至氣感應],[110] 해월의 깊은 기도 수련은 그로 하여금 이후로 교만하고 사치한 마음을 절대 허용하지 않는 '대인접물(待人接物)', 며느리가 베 짜는 것을 하느님이 짜는 것으로 알라는 '천주직포설(天主織布說)', 어린아이도 하느님으로 대하라는 '사인여천(事人如天)', 도인들 간에 가진 자와 못 가진 자가 서로 형제처럼 나누며 돕고 살라는 '유무상자(有無相資)', "부부화순(夫婦和順)은 우리 도의 초보"라고 하면서 글 모르는 부인을 위한 「내칙」과 「내수도문」을 선포한 것, 그리고 부모의 포태(胞胎)가 곧 천지의 포태인데 사람들이 부모 포태만 알고 천지 포태를 모르니 그 이치와 기운을 깨닫게 해 주기 위한 '천지부모(天地父母)', 그리고 마침내는 하늘과 감응할 수 없는 죽은 조상의 몸을 위한 제사상보다는 천지와 부모로부터 포태하여 하늘과 감응하는 살아 있는 나를 위해 상을 차리라는 '향아설위(向我設位)',[111] 그렇게 세상의 만물 안에 하늘의 씨앗이 내재하는바, 이제 우리가 먹고 마시는 일은 곧 하늘이 하늘을 먹고 마시는 것이라는 '이천식천(以天食天)'까지[112] 해월의 주옥같은 가르침들을 설하게 했다. 그 모든 것은 그가 어려운 처지에서 온갖 일과 혁명을 이끄는 가운데서도 그치지 않은 깊은 수련 속에서 얻은 깨달음

---

109 같은 책, 115쪽.
110 이규성, 『최시형의 철학』, 이화여자대학교출판부, 2011, 23쪽.
111 박맹수 편저, 『최제우 최시형 강일순』, 한국사상선 16, 228쪽.
112 도올 김용옥 지음, 『동경대전』 2, 490-491쪽 참조.

이었다. 남은 기록에서 그가 여러 계기에 21일, 49일 등의 기도를 마치고 오면 그 전에 말하지 않던 새로운 가르침들을 도반들에게 나누어 주곤 했던 정황을 잘 읽을 수 있다.[113]

(3) **교조신원운동과 동학농민혁명** : 해월은 1875년 10월, 조선이 국권을 잃어가는 데 결정적인 계기가 되는 1876년 일본과의 불평등 병자수호조약이 이루어지기 얼마 전, 스승 수운의 차남 세청(世淸)마저 갑작스럽게 병사한 후 새로운 출발을 다지기 위해 하늘에 제시한 후, 자신의 이름을 12명의 도반과 함께 '때'의 '시(時)' 자를 넣어서 최경상(崔慶翔)에서 최시형(崔時亨)으로 바꾼다. 이때 해월은 '용시용활(用時用活)'의 가르침을 펼쳤다고 하는데, 이것은 해월과 동학이 창시자 수운을 따라서 그 큰 무극의 도를 바로 여기 이 땅의 시점에서 펼치려고 했고, 초월과 내재의 깊은 하나됨, 거룩[聖]의 현재화와 내재화, 일상화를 추구했음을 알게 해 준다. 그것은 큰 '믿음[信]'의 도였던 것이다:

대저 도(道)는 용시용활(用時用活)하는 데 있나니 때와 짝하야 나아가지 못하면 이는 사물(死物, 죽은 물건)과 다름이 없으리라. 하물며 우리 도(道)는 오만년(五萬年)의 미래를 표준(標準) 함에 있어 앞서 때를 짓고 때를 쓰지 아니하면 안 될 것은 선사(先師)의 가르친 바라. 그럼으로 내 이 뜻을 후세만대(後世萬代)에 보이기 위하여 특별(特別)히 내 이름을 고쳐 맹서(盟誓)코저

---

113 윤석산 역주, 『도원기서』, 도서출판 모시는사람들, 2012, 75쪽, 137쪽; 삼암 표영삼 지음, 『동학 2』, 126쪽 등을 보면 해월이 기도와 더불어 그의 대표적인 깨달음들을 얻는 경과를 유추해 볼 수 있고, 교의 조직을 다져가는 데도 유사했던 것을 알 수 있다.

하노라(創)(東)(書).[114]

이러한 해월의 인도 아래 우리가 많이 들었듯이, 이후 동학교도는 1871년의 '영해 교조신원운동'('이필제의 난')을 뒤로 하고, 서학의 천주교도 이제 박해의 큰 어려움 없이 전교하게 된 것을 보면서, 점점 더 내부적 민중 수탈과 외세 침략으로 큰 위기에 빠져드는 나라를 바로 하기 위해서도 우선 교조 수운의 신원(伸冤)이 이루어져야겠다고 생각했다. 그래서 동학도들도 신분의 위험 없이 다른 교처럼 자유롭게 활동할 수 있도록 해야겠다는 결단으로 1892년 10월 교조신원운동을 시작했다.

주지하다시피 이 동학 농민군의 전쟁과 혁명으로 한반도 땅에서 청일전쟁(1894)과 러일전쟁(1904)이 발발했다. 먼저 청일전쟁으로 동아시아의 전통적인 중국 중심 지배질서가 무너지고 조선은 청으로부터의 오랜 종속 관계에서 벗어남과 동시에 일본의 침략대상이 되었다. 청나라의 경우는 전쟁에서 패한 후 열강의 침입이 강화되는 가운데 결국 1911년 신해혁명으로 왕조가 멸망하는 지경에 이르렀다. 러시아에서는 러일전쟁의 패배 이후 생활이 빈곤해진 국민 사이에 민중봉기가 일어나 러시아혁명으로 이어지는 계기가 되었으며, 또 러시아가 러일전쟁으로 세력이 약해진 틈을 타서 1908년 오스트리아-헝가리 제국이 발칸에서 이웃 나라들을 병합해 가는 가운데 갈등이 발생해 그것이 제1차 세계대전의 도화선이 된 것이다. 사라예보에서 그 황태자 부부가 살해되는 사건이 발생한 것을 말

114 윤석산 역주, 『도원기서』, 137쪽; 도올 김용옥 지음, 『동경대전』 2, 407쪽 참조.

한다. 이것을 보더라도 조선의 동학은 해월도 명시한 대로 전 세계를 뒤흔드는 '후천개벽'의 진원지가 된 것이다.

5. 서학의 '신학'(神學)과 동학의 '천학'(天學)에서 지구 '신학(信學)'으로

해월을 이은 3대 교주 의암 손병희(義庵 孫秉熙, 1861-1922)는 나라가 일본에 병탄된 후 10여 년 만에 일어난 1919년의 3·1운동에서 지대한 역할을 하였고, 이후 동학의 민중적 해방과 생명의 힘은 20세기 한국현대사에서 굽이굽이 역할을 한 것으로 지목되고 있다. 1961년 4·19혁명, 1980년 광주 민주항쟁을 거쳐 지난 2016년 박근혜 정권을 몰아낸 촛불 혁명에서 동학 민중적인 힘이 다시 한번 뚜렷이 타올랐음을 본다. 예를 들어 2016년 촛불혁명 당시 세계가 놀란 대로 한 장소에서 백만 명 이상이 모이고 난 자리에도 쓰레기 하나가 안 남았고, 우발적인 사고 없이 질서 정연하게 모이고 흩어지던 것이 크게 회자하였는데, 삼암 표영삼 선생의 기록에 보면, 바로 120여 년 전의 동학 농민항쟁의 현장이 바로 그랬다는 것이다. 참으로 놀랍고 경탄할 만한 일이 아닐 수 없다.[115]

1) 수운 '불연기연'(不然其然)의 이원적 두 차원

이렇게 지난 100여 년의 시간 동안 거의 30만 명의 큰 희생을 치르고 지

---

115 삼암 표영삼 지음, 『동학 2』, 298쪽 이하.

속된 동학 '다시 개벽'의 그 생명력은 무엇이었을까? 도올 김용옥은 그것을 '기(氣)일원론'의 입장에서, 특히 조선 말 혜강 최한기(惠岡 崔漢綺, 1803-1877)의 사상을 단지 '기론'(氣論)이 아니라 "과학적 합리주의의 극치"로서 "기학(氣學)"이라고 크게 평가하면서, "논리적으로 본다면 최한기의 기학은 동시대의 최수운의 득도(得道)의 패러다임을 열며 준비해 놓고 있었다."라는 말을 한다.[116] 하지만 필자는 앞에서도 밝힌 대로, 이러한 '기(氣)' 우선적이고, 기일원론적인 입장과 '기학(氣學)'이라는 이름이 지니는 한계와 맹점을 본다. 물론 도올은 혜강의 기(氣)가 "실체"나 "관념"이 아니며, "운동"일 뿐이라고 강조한다. 하지만 그와 같은 과격한 기일원론은 특히 오늘날과 같은 물질개벽 이후의 시대에 자칫 반대로 정신의 차원[理]을 탈각시키고, 드러난 것과 경험가능하고 형태를 가진 것, 현재적인 것 이외의 다른 차원과 영역을 인정하지 않는 단차원적 유물론으로 환원되기 쉽다는 것이다. 앞에서도 지적했지만, 조선 사상사에서 퇴계는 고봉(高峯)과 같은 새로 오는 세대의 기일원론적인 세계관이 어떻게 마침내는 도덕적 세계 소외(world alienation)와 자아 절대주의, 이세상주의에 빠질 수 있는가를 보고 그에 대응하기 위해서 긴 세월을 노력했다. 젊은 세대 고봉의 기(氣) 중심적인 사유는 퇴계가 리·기(理·氣) 이원(二元)을 어떻게든 유지, 확보하려는 시도에 비해서 훨씬 합리적이고 논리적으로 보이며, 세계와 조선 문명의 흐름도 물질과 세속, 개인과 몸의 감정 등의 기적(氣的) 차원이 부각되는 방향으로 전개되어서 그와 훨씬 더 잘 부합하는 것처럼 보

---

116 도올 김용옥 지음, 『동경대전』 1, 313쪽.

였다.[117] 하지만 퇴계는 거기서 리(理) 주도성과, 또는, 리·기(理·氣) 관계의 '영적'(靈的) 이원성을 잃어버릴 때, 세밀하게 두 차원의 다름을 생각하지 못하는 '사유' 없음[鶻圇吞棗, 새가 대추를 통째로 삼키는 것]과 하늘[天]과 세계[物]라는 타자에 대한 '존중[敬]' 없음, 그것으로 인한 '믿음[誠]' 없음이 어떻게 정치와 시대와 자아를 더욱더 잔인한 분당과 분파, 향락과 퇴폐, 허무주의로 이끌 것인가 하는 것을 예견하고 염려했다. 필자는 도올의 '기학(氣學)'이라는 단어도 그러한 유사한 위험을 불러올 수 있지 않을까 하는 의구심을 가지고 있다.

도올은 필자가 보기에 수운이나 해월이 명백하게 오늘 우리 인간 상식이 보편적으로 종교적으로 이해한 '신(信)' 개념도 어떻게든 합리의 차원에서 해석하여 그 신(信)의 종교성과 영성을 탈각시키고자 하는 것으로 보인다.[118] 특히 수운의 마지막 유언과 세계관적 정리라고 할 수 있는 「불연기연(不然其然)」이라는 글을 해석할 때 그러한 경향이 뚜렷이 드러난다. 도올은 수운이 당시 세상 사람들이 천지 만물 존재의 시작이나 시초 등에 대해 사려 깊은 물음이 없이 그저 단순히 "운(運)"이라 하고, 그저 "반복[復]"되는 것이라고만 말하며 그 근원을 생각하지 않는 것을 안타까워하는 마음을, 바로 그러한 시초의 '불연(不然, 그렇지 않기도 함)'의 일을 모두 '기연(其然, 그러하기도 함)'으로 알아야 한다는 것을 강조하는 의미라고 풀이한

117 이은선, "퇴계 사상의 '신학(信學)'적 확장-참 인류세 세계를 위한 토대[본원지지] 찾기(I)", 『퇴계학보』 제153집, 2023.6, 165쪽 이하.
118 도올 김용옥 지음, 『동경대전』 2, 188쪽.

다.[119] 그래서 그는 이 글의 제목 '불연기연(不然其然)'을 '불연/과/ 기연'이라는 세상과 존재의 이원성을 의미하는 병렬적 의미로 풀지 않고, "불연/은/ 기연이다."라는 주어와 종속절 서술어의 관계로 해석한다. 그러면서 도올은 "인류 지성사의 발전은 결국, 불연을 기연화하는 과정이었다."라고 말하며, 수운이 우리 민족에게 "종교를 선사한 것이 아니라 과학을 선사하려 했던 것이다."라고 언명한다.[120]

필자는 여기서 일면 또 하나의 과격한 일원주의적 사유의 한계를 본다. 그것은 칸트 등이 지적한 대로, 인간의 형이상학적 질문이란 그의 호흡 활동처럼 그가 살아 있고 존재가 계속되는 한 결코 그만둘 수 없는 일인데도, 그 질문이 필요없고 잘못된 것이라고 윽박지르는 것이 될 수 있다. 그러한 요구는 존재의 무수하게 다양한 '다름'의 차원을 무시하고, 시간의 전 과정을 하나의 원리적 이념에 맞추려는 위험한 형이상학적 강요가 될 수 있다. 앞에서 들었던 퇴계의 말을 다시 가져오면, 그는 시대가 리·기(理·氣)의 "분개(分槪)"를 마다하고 "혼륜(渾淪)"만을 고집하는 병폐에 대해서 그 둘의 나뉠 수 없음에도 불구하고 서로 섞일 수 없음[불상리 불상잡(不相離 不相雜)]을 끝까지 고수하고자 했고, 유사하게 러시아의 N. 베르댜예프는 칸트 이후, 오늘 본 글의 언어로 하면 '기일원론자'라고 할 수 있는 카를 마르크스까지 포함해서 서구 관념론의 "잘못된 일원론"을 세차게 비판했다. 서구 현대 여성 정치철학자 한나 아렌트도 인간 삶에서의 "차이의 어

119 『동경대전』, 「불연이기연」. 聖人之以生兮 河一淸千年 運自來而復歟, 박맹수 편저, 『최제우 최시형 강일순』, 한국사상선 16, 97쪽 참조.
120 도올 김용옥 지음, 『동경대전』 2, 200쪽.

두운 심연(the dark background of difference)"에 대한 주목을 중시했다.[121]

필자는 이러한 모든 사유와 더불어 어쩌면 수운이 우리 삶과 역사, 우주의 전 운행에서 그 '기연'을 찾고[測], 그것에 대해 우리가 계속 생각하고[思], 헤아리고[忖], 탐구하고[探], 논하는 일을 매우 중시했고, 그것을 하지 않는 것을 많이 애석해했지만, 그렇다고 그것이 곧 불연의 차원을 모두 그 기연적 합리의 차원으로 환원하고, 불연의 차원을 전부 치워버리고자 한 것은 아니라고 본다. 오히려 필자가 보기에는 그 두 차원에 대한, 그 설명을 다 할 수 없고, 그래서 "불연이 불연인 이유를 잘 알지 못하기 때문에 불연이라고도 쉽게 말할 수 없는[不知不然 故不曰不然]" 차원이 있음을 동시에 말하면서, 그 차원에 대한 끊임없는 관심을 촉구한 것으로 읽는다. 수운은 그러한 차원의 "묘연지사(杳然之事)"에 대해서 말하며, 왜 세상 사람들은 그 차원을 끝까지 추구해보지 않는지 답답해한다. 그것은 한 사람이 자신이 과거에 이미 깨달은 것을 절대화하지 않고, 그래서 그 기연에 맞추어서 모든 것을 재단하지 않고, 모두가 나름의 자기 자리가 있다는 것을 인정하는 입장이라고 할 수 있다. 여기서 수운은 바로 '기연'에 대해서도 '기댄다, 의지한다, 믿는다'라는 뜻의 "시(恃)" 자를 쓰는데[乃恃其然者], 불연에 대한 추구도 이 기연의 이미 아는 것에 기대고, 믿고, 의지해서 그 토대를 근거로 이루어지는 일임을 말한 것이다. 즉 기연과 불연의 이원적 두 차원을 쉽게 섞지 않았다는 것이다.

---

121 Hannah Arendt, *The Origins of Totalitarianism*, A Harvest Book, 1976, p. ;한나 아렌트, 『전체주의의 기원』, 이진우/박미애 옮김, 한길사, 2006; 이은선, "퇴계 사상의 '신학(信學)'적 확장-참 인류세 세계를 위한 토대[본원지지] 찾기(I)", 171-172쪽.

2) 도올 기(氣)일원적 동학 이해의 한계

한편 수운은 이렇게 아득하고, 멀고, 도저히 그 기원과 시초를 알 수 없는 차원이 있지만[不然], 자연의 소나 까마귀, 제비조차도 기원과 그 기원을 있게 한 어머니나 주인을 알아볼 수 있고, 서로 소통할 수 있음을 말한다. 어린아이조차도 말로 해 주지 않아도 부모를 알아본다고 하면서 어찌 그러한 일이 가능한지, 가능해지는지 모를 일이지만, 그래서 단정하기 어려운 것은 불연이고, 또한 그 먼 기원을 탐구해 견주어보면 불연이고, 불연이며 또 불연이지만, 그것을 "조물자에 의지해서 보면[付之於造物者]", 그것은 기연이고, 기연이며, 그 그러함의 이치가 있다는 것을 알게 된다고 가리킨다.[122]

여기서 우리는 "조물자(造物者)"라는 단어와 마주한다. 수운은 이 「불연기연(不然氣然)」의 글에서 세상 문명의 시작과 전개에 대해서 "조(造)" 자를 쓰고, "작(作)"이나 "수(受)" 등의 매우 인격적인 단어를 쓴다. 이러한 단어들의 의미와 사용은 이미 앞에서 지적했지만, 특히 예전 서학을 세차게 비판하던 성호 이익의 제자 신후담이나 안정복 등이 서학 창조주가 세상을 무에서 유로 '창조[制作天地]'했다고 주장하는 것에 대한 비판을 제기할 때 만난 단어들이다. 이 반서학적 공서파(攻西派)들은 자신들 유학의 "개벽의 일[開闢之事]"이란 세계가 '창조(創造)'된 것이 아니라 "진실로 말하

---

122 『동경대전』, 「불연이기연」, … 赤子之穉穉兮 不言之知夫父母 胡無知胡無知 斯世人兮 胡無知 … 耕牛之聞言兮 如有心如有知 以力之足爲兮 何以苦何以死 烏子之反哺兮 彼亦知夫孝悌 玄鳥之知主兮 貧亦歸貧亦歸是故 難必者不然 易斷者其然 比之於究其遠則 不然不然 又不然之事 付之於造物者則其然其然 又其然之理哉.

기 어려운" 리(理)에 의해서 "열리는[開闢]" 일이라고 강조했다.[123] 즉 필자가 보기에 여기서 수운이 '조물자'를 말했다는 것은, 그는 이러한 공서파들과는 달리 자신의 사유에서 서학적 '인격신(人格神)'의 차원도 배제하지 않았다는 것을 말하는 것이다. 그런데도 도올은 필자가 보기에 이 '조물자'의 번역을 "사물이 생성되어 가고 조화의 세계에 의탁하여 생각하면"이라고 하면서, 수운이 '불연'의 차원을 인정하고 그것을 특히 서학적인 인격신의 창조 행위와도 연결하여 살피려는 차원을 지워버리고자 한다. 이러한 모든 것은 필자가 보기에는 도올의 기학적 일원론이 어떻게든 서구 기독교의 영향을 무시하고 인정하지 않으려는 부자연스러움과 억지에서 나오는 것이라 여겨진다. 도올은 말하기를, "수운은 죽기 전까지 우리 민족이 서양의 악폐인 이원론적 사유에 오염되지 않기를 소망하면서 이 글을 썼다."라고 하면서, "모든 종교와 철학이 이 간판 하나로 먹고살고 있는 것이다!"라고 격하게 비판한다.[124] 필자는 이러한 해석이야말로 수운 「불연기연(不然氣然)」의 오독이 될 수 있다고 생각한다. 오히려 수운은 갓난아이나 자연의 미물조차도 자연스럽게 자신의 부모나 근원을 알 수 있을 정도로 '불연'이 가장 자연스럽게 '기연'의 차원과 연결되어 있다는 것을 말하지만, 그래서 도올이 그렇게 기일원론을 강조하는 것이겠지만, 그 기연조차도 우리의 시선을 불연으로 향하게 하기 위한 "지지대[乃恃其然者]"인 것을 밝히면서 불연과 기연이 어느 하나를 탈각시키거나 무시할 수 없는 이원(二元)인 것을 가리킨다. 즉 그것은 '불이적(不二的)' 이원론이지 결코 기

---

123 이은선, 『한국 페미니스트 신학자의 유교 읽기』, 134쪽.
124 도올 김용옥 지음, 『동경대전』 2, 208쪽.

일원론이 아니며, 또한 서학의 인격적 차원도 적극적으로 끌어들이는 것을 말하는 의미라는 것이다.

　도올은 앞에서 우리가 참으로 동학 공동체의 생생한 영적 삶과 체험의 고백서로 읽은 「수덕문(水德門)」에 분명하게 명시된 그의 "선신후성(先信後誠)", 즉 '믿음을 우선으로 해서 성실하고 진실해지는 것'의 가르침도 역시 매우 반(反)종교적이고, 반기독교적인 정서에서 해석하려고 한다. 그는 "수운의 말에서 '믿음'이라는 용어는 파기되어야 한다. 수운이 말한 적이 없기 때문이다."라고 하면서 인간 마음과 인식과 정서에서의 '믿음'과 '신뢰', '상상'과 '의지' 등의 차원을 내포하는 '신(信)'의 차원을 빼 버리려는 편협성을 드러낸다. 필자가 이번 연구에서 다시 한번 놀랍게 발견한 것은 수운 선생 자신이 이 '신(信)' 자에 대해서 그것을 파자까지 해가면서 매우 강조하였다는 사실이다. 해월도 마찬가지였는데, 그에 반해서 도올은 다시 「수덕문(水德門)」에서 "심신위성(心信爲誠)", 즉 '믿어서 성실하고 진실해지는 것'이라는 수운 선생의 말씀 다음에 나오는 구절인 "재사심정 정지후언 불신왈신(再思心定 定之後言 不信曰信)"을 "다시 생각하고 또 생각해서 마음을 정한 이후의 다른 말에 대해서는 믿지 않는 것이 곧 믿음"이라는 자연스럽고 보편적인 번역과 해석을[125] 세차게 비판하면서("가장 괘씸하게 생각하는 것"), 그 대신 "마음을 정한 이후의 말이라고 하는 것은, 함부로 타인이 말을 신뢰하지 않기 때문에(당시 가짜 동학이 있었다) 오히려 그 말이 신험한 것이다(입증 가능한 신험한 말로써 이루어져 있다)."라고 번역한다. 사실

125　박맹수 편저, 『최제우 최시형 강일순』, 한국사상선 16, 94-95쪽 참조.

속뜻은 그렇게 다르지 않다고 보는데, 도올은 어찌 되었든 '믿음', '믿는다 [信]'라는 단어를 쓰기 싫어하면서 억지스럽게 번역하고, 그것은 어떻게든 종교로서의 서구 기독교의 '믿음'이라는 것으로부터 멀리 가서 그 대신에 철학과 학문과 궁극을 향한 과정적 작업으로서의 '학(學)'과 '배움'을 내세 우는 것이다.[126] 그래서 서양인들은 "극히 불합리한 것, 비이성적인 것"을 믿는 것을 "은총"이라고 한다고 하면서 비판하고, "그러나 수운에게는 이 러한 불합리가 존재할 수가 없다. 그러기 때문에 종교적 '믿음'이란 성립 할 수 없다."라고 단정적으로 말한다.[127]

도올은 '신(信)' 자를 "말이 신험한 것", "거짓이 없다는 것", "거짓말하지 않는 것" 등으로 매우 이성적이고, 인본주의적인 차원에서 도덕적 가르침 에 치중하여 풀고 있다. 필자는 그러나 그러한 해석이야말로 수운과 그의 '다시 개벽'의 일에서 그가 '신(信)'을 강조하고, 그것을 우선시하면서 '신· 경·성(信·敬·誠)'이라는 5만 년 만의 문명개벽을 위해, 그리고 거기서 각 존 재의 주체적 자기 자리를 찾아주기 위해서 고투해 온 결과로 얻은 깨달음 의 진의에 반하는 것이라 생각한다. 수운이나 해월이 '동학'을 통해 이 땅 의 유불선을 통합하고, 서학의 기독교로부터도 영감과 도전을 받고서 밝 힌 개벽의 도는 도올이 여기서 여러 가지 확정적인 단어로 반대하는 것처 럼 신앙적 '믿음[信]'의 차원을 탈각시킨 것이 아니라고 보기 때문이다. 오 히려 그것을 이제까지 인류 정신사에서 볼 수 없는 정도와 수준으로, 매

---

126 도올 김용옥 지음, 『동경대전』 2, 155쪽.
127 같은 책, 188쪽.

우 다차원적이고 중첩적으로, 그리고 오묘한 '영(靈)'의 역사로 통섭하고 업그레이드시킨 것이라 여긴다. 필자는 동학에서 많이 쓰는 단어인 '지기 (至氣)'나 '신령(神靈)', '영기(靈氣)', '생령(生靈)', '성령(性靈)' 등이 모두 그러한 차원의 언어라고 생각한다. 또한, 동학 연구가 조성환은 유사한 지시로서 "천학(天學)"이라는 단어와 함께 서구 근대에 대해서 동학을 "토착적 근대"나 "영성적 근대"로 말하는데, 여기서 필자는 동학을 또 하나의 '근대'로 규정하는 것과 '탈유교화'를 핵심으로 보는 것에는 이의가 있지만, 동학의 "영성적" 차원을 밝히는 입장에는 동의한다.[128] 이에 반해서 도올은 수운이 1855년 구도의 길에서 접한 『기도의 가르침[祈禱之敎]』이라는 책이 마테오 리치 신부의 『천주실의』일 수밖에 없다고 강조함에도 불구하고 오히려 신(信)의 해석에서는 자체 모순을 드러내는 것으로 보인다.[129]

3) 믿음의 통합학, 한국 '신학(信學)'으로서의 동학 이해

일찍이 수운의 삶과 사유에 주목하며 1960년대에 그의 시대 전복적 의식을 기독교 기원전 신구약 중간기의 묵시문학가의 그것과 유비하는 한국 토착화 신학자 이신(李信, 1927-1981)은 바로 우리 믿음[信]의 그와 같은 차원에 집중한다. 그것은 단순히 상투적으로 특히 서구 종교 일반에서 오해되고 통용되던 노예적이고 비주체적인 상투성으로서의 '믿음'을 말하는 것이 아니라 오히려 여기 현실의 주객 분리의 차원을 넘어서 그 주객 분리

---

128 조성환, 『한국 근대의 탄생-개화에서 개벽으로』, 모시는사람들, 1018, 136쪽.
129 도올 김용옥 지음, 『동경대전』 1, 104쪽.

와 나누어짐이 다가 아니라는 통찰과 더불어, 최고의 주체성과 인격성, 역동성의 생생한 영적 관계 맺음에서 나오는 신뢰와 인내, 지속의 영적 자발성에 주목한 것이다. 이신은 그러한 믿음의 인격성과 자발성에 근거해야만 시대의 모순과 악, 죽임의 상황을 타개해 나갈 수 있다고 보았고, 수운에게서 유사한 실현을 보았다. 이것을 그는 우리 시대의 "신뢰의 그루터기"를 얻는 것이라고 보았다.[130] 그것은 초월과 보편을 하나의 인습적인 관념이나 추상적인 원리, 부동의 원인자 등의 주지적 차원에서 만나는 것이 아니라 우리 정신과 인격에 '영(靈)'의 차원이 열리고, 그로써 구체적 현실에서 자신을 스스로 낮추어 현현하고 다가오는 '역설'과 '신비'의 존재자로 만나는 것이라 보았다. 이신은 그러한 영적 초월자에 대한 믿음을 말하는 자신의 신학을 "슈르리얼리즘의 신학"과 "영의 신학"이라고 명명했는데, 필자는 그렇게 살아 있는 영으로서의 초월자와의 만남을 우선 조선 유학의 퇴계 '이발설(理發說)'과 '이도설(理到說)'에서도 유사하게 드러나는 것으로 파악했고,[131] 이신의 슈르리얼리즘 신학의 그와 같은 영에 대한 관점이 수운의 '불연기연'과 잘 연결된다고 보았다.[132]

필자는 그러나 이러한 모든 논의를 거치면서 다시 유학의 '이학(理學)'으로 돌아가자는 것도 아니고, 서학의 '신학(神學)'은 말할 것도 없이, 그에 더

---

130 이신 지음, 『슐리얼리즘과 영靈의 신학』, 이은선·이경 엮음, 동연, 2011, 300쪽 이하.
131 이은선, "참된 인류세(Anthro-pocene) 시대를 위한 이신(李信)의 영(靈)의 신학-N. 베드댜예프와 한국 신학(信學)과 인학(仁學)과의 대화 속에서", 『李信의 묵시의식과 토착화의 새 차원』, 이은선·이정배·심은록 외 8인 함께 씀, 동연, 2021, 300쪽 이하.
132 같은 글, 161쪽 이하.

해서 오늘날 수운과 해월 등의 동학을 '천학(天學)'으로 명명하며 그 종교성과 영성에 집중하는 일련의 '개벽파' 그룹의 선언을 답습하려는 것도 아니다. 이러한 모든 일원론적 파악과 포착을 넘어서 필자는 어떻게든 리·기(理·氣)의 두 차원, 거룩과 세속, 초월과 내재, 하늘과 땅, 정신과 물질, 자아와 세계, 머리와 가슴, 지구와 우주 등의 두 차원을 함께 간직하고, 관계시키고, 연결하는 일을 하고자 하는 것이다. 그것을 해월 선생도,

> "인의예지(仁義禮智)도 '믿음[信]이 아니면 행하지 못하고 금목수화(金木水火)도 토(土)가 아니면 이루지 못하나니, 사람의 믿음 있는 것이 오행의 토가 있음과 같으니라. 억천만사가 도시 믿을 '신(信)' 한 자뿐이니라. 사람의 믿음이 없음은 수레의 바퀴 없음과 같으니라[人之無信如車之無轍也]

고 언명했다고 이해한다.[133] 그런 연결성 속에서 필자는 그 믿음의 '신(信)' 자를 들어서 우리 시대를 위한 물음과 추구를 한국 '신학(信學, Integral Studies for Faith)'이라는 이름으로 명명하고자 한다. 그것은 이미 여러 차례 밝혔듯이 '영(靈)이 본래 기(氣)이지만, 거기서 기(氣)가 스스로 영(靈)이 된 것이 아니라 리(理)와 연합하여 영이 된 것[靈固氣也, 然氣安能自靈, 緣與理合, 所以能靈]'이라는[134] 가르침에 근거해서 유사한 맥락에서 이루어진 것이다.

이것은 도올과 같은 '기학(氣學)'이 아니라 그렇다고 전통의 이기론(理氣論)이나, 또는 영성적 동학이 주장하는 '천학(天學)'도 아닌 "신학(信學)"으

---

133 「해월신사법설(海月神師法說)」 10-6. 이규성, 『최시형의 철학』, 165쪽.
134 퇴계 이황 지음, 『이자수어』, 95쪽.

로의 전회를 위한 것이다. 그것을 통해서 바로 이·기(理·氣)의 두 차원, 종교와 과학, 인간과 만물, 이성과 감정, 종교와 정치, 경제 등, 이제까지 서로 나뉘어서 상관없는 두 영역이나 주체로 여겨져 오던 것을 서로가 다른 차원으로 함몰되거나 환원됨이 없이, 자신의 자리와 역할을 담당하면서 더욱더 오묘하게 화합하도록 하는 지경을 이루고자 하는 것이다. 그래서 그 화합이 더욱 생생하게 살아 있는 생명으로 꽃피게 하는 일을 말한다. 이것을 오늘의 생명과학적인 보편의 언어로 말해 보면, "생물학적 정보[理]가 물질[氣] 속에 현시되는 것은 맞지만, 그 정보가 물질에 내재하는 것은 아니다."라는 입장에서,[135] 그리고 또한 어느 한 주체, 또다시 양자역학으로 말하면, "양자계(이를테면 원자 하나)를 측정이나 관찰을 하지 않고 그대로 놔두면 … 정밀한 수학적 법칙에 따라 진화하지만, 그 계가 측정 장치와 엮여서 어떤 양 이를테면 원자의 에너지에 대한 측정이 수행되면, 계(원자)의 상태가 갑자기 뜀뛰기를 한다."[136]와 같은 관찰대로, 관계가 시작되면, 즉 그 안에서 '신(信)'이 작동하고 개입하면, 지금까지 죽어있고 생명이 없다고 여겨지던 대상이 살아 있고, 생동하고, 역할을 하는 "산 존재(vibrant being)"라는 것을 생생하게 깨닫도록 하는 배움[學]을 구축하고자 하는 것을 말한다. 그것이 인간의 의식을 포함해서 만물을 살아 있는 '영(靈)'으로 아는 일이고, 만물 안에 '천주(天主)'가 내재해 있다는 것[侍天主]을 깨닫는 일이며, 그러나 그 인식의 시작점과 계기가 인간의 믿음, 상대에 관한 관심과 신뢰가 된다는 것을 말하려는 것이다. "마음을 믿는 것이 곧

---

135 폴 데이비스 지음, 『생명은 어떻게 물질에 깃드는가The Demon in the Machine』, 류운 옮김, 바다출판사, 2023, 368쪽.
136 같은 책, 370쪽.

참 인류세를 위한 동학(東學)과 서학(西學), 그리고 신학(信學) | 89

하늘을 믿는 것이요, 하늘을 믿는 것은 곧 마음을 믿는 것이니, 사람이 믿는 마음이 없으면 한 등신이요, 한 밥주머니일 뿐이니라[信心卽信天信天卽信心 人無信心一等神一飯囊而已]."[137]라고 해월신사도 말씀하신 것이다.

4) 한국 신학(信學)의 세 가지 원리와 그에 대한 믿음

(1) **선험적 생명권리로서의 생리(生理)** : 신학(信學)이라는 언어는 오늘 물질개벽의 시대에, 그 물질세계가 이제 AI 등 가상현실까지 확장된 시대에, 이 세상 만물이 리(理)의 차원을 담지하고 있고, 그래서 영화(靈化)와 이화(理化)가 그 전개의 방향이라는 것을 알려 주는 일에 참으로 보편적인 쓰임이 될 수 있다. '기학'(氣學)으로 하면 그것은 쉽게 단차원적 유물주의로 전락할 위험이 있고, '신학'(神學)이나 '천학'(天學)으로 하면 다시 이 물질세계, 몸의 세계, 사람 언어의 세계, 감각과 감정, 인간 외의 비인간 세계가 탈각되는 실체론적 이원주의에 빠지기 쉽다. 거기에 반해서 '신학(信學)'은, 그 둘 사이 '중(中)'의 길을 가는 것이다. 그 신학(信學)의 길은, 수운 선생도 지적했듯이, '인간[人]'과 '말[言]'이라는 두 글자의 합성어인 '신[信]'이 잘 지시하는 대로, 거기서 말은 어느 누구도 스스로가 직접 제작한 것이 아니라 보편적으로 탄생과 더불어 '선물'(present)로 선험적으로 받은 것일 뿐이라는 사실에 기반하여, 진정 인간 보편의 존엄성과 평등성, 태어남과 더불어 조건 없이 정초 되는 참된 '생명권'과 '인권'을 지시하는 길이라고 이해한다. 그래서 필자는 이러한 차원을 인간뿐 아니라 존재로 불린

---

137 「해월신사법설(海月神師法說)」 10-7. 이규성, 『최시형의 철학』, 165쪽.

모든 다른 존재자에게도 '탄생'과 더불어 각자 자리를 차지할 권리를 인정하는 '탄생성(natality)'의 권리로 이해하면서,[138] 이러한 '실재(實在, nature/existence)' 또는 '실제(實際, reality/actuality)'를 적실하게 표현할 말로 우리의 오랜 사상 전통에서 '생리(生理)'라는 단어를 얻어서 신학(信學)의 첫 차원을 서술하는 말로 쓰고자 한다. 즉 살아 있고, 낳고 살리는 영과 리(理)로서의 생리(生理)가 신학(信學)의 첫 내용을 지시해 주고, 우리의 믿음[信]이란 바로 나와 우리가 모두 그와 같이 낳고 살리고 보살피는 생리의 마음을 받아서 태어났다는 것에 대한 믿음이라는 것이다. 이것은 기하적(氣學的) 민중신학의 민중 인권 선언보다 더 근원적 기초를 제시해 주는 것이라 생각한다.[139] 한국 사유의 전통에 이 '생(生)' 자에 대한 선호[好生]의 역사가 참으로 길다는 점에서, 이 신학(信學)의 연원이야말로 우리가 그 역사의

---

138 이은선, "내가 믿는 이것, 한국 생물(生物) 여성정치와 교육의 근거-한나 아렌트의 탄생성(natality)과 정하곡의 생리(生理)를 중심으로", 『다른 유교 다른 기독교』, 모시는 사람들, 2016, 138쪽 이하.

139 주지하다시피 도올 김용옥은 심원 안병무 탄생 100주년을 기념해서 2022년 10월 16일 향린교회에서 기념 강연을 했고, 그때 원고를 『기독교사상』 통권 768호(2022년 12월)부터 다음 해 2월까지 3회에 걸쳐서 "안병무 민중신학과 조선사상사"라는 제목 하에 연재했다. 매우 뛰어나게 동아시아 중국, 특히 조선과 한국에서의 유교와 기독교 만남의 역사에 대한 추적인데, 나는 이 글을 읽으면서 그가 그 이전 『동경대전』 1, 2로 수운이나 해월의 사유를 논할 때보다도 훨씬 더 주희의 이(理)나 퇴계의 리(理) 초월주의에 대해서 우호적으로 변한 것을 본다. 자신은 안병무의 민중 신학을 퇴계 호발설(互發說)과 고봉 주기론(主氣論)적 입장의 통합으로 본다고 하면서 그 민중 신학이 오늘날에도 죽지 않고 영원하다는 언술을 하는데, 나는 이러한 것들을 보면서 더욱 도올 사상에서의 변화를 보았다. 그의 주기론적 입장과 기학의 입장이 리기 "혼원론(渾元論)"으로 많이 신학화(神學化) 또는 중용화(中庸化)된 것이 아닌가 하는 생각이다. 도올 김용옥, "안병무 민중신학과 조선사상사(3)", 『기독교사상』 2023, 02, 통권 770호, 11쪽.

흔적을 알 수 있는 공동체 삶의 첫 시작과 기원을 '환국'이나 '단군 고조선' 등이라고 한다면, 그와 궁극적으로 연결되는 것으로 말할 수 있겠다.[140] 서학과의 대화를 통해서 더욱 역동적인 윤리적 삶의 토대를 얻고자 한 다산도 그 서학이 일방적으로 초월적 인격신의 '제작(制作)'이나 '제창(制創)' 등의 언어로 존재의 근원을 설명하는 것에 대신해서, '생(生)'이라는 조선 사유 전통의 단어를 택해서 만물 생명의 근원을 밝히고자 했음이 지적되었다.[141]

(2) **삶의 다양성의 기반으로서 진리(眞理)** : 인간이 말의 존재[인(人)+언(言)=신(信)]라는 것은 그가 '사유[理]'하는 존재라는 것을 가리킨다. 또한 탄생성이라고 해석되는 생리(生理)를 신학(信學)이 천지만물 존재의 조물자[天地生物之心/理]라고 보는 것이라면, 거기서 '탄생'이라는 것은 '누군가 또는 무엇에 의한 탄생(has been born by)'을 말하는 것이지 그저 스스로 시작된 것이 아님을 지적하는 말이다. 다시 말하면 한국 신학(信學)은 모든 존재가 세계와 타자와 더불어 '조건 지어진 존재(conditioned being)'이지 무조건적으로 '모든 것이 가능하다'라는 주장을 외칠 수 있는 유아독존적 존재가 아니라는 것을 지시한다는 의미이다. 이것은 수운도 말했듯이, 믿기 위해서 먼저 "생각하고 또 생각하는[再思心定]"가 긴요하고, 무엇이 옳은지 그

---

140 이은선, "3·1운동 정신에서의 유교(대종교)와 기독교", 변선환 아키브 편, 『3·정신과 '以後' 기독교』, 모시는사람들, 2019; 최봉근, "퇴계의 '천명도설'에 비친 리의 전일적 생명성", 한국양명학회 『양명학』 11, 2004.2, 257-285쪽; 조성환, 『한국 근대의 탄생-개화에서 개벽으로』.

141 김승혜, "無言으로 배려하는 天: 다산의 천사상에 수록된 서학적 지평", 113쪽.

른지를 가려 알고[知], 헤아리고[測], 궁리(窮理)하는 것이 요청되는 상황이 모든 존재적 삶의 조건이라는 것을 밝혀준다. 이러한 조건에서 한국 신학(信學)은 두 번째 믿음의 내용, 또는 우리 마음(정신)의 원리로서 '진리(眞理)'를 들고자 하는 것이다. 이 진리라는 단어도 예를 들어 퇴계 이후 한국적 이기(理氣) 통섭의 대가 하곡 정제두(霞谷 鄭齊斗, 1649-1736)가 우리 주체(마음)가 생리(生理)로서 그 고유한 선험성과 창발력의 실제임을 알고 있지만, 한편으로 타자인 세계 속에서 그 다양성과 더불어 서로 기대며 같이 살아가야 한다는 조건을 받아들이는 겸허와 경(敬)으로 밝힌 것이다.[142] 이것은 우리 삶에서의 배움과 공부, 특히 언어생활에서의 진실과 거짓 없음에 주목하는 것이고, 다시 생명과 존재의 지속을 위해서 '종교'와 '권위', 그리고 '전통'을 인정하는 일과 관계된다.[143] 그리고 그 관계 속에서 각자가 스스로 존재와 관계의 주체가 되면서 '난간 없는 사유'를 추구해 온 것으로부터 '사유하는 신앙'을 받아들이는 또 다른 전회라고 필자는 이해한다.[144]

이(理), 성(性)은 생리일 뿐이다. 대개 생신(生神)을 이(理)라 하고 성(性)이라 하지만 그 성이 본래 스스로 있는 참된 본체가 성이고 리이다. 그러므로 생신 가운데서도 참된 것[眞]이 있고 망령된 것[妄]이 있음을 분별하여 그 참된

---

142 이은선, "내가 믿는 이것, 한국 생물(生物) 여성정치와 교육의 근거-한나 아렌트의 탄생성(natality)과 정하곡의 생리(生理)를 중심으로", 145쪽 이하.

143 한나 아렌트, "권위란 무엇인가?", 『과거와 미래 사이』, 서유경 옮김, 푸른숲, 2005, 130쪽 이하.

144 이은선, "'난간없는 사유'에서 '사유하는 신앙'으로-한나 아렌트, 퇴계, 이신의 신학(信學)", 2024년 한국아렌트학회 8월 정례학술대회 자료집 〈인간의 조건 재조명과 정치의 재구성〉, 2024.08.22., 57쪽.

본체를 얻어 주장하는 것이 성(性)을 높이는[尊性] 공부이다. 그러므로 모든 이(理) 가운데서 생리(生理)를 주장하고 생리(生理) 가운데서 진리(眞理)를 택하여야 이(理)가 될 수 있는 것이다.[145]

(3) 믿음의 참된 열매를 맺게 하는 실리(實理) : 마지막으로 세 번째 신학 (信學)의 지향과 내용으로 삶에서의 구체적인 실천과 열매를 추구하는 일을 말하고자 한다. 주지하다시피 '실(實)' 자는 '생(生)' 자만큼이나 한국 사상의 핵심을 이루어 온 글자이다. 도올은 자신의 기학으로 조선 사상사의 전개에서 반계 유형원이나 성호 이익으로부터 '실학(實學)'이라는 선별된 학문 흐름과 계파가 있었다고 주장하는 것에 대해서 매우 비판적이다. 그와 같은 주장과 관점은 "후대 역사학의 조어(coinage)일 뿐"이라고 일갈한다.[146] 왜 그와 같은 상정이 "속임수"라고 할 수밖에 없는가 하면, 그것은 조선 후기 사상을 서구적 근대관과 역사관의 도식에 맞추어서 "실학=근대=반주자학"이라는 체계로 자신을 비하하고 반주체적으로 해석하는 경향이기 때문이라고 밝힌다.[147] 그는 혜강 최한기의 기학이나 수운의 동학은 결코 '실학'이나 '근대'라는 맥락에서 규정될 수 없는 인류 정신사에서 참으로 고유하고, 그 유례가 없는 체제전복적이고, 다시 한번 "혁명을 넘

---

145 『신편 국역 하곡집』 3, 「존언(存言)」 上 '生理虛勢設', 95쪽; 理性者, 生理耳 蓋生神爲理爲性, 而其性之本, 自有眞體焉者, 是其性也, 理也, 故於生神中, 辨其有眞有妄 得主其眞體焉, 則是爲尊性之學也 故於凡理之中主生理, 生理之中擇其眞理, 是乃可以爲理矣 이해영, "하곡 정제두 철학의 양명학적 전개, 예문동양사상연구원/김교빈 편저, 같은 책, 194-195 번역 참조.

146 도올 김용옥 지음, 『혜강 최한기와 유교』, 통나무, 2004, 23쪽.

147 같은 책, 24쪽.

어선 개벽"이라고 주창한다. 이러한 도올의 조선 후기 사상사와 거기서의 '실학파' 상정에 대한 평가에서는 논란이 더 있을 수 있지만, 그에 대한 찬 반을 떠나서 필자도 '실(實)'과 학문의 구체적 열매와 공동체적 체현에 대한 강조가 한국 사상사의 근본적 특성이라는 것은 아무리 강조해도 지나침이 없다고 생각한다. 조선 사상사만 해도 이미 율곡에게서 이 '실'에 대한 강조가 뚜렷하고, 혜강이나 도올의 기학이야말로 이 '실'에 대한 집중이라는 것을 부인할 수 없을 것이다.

한국 신학(信學)이 이렇게 동학의 큰 뜻과 함께하면서 서학이나 개신교도 포함한 한국 사상사 전체의 통사적 전개에서 얻어진 열매를 같이 엮으려는 통합 학문적 기도라는 점에서 일찍이 퇴계가 그의 『성학십도(聖學十圖)』제6도인 '심통성정도(心統性情圖)'에서 오행과 오덕 중의 '신(信)'을 밝히면서 그것이 토(土)의 성질을 받아 '일을 구체적으로 이루는 리[實之理]'라는 것을 드러낸 것에 주목한다. 그는 다시 그것이 '성실지심(誠實之心)', 즉 성실히 지속하여서 구체적인 열매를 맺게 하는 마음의 기초라고 밝혔는데, 한국 신학(信學)은 그 뜻을 잘 받아서 '실리(實理)'를 그 세 번째 차원을 밝히는 언어로 가져오고자 한다.[148] 다시 말하면 '믿음'이란 진정 존재를 출현시키고, 그렇게 세상을 확장하고 현재적 개별자의 한계를 넘어서 공동체를 이루어서 세상 생명력의 지속과 존속을 가능케 하는 근본적 토대[理]라는 것이다. 그런 면에서 한국 신학(信學)의 '믿음[信]'은 도올이 그

---

148 이황(李滉) 지음, 『성학십도』, 이광호 옮김, 홍익출판사, 2001, 183쪽; 이은선, "코로나 팬데믹 이후 종교와 교육-한국 信學과 仁學의 관점에서", 변선환아키브 엮음, 『소비문명에서 생태문명으로』, 동연, 2023, 285쪽 이하.

렇게 거부하고 비판하는 것과 같은, 어떤 요술 방망이나 요술 반지 '골룸(Gollum)'처럼 여기 이곳의 개인적 욕망을 극대화하기 위해서 도구적으로 사용되는 마술이거나 미신이 아니다.[149] 오히려 말과 품은 뜻을 이루는 '지속하는 인내'와 '성실[誠]', 깊은 사려와 사실과 상황에 근거한 '상상력'과 함께, 지금 여기서 모양과 소리로 드러나지 않을지라도 그 실상을 깊게 신뢰하며 그 실상을 현실화하기 위해서 참고 인내하고 포괄하는 '지속력[誠]'의 소망인 것이다. '말씀이 육신이 되었다.'라는 의미와 잘 부합하는 '성(誠)'으로서의 믿음[信]은, 그리하여 인간 정신의 또한 핵이라고 할 수 있는 사유[思]를 여기 지금의 일상과 평범에로 널리 확대하고자 하는 '사유하는 집사람' 운동으로 표현되기도 한다.[150] 지금까지 생각하고 탐구하고 학문하는 일과는 거리가 멀고, 관계없다고 생각해 온 일상의 살림과 사유, 집과 학교, 예배와 공부, 여성과 남성, 평범과 거룩을 더할 수 없이 연결하고 통합하는 일을 말한다. 수운도 퇴계처럼 분명하게 그의 「수덕문」에서 "성(誠)과 신(信)은 그 원리가 멀지 않다[誠與信兮 其則不遠]."라고 밝힌 것도 같은 의미라고 생각한다.[151]

이렇게 한국 신학(信學)의 '믿음[信]'은 '생리(生理)'와 '진리(眞理)', '실리(實理)'의 세 차원을 포괄하면서 지금까지 이 땅에서 개별적으로 영근 영적 열매들을 함께 통섭하며 서로 자극하며 서로 돕는 기제로 삼아서, '참 인류세(authentic Anthropocene)', 즉 지구 문명의 '천동설(天動說)'과 '지동설(地

---

149 로널드 C. 아네트 지음, 『어두운 시대의 한나 아렌트』, 홍원표 옮김, 신서원 2022, 79쪽.
150 이은선, 『사유하는 집사람의 논어 읽기』, 모시는사람들, 2000.
151 삼암 표영삼, 『동학 1』, 187쪽 이하 참조.

動說)'의 시간을 보내고 이제 진정 각 존재의 삶과 생명이 진정으로 존중받고 나름의 중심이 되는 '인동설(人動說)'의 시간과 공간을 향해 나아가고자 한다. 여기서 인동설의 세기란 "용담의 물이 흘러 사해(四海)의 근원을 이루고 구미산에 봄이 오니 온 세상이 꽃 천지로 화한다."라는 「절구(絶句)」 시로 큰 믿음의 노래를 부른 수운 선생 '각지불이(各知不移)'의 세상과 가장 닮아있는지 모르겠다.

6. 짧은 마무리 — 한국 여성영학(靈學)으로서의 한국 신학(信學)

이상에서처럼 한반도뿐 아니라 전 인류 문명의 '다시 개벽'을 그리고 예언한 수운이 가고, 그를 신원하고자 수십만의 목숨을 바친 동학 교조신원운동도 성과를 얻지 못하고 그 거사를 이끈 해월도 참형을 당한 후, 동학의 '다시 개벽'은 오늘 21세기의 세대들에 의해서 새롭게 또 다른 '다시 개벽'으로 크게 소환되기까지 100여 년 이상을 기다려야 했다.[152] 그사이 이 수운의 개벽의식은 증산 강일순(甑山 姜一淳, 1871-1909)의 해원상생(解冤相生)과 천지공사(天地公事), 원불교 소태산 박중빈(少太山 朴重彬, 1891-1943)의 일원상(一圓相)의 정신개벽 운동 등으로 널리 퍼져나갔다. 1909년 중광한 홍암 나철(弘巖 羅喆, 1863-1916)의 대종교(大倧敎)는 개벽 대신에 '개천(開天)'을 말했고, 수운과 동시대 인물로서 일부 김항(一夫 金恒, 1826-1898)의 『정역(正易)』은 중국으로부터 동북방인 한국이 '후천개벽(後天開闢)'의

---

152 조성환 · 이병한 지음, 『개벽파선언-다른 백년 다른 개벽』, 모시는사람들, 2019.

'유리세계(琉璃世界)'의 출발지와 중심이 될 것임을 선언했다.[153]

하지만 그사이에 1885년경 한반도에 발을 내디딘 기독교 개신교는 매우 빠르게 전국적으로 퍼져나갔다. 그를 통해서 의암 손병희 선생에 의해 '천도교(天道敎)'로 재구성된 동학이 3·1운동 이후 일제의 극심한 탄압과 내부적 갈등으로 주춤해진 사이 강력한 영적 힘의 종교로 부상했다. "메마른 뼈같이 계곡에 널려 있던 한국의 종교적 유산들이 기독교의 바람이 불자 살아나서 뼈에 살이 붙어 살아 있는 사람이 되었다."라는 말을 듣는 정도까지 된 것이다.[154] 이미 다산이 서학 인격신의 강한 윤리력과 실행력에 주목하며 고대 유교의 인격적 천 의식을 다시 소환하고자 한 데서도 보았듯이, 그러한 기독교적 인격신이 실제로 민중들의 삶에서 강한 신적 권위의 힘으로 당시 사람들의 정체성 형성에 큰 영향력을 끼친 것을 우리는 부인할 수 없을 것이다.[155] 그에 반해서 '향아설위'와 같은 천도교의 급진적인 초월의 내재화나 청수 한 그릇, 밥 한 그릇으로 하늘을 여기 지금의 현재와 나에게로 집중시키는 동학의 탈신화화는 일찍이 수운 선생이 서도를 비판하면서 지적한 "도무지 하늘님 위하는 단서가 없고, 다만 자기 몸만 위하여 빌 따름"이라고 한 경우를 생각나게 하는 또 하나의 과격한 세속화의 위험 앞에 노출되는 것을 본다.[156]

그러나 시간은 또다시 흘러 오늘날 한국 개신교는 광화문 광장에서 귀

153 이정호, 『원문대조 국역주해 정역』, 아세아문화사, 1996, 120-124쪽.

154 옥성득, 『한국 기독교 형성사』, 새물결플러스, 2020, 708쪽.

155 이숙진, 『한국 근대 기독교와 여성의 탄생』, 모시는사람들, 2022, 96쪽 이하.

156 이은선, "한국 페미니스트 신학자의 동학 읽기", 변선환 아키브 · 동서종교신학연구소 편, 『동서 종교의 만남과 그 미래』, 모시는사람들, 2007, 33쪽.

가 터질 듯이 틀어놓은 찬송가의 고성방가와 극한의 보수화를 달리면서, 태극기와 미국 성조기, 심지어 일본 욱일기까지 들고서 자기 절대화를 통해서 그와는 전혀 어울릴 것 같지 않은 심각한 외세 의존의 반(反)주체를 보이고 있다. 어쩌면 그것은 수운 선생이 『용담유사』의 「도덕가(道德歌)」에서 "하늘 꼭대기 옥경대(玉鏡臺)에 상제님이 계시다고 보는 듯이 말을 하니 … 허무지설(虛無之說) 아닐런가."라고 읊으면서 그 허무지설의 폐해가 어떠할지를 경고한 대로, 오늘의 현실이 바로 하늘 꼭대기 최상의 존재를 자신들만의 '상제님'으로 소유하고 있다고 어기는 데서 오는 오만과 세계소외의 극단이 아닌가 여겨진다. 그것은 수운이 수천 년 누를 다한 유·불(儒·佛)의 폐해보다도 더 위험하고 무서운 것으로 받아들인 양학(洋學) 형이상학의 수직적 세계관이 드러내는 폭력일 수 있고,[157] 여기서 필자는 유사한 의미로 서구 역사 속 깊은 지하에 전체주의적 악과 같은 어두운 흐름이 있다고 지적한 한나 아렌트가 생각났다. 그것은 서구 기독교 유일신의 지독한 배타주의와 절대주의와 관계있으며, 그런 전체주의의 악에 빠진 사람과 문명에 대해 아렌트는 다음과 같이 서술했다:

> 이데올로기 사유의 자기 강요의 힘은 현실과의 모든 관계를 파괴한다. 이에 대한 준비는 사람들이 주변의 현실이나 동료들과 접촉을 잃었을 때 이미 성공했다. 왜냐하면, 관계의 상실과 함께 사람들은 경험과 사유의 능력 모두를 잃게 되기 때문이다. 전체주의 지배의 이상적인 하수인은 골수 나치당원이나 골수 공산주의자가 아니라 그들에게 사실과 허구(즉 경험의 현

---

157 도올 김용옥, "안병무 민중신학과 조선사상사(3)", 20쪽 참조.

실)의 차이와 참과 거짓(즉 사유의 기준)의 차이가 더는 남아 있지 않은 사람들이다.[158]

안타깝게도 오늘 서학 한국 기독교의 현실이 위의 서술과 많이 닮아있는 것 같다. 그래서 우리는 이제 더욱 정성을 다해 이미 그와 같은 위험을 예리하게 감지하고 그것을 넘어서고자 지난 100여 년 사이에 큰 희생을 치르면서 우리에게 도달한 동학 '다시 개벽'의 가르침을 더욱 절실하게 배우고자 한다. 그런 의미에서 도올 선생이 "수운은 우리 민족의 호운(好運)이자 세계의 행운이다."라고 발설한 것에[159] 필자도 깊이 동의한다. 그러면서 필자는 동시에 19세기 후반 조선 사회에서 나라가 극도로 어렵고, 민중들은 말할 수 없는 도탄에 빠져있을 때라도 '다시 개벽'과 '후천개벽'을 말하는 일련의 사람들이 한결같이 담지한 신념인,『주역』'성언호간(成言乎艮)'에 대한 믿음을 기억한다. 즉 '말씀[言/道]을 간(艮)에서 이룬다.'라는 그것이고, 거기서의 '간방(艮方)'은 바로 중국으로부터의 동북방인 한국을 가리킨다고 한다.[160] 한국 신학(信學)은 그렇게 '생리(生理)'와 '진리(眞理)', '실리(實理)'의 일로서 믿음의 일을 지속하면서, 이제 우리 스스로 새로운 경전, '신경(信經)'을 써나가는 일에 대해서 생각한다. 거기서 '통합성[聖/誠]'과 '타자성[性/敬]', '지속성[誠/信]'의 영성이 우리의 귀한 길잡이가 될 것임을 믿어 의심치 않는다.

---

158 Hannah Arendt, *The Origins of Totalitarianism*, A Harvest Book, p. 474; 한나 아렌트, 『전체주의의 기원 2』, 이진우, 박미애 옮김, 한길사, 2006, 276쪽.
159 도올 김용옥, "안병무 민중신학과 조선사상사(3)", 19쪽.
160 이정호,『훈민정음의 구조원리-그 역학적 연구』, 아세아문화사, 2017, 111쪽 이하.

제 2 부

동학의 수행과 기독교 영성의 전위적 만남

— 수운, 마이스터 에크하르트, 그리고 해월

최대광

1. 들어가는 말

이 글의 목적은 동학과 기독교 특별히 마이스터 에크하르트의 창조영성의 전위적 신학에 있다. 대화라 할 수 있겠지만, 해석적 차원에서 '전위 (transposition)'라고 한 것이다. 기독교인이 동학을 이해하기 위해서는 기독교 신학의 영성적 자료를 사용해야 하는 것이고, 마찬가지로 동학이나 천도교 교인이 기독교를 이해하기 위해서는 그들의 자료와 체험을 사용해야 하는 것이다. 그런데 대만 출신의 신학자 송찬성은 그의 책『대자대비하신 하느님』에서 전위의 의미를 세 가지로 나누어 설명했는데, 그것은 첫째, 전위란 시간과 공간 속의 이동을 뜻한다, 둘째, 전위란 의사소통이다, 셋째, 전위란 성육신이다[1]라고 하였다. 전위가 시공의 이동을 뜻한다는 말이란, 2000여 년 전 팔레스타인의 예수가 오늘 이곳 한국에서의 예수로 시공이 이동한다는 말이다. 마찬가지로 동학도 공간은 동일하나, 창도 160년을 맞이한 동학이 완전히 다른 기독교인의 시간으로 이동하는 것 역시 전위라 할 수 있는 것이다. 그런데 이렇게 이동한다고 '동일한' 예수의 이해가 팔레스타인에서 유럽을 거쳐 우리에게로 이동할 것인가? 또한,

---

1 　송찬성, 이덕주 옮김, 『대자대비하신 하느님』 서울: 분도, 1997, 18-24쪽.

동일한 수운의 생각이 기독교인인 나에게로 이동할 것인가? 그렇지 않다. 왜냐하면 나의 이해의 영역으로 고대와 중세의 기독교나 19세기의 동학을 이해할 수밖에 없기 때문이다.

또한 송찬성은 전위란 의사소통이라 했다. 그러면서 그는 이를 통역에 비유했는데, 니체가 신은 죽었다고 선언한 20세기 초반, 나치가 비인간적인 학살을 자행하던 시절 테젤 감옥에 갇혔던 본회퍼는 하느님 앞에서 그리고 하느님과 함께 하느님 없이 살아야 한다[2]고 했다. 더 이상 하느님을 믿지 않고, 하느님이 존재하지 않는 것 같은 암울한 전쟁의 시대, 그럼에도 하느님과 함께 하느님에 대한 믿음을 가지고 산다는 것은, 20세기 초반 독일을 사는 기독교인의 번역된 신학이다. 그는 그렇게 의사소통한 것이다.

세 번째로 전위란 성육신이라 했는데, 송찬성은 중국의 문화혁명을 비판적으로 접근하면서 자신의 것을 버리고 서양을 좇는 것이 아니고, 중국의 문화적 본질을 지키고 서양의 것을 받아들이는 것도 아니며, 서로 성육화되지 않고서는 건전한 문화 융합이 이루어질 수 없다[3]고 말한다. 성육화의 이야기는 첫 번째와 두 번째 곧 장소와 시간의 이동과 의사소통을 신학적으로 표현한 것인데, 그렇다면 송찬성의 전위는 첫 번째 두 번째의 의미이다. 그래서 기독교 문화가 아닌 대만인으로서 기독교 신학자가 된 자신의 모습을 그려 내는 것이다.

한국의 기독교인 역시 이런 문화적 시간적 이동과 의사소통의 과정을 거친다. 이를 통한 성육화의 과정을 마냥 긍정적으로만 평가할 수는 없을

---

2   위의 책, 24쪽.
3   위의 책, 25쪽.

것이다. 송찬성의 경우 서구 신학만을 신학이라 하고 이를 습득하여 번역적으로 풀어내던 시대에 살았기 때문이다. 그러나 이미 전위적으로 재구성된 한국의 기독교는 미국식 번영신학이 기복주의와 결합된 근본주의가 주류를 이루고 있으며, 이렇게 삶에 무비판적인 기독교는 죽은 이후 천당이라는 일상의 초월에 집중하고 있다. 이는 기독교 특히 개신교 신학의 주류인 타락/구속의 영성 전통 때문이기도 하다. 이에 관해서는 앞으로 더 논의하기로 하자.

그렇다면, 만일 기독교인이 동학을 이해한다면 어찌할 것인가? 이 역시 송찬성이 말하는 것과 같은 시공의 전환과 의사소통의 과정을 통과해야 한다. 예를 들어 시천주를 기독교적 용어로 이해하자면 하느님의 임재일 것이다. 그리고 양천주는 하느님과 동행하는 것이 될 것이다. 왜곡될 수도 있겠지만, 또한 이 왜곡을 통한 의사소통이 지금 이 자리(시간과 공간)에서 진행되고 있다. 그런데 이 갈등의 과정 속에서 시천주와 양천주는 기존의 기독교와 그 중심이 다르다는 것을 알 수 있다. 시천주는 한울님을 모신다는 것이요, 양천주는 한울님을 기른다는 것인데, 둘 다 초월적이라기보다는, 곧 사람들을 불러 피안으로 데리고 가는 것이 아닌, 현재 이 자리에 한울님을 모시고 같이 살아간다는 의미이다. 이렇게 보면, 시천주와 양천주를 해석할 전위적 자료가 필요한데, 주류적 기독교에 수운과 해월을 충분히 담아 낼 수 있는 수용체(receptacle)가 많지 않다. 그래서 비주류이지만, 주류 기독교와는 달리 하느님과 동행하는 삶을 풍부하게 표현한 마이스터 에크하르트를 소개할 것이다. 이렇게 되면, 비주류의 신학이 동학을 만나, 초월과 도피 중심의 기독교에 비판적으로 응답하면서, 기독교 안에서 잃어버린 일상의 삶을 되찾아 올 수 있다.

이 글의 배열을 수운과 해월 그리고 마이스터 에크하르트를 대비하는 비교적 방법보다는, 수운 이후 마이스터 에크하르트를 소개하고, 해월을 배치함으로써, 수운과 해월의 마이스터 에크하르트적 이해와 에크하르트 영성이 해월을 거쳐 더더욱 일상적인 수행으로 이끄는 전위적 영성의 길을 시도할 것이다. 이 과정을 거치면서, 특별히 기독교에서 받아들여야 할 동학의 수행 곧 영성의 덕목을 소개하고 기독교 안에서 개발해야 한다는 조언으로 이 글을 마무리 짓고자 한다.

2. 수운의 다시 개벽(開闢)—개벽의 영성적 현재화

최제우의 『동경대전』은 해월에 의해 판각된 것이다. 그런데 이 판각이 나올 수 있게 된 데는 두 가지 설이 있는데, 이에 관해 윤석산은 이렇게 말하고 있다: "수운 선생이 원본을 해월에게 주면서 침자의 가르침을 내렸다."는 해석 외에, "수운 선생이 친히 해월과 더불어 항상 침자의 가르침의 말을 했다."로 해석할 수도 있는 것이다.[4] 곧 직접 글을 받았다는 설과, 가르침을 받은 것을 기억하여 글로 옮겼다는 것이다. 즉 『동경대전』과 『용담유사』는 수운의 것이기도 하지만, 해월의 것이기도 하다. 분명히 해월의 해석이 섞여 있을 것이기 때문이다. 그래서 이에 관한 비평적 연구는 분명히 필요해 보인다. 이런 비평 작업을 거치지 않고 읽어 보아도, 『동경대전』과 『용담유사』에 등장하는 개벽 개념은 수운의 개념인데, 그것은 '다시 개벽'이라는 것이다. 실상 이것이 동학의 영성을 여는 중요

---

4 윤석산, 『일하는 한울님: 해월 최시형의 삶과 사상』, 서울: 모시는사람들, 2022, 161쪽.

한 열쇠가 될 수 있다. 다시 개벽이란 개념적으로 다시 개벽이 일어난다 혹은 일어나는 것을 바란다는 것이 될 수 있겠는데, 우선 '개벽'이 무엇일까?

성균관대학교의 박소정은 「동학공동체의 철학적 근대」라는 논문에서 '개벽'은 중국의 근대 개념사에서는 유의미한 성장을 보이지 못함으로써 현대 중국에서 별다른 의미를 지니지 않는 반면, 한국에서 '개벽'은 중국에서 전개된 것과는 매우 다른 사유의 경로를 거쳐 발전하는 독특한 개념사를 형성해 왔다[5]고 했다. 그렇다면 한자 개벽(開闢)을 중국인들은 어떻게 이해했을까? 최초로 천지개벽이 사용된 한대의 문서에 의하면, '토지를 개간하다'라는 의미로 쓰인 '개벽'(동사)과 '천지가 개벽하다'(동사) 혹은 '천지의 개벽'(명사)이라는 시점을 뜻하는 개벽은 완전히 별개의 의미가 아니며, 황무지가 개간되어 비로소 인간이 살 수 있게 된 세상이라는 의미[6]라 하였다. 이후로 인간과 '하늘'을 개간한다는 의미의 개벽은 천지가 열리다[7]란 의미로 쓰이게 되었다고 한다. 주자학이 발현한 송대 이전까지 인간을 넘어선 '초월'의 의미가 강했다면, 송대에는 리(理)를 수리화하여 하늘은 자에서 열리고, 땅은 축에서 열리고, 사람은 인에서 열린다는 소옹의 역수적 표현을 주희가 '개벽'으로 개념화[8]하였다. 이로써 하늘과 땅과 인간이 새롭게 개간된다는 추상적 신(神)의 영역이, 주기적으로 반복되

5   박소정, 「동학공동체의 철학적 근대」, 강경석 외, 『개벽의 사상사』, 서울: 창비, 2022, 69쪽.
6   위의 글.
7   위의 글.
8   위의 글, 70쪽.

는 패턴 곧 인류 및 만물의 주기적 재탄생[9]을 의미하는 단어로 개벽을 이해하게 되었다. 그래서 박소정은 개벽은 동일성의 반복이지, 새로운 시대를 연다든지 기존의 세상과는 완전히 다른 세상이 열린다는 의미로 사용되지 않는다[10]고 말한다. 그러나 중국과는 달리, 우리나라에서는 19세기에 신종교의 후천개벽(後天開闢) 사상이 나오게 된다. 이는 개벽의 수리적 반복이 아닌 전혀 새로운 세상이 탄생한다는 의미이기도 하다. 다시 말해, 우리의 개벽은 중국의 수리적·반복적 개벽과는 달리, 내가 있는 시대나 혹은 근간에, 하늘이 다시 열리는 종말론직 비전을 가지고 있다는 것이다. 이런 종말론적 비전을 위해 수리적 반복과는 상관없이 세상을 새롭게 여는 주체적 존재가 필요했을 것이다. 그에 따라 철학적으로 한울님을 '설정'했다고 할 수 있겠으나, 동학은 개념과 개념의 조합을 설명하는 철학이 아니라, 한울님을 '체험'하고 이 체험을 주문으로 반복하는 종교임을 전제해야 할 것이다.

중국과 달리 우리나라에서는 개벽을 수리적 반복으로 보지 않고, 후천개벽의 경우와 같이 초월적 존재의 적극적 개입이나 종말론적 관점으로 개벽을 이해했다고 하나, 수운은 후천개벽이 아닌 '다시 개벽'을 말하였다. 그렇다면 다시 개벽이란 무엇일까?

김용옥은 그가 해설한 『동경대전 2』에서 개벽과 다시 개벽을 두 개의 다른 개념으로 보는 것을 경계하면서: "개벽-다시 개벽은 오직 개벽이라는 상식적 개념 하나만이 있다. 그리고 다시(Again)라는 상식적 수식어만 하

---

9   위의 글.
10 위의 글, 71쪽.

나 첨가되었을 뿐이다."[11]라고 하였다. 또한, 후천개벽에서 '후천'도 『주역』
에 등장하는 말이라 했다. 중국의 개벽과 다른 우리의 개벽을 후천개벽이
라 하며 차별성을 두기에도 적절치 않다는 것이다. 그리고 그는 "수운의
사유에는 선천과 후천을 연결 지을 수 있는 상수학적 필연성의 논리가 장
착되어 있지 않았다는 의미에서 순결하고 순수하다. 그래서 수운의 사유
에는 독자적인 위대성이 있는 것이다."[12]라고 하였다. 수운의 사상에는 송
대의 주자학과 같은 상수학이 들어가지 않았다는 것이다. 그래서 순수하
다는 것인데, 개벽 앞에 '다시'를 붙인 것이 별로 특이한 사상이 아님에도,
당시의 세계, 곧 우리나라에 울림이 있었다는 것이 그의 위대함이라고 했
다. 상수학이 빠져서 위대하다는 것인가? 단순해서 위대하다는 것인가?
무엇을 말하고 싶은 것인가?

그러나 『동경대전』의 「포덕문」과 『용담유사』를 보면, 수운은 개벽의 징
조와 다시 개벽을 한울님과의 만남이라는 신비체험과 연결시켜 이해했다
는 것을 알 수 있다. 수운의 다시 개벽이란, 송대의 상수학적 패턴의 반복
이 아니고, 새로운 시대를 초월적 존재가 강제적으로 여는 후천개벽도 아
니다. 그렇다면 수운의 다시 개벽은 무엇일까? 먼저 수운의 다시 개벽 징
조에 관해서 살펴보자:

요 근래에 들어 세상 사람들이 모두 각기 자기만을 위하는 자세로 마음을
삼고, 천리를 따르지 아니하고, 하늘의 명령은 내팽개쳐 버리니, 그들의 마

---

11 김용옥, 『동경대전2』, 서울: 통나무, 2023, 48쪽.
12 위의 책.

음은 항상 무언가에 캥겨 두려움으로 가득할 뿐이로다. 그들은 어디로 행해야 할지 그 삶의 방향감각을 잃고 만 것이다. 경신년에 이르러 나는 다음과 같은 얘기를 전해 듣게 되었다. 평화롭던 동방에 나타난 서양의 사람들은 부귀를 취하지는 않지만 천하를 공격하여 취하는 것이 곧 하느님의 뜻이라고 생각한다는 것이다. 그래서 교회당을 부지런히 세우고 그 하느님의 도를 행한다는 것이다. 그런 얘기를 듣고 보니 나 또한 그럴 수 있는가, 설마 그럴 리야 있는가 하고 의심을 품게 되었다.[13]

수운은 천리에 따르지 않아 위기에 처한 세상에 서양식으로 천리에 따르는 서학이 있다 하였다. 그런데 그는 서학에 의구심을 가지고 있었다. 왜냐하면, 이들은 한울님 위하는 마음으로 부귀를 추구하지 않으나, 천하를 정복하여 교당을 세우고 종교를 펴기 때문이다. 쉽게 말해, 개인적으로는 하느님을 모시고 욕심을 부리지 않는다 하나, 서양 열강이 동양의 약소국을 정복하는 것을 결과론적으로 하느님의 뜻이라고 한다는 것이다. 이를 해석한 김용옥은 이들이 사취를 하지 않으나 공취를 하는 이중인격이라 하면서, 「마태복음」의 산상수훈은 개인적 이득을 취하지 말라 하는 예수의 가르침을 따르면서도, 공취하는 이중성을 고발한 것이라고 한다.

좀 많이 나간 것 같지만, 여하간, 수운은 서학의 이중성을 보면서 그 도(道)를 의심했다는 것을 알 수 있다. 바로 이 의구심이 일어난 때, 「포덕문」에서 수운은 자신의 신비체험을 증언했다.

---

13 위의 책, 68쪽, 71-72쪽.

그해 사월 어느 날 생각지도 않았는데, 갑자기 마음이 선득해지고 몸이 떨려 도무지 병이라 하기에는 그 증상을 잡을 길이 없고, 그것을 말로 표현하려 해도 도무지 그 모습을 헤아릴 길이 없었다. 그런데 그때에 무언가 신선의 말과도 같은 것이 홀연히 내 귓속으로 들어오는 것이었다. 깜짝 놀라 일어나 나는 탐문을 시작했다. 그랬더니 다음과 같이 말하는 것이었다: 놀라지 말라! 두려워 말라! 세상 사람들이 나를 불러 상제(上帝=하느님)라 하느니라. 너는 상제가 누구인지도 모른단 말이냐?[14]

이 사건의 진위 여부를 떠나, 『동경대전』은 바로 여기서 동학이 시작되었다는 것을 알리고 있다. 주자학적 개벽이 수리적이고 반복적이라 하지만, 다시 개벽을 말하는 수운에게는 한울님과의 만남과 그 감응이 등장한다. 그리고 이 만남 후에 일종의 주술적 행위를 하는데, 이에 관해서 『동경대전』은 아래와 같이 밝히고 있다:

나 또한, 상제의 말에 감동을 느끼어 그 영부를 받아 종이에 써서 태워 물에 타 마시었다. 그랬더니 몸에 윤기가 돌고 온갖 병증에 차도가 있었다. 이렇게 확신한 후에 나는 이 영부를 같은 방식으로 찾아오는 사람들의 병증에 써 보았다. 그랬더니 어떤 사람은 잘 낫고 어떤 사람에게는 전혀 차도가 없는 것이었다. 나는 도무지 그 연고를 알 길이 없어 왜 그런지를 여러 모로 잘 살펴보았다. 그랬더니 우주의 성(誠)의 기운이 몸에 배어 성실하고 또 성실한 자, 진실로 지극한 마음으로 하느님을 위하는 자는 영부를 쓸 때

14 위의 책, 77-78쪽.

마다 백방으로 잘 낫고, 도덕을 따르지 아니하는 자는 하나도 효험이 없었다.[15]

영부의 그림을 태워 마시게 하니 낫는다 안 낫는다 하는 과학적 검증은 이 글의 중심이 아니다. 이 글의 논지는, 성의 기운이 몸에 밴 사람, 곧 성실한 사람, 진실로 하느님을 위하는 사람, 또한 도덕을 따르는 사람은 병이 나았다는 대목에 있다. 정리해 보면 한울님이 수운에게 임하였고, 한울님에게 받은 영부의 그림을 태워 물에 타 마셨는데, 모든 사람이 병이 다 나은 것이 아니라, 성의 기운이 몸에 배고 성실하고 진실한 사람이 병이 나았다. 한울님과의 마음의 만남을 통해 병이 나았다는 것이다. 곧 새롭게 열린 것이다. 개벽인 것이다.

『용담유사』의 「안심가(安心歌)」 제5절에는 이렇게 되어 있다:

가련하다, 가련하다.
아국(我國)운수 가련하다.
전세임진 몇해런고
이백사십 아닐런가.
십이제국(十二諸國) 괴질운수(怪疾運數)
다시개벽 아닐런가.
요순성세 다시와서
국태민안 되지만은, 기험하다

15 위의 책, 91-92쪽. 밑줄은 인용자.

아국운수 기험하다.[16]

운수란 운이 아닌 때를 뜻하는 말이다. 곧 임진년 후 240년 만에 다시 개벽하자는 말이다. 이에는 분명 종말론적 의미가 들어 있다. 그런데 이에 앞선 「용담가」에서 한울님의 말씀을 전하며 수운은 이렇게 노래했다.

> 만고없는 무극대도
> 여몽여각)如夢如覺) 득도로다.
> 기장하다 기장하다
> 이내 운수 기장하다.
> 한울님 하신 말씀
> 개벽 후 5만 년에
> 네가 또한 첨이로다.[17]

네가 또한 첨이로다. 곧 한울님과의 인격적 만남은 오만 년 만에 네가 처음이라는 말이다. 오만 년 만에 수리적으로 개벽이 반복되는 것이 아니라, 만고 없는 무극대도 여몽여각 득도한 이는 오만 년에 수운이 처음인데, 이는 곧 한울님과 직접적으로 만난 그 체험을 두고 한 말일 것이다. 그래서 인의예지는 앞선 성인의 가르침이지만 수심정기(守心正氣)는 오직

16 최제우, 「용담유사」, 일연, 최제우 외, 이병도 · 유동식 외 역, 『한국의 민속 ·종교사상』, 서울: 삼성출판사, 1992, 546쪽. 전세임진은 임진년 왜란 이후 240년이 지났고, 십이제국은 온세상을 뜻하는 말. (저자 주)
17 위의 책, 536쪽.

내가 새롭게 창안한 덕목[18]이라고 수운은 말했다. 한울님과의 만남 속에 마음을 지키고 기를 바르게 하는 것, 그래서 종이를 불에 태워 그 물을 마신다 해도 효험이 있는, 전혀 새로운 삶, 곧 다시 개벽이 나에게 열렸다는 것이다. 그래서 한울님과의 인격적 만남은 누구와도 없었지만 오만 년 만에 수운에게 와서야 처음 있는 일이었으며 마음을 닦고 기운을 바로 하는 수신정기의 성실함과 한울님을 위하는 정성의 마음을 통한 도덕적 삶[19]도 그가 처음 시작한 것이다. 바로 이것이 '다시 개벽'이다.

다시 개벽은 수자학적 세계관의 반복이 아니라, 내가 한울님을 만나고 모시는 일이다. 한울님과의 만남과 그 내재적 감응이 내 삶을 펼쳐 나가는 과정을 『동경대전』에서는 21자 주문으로 표현했다.

지기금지 원위대강(至氣今至 願爲大降)
지극한 하느님의 기운이 지금 나에게 이르렀나이다. 원컨대 그 기운이 크게 내려 나의 기운이 하느님의 기운이 되게 하소서.

시천주 조화정, 영세불망 만사지(侍天主 造化定, 永世不忘 萬事知)
하느님을 내 몸에 모시었으니, 나의 삶과 이 세계의 조화가 스스로 바른 자리를 갖게 하소서. 일평생 잊지 않겠나이다. 하느님의 지혜에 따라 만사를 깨닫게 하소서.[20]

---

18 김용옥, op.cit.178쪽.
19 각주 11의 인용구를 보라.
20 김용옥, op.cit. 216쪽.

위의 주문은 철학적 개념이 아니다. 지금 수운이 만난 한울님을 저 주문을 통해 내가 만나는 것이다. 그래서 수운에게 한울님의 기운이 온 세상 위에 두루 내리듯 체험되었다면, 나에게도 한울님의 기운이 내재하는 감응을 통해, 당신의 기운이 펼쳐진 세상과 조화롭게 '감응하며' 살아가고, 타자와 자연에 대한 폭력과 지배를 청산하고 이들과 조화롭게 살아가겠다는 것이다. 수운 이후 위의 주문을 외우면서 한울님과의 감응을 기원하는 기도와 의식은 지금도 반복되고 있으며, 감응의 체험을 한 사람들도 무수히 많다. 또한, 이 주문을 외우는 사람이 양반이든 평민이든, 왕족이든 노비든 모두 다 한울님과 감응하며 새로운 세상을 여는 주체적 인격이 되는 것이다.

루마니아 출신의 종교학자 미르체아 엘리아데는 인간 행위의 심리학적/인류학적 특징을 다음과 같이 말했다:

인간 행위의 의미와 가치는 있는 그대로의 물질적인 여건과 관련된 것이 아니라, 원초적인 행위의 재현, 신화적인 전범의 반복이라는 인간의 행위의 특성과 결부되어 있다. 영양 섭취는 단순한 생리작용이 아니라 일종의 성찬식의 되풀이이다. 혼례와 집단적인 오르지(orgy)도 신화적인 원형들의 반향이다. 그런 행위들이 반복되는 것은 태초에(옛날 옛적에, 시초부터(ab origine) 신들, 조상들, 영웅들에 의해 그 행위들이 축성되었기 때문이다. … 범례를 이루는 일정한 행위들의 반복은 독특한 존재론 하나를 드러낸다. 자연의 산물이든 인간의 활동이 만들어 낸 물건이든, 모든 것은 어떤 초월적 실재에 참여하고 있는 한에서만 자기동일성과 실재성을 획득한다. 또한 모든 행위는 어떤 원초적인 행위를 반복하는 한에서만 의미와 실재성

을 지닌다.[21]

엘리아데는 인류의 모든 행위는 과거 혹은 집단 무의식에 잠재되어 있는 행위들이 현세에 발현된 것이라고 말했는데, 이것이 너무 나간 과도한 해석이라 생각한다 해도, 특히 위 인용문의 말미에서 자기동일성과 실재성을 획득하는 경우는 '반복'에 의해 초월적 실재에 참여하는 경우라고 말했다.

동학의 경우 의례적 반복 곧 주문을 외우는 기운데 초월적 실재이신 한울님에 참여하는 실재성을 획득하는 것이다. 곧 위의 21자 주문을 반복하는 것이, 한울님과의 만남을 통한 인격적 변화인 것이며 이것이 나에게 일어난 다시 개벽인 것이다.

데카르트가 말한 근대의 선언 곧, "나는 생각한다, 고로 나는 존재한다 (cogito, ergo sum)."는 각자 인간의 영혼은 곧 이성이라는 것이며, 이 계산적 이성을 지닌 인간만이 위대하고, 그래서 이성이 없는 상태를 이성적 필요에 따라 마음껏 째고 잇고 파괴할 수 있다고 생각한 것이었다. 그렇다면, 시천주를 통한 다시 개벽은 서구의 근대정신보다 훨씬 더 위대한 정신이라 할 수 있지 않은가! 주문을 외우며 그 한울님을 모시어 개벽을 '현재화'하고, 이 깨우침의 눈으로 사람이 하늘임을 자각하는 것은 이전에 없었다. 그래서 그냥 개벽이 아니라, 다시 개벽인 것이다.

결론적으로 다시 개벽이란 한울님과의 인격적 만남과 변화를 뜻하는 영적인 의미를 지닌 것이다. 이는 시천주 주문을 통해 오늘날 그 사람들에

---

21 미르치아 엘리아데, 심재중 옮김, 『영원회귀의 신화』, 서울: 이학사, 2015, 15-16쪽.

게 다시 개벽이 일어나고 있으며, 이로써 전혀 새로운 주체가 선언되는 것이다. 동학은 피안으로 도피하거나 세상을 초월하여 천당에 가는 것이 목적이 아니라, 이 안에서 한울님을 모시고 만물과 조화롭게 살아가는 영성이다.

다음으로는, 동학을 전위적으로 이해하기 위해, 역시 삶이 결핍되지 않고 한울님 곧 하느님을 모시고 살아가는 삶을 산 기독교 신비주의 사상가 마이스터 에크하르트의 영성을 소개하고자 한다. 그리고 이를 통해 해월의 영성까지도 이해해 볼 것이다.

3. 마이스터 에크하르트
—다바르의 전위적 해석과 영혼 속 그리스도의 탄생

마이스터 에크하르트는 지금 이 순간까지도 가톨릭에서 '이단'으로 규정된 중세 도미니칸 신학자이다. 그의 이단에 관한 논의는 대단히 복잡하여, 아직도 이에 관해 논의 중인데, 에크하르트 해석에 관한 현대적 권위자 중 한 사람인 매튜 폭스는 이 논쟁에 관해 다음과 같이 이야기한다:

금세기 F. 펠스터가 복원한 재판 사본들은 자신이 받고 있는 재판의 정치적 성격을 잘 알고 있는 한 사람을 제시한다. 그 사람은 자신을 고소한 사람들에게 다음과 같은 사실을 상기시켰다: 말하자면 그들은 토마스 아퀴나스를 세 번이나 단죄하고, 바로 3년 전에 아퀴나스를 시성한 장본인이었다는 것이다. 또한 에크하르트는 자신이 겪는 시련을 같은 도미니코회 형

제인 알베르투스 마뉴스의 시련에 견주기도 했다.[22]

    이 말은, 에크하르트와 그를 정죄한 사람들이 다른 가톨릭의 전통에 서 있는 사람들이었으며, 이들은 에크하르트와 같은 전통의 도미니칸에 서 있던 토마스 아퀴나스를 이단으로 정죄했으나, 상황에 따라, 그를 시성까지 한 비일관적인 사람들이었다는 말이다. 곧 에크하르트의 이단 정죄는 아퀴나스와 같이 정치적 이유에서였다는 말이다.

    이단 정죄 후, 그의 글들은 공식직인 신학적 논의에서 사라졌지만, 그의 제자들 중 저명한 학자이자 수도사였던 헨리 타울러와 하인리히 소이세와 같은 사람은 그의 여생을 스승의 무죄함을 알리는 데 주력하기도 했다. 특히 타울러는 종교개혁자 루터에게 절대적인 영향을 끼친 인물이며, 또한 루터가 라틴어에서 독일어로 번역한 『독일신학(Theologia Germanica)』은 독일 지방에 산재해 있던 에크하르트의 어록집을 모은 것이라고 알려져 있기도 하다. 여하튼 그의 책은 그가 이단으로 정죄된 1329년 이후 공식적인 논의 선상에서 자유롭게 토론될 수 없었고, 위에서 언급한 폭스는 프랑스 유학 도중, 인도의 미학자 쿠마라스와미(Ananda Coomaraswamy)의 책 『예술에서 자연의 변형(The Transformation of Nature in Art)』을 읽다가 마이스터 에크하르트를 만나게 되었다.[23] 유럽의 중앙에서 밀려나, 오히려 힌두교 미학자의 주요 관심 안에 에크하르트가 있었던 것이다. 폭스의 경우에도 전위의 과정을 통해서 에크하르트와 만나게 된 것이다.

---

22 마이스터 엑카르트, 매튜 폭스 해제, 주석, 김순현 역, 『마이스터 엑카르트는 이렇게 말했다』, 서울: 분도, 2006, 48쪽.
23 위의 책, 29쪽.

에크하르트뿐만이 아니다. 불교 역시 산스크리트어가 아닌 한문으로 쓰인 중국의 경전을 통해 우리나라에 전해져 내려온 것이 아닌가? 우리나라의 기독교도 팔레스타인에서 시작된 예수의 운동이 바울을 거쳐 유럽과 소아시아로 확산되고 이것이 미국을 건너 우리나라에까지 온 것이다. 이 모든 과정 속에 무수한 '전위'의 과정, 곧 시공이 옮겨졌고, 의사소통과 번역이 이루어진 것이다. 동학을 변방의 마이스터 에크하르트와 그의 영성을 중심으로 이해하는 것 역시 전위의 한 과정인 것이다.

한정된 지면에서, 에크하르트의 사상과 영성을 다 논할 수 없지만, 위에서 언급한 에크하르트의 현재적 해석의 최고 권위자 중 한 사람인 폭스가 밝혔듯, 에크하르트의 '말씀'신학과 영성인 '다바르(רבד)'를 중심으로 그의 생각을 들여다보기로 하자. 폭스가 편집한 마이스터 에크하르트의 설교집 첫 번째에서 에크하르트는 이렇게 말했다:

무언가 밖으로 흘러나오되 안에 머무는 것이야말로 놀라운 일입니다. 말은 밖으로 흘러나오되 안에 머뭅니다. 이 얼마나 놀라운 일입니까! 모든 피조물은 밖으로 흘러나오되 안에 머뭅니다. 이 얼마나 놀라운 일입니까! 하느님께서 그것을 주셨고, 주시겠다고 약속하셨으니, 이 얼마나 놀랍고 상상할 수도 없고 믿기 어려운 일입니까! 그럴 수밖에 없을 것입니다. 하느님은 만물 안에 계십니다. 그분께서 사물 안에 계시면 계실수록, 그분은 사물의 바깥에 계십니다. 그분은 안에 계시면 계실수록, 바깥에 계십니다. 나는 하느님께서 지금도 이 세계 전체를 넉넉하고도 완전하게 창조하고 계신다

고 누누이 말했습니다.[24]

　홀러나오되 안에 머문다. 이 개념적 논리를 추적하자면, 「창세기」와 「요한복음」을 신플라토니즘(유출)적 상상력을 동원하여 구성한 생각이라 할 수 있을 것이다. 이는 그의 사상적 스승이 되는 스코투스 에리우게나가 그리스어로 쓰여진 동방의 위디오니시우스를 라틴어로 소개하여 알게된 창조의 이야기인데, 위디오니시우스는 플로티누스의 유출을 이렇게 소개하였다: "이분 [하느님] - 일자 (the One), 선 (the Good), 아름다움 (the Beautiful) - 은 나름의 독특한 방식으로 무수히 많은 선과 아름다움의 원인이십니다. 그에게서부터 모든 존재의 본질이 나옵니다."[25] 곧, 진선미의 궁극성인 일자 곧 하느님으로부터 존재의 본질이 '나온다' 했다. 유출된다는 것이다. 이 과정은 초자연적인 쉼과 움직임에서 나온 것들의 적절한 원리에 따라서 각각의 존재를 확립[26]하면서 곧 음과 양, 멈춤과 움직임, 창조의 낮과 밤의 상생(相生)으로 창조가 지속된다는 것을 말한다. 그리고 위 디오니시우스는 "하나님은 활동하는 열망이요, 단순하시며, 스스로 움직이시며, 스스로 행동하시며, 선 안에 선재하시며, 선에서 흘러나와 존재하는 만물에게로 갔다가 다시 선에게로 돌아오십니다."[27]라고 하면서, 창조의 과정은 하느님에게서 나와 하나님께로 돌아가는 과정이라고 한 것이니, 피조

24　위의 책, 105쪽.
25　위디오니시우스, 엄상욱 옮김, 『위디오니시우스 전집』, 서울: 은성, 2007, 112쪽. 이탤릭은 필자.
26　위의 책.
27　위의 책, 120쪽. 역자가 하나님이라 번역.

물은 늘 신과 '함께' 있게 된다는 것이며, 창조는 피조물의 원인이 되고, 감싸며 다시 하느님께로 되돌아가게 하는 것이다. 신플라토니즘을 위 디오니시우스가 가져왔고, 아일랜드 출신이지만 프랑스에서 활동한 스코투스 에리우게나에 의해 재구성된 중세적 창조론의 시대에 에크하르트는 바로 이들의 언어로 '흘러 나오되 안에 머문다'고 한 것이다. 흘러 나온다의 『성서』적 근거는 「요한복음」 1장 1절에서 3절까지다:

> 요한 1:1 한처음, 천지가 창조되기 전부터 말씀이 계셨다. 말씀은 하느님과 함께 계셨고 하느님과 똑같은 분이셨다.
> 2 말씀은 한처음 천지가 창조되기 전부터 하느님과 함께 계셨다.
> 3 모든 것은 말씀을 통하여 생겨났고 이 말씀 없이 생겨난 것은 하나도 없다. 생겨난 모든 것이
> 4 그에게서 생명을 얻었으며 그 생명은 사람들의 빛이었다.(공역개정)

한처음 곧 태초란 「창세기」 1장에 기록된 말씀에 의한 창조에서 '말씀'을 독립적으로 표현한 것인데, 이렇게 하느님과 분리된 것 같은 이유는 각각의 피조물에 내재해 있다는 것을 말하기 위함이었다. 곧 3절에서 모든 것은 말씀을 통하여 생겨났고, 이 말씀 없이 생겨난 것은 하나도 없으며 4절에 그에게서 생명을 얻었다라는 말이다. 매튜 폭스는 그의 대표적 주저인 『원복』에서 이렇게 말했다:

> 존재하는 것 그 자체, 아름다움이 있고, 사랑받는 곳마다, 존재의 영광이 있으며, 그곳에서 창조의 영성이 일어나고 있는 것이다. 마이스터 에크하

르트는 이를 두고 지금이 하나님이다(Isness is God)라고 말한 바 있다. 『성서』에서 말씀하는 영광이나 아름다움 또한 존재하는 모든 것은 하느님과 연관되어 하느님으로부터 나온 것이다. 말씀인 다바르를 하느님의 창조적 에너지로 회복할 때, 「창세기」 1장의 본래 의미를 다시 찾을 수 있다. 하느님께서 말씀하셨을 때, 빛과 어둠, 태양과 달과 같은 찬란한 존재들이 생겨났다. 말씀으로 번역된 히브리어 다바르는 단지 말이 아닌 행동을 포함한다. 말하는 것이 아니라, 성취하는 것이며, 떠드는 것이 아니라 창조하는 것이라는 말이다. 그래서 「창세기」에 빛이 있으라 하니 빛이 있었다라고 하며, 하느님께서 땅이 풀과 각기 종류대로 씨 맺는 채소와 각기 종류대로 씨 가진 열매 맺는 나무를 내라 하니 그대로 되었다는 것이다.[28]

말씀과 창조주를 동일시하면서, 말씀이 있는 곳, 곧 창조가 있는 곳에 존재의 영광이 드러나 있으며, 존재의 영광은 늘 '지금'과 연결되어 있다. 사람이 살 수 있는 시간은 지금 이때뿐이며, 과거와 미래는 실상 '현재'의 기억과 '현재'의 소망이 아니겠는가? 살아 숨 쉬는 지금 이 순간 하느님의 존재와 영광이 드러나게 하는 말씀인 다바르는 에너지와 같다. 곧 창조주와 피조물을 '연결'시키는 힘이며, 그 힘이 하느님(요한복음 1장 1절)인 것이다. 그 하느님에 의해 창조된 피조물이 있는 자리, 늘 '현재'에만 있는 피조물은 역시 지금이 하느님과 떨어지려야 떨어질 수 없는 것이다.

창조는 창조주에 의한 말씀(다바르)에 의해 진행된다고 하여도, 자신의 존재에 관한 무지(無知)는 피조물을 범부와 같이 살아가게 한다. 특별

---

28 Fox, Matthew, *Original Blessing,* New York: Jeremy P. Tarcher, 2000, p.38-39.

히 『성서』 안에서는 보이는 것에 의한 미혹을 비판한다. 예를 들어, 하와가 뱀의 유혹으로 인해 선악과를 보기에 탐스러울뿐더러 사람을 영리하게 해 줄 것 같아서(창세기 3장 6절)와 같이 외형의 욕망을 내면으로 투사하여 환상을 만들면서 살아간다. 이것이 후에 우상숭배와 연결되어, 우상이란 『이사야』 2장 8절: "자기들의 손으로 만든 것을 예배하고 그 손가락으로 만든 것 앞에 꿇어 엎드립니다"로 연결된다. 눈으로 형상을 만들어 파악하든, 손으로 깎아 만들든, 자기가 만든 자기 세상을 신(神)으로 '숭배'하며 살아가는 것이 무명(無明)의 삶을 범부의 죄 된 삶이라 하는 것이다.

에크하르트는 하느님의 말씀(다바르, 하느님의 힘)에 의해 내가 산다는 것을 자각하는 것 혹은 전통적 기독교적 용어로 하느님의 은혜를 믿고 받아들이는 것을 영혼 속 그리스도의 탄생이라고 말했다: 이 탄생이 끊임없이 일어나더라도 내 안에서 일어나지 않는다면, 그것이 무슨 소용이 있겠습니까?[29] 에크하르트는 하느님의 말씀인 다바르에 의해 피조물이 살아가는 것을 '탄생'이라고 했는데, 하느님에 의해 내가 살아간다고(탄생) 깨닫는 사람은 드물다는 전제 아래 이와 같이 말한 것이다. 곧 "이 탄생은 선한 영혼 안에 일어납니다"[30]고 하면서, 다음과 같이 말했다:

> 탄생은 영혼이 제공하는 가장 깨끗하고 가장 고귀하고 가장 부드러운 자리에서 이루어지는 것임에 틀림없습니다. 이 영혼은 오감을 통해 다양한 피조물에게 흘러 나가서는 안 됩니다. 오히려 그것은 차분히 안에 머물러

---

29 마이스터 엑카르트, op.cit. 433쪽.
30 위의 책.

124 | 동학과 서학

야 하고, 침착하고 가장 깨끗한 상태에 있어야 합니다. 이것이야말로 영혼에게 알맞은 상태이며, 이보다 못한 것은 모두 영혼에게 부적절할 따름입니다.[31]

오감이 외부 세계로 향하여 내면에 환상과 착각을 만들어 내지 않은 그 순수한 영혼에 그리스도의 '탄생'이 이루어진다. 하느님의 뜻에 따라 십자가까지 걸어가신 아들 그리스도처럼, 하느님의 말씀인 다바르를 영혼 혹은 내면에 받아, 하느님의 뜻대로 살아가는 것을 그리스도의 탄생이라 한다면, 이와 반대로 오감에 의해 환상과 착각의 복잡한 마음을 가지고 있다면, 그는 자신이 하느님의 은혜로 인해 살아가고 있다는 사실을 전혀 모를 수밖에 없다. 그래서 '탄생'이 이루어지지 않는다 한 것이다. 텅 빈 마음에 말씀 다바르가 떨어진다면, 이는 그리스도의 탄생으로 변형되어, 작은 예수로 살아간다는 의미이다. 길희성은 이에 관해 다음과 같이 요약했다:

영혼이 모든 상을 여의고 그 근저의 순수성을 회복할 때 비로소 우리는 진정으로 하느님의 말씀을 들을 수 있으며 하느님의 아들로 탄생한다. 하느님은 그 어떤 피조물도 들어갈 수 없고 어떤 상(像)도 존재하지 않는 비어 있고 자유로운 영혼의 근저에만 말씀하시고 거기서 아들을 낳기 때문이다.[32]

31 위의 책.
32 길희성,『마이스터 엑카르트의 영성사상』, 서울: 분도, 2003, 219쪽.

아들이란, 위에서 언급한 『요한복음』 1장 1절에 기록된 말씀을 뜻하는 말이며, 그 말씀이 육신이 된 존재(요한복음 1장 14절)를 예수 그리스도라 한다. 예수 그리스도 이전의 그리스도인 말씀은 기독교 교리상 제2위격인 성자다. 『요한복음』은 그를 말씀이라 한 것이다. 곧 모든 영혼은 '순수'하여 하느님께서 그곳에 아들인 말씀을 낳으나, 그 순수한 영혼 위에 덧씌워진 환영과 착각은 '탄생'을 불가능하게 한다. 그러나 모든 상을 여읜 영혼 속의 아들은 내 삶을 그리스도로 '탄생'하게 한다. 곧 작은 예수가 되어 예수의 뒤를 따르는 사람이 되는 것이다.

마이스터 에크하르트의 중심적 세계관인 '말씀'과 말씀이 우리로 인해 탄생된다는 과정은 동학의 시천주 나아가 앞으로 논의될 해월과 대단히 유사하다. 양자는 완전히 다른 언어와 전통 아래 서로 다른 시간과 장소에서 기술되었지만, 시공을 넘어선 의사소통을 가능하게 하고 있다. 그리고 현생을 초월하여 피안과 하늘 위의 삶을 강조하는 기독교 주류와 달리, 일상의 삶을 영성적으로 만들어 나갈 수 있게 하는 것이다. 에크하르트의 이런 방식은 전통적 기독교의 타락/구속 전통 위에 서 있는 것이 아닌, 창조 중심의 전통 위에 서 있기 때문이다. 기독교의 삼위일체성 부분에서 기독론을 창조 중심[33]으로 재구성한 방식이기 때문인 것이다. 그러나 특히 에

---

33 '창조중심'이란 미국의 신학자 매튜 폭스의 구분방식이다. 기독교는 창조중심의 전통과 타락/구속 중심 전통이 있으며, 기독교의 주류는 후자이다. 그렇기 때문에 타락한 인간이 그리스도를 통해 구원받아 천국 간다는 신학이 교회를 지배해 왔고 그로 인해 일상의 삶이 결핍되었고, 특히 최근 온난화와 같은 생태문제를 등한시하게 됐다는 것이다. 이와는 달리 여기서 언급한 마이스터 엑카르트, 빙엔의 힐데가르, 스코투스 에리우게나, 아시시의 프란체스코 등과 같은 창조 중심의 영성가와 신학자들도 다수 존재해 왔다.

크하르트는 주류 기독교의 전통에서 부족한 일상의 삶을 그리스도를 탄생시키는 삶이라고 보았고, 수운은 이를 압축적인 주문을 통해 반복하게 하면서 자각하게 한 것이다. 그래서 나로부터 개벽이 시작된다는 자각을 일으키게 했다.

다시 개벽이 한울님을 마음에 모시는 깨끗한 마음이라면, 내가 작은 '한울님'으로 살아가는 방식을 '양천주'라 할 수 있을 것이다. 21자 주문을 외우지만, 삶이 그 주문 안에 있고, 주문이 삶 안에 있어, 한울님이 내 일상적 삶을 감싸고 이끌고 나가는 선한 삶이 되기 때문이나. 해월은 일상의 삶 안에서 한울님에 의한 삶을 자각하고 공경과 정성으로 살았다. 이를 한울님을 키우는 양천주의 삶이라고 했다. 영혼 속 그리스도가 탄생하는 삶을 무겁지 않게 일상의 쉬운 말로 풀어낸 것이다. 다음은 해월의 양천주에 관해 살펴보도록 하자.

4. 다시 개벽, 시천주를 일상으로
—마이스터 에크하르트를 통한 양천주의 전위적 해석

수운이 한울님을 만난 것이 다시 개벽의 사건이라면, 해월은 이를 주문으로 외우고 정성스레 한울님을 모시고 살아가는 영적 삶을 일상의 말로 표현했다.

해월은 일상의 삶 안에서 시천주를 '살아'냈고 그 경험을 가르쳤다 할 수 있다. 이런 일상의 삶 안에서 깨닫는 것이 그의 수도(영성 훈련) 방식인 것이다. 해월은 동학의 중심 가르침에 관해 이렇게 말했다: "우리 스승님이 가르치신 대도의 으뜸 가르침은, 첫째, 천지 섬기기를 부모 섬기는 것과 같이 하는 도입니다. 둘째, 석고는 살아 계신 부모에게 효도하듯이 한울님께 고하여 봉양하는 이치입니다."[34] 부모님을 공경하듯 한울님을 공경하고, 부모님께 효도하듯 한울님께 고하고 봉양하는 그 마음에 시천주가 일어난다고 했다. 또한 그는 "정성과 공경, 삼감과 마음 씀 네 가지와 사람을 대하고 사물을 접하는 바른 행이 모든 일을 한울님 감응과 함께하는 방법입니다. 그것이 한울님 지기와 지극히 화하여 지극한 성인에 이르는 절차 과정입니다."[35]라고 했다. 맹자의 사단(四端)과 비슷하나 정성과 공경을 앞에 두고, 한울님을 모시며 살아가는 사람으로서의 삶의 자세를 말하는 것이다. 바로 이것이 한울님과 '감응'하는 방식이다. 21자 주문을 외움은 물론, 정성과 공경과 삼감과 마음 씀으로 성실히 살아나가면 주문에 의한 감응과 더불어 일상의 감응이 일어난다는 영적 가르침인 것이다. 그래서 해월은 수운의 가르침을 공경과 진심으로 한울님을 모시는 것이라 한 것이다.

'모시는' 일을 해월은 두 가지로 표현했는데, 첫째로는 영적으로, 둘째로는 물질적으로 표현했다. 물질이라는 것은 유물론적이라는 말이 아니라, 물질 안에도 한울님이 임재하신다는 의미로, 특히 이 점에서 오늘날 생태학과의 접점이 존재할 수 있을 것이다. 곧 이와 같은 세계관은 다음의 법설을 전제로 한다: "하늘과 땅과 사람은 모두 한울의 이치 기운으로 하나입니다. 사람은 바로 한울 덩어리이고 만물이 다 한울의 정기로 생긴 것입니다."[36] 에너지와 물질이 하나라는 현대 과학의 발견은 세상 만물이 기(氣)의 취산 작용이라는 유교의 세계관에서는 보편적이다. 그런데 이런 철

---

34 최시형, 라명재 역주, 『해월신사법설』, 서울: 모시는사람들, 2021, 44쪽.
35 위의 책, 125쪽.
36 위의 책, 47쪽.

학적 개념에서 끝나는 것이 아니라, 사람의 몸과 같이 물질도 한울님이 내재하는 장소임을 신앙하고 공경과 정성의 삶을 살아가는 과정이 영성적 삶이 아니겠는가? 그렇다고 한울님과 사람이 동일한 범신론적 개념인 것은 아니다. 이렇게 되면, 인간의 정성과 공경이 그리고 예식과 의지가 필요 없게 되기 때문이다. 이에 관해 해월은 이렇게 말했다:

> 사람이 움직이고 머무는 것을 마음이 시키나요 기운이 시키나요? 기운이 주가 되어 몸을 움직이지만 움직이고자 하는 것은 마음입니다. 그렇게 움직여 일이 되어 가는 것은 펼쳐 나가거나 움츠려 들어오며 이루어지니 이를 귀와 신이라 합니다. 그렇게 조화가 되는 것이 귀신의 좋은 재능입니다.[37]

에크하르트는 말씀(다바르)으로 인해 모든 피조물이 탄생한다고 했다. 마찬가지로 해월은 물질 안에도 한울님이 내재하시며, 이를 구체적으로 '기운'이라고 했다. 기운을 받아들여 움직이는 것은 마음의 행보이다. 이렇게 기운이 마음에 작용하는 것을 '귀신'이라 하기도 했다: "귀신이란 것은 무엇인가요.? 한울 기운이 작용할 때 어두우면 귀 밝으면 신이요, 고요하면 귀 활발하면 신이요., 구부러지면 귀 펴지면 신이요, 머물면 귀 움직이면 신입니다."[38] 귀란 기운 곧 한울님이고, 신은 마음이라 해석하여 귀와 신의 일치를 조화라 했으며, 마음의 공경과 지극함으로 한울님을 받아 일

---

37 위의 책, 48쪽.
38 위의 책.

치하며 곧 동행하며 살아가는 것이 영적 삶이라 한 것이다. 이 기운은 사람뿐만이 아니라 사물에게도 있으나, 마음이 없는 사물은 기운만 받고 움직이지 않는다는 말이다. 그래서 한울님과 인간이 똑같다고 하는 범신론이 아니라, 한울님이 내 안에 내재해 있고, 내가 한울님의 기운을 받아 그에 따라 살아가니, 한울님도 일하고 나도 일하는 범재신론(panentheism)이 가능하게 되는 것이다. 그래서 한울님도 자유하고 나도 자유하나, 나는 내 환상적 욕망을 극복하고 한울님의 기운에 따라 살아가는 '수행'이 가능하게 되는 것이다.

기독교는 창조주의 자리가 명확하여 창조주의 말씀인 다바르로 인해 사물이 있다고 했다. 물론 동학 역시 한울님이 있지만, 해월이 기운과 마음으로 해석했듯이, 근원적 창조보다 지금 우리가 숨을 쉬는 이 일상에 관심을 집중했다. 그리고 에크하르트가 창조주와 사람 간의 관계를 다바르로 설명했듯, 해월은 한울님과 사람 간의 관계를 '기운'으로 파악했으며 위에서 본 귀신의 설명처럼, 한울님과 사람 간의 관계를 떨어지려야 떨어질 수 없는 관계로 파악했다.

윤석산은, "동학은 자기 몸에 모셔진 신을 찾는 시천주를 그 근본으로 삼는 종교이며, 깨달음을 바탕으로 하는 심층 종교이다. 따라서 깨달음을 바탕으로 하는 심층 종교의 특성 그대로 동학은 신비주의적 요소를 많이 지니고 있다."[39]라고 했다. 윤석산은 해월의 입을 통해 이와 같이 말하였다.

---

39 윤석산, 『일하는 한울님: 해월 최시형의 삶과 사상』, 서울: 모시는사람들, 2021, 173쪽.

그러나 해월 스스로 깨달은 이후에는 돌연히 이러한 신비한 조화를 끊어 버렸다고 말했다. 나아가 이러한 신비한 이적은 모두 천지간의 작은 일이요, 대도의 마음씀이 아니라고 단언하였다. 해월이 당시 새로 입도한 제자들에게 설파한 이러한 가르침은 결국 "신기한 이적이란 다만 궁극적 실재와 합일로 가는 과정에서 발생하는 부수적인 것이지, 수행의 궁극적인 목표는 아니다."라는 신비주의 전통을 깊이 파지한 언명이기도 하다.

수운 선생에 의하여 발원된 동학이 해월에 이르러 이렇듯 신비주의적 전통을 그대로 이으며 깨달음을 그 근간으로 하는 심층 종교로 거듭될 수 있었던 것은 수운 선생 순도 이후에도 해월의 지도 아래 지속적으로 수행을 해 왔고, 또 해월 스스로 견지한 바와 같이 개인의 깨달음만을 강조하지 않고 한울님의 뜻이 사람을 통해 이 지상에서 구현되는, 그러한 세상을 이룩하고자 노력했기 때문이다.[40]

글의 의도는 해월이 신비주의 곧 심층 종교 그 자체에 머물러 일상을 도외시한 것이 아니라, 깨달음의 과정에서 일어나는 신비적 환상이나 현상에 집착하지 않고, 한울님과의 궁극적 합일에 이르기까지, 평범한 일상의 영성 공부에 충실했다는 것을 밝히는 데 있다. 실제로 신비적 체험에만 집착한다면, 이 체험 이상으로 공부가 진전되지 않는다. 깨달음으로 갈 수 없다는 것이다. 해월은 일상을 그의 끊임없는 공부의 장으로 확장시켰다. 그래서 그는 다음과 같은 문장을 만들어 냈다:

---

40 위의 책, 173-174쪽.

'음양' '귀신' '조화' '운명' '기운'이라고들 하는데, 음양의 근본을 아시나요? 근본을 알지 못하면서 글만 외우니 한심한 일입니다. 이 근본을 투철하게 안 뒤에라야 한울을 안다고 말할 수 있을 겁니다. 무엇이 음양이 되었고, 무엇이 귀신이 되었으며, 무엇이 조화가 되었으며, 무엇이 명이 되었으며, 무엇이 기운이 되었나요? 보이고 들리는 감각 너머를 보고 듣는 데 이르러야, 도를 이루었다 할 수 있습니다. 또한 밖으로는 영이 접하는 기운이 있음과 안으로 가르침의 말씀이 있음을 확실히 깨달아야 덕을 세웠다 말할 수 있을 것입니다.[41]

확실히 깨달아야 덕을 세웠다 할 수 있다. 곧 시천주가 일상의 삶 안에서 내 실천이 되고, 그래서 이것이 내 마음에 진정으로 가닿아야, 확실히 깨닫고 덕을 세웠다 할 수 있다 하였으니, 책을 펴 놓고 토론하는 것을 넘어, 몇몇 신비적 현상을 넘어, 일상의 삶 안에서 한울님의 임재를 체험하고 이로써 살아가야 제대로 깨달았다 할 수 있다는 말이다. 이는 마치 토마스 머튼이 "육조 혜능의 반야 중심의 수행 방식을 평가하면서 혜능에게는 삶 전체가 선이었다."[42]라고 말한 것처럼, 해월 역시 삶 전체가 수행의 과정이었다는 것이다. 그래서 그는 식사(食事) 역시 한울님과 동행하는 것이라 하면서 다음과 같이 밝혔다:

한울님께서 감응하시지 않는 정(情)을 혹 본 일이 있나요? 사람은 누구나

---

41 『해월신사법설』, 60쪽.
42 Merton, Thomas, *Mystic and Zen Masters*, New York: The Noonday Press, 19647, p.21.

모신 한울님의 영기로 사는 것입니다. 그러므로 사람이 먹고 싶어 하는 생각이 곧 한울님이 감응하시는 마음이고, 먹고 싶은 기운이 한울님이 감응하시는 기운이며, 사람이 맛나게 먹는 것이 바로 한울님이 감응하시는 정입니다. 사람이 먹고 싶은 생각이 없으면 이것이 한울님이 감응하시지 않는 것입니다.[43]

먹고 싶다 하는 것은 감응하는 정(情)에 의해서다. 정이란 따뜻한 마음인데 감응의 전제는 따뜻한 마음이라는 것이다. 정이 있는 곳, 곧 사랑의 장소가 한울님 감응의 장소라 할 수 있는 것이다. 또한, 먹고 싶은 기운과 무엇을 먹고 싶어 하는 것은 다르다. 산해진미를 먹고 싶다, 중식이나 한식을 먹고 싶다 하는 잡다한 생각을 버리고 '먹고 싶다'는 단순한 마음이 감응의 정으로 다가올 때, 이것은 한울님에게서 온 것이며, 이 마음 아래 먹으면 한울님의 감응이 내 삶의 실천이 되는 것이다. 한울님을 마음으로 모시는 주문과 함께 따뜻한 정(情)으로 일상이 감응되면, 먹는 것뿐 아니라, 일상이 정으로 이루어진 감응의 삶이 되는 것이다. 더 나아가 해월은 이 삶이 따뜻한 정의 삶이라 했다.

한울님의 감응을 마음으로 표현한 것이다. 한울님과의 정이 깊어져 한울님이 탄생하는 과정을 해월은 다음과 같이 말했다:

내 항상 말할 때에 물건마다 한울이요 일마다 한울이라 하였으니, 만약 이 이치를 옳다고 인정한다면 모든 물건이 다 한울로서 한울을 먹는 것 아님

---

43   최시형, 라명재 역주, 『해월신사법설』, 서울: 모시는사람들, 2021, 134쪽.

이 없습니다. 만일 한울 전체로 본다면 한울이 한울 전체를 키우기 위하여 같은 바탕이 된 자는 사람들끼리 서로 돕듯이 도와줌으로써 서로 기운이 화함을 이루게 하고, 다른 바탕이 된 자는 사람이 곡식과 고기를 먹듯이 한울로서 한울을 먹는 것으로써 서로 기운이 화합을 통하게 하는 것입니다.[44]

정성이 몸에 배어 한울님을 정성으로 섬기며, 곧 일마다 한울님과 감응하고, 먹는 것에도 한울님과 감응하고, 사람들과의 관계에서도 감응과 정으로 소통한다면, 전체가 화하고 통하게 된다고 말했다. 개인적 영역에서 머물지 않고 보편적 영역 안에서 한울님과의 감응이 일상화되어, 공동체 전체가 조화를 이루어 가게 되는 것이다. 이런 삶을 해월은 양천주라 했다.

한울을 키울 줄 아는 사람이라야 한울을 모실 줄 아는 것입니다. 한울이 내 마음속에 있음이 마치 종자의 생명이 종자 속에 있음과 같습니다. 종자를 땅에 심어야 그 생명을 기르게 되는 것과 같이 사람의 마음은 도에 의하여 마음을 닦고 수행해야 내 마음의 한울이 자랍니다. 같은 사람이라도 내 마음에 한울이 있는 것을 알지 못하는 것은 종자를 물속에 던져 그 생명을 멸망케 함과 같아서, 그러한 사람은 한평생을 마치도록 한울을 모르고 살 수 있습니다. 오직 한울을 키운 사람에게 한울이 있고, 키우지 않는 사람에게는 한울이 없습니다.[45]

---

44 위의 책, 151쪽.
45 위의 책, 153-154쪽.

한울님을 키운다 하는 것은 사실 한울님과의 감응에 의해 나를 키운다는 말이다. 그래서 내 안에 한울님이 종자처럼 자라난다 하는 이 말은, 앞서 마이스터 에크하르트가 말한 영혼 속 그리스도의 탄생과 정확히 일치한다. 시천주가 말씀이 내 안에 들어와 나에게 생명을 주고 살아가게끔 하는 것을 자각하는 깨달음이라면, 양천주란 자각이 탄생으로 발전되는 것이다. 그리고 나아가 공동체까지, 조화롭게 되는 것으로 시천주가 조화정이 되는 것을 양천주의 길을 통해 완성하고자 한 것이 해월의 영성이었다. 특히 그는 일상을 영성과 나누어 놓지 않았다. 그래서 밭에서 일하는 것도 수행이고, 실을 잣는 것도 수행이며, 심지어 밥을 먹는 것도 수행이었다. 이 일상의 자리가 양천주의 자리이며 영혼 속 그리스도의 탄생이 이루어지는 자리였던 것이다.

이상, 다시 개벽을 시천주로 보고, 이를 마이스터 에크하르트의 말씀신학 곧 다바르의 현재화를 통해, 해월의 양천주를 이해하는 전위신학을 전개해 보았다. 특히 수행적 시각에서 보면, 수운과 에크하르트와 해월은 한울님과의 감응과 그 실천적 삶에 관해 이야기하지만, 에크하르트에게 이 과정은 철학적 개념이 중심이었고, 수운은 주자학의 배경과 한울님과의 만남을 주문으로 압축하였고, 해월은 이를 일상적 삶으로 구체화했다는 것을 알 수 있다. 그런데 셋 모두 피안보다는 바로 이곳, 내가 숨을 쉬는 현재의 삶에서 한울님을 체험하고, 한울님을 살아 내게 했다. 이 전위적 과정을 통해, 특별히 기독교가 동학에게 무엇을 배울 것인지를 생각해 보면서 글을 마치고자 한다.

5. 나오는 말—기독교적 만트라와 일상의 수행을 향하여

동학과 기독교의 전위적 작업을 통해 특별히 동학에는 있으나, 기독교에는 없는 것 두 가지를 발견하게 되었다. 첫째, 동학은 한울님의 내적 임재와 삶, 곧 내유신령, 외유기화의 기원이 짧은 만트라로 압축되어 있어 대단히 쉽게 일상을 살아 내게 하는 힘이 있다는 것과, 둘째, 하느님을 품고 살아가는 일상이 쉬운 언어와 실천으로 되어 있다는 것이다.

기독교, 특히 개신교는 개념을 통한 사유 중심의 신학이다. 앞서 에크하르트를 보았듯, 그의 신학도 하느님의 내재 안에서 살아가는 삶을 말하고 있지만, 그 과정이 그에게 영향을 준 사상적 흐름 안에서 이해할 수 있을 뿐이다. 특별히 이런 현상은 개신교에서 도드라진다. 이성을 영혼이라 이해한 근세의 철학에 영향을 받아 주로 철학적 개념들을 신학화하여 스스로를 변증하는 과정이 신학이었기 때문이다.

동학 역시 주자학적 세계관을 그 중심에 받아들이고는 있지만, 수운은 한울님을 신앙하면서 이를 21자 주문으로 재구성하였다. 여기서 출발하여 해월의 양천주까지 나아가면서, 한울님 내재의 일상화, 곧 에크하르트적 언어를 빌려 말하자면 '영혼 속 그리스도의 탄생'에까지 이르렀던 것이다. 그렇다면 동학과 기독교 특히 에크하르트의 신학이 전위적으로 만나게 되면서 발생한 기독교의 숙제는 과연 기독교가 동학처럼 짧은 만트라적 기도문으로 하느님의 내재와 그 은혜로 인한 일상의 삶을 표현할 수 있겠는가 하는 것이다. 기독교의 기도문은 하느님을 전제로 인간의 '바람'을 기원하는 것이다. 에크하르트처럼, 하느님에 의한 창조와 말씀의 내재, 그리고 영혼 속 그리스도의 탄생을 구체화한 기도문을 만들어 낼 수 있다면,

그래서 시천주와 양천주로 인해 자연과 이웃과 조화로운 삶을 살 수 있다면, 지금의 개념 중심의 신학이 지배하는 종교에서 체험적 일상이 새로운 영성 운동의 힘을 발휘할 수 있을 것이다.

예를 들면 하느님의 말씀이 나에게 생명주시니, 이 은혜에 반응하며, 작은 예수로 살겠습니다. 하느님의 다바르가 온 생명체에 미치니(시천주) 이 은혜에 반응 곧 감응하면서, 작은 예수로 살겠습니다(양천주). 아마도 더 간결하고 더 구체적인 만트라적 기도문이 더더욱 필요한 기독교 특히 '개신교'가 되어야 할 것이다.

둘째, 이미 첫 번째 문제 제기와 비슷한 차원인데, 일상을 어떻게 살아나가야 하는가 하는 것 역시 대단히 큰 도전이다. 한인철은 『예수 선생으로 만나다』에서 주류 기독교는 과도하게 신앙의 그리스도를 강조하는 바람에 역사적 예수 곧 2000여 년 전 살았던 인간 예수에 관한 가르침을 잊었다고 하면서, 그 원인을 〈사도신경〉과 〈니케아 신경〉에 예수의 삶이 결여되어 있었다는 것과 특히 한국에서는 사영리(四靈理)라 불리는 방식이 교회의 중심이 되었기 때문이라 진단했다.[46] 사영리의 내용은 다음과 같다. 제1원리: 하나님은 당신을 사랑하시며 당신을 위한 놀라운 계획을 가지고 계십니다. 제2원리: 사람은 죄에 빠져 하나님으로부터 떠나 있습니다. 제3원리: 예수 그리스도만이 사람의 죄를 해결할 수 있는 하나님의 유일한 길입니다. 제4원리: 우리 각 사람은 예수 그리스도를 '나의 구주' '나의 하나님'으로 영접해야 합니다.[47] 이 사영리라는 전도 방법 안에 '삶'이

---

46 한인철, 『예수 선생으로 만나다』, 서울: 청송, 2017, 20-26쪽.
47 위의 책, 25쪽.

빠져 있다는 것이다. 사실 이보다 더 화끈한 것은 요즘에 나온 '천국가는 약도'다. 사영리보다 더 이해하기 쉽게 그림으로 그려 놓았다:

1은 죄를 지었다. 2-3은 마귀와 함께 지옥에 간다. 그러나 4에 오면 예수로 인해 천국을 가게 되는데 재미있는 말은 행복하고 건강하게 살다가 천국에 간다는 것이다. '행복하고 건강하게'라는 의미를 이심전심 받아들이면 병 없고 걱정 없이 무병장수하다 천국에 간다는 별로 종교적이지 못한 표현이다. 세속인들도 다 그걸 원하기 때문이다. 밑에 기도문도 천국에 가게 되는 확신을 주시는 것이 예수 내재의 의미다. 이러니 삶이 결핍되었다고 하는 것이다.

이런 믿음이 기독교의 주류 라인이나, 개인적인 삶이나, 사회에 별 긍정적인 영향을 끼칠 수 없는 것이다. 그래서 마이스터 에크하르트와 같은 창조영성과 신학에 해월의 양천주와 창의적인 대화와 더불어, 좀 더 활발한

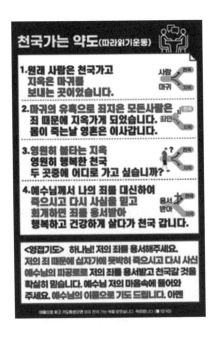

전위신학이 필요한 것이다. 저런 그림을 보면서 든 생각은 적어도 저들은 저토록 간단한 방법으로 피안으로 도피하는 방법을 그려 놓았는데, 하느님의 내재와 일상을 이끌고 나가는 간단한 만트라와 구체적인 삶의 방식은 왜 없는가 하는 점이다. 수운과 에크하르트, 해월의 전위적 만남을 통해, 목회자로서 또한 신학자로서, 중요한 숙제를 떠안게 되었다. 물론 이것은 꼭 필요한 작업이며 교회를 위해서도 중요한 일이다. 앞으로, 동학과 기독교의 창의적 대화와 전위신학의 결과가 나오길 기대한다.

구원 신학으로서의 초월적 휴머니즘

― 동학의 최제우의 개벽 신학과 하시디즘의
바알 셈 토브의 메시아 신학

김정숙

1. 여는 말

이 글은 수운 최제우의 신비체험으로부터 비롯된 민중 종교로서의 동학과 랍비 바알 셈 토브의 창시로 시작된 유대교 카발라 신비주의의 하시디즘을 신학적 관점으로 조명하여 동학과 하시디즘의 구원 신학으로서의 개벽 신학과 메시아 신학을 구성하고자 한다. 지정학적으로 강대국들에 둘러싸인 완충국으로서 한반도와 이스라엘은 힘없는 국가의 백성들이 겪어야만 하는 고통스럽고도 억울한 고난의 역사를 이어 왔다는 공통점이 있다. 끊임없는 외세의 침략과 탈취, 이에 더해 부패한 지배 권력층의 폭정과 억압으로 인해 신음 소리가 그치지 않았던 한반도의 민중들, 그리고 나라를 빼앗기고 디아스포라로 흩어져 영원한 나그네로 이방인으로 살아가며 차별과 억압을 감내해야 했던 유대 민중들은 그 억울하고 불의한 세월을 단절시키고 정의와 승리를 안겨 줄 강력한 힘을 가진 한 인물, 메시아의 등장을 고대해 왔다. 부당한 고통과 고난을 운명처럼 걸머진 채 끝나지 않는 불의의 역사를 헤쳐 나온 이 세상의 모든 민중들은 때로 실낱같은 희망과 때로 칠흑 같은 절망의 사이에서 언젠가는 고대하던 구원자가 혜성처럼 나타나 천지를 개벽하고 새로운 세상을 열어 주기를 열망한다. 마침내 구세주가 억울함과 원통함을 풀어 주는 구원의 선물을 안겨 주기를 그래서 전적으로 다른 세상이 펼쳐지기를 오늘도 꿈꾼다. 천지가 개벽되고 다시 개벽되고 분단된 땅이 다시 하나로 이어지고 민족이 다시 하나가 되는 개벽된 세상, 땅을 되찾고 나라의 주권을 회복하는 개벽된 세상에서 하느님을 모신 사람들, 하느님의 백성으로 살기를 꿈꾸며 종말론적 믿음의 끈을 놓지 않은 이들로 인해 여전히 구원 종교의 역사는 어렵게 그 명맥을 잇고 있다.

본 글은 19세기 중후반 조선에서 출현한 동학과 18세기 폴란드 동부 지역에서 등장한 하시디즘, 이 두 종교 간의 교류적인 시각을 통해 시대와 실존적인 상황의 차이에도 불구하고 두 종교는 전통적인 종교들이 가르치고 전수해 온 구원 신학에 새로운 패러다임의 전환을 가져온 민중 종교임을 주장한다. 종교의 존재 이유와 목적을 '구원' 교리 위에 그 토대를 두고 종교사의 명맥을 이어 온 수많은 종교들은, 개벽에 대한 소망과 구원과 메시야에 대한 믿음을 굳건히 지켜온 신앙의 사람들을 그저 초월적 구원 사건의 단순한 수혜자이자 수동적인 객체로 자리매김 시켜 왔다. 그러나 조선 말기의 동학과 디아스포라 유대 민족의 하시디즘은 민중들 스스로가 내재적인 동시에 초월적인 인간으로서 개벽 사건의 주인공이며 구원 사건의 주체들이라고 선포한다. 이들 동학과 하시디즘의 민중들이야말로 '현세적이며 내재적인 구원자'로서 이 땅에서 구원의 역사를 이루는 주인들이며, 하늘과 땅의 역사를 새롭게 열어젖히는 개벽의 주체들이라고 선포한다는 점에서 이를 구원 신학으로서의 '초월적 휴머니즘'이라고 명명한다.

동학의 창시자 최제우가 신비체험을 통해 갖게 된 시천주(侍天主) 신앙과 오심즉여심(吾心卽汝心) 신앙은, 인간이 자신의 내면에 하느님을 모시고 하느님의 마음을 공유함으로써 초월적이며 신적인 인간이 된다는 것을 의미한다. 이는 내재적인 동시에 초월적인 한 인간이 하느님의 동역자가 되어 하느님의 구원의 역사에 동참하여 역사의 개벽을 이루고, 개벽의 역사를 실행해 나가는 동학운동으로 전개되고 있음을 뜻한다. 언젠가 강력한 메시아가 등장해 유대 민족을 구원할 것이라고 가르치는 전통 유대교에 반대하여, 바알 셈 토브의 하시디즘은 신과 직접적인 관계를 통해 내면적 구원을 이룬 신적 인간이 공동체와 사회의 삶 가운데 구원 역사를 이루어간다는 새로운 메시아주의와 새로운 구원관으로의 전환을 주장한다.

따라서 본 글은 동학과 하시디즘이 기존 구원 신학의 패러다임을 새롭게 전환함으로서, 내재적이면서 동시에 초월적인 인간, 유한하지만 무한한 하느님을 모신 신적 인간이, 주체적인 하느님의 동역자로서 그리고 일상의 메시아로서 스스로를 구원하며 공동체와 사회를 구원하는 역사를 이루어 간다는 의미에서 초월적 휴머니즘을 주장한다. 이러한 초월적 휴머니즘은 사회적으로 주변화되고 차별받는 사람에 대해 신화(divinization)된 인간이라는 인식론적 전환을 가져오며, 한 인간에 대한 이러한 새로운 인식의 전환은 모든 사람이 자신과 공동체 그리고 사회의 개벽을 실행하며 구원 역사를 열어 가는 일상의 메시아로서 행동하고 실천하는 존재론적 전환으로 이어진다고 주장한다.

하시디즘은 유대교 신비주의인 카발라 신비주의의 전통을 따르는 유대교 신비주의의 한 분파로서 창시자 바알 셈 토브 역시 신비체험을 통해 유대 신비주의를 엘리트주의에서 벗어나 모든 대중에게 개방하며 민중을 위해 개혁한 신비주의 지도자다. 동학을 창시한 수운 최제우는 유불선의 전통적인 학문을 섭렵하고 유학에 전문적인 지식을 갖춘 학자의 역량을 지닌 인물로 신비주의와는 거리가 먼 인물로 생각할 수 있지만, 그가 동학을 설립하게 된 결정적 계기는 그가 직접 경험한 신비체험이었다. 따라서 동학과 하시디즘은 수운의 개인적인 신비체험 그리고 카발라 신비 전통을 계승하고 확산시키는 가운데 전통적인 구원론의 혁명적인 전환을 이룬 민중 종교라는 특성이 있다. 하시디즘과 동학은 단순히 정적인 종교적 가르침과 영적 명상의 차원인 내적 혁명에 그치지 않고 동학농민혁명을 통해 그리고 하시딤 대중운동을 통해 사회적 역사적 변혁을 꾀하는 개벽 사상을 전개하고 실행한다는 특징이 있다. 따라서 구원 신학에 새로운 패러다임의 전환을 가져온 동학과 하시디즘의 주요 신학적 요소를 살펴보되, 창시자인 수운 최제우와 바알 셈 토브의 신학 사상을 구원론적인 관점에서 살펴볼 것이다. 이를 위해 본 논문은 다음과 같은 구조로 전개된다.

제1장, 여는 글에 이어지는 제2장은 동학과 하시디즘이 창도된 배경으로서 먼저 두 종교의 직간접적인 정치사회적인 현실을 살펴볼 것이다. 하시디즘이 창도된 배경으로 거짓 메시아니즘에 열광한 유대 민족의 정치사회 종교적 배경을 살펴볼 것이다. 또한 위기에 직면한 나라와 도탄에 빠진 백성들을 구원하고자 한 최제우의 구원관을 개인적이고 민족적인 실존의 배경에서 살펴볼 것이다. 제3장에서는 동학이 창건되는 직접적인 계기가 된 최제우의 신비체험과 그 내용을 살펴볼 것이며, 카발라 신비주의와 하시디즘의 신비주의의 관계성과 하시디즘 신학 사상에 대해 알아보겠다. 제4장에서는 동학과 하시디즘의 구원론적인 이해를 위해 동학의 시천주, 오심즉여심 등의 신학적 개념과 바알 셈 토브의 자디크, 드베쿳 등의 신학적 개념을 통해 새로운 메시아니즘 신학을 살펴볼 것이다. 제5장에서는 전통적 구원론의 패러다임을 전환시킨 신학적 사유로서 초월적 휴머니즘, 내재적이며 초월적 신적 인간 곧 일상의 메시아사상을 정리하

며 글을 맺을 것이다.

2. 동학과 하시디즘, 그 태동의 자리
   ─19세기 수운 최제우와 18세기 바알 셈 토브

1) 수운 최제우와 신비체험

동학의 시작은 1860년 5월 25일, 음력 4월 5일 오전, 당시 37세였던 수운 최제우의 신비체험에서 비롯되었다. 수운은 신비체험을 통해 그동안 마음에 품고 고뇌하던 '문제적인 상황'에 대해 깊은 깨달음을 얻게 되었고 이를 바탕으로 새로운 세상을 향한 '다시 개벽'의 소명을 확인하게 되었다. 물론 동학이 창건될 수 있었던 모든 요인을 단지 수운의 종교체험[1]으로만 환원시키려는 것은 아니다. 다만 일부 학자들이 수운의 종교체험을 과소평가하는 점에는 동의할 수 없으며, 적어도 그의 신비체험이 유일한 원인은 아닐지라도 매우 중요한 요소가 되었다는 것만큼은 부정할 수 없다는 뜻이다. 신비체험(神祕體驗) 혹은 종교체험이란 인간의 오성을 사용해서 이해할 수 있는 범위를 넘어선 초이성적이고 초자연적인 현상과 사건을 구체적으로 경험하는 것을 의미한다. 특별히 유대교와 이슬람교, 기독교

---

1   본 논문에서는 신비체험과 종교체험과 같은 의미로 사용할 것이다. 성해영은 자신의 저서 『수운 최제우의 종교체험과 신비주의』에서 종교 체험과 신비주의를 비교 연구하고 있으나 본 연구에서는 종교 체험 혹은 신비체험이라 할지라도 구체적인 "체험"을 지시하는 한에서는 신비주의mysticism와는 다른 범주로 다룬다. 따라서 신비체험과 종교체험 혹은 종교적 신비체험 등을 같은 의미로 자유롭게 사용하고 있음을 밝힌다.

와 같은 유신론적 종교에서 신비체험은 신인합일(神人合一) 등의 신(神) 체험이 포함된다. 신비체험은 일상생활에서 흔하게 발생하는 구체적인 대상이나 구체적인 현상과 사건과 같은 일반적인 체험과는 다르며 따라서 모두가 수긍하거나 동의할 수 있는 방법과 내용을 담지하고 있는 것은 아니다. 따라서 현대인들 가운데는 신비체험의 발생 가능성 자체를 부인하거나 혹은 종교 경험의 내용 자체를 무조건 용인하지 않으려는 경향이 있는 것도 사실이다. 그러나 인류의 역사만큼이나 오래된 종교의 역사를 통해 동서양을 막론하고 수많은 종교인들 특별히 종교의 창시자나 지도자들은 신비체험을 통해 신과의 합일을 경험하거나, 진리의 깨달음을 얻었으며 이러한 신비경험을 통해 자신들의 삶뿐만 아니라 공동체와 이웃 그리고 사회를 변화시키기도 했다는 사실은 부정하기 어렵다. 동학의 창시자 수운 최제우 역시 종교적 신비체험을 했으며, 이는 수운이 동학의 지도자로서 종교체험을 하게 된 것이라기보다는 오히려 수운의 신비체험이 동학이 창도되고 동학의 창시자요 지도자가 된 주요 계기가 되었다는 것을 알 수 있다.

유신론적인 종교에서 신비를 계시하는 유일한 주체는 초월자, 신으로 지시되며 인간은 신비체험의 수혜자가 된다. 따라서 신비체험이 어디서 어떤 방식으로 발생하며 신비가 어떻게 드러나는지는 수혜자로서의 인간이 아닌 신비 사건을 통해 자신을 드러내는 주체 곧 신에 의해 결정된다. 그러나 신비 사건의 주체가 인간이 아니라고 해서 수혜자로서의 인간의 중요성이나 그 의미가 전적으로 삭제되는 것은 아니다. 신비를 계시하는 주체는 신인 반면, 신비 사건을 체험하는 경험의 주체는 바로 인간이기 때문이다. 『종교경험의 다양성』을 저술한 윌리엄 제임스(William James)는 자신의 저술을 통해 '무시간적 신비주의'에 대해 설명하며, "다양한 종교 현상들의 근원이 되는 신비체험은 시공간을 떠나 탈세상적이고 초월적인 영적 체험으로 정의된다."고 말한다.[2] 그러나 윌리엄의 주장과는 달리 신비를 계시하는 주체이신 신은 무시간적인 존재인 반면 신의 초월적 계시 사건은 구체적인 시공을 매개로 발생하며 신비를 경험하는 인간은 그가 처한 시대와 역사와 문화에 따라 그리고 각자의 정체성과 개인의 특성에 따라 다르게 체험하는 신비경험의 주체가 된다. '신비주의란 무엇인가?'에 대한 정의는 역사적 문화적 영성적 맥락에 따라 달라지며, 역사적 문화적 영성적 특성이 각 신비주의의 독특한 특징을 부여한다고 말한다. 그렇기 때문에 유대교 신비주의 연구의 전문가인 조지프 댄 역시 카발라 신비주의는 독특한 문화적 영적 환경에서 발전한 현상으로서 문화적 배경이 다른 그리스도교 신비주의와는 공통점이 별로 없다고 말한다.[3] 이로써 19세기 중반 조선의 정치적 문화적 영적 환경에서 최제우가 경험한 신비체험과 신비에 대한 이해가 18세기 유럽 동부 지역, 폴란드 동부 지역에 거주하던 디아스포라 유대인들 사이에서 발생한 하시디즘 신비주의의 특성과 반드시 평행을 이루는 것은 아니며 각기 독특한 특징이 있다는 것을 의미한다.

신비 사건은 언제 발생하며 누가 신비체험을 하는가에 대해서는 다양

2 참조, William James, *The Varieties of Religious Experience*, Matthew Bradley trans. (Oxford University Press, 2012). 김정숙, 『13세기 베긴 여성신비가들과 젠더 신비주의: 여성주의 시각으로 조명하는 베긴 여성신비가들의 정치적 신비주의』, 도서출판 뜰밖, 2024, 13쪽.
3 조지프 댄, 『유대교 신비주의 카발라』, 이종인, 경기도, 파주: 안티쿠스, 2010, 25쪽.

한 의견이 있다. 때로 예측 불가능한 상황에서 기대하지 않은 신비체험을 하는가 하면, 때로 실존의 문제에 대한 깊은 고뇌 속에서 사색과 명상을 하거나 혹은 직면한 과제 상황을 해결하기 위한 방법을 찾기 위해 기도와 간구를 하거나 고행 혹은 수행을 하는 중에 종교체험을 하거나 혹은 신과의 연합을 목적으로 염원하고 기도하는 가운데 신비체험을 하는 경우도 있다. 수운의 삶과 생각을 기록한 표영삼의 저술 『동학 1』에 따르면, 수운이 신비체험 혹은 신(神) 체험 자체를 목적으로 수행하거나 기도한 것은 아니었다는 것을 알 수 있다. 오히려 삶의 과정에서 직면한 실존적인 문제들과 조선 말기의 상황 가운데 고통당하는 백성들을 목도하게 되면서 실행한 명상과 기도의 구도 생활이 마침내 수운을 신비체험의 길로 이끌었다는 것을 알 수 있다. 수운은 부패와 갈등으로 불안하기만 한 나라 정세와 도탄에 빠진 백성들의 삶에 대해 깊은 문제의식을 느꼈으며 김용휘의 '과제 상황' 또는 조동일의 '역사적 전환의 필연성'에 대해 깊은 책임감을 갖게 되었다. 당면한 과제 상황을 해결하고 도탄에 빠진 백성들을 구원하기를 바라는 수운의 간절함이 필시 그를 신비체험으로 이끌었다는 것을 짐작할 수 있다. 마침내 수운은 신비체험을 경험하며 자신이 품은 과제 상황 혹은 문제 상황을 극복하고 개벽을 이룰 수 있다는 깨달음을 얻게 되었다. 신비체험을 통한 수운의 깨달음은 동학의 창도 과정으로 진행되었으며 역사를 개벽하려는 실행으로 이어진다. 이어서 수운이 신비체험을 하기까지 직간접적 요소로서 작용한 수운이 품은 문제의식 혹은 '과제 상황' 혹은 '역사 변혁의 필연성' 다시 말해 개벽되고 구원받아야 할 상황이 무엇인지 살펴보도록 하겠다.

2) 19세기 조선의 과제 상황으로서의 개벽

구원이란 사전적 의미로 어려움이나 위험에 빠진 사람을 구해 주는 것을 의미한다. 종교에서 말하는 구원의 개념은 좀 더 심층적 차원에서 죽음과 고통과 죄악으로부터 건져 내는 것이라고 정의하며, 기독교의 경우 구원의 사역을 수행하는 자를 그리스도라고 명명한다. 인간은 때때로 스스로의 힘으로 감당할 수 없는 고통과 아픔을 경험하며 때로 혼자의 힘으로는 도저히 빠져나올 수 없는 죄와 악의 깊은 수렁으로부터 누군가의 혹은 무엇인가의 도움을 받아 구원되기를 갈망한다. 종교적 차원에서의 구원은 유대교나 그리스도교 같은 유일신 종교에만 한정된 경험이나 용어가 아니며, 비록 다양한 개념이나 혹은 다른 용어로 표현될지라도 구원은 모든 종교의 가장 심원하면서도 근원적인 가르침임에 틀림없다. 따라서 구원의 의미와 용어는 단지 종교의 영역에 한정시켜 협소한 도그마와 교리 차원으로 환원시킬 수 없으며, 모든 인간에게 개방된 보편적이면서도 심원한 경험이며 이를 표현한 개념이 구원이라고 할 수 있다. 더욱이 구원이 필요한 존재는 개인으로부터 크고 작은 공동체, 민족과 국가와 같은 집단뿐만 아니라 유기체적으로 연결되어 있는 자연 생태계에 이르기까지 죄악의 상황에 처한 모든 존재가 해당된다고 할 수 있다. 19세기 중반 조선 땅에서 살았던 수운 최제우의 개인적인 실존도, 그리고 고통의 세월을 짊어지고 신음하던 당시 조선의 백성들도, 그리고 강대국의 침탈과 내부적 부패로 국가적 해체기에 직면한 위기의 조선 땅도 누군가 혹은 무엇인가를 향해 구원을 요청하는 탄식과 신음 소리를 울리고 있었다.

최제우는 과거 시험에 수차례 낙방하고 산림처사(山林處士)로 지내던 부친 근암공 최옥과 모친인 한 씨 사이에서 몰락해 가는 양반 가문의 장남으로 태어났다. 부친인 근암공은 부인 한 씨를 만나기 전에 이미 2명의 아내와 사별을 한 상태였고, 어머니인 한 씨 역시 첫 남편과 사별하고 과부의 신분으로 근암공 최옥과 재혼하였기에 아들 최제우는 태어난 순간부터 차별받는 신분이 될 수밖에 없는 운명이었다. 그 이유는 조선 성종(재위 1469-1494) 때에 완성된 『경국대전』에는 '재가녀자손(再嫁女子孫)은 문과에 응시할 수 없도록' 한 차별 조항이 있었고, 당시 재혼한 어머니의 신분 때문에 마치 서자 아닌 서자처럼 최세우는 평생 문과에 응시할 수 없었기 때문이다.[4] 이렇게 처음부터 문인으로 벼슬을 할 수 있는 통로가 차단된 어려운 처지에 있었던 수운은 급기야 10세에 어머니를 여의고 17세에는 부친 근암공마저 세상을 떠나자[5] 가세가 더욱 쇠퇴하게 되었고 수운의 삶은 여러모로 녹록치 않게 되었다. 이로써 불공정한 신분제의 희생자로서 개인적인 좌절감, 미래에 대한 박탈감, 버팀목이 되어 주신 부모님과의 이른 사별 그리고 경제적 어려움 등의 실존적인 문제가 수운의 10대 시절 삶을 지배했다는 것을 이해할 수 있다.

이후 수운의 20대 시절은 장삿길에 올라 전국을 누비며 조선의 현실을

---

4 표영삼,『동학 1: 수운의 삶과 생각』, 통나무, 2004. 37쪽.
5 모친 한 씨 부인이 세상을 떠났을 때 수운의 나이 그리고 수운이 결혼했을 때, 그리고 아버지 최옥이 돌아가셨을 때 수운의 나이에 대한 기록이 차이가 있다. 수운의 일가에 대해 좀 더 자세히 기록하고 있는 조동일은 수운 나이 6살에 어머니가 그리고 아버지는 10세에 돌아가셨으며 수운이 결혼한 나이를 13세로 기록하고 있다. 반면 표영삼의 동학 1은 수운의 나이 10세에 모친이 그리고 17세에 부친이 돌아가시고 19세에 수운이 결혼한 것으로 기록된다. 두 개의 다른 의견 중에 표영삼의 기록이 설득력이 있다고 판단되어 표영삼의 연대 기록을 따르고 있음을 밝힌다.

보고 배우며 백성들의 삶의 현장을 살피는 시기로 이어진다. 19세에 결혼한 수운은 가족들의 생계를 책임지기 위하여 더불어 세상의 실정을 보고 배우며 동시에 백성들의 삶의 현장을 살피기 위한 목적으로 10년간의 장삿길에 나서서 전국을 돌아다녔다. 수운의 20대는 개인적인 실존뿐만 아니라 무너져 내리는 나라의 운명에 대해 그리고 도탄에 빠진 백성들의 고통에 대해 문제의식을 가지고 이 해결해야 할 '과제 상황'에 대해 깊이 고뇌하는 시기로 이어진다. 수운이 문제의식을 느끼며 '과제 상황'으로 삼은 당시 조선 내외부의 상황과 농민들의 고통의 현실은 어떠했는지 살펴보도록 하겠다.

조동일은 『동학의 성립과 이야기』에서 위기에 처한 19세기 조선의 시대 상황을 상세히 전한다. 1800년부터 1834년까지 34년간 재위한 조선의 제23대 왕 순조 이후 조선 왕실은 불안과 위기에 처하게 되고 급기야 왕조 자체가 혼란에 빠졌다고 전한다. 이러한 조선조의 현실은 마치 종말이 가까이 다가온 세상처럼 해체기에 접어들어 사회질서 체제가 무너지고, 양반의 부패와 수탈로 인해 왕조가 지탱할 수 있는 경제적 윤리적 기반마저 붕괴되었고, 백성들의 삶은 더욱 피폐해졌다고 설명한다.[6] 급기야 도처에서 민란이 발생하게 되었으며 1811년에 일어난 '홍경래의 난'부터 1862년에 일어난 '진주민란'에 이르기까지 크고 작은 민란이 많이 일어났다.[7] 나라 밖으로는 식민지 확장에 혈안이 된 서양의 나라들이 '인도로부터 동남아시아까지 이미 식민화하여' 지배하고 있었으며, 1840년에는 영국의 함

---

6 조동일, 『동학의 성립과 이야기』, 모시는사람들, 2011, 22쪽.
7 조동일, 위의 책, 22쪽.

대가 중국을 침공하고 아편전쟁을 일으켜 급기야 난징조약을 체결하여 홍콩을 빼앗은 사건이 발생했다. 언제나 조선에 대해 종주국으로 자처하며 조선의 목줄을 죄고 압박하고 괴롭히던 중국이 서양 나라들에 침공을 당하고 굴욕적인 조약을 맺는 것을 목도한 수운은 '온 인류의 삶의 틀이 해체기를 맞았음'을 알게 되었다고 전한다. 이러한 수운의 충격적인 마음은 수운의 저서 『동경대전』에 포함된 「포덕문」을 통해서 다음과 같이 표현되었다. "서양이 싸우면 이기고, 공격하면 취하여 이룩하지 못하는 일이 없으니 중국 천하가 다 멸망하게 되면 또한 입술이 없어서 이가 시린 한탄이 없지 아니할 것이다. 나라를 돕고 민중을 편안하게 할 계책이 장차 어디에서 나올까?"[8] 「포덕문」의 표현에 따르면 서양의 위세가 중국 전역을 멸망시킬 만큼 거대한 위협으로 다가왔으며 급기야 조선의 운명도 삼킬 것을 우려하는 가운데 나라와 백성을 구(救)할 수 있는 방법은 어떤 것인지에 대한 고뇌가 드러난다. 수운 최제우가 생각한 '과제 상황' 혹은 '역사적 전환'의 방향과 목표는 나라를 구하고 백성을 편안하게 할 수 있는 길을 모색하는 '보국안민(輔國安民)'으로 「포덕문」을 통해 표현되었다. 해체기에 접어든 조선과 역경의 세월 가운데서 생존에 급급한 백성들을 '보국안민'으로 구원하기 위한 수운의 간절한 마음은 명상과 사색을 통한 득도를 위해 수행에 들어간다.

그의 나이 30세가 되면서 수운은 그동안 전국을 누비며 다니던 장삿길에서 마음에 품고 고뇌하던 과제 상황들, 곧 나라와 백성을 구원할 수 있

---

8   김인환 역주, 『수운선집: 용담유사·동경대전』, 고려대학교 출판문화원, 2023, 145-146쪽. 수운의 『동경대전』에 포함된 「포덕문」 내용의 일부를 김인환 역주본에서 인용했다. 이후에도 동경대전과 용담유사 인용은 김인환 역주본을 사용할 것이다.

는 구체적이고 실질적인 방도를 찾고자 노력했다. 수운은 학문적으로 명성이 높은 사람들을 찾아가 가르침을 얻고자 노력했지만 만족할 만한 해답을 얻을 수 없었고 전통적인 유불선 가르침 역시 당시 위기 상황에 처한 나라와 백성을 구하기에는 한계가 있음을 깨닫게 되었다.[9] 수운은 서학에 대해서도 관심을 가지고 탐구했으나 당시 조선의 실정에서는 그 역시 한계가 있었다는 점을 지적하며 참된 도가 될 수 없는 이유를「논학문」을 통해 다음과 같이 기술했다.

서양 사람들은 말에 차례가 없고, 글에 흑백(논리)이 없으며, (머리를) 조아림에 하느님을 위하는 단서가 없고 다만 스스로 제 몸을 위하는 계책만 빌뿐이다. 몸에는 기화의 신비체험이 없고 배움에 하느님의 참된 가르침이 없어서 형체는 있으나 자취가 없고 생각하는 것 같으나 주문이 없으니, 도는 허무한 데 가깝고 배움은 하느님을 위한 것이 아니다.[10]

「포덕문」에 쓴 글에는 수운이 서학에 상당한 관심을 가지고 있었으며 서양인들이 사용하는 종교적 언어와 글을 분석하고 서학의 가르침을 연구한 것으로 보인다. 단순히 천주교인들의 신앙생활을 관찰한 것에 그친 것이 아니라 그들의 종교적 진실성과 신앙심까지도 비판적으로 평가하고 있는 것을 볼 수 있다. 이렇듯 서학에 관심을 가지고 분석하고 연구한 결과 수운은 위기에 빠지고 도탄에 신음하는 나라와 백성을 구원할 수 있는

---

9 표영삼, 『동학 1: 수운의 삶과 생각』, 37쪽.
10 김인환, 『수운선집』「논학문」, 153쪽.

참된 도가 되기에는 서학 역시 유불선과 마찬가지로 한계가 있다는 것을 깨닫게 되었다. 이렇게 조선의 전통적인 종교들의 가르침뿐만 아니라 서학까지 모두 탐구한 수운은 지금까지와는 근본적으로 다른 길이 필요하다는 확신을 가지고 스스로 그 길을 찾기 위한 여정에 들어간다. 이를 위해 수운은 10년간 지속해 온 장삿길을 접고 이전의 종교와 학문의 가르침과는 전적으로 다른 깨달음을 얻기 위해 고향인 경주 용담에서 6개월간의 명상 생활에 들어갔다. 그러했음에도 불구하고 기대하고 갈망하던 새로운 길에 대한 깨달음은 얻을 수 없고 이에 낙담한 수운은 1854년 10월경 용담을 떠나 부인의 고향인 울산 여시바윗골로 이사하여 그곳에서 계속해서 명상과 사색을 이어 나갔다. 그러고도 또다시 6개월이 지났지만 새로운 깨달음을 얻을 수 있는 조짐조차 보이지 않았을 때를 가리켜 표영삼은 '사색을 통해 얻어 내려던 꿈은 한계에 이른 것'이라고 표현했다. 그러던 가운데 발생한 뜻밖의 사건에 대해 "1855년 3월 어느 날 이상한 차림을 한 사람이 찾아왔다."고 기록했다.[11] 이상한 차림의 한 남성이 방문한 사건으로 인해 수운의 구도 생활에 큰 변화가 일어나게 되는데, 이는 명상과 사색에 집중하던 수행 생활에서부터 기도와 간구의 구도 생활로 바뀌게 되었다는 사실을 의미한다.

1855년 을묘년 3월에 이상한 차림을 한 사람의 방문에 대해 표영삼은 동학 초기 문헌인『최선생문집도원기(崔先生文集道源記書)』에서 발췌한 내용의 일부를 다음과 같이 소개한다. 인용문의 내용은 제3자 시점으로 기술되었다. "선생이 봄철에 노곤하여 낮잠을 주무시던 차 꿈결에 어떤 선

---

11 표영삼,『동학 1: 수운의 삶과 생각』, 60쪽.

사(禪師)가 밖에 이르러 주인을 찾았다." 방문한 그 선사는 금강산 유점사에 있는 스님이고 그가 찾아온 선생은 바로 수운이었다. 스님이 수운을 찾아온 이유를 설명한 즉, 자신이 기도 중에 잠시 잠들었는데 깨어 보니 이전에는 볼 수 없었던 희귀한 책 한 권이 자기 앞에 놓여 있었다는 것이다. 그 책의 내용을 이해할 수 없었던 스님은 도움을 받기 위해 사람을 찾아다니다 최제우의 명성을 듣고 찾아온 것이라고 하면서 책을 전하고 며칠 후 다시 방문할 것을 약속한다. 스님이 다시 방문했을 때 수운이 자신이 읽고 깨달은 바를 스님에게 전하자 스님은 "이 책은 진정 하늘이 생원께 내려주신 책입니다. 소승은 단지 이 책을 전할 뿐입니다."라고 말하며 책의 뜻을 세상에 널리 행해 달라고 부탁하고는 홀연히 사라졌다고 하는 일명 을묘천서(乙卯天書) 사건이 기록되었다. 금강산 유점사의 스님이 수운께 전한 그 책의 내용이 어떤 것인지 잘 알려져 있지 않았으며 그저 '기도에 관한 가르침' 곧, "하늘에 49일 기도하라"는 내용이 있었다고 기록되었다.[12]

스님이 전한 책을 읽기 전까지 수운은 득도하기 위해 스스로 사색과 명상을 통한 수행, 곧 자력 구원적인 방법을 통해 구도 생활을 했다고 할 수 있다. 그러나 '기도에 관한 그 책을 읽은 후에는 어떤 존재인가를 향해 혹은 무엇인가를 향해 기도하고 간구하는 방법, 다시 말해 타력 구원적인 방향으로 그의 수행 생활 방법을 전환하게 된다. 자신의 삶의 실존적인 곤경과 위기에 처한 나라와 백성들을 더 나은 세계, 더 나은 삶으로 구원해 내기 위한 그의 구도의 방법은 자력 구원적인 기도와 명상으로부터 과제 상

---

12 김용휘, 『최제우의 철학: 시천주와 다시개벽』, 서울: 이화여자대학교출판부, 2012, 19쪽.

황을 해결해 줄 수 있는 초월적 존재에게 기도하는 구도 생활로 전환하게
되고 하고 마침내 신비체험에 이르게 된다.

3) 유대교 메시아주의 사상과 거짓 메시아니즘

17세기 정통 유대교는 유럽의 디아스포라 유대인들에게 더 이상 신뢰
가능하고 의지할 수 있는 정신적인 주축이 되지 못했다. 유대 대중들은 정
통 유대교가 아닌 비교(祕敎)와 마술에 빠져들고 있었으며, 자신들이 처한
곤경으로부터 구원해 줄 메시아의 임박한 도래를 고대하고 있었다. 그렇
게 유대 민중들에게 메시아에 대한 열망이 확산되자 스스로를 구세주로
자처하는 거짓 메시아니즘 운동도 확산되고 있었다. 가장 대표적인 사례
가 바로 실패한 메시아 사바타이 제비(Sabbatai Zevi)와 야곱 프랭크(Jacob
Frank)로 이어지는 거짓 메시아니즘 운동이다. 거짓 사바타이-프랭크 메
시아니즘 운동과 같은 사건들이 유대 대중들 사이에서 가능했던 이유는
유대인들이 의지하고 도움을 받을 수 있는 더 강력한 존재 메시아를 원했
기 때문이다. 외세의 침탈과 유배, 식민지로 전락한 나라의 운명과 디아
스포라로 뿔뿔이 흩어져 타국에서 나그네와 이방으로 살아야 했던 유대
인들에게 메시아의 존재와 메시아 신앙은 그들의 생존을 이어 가는 한 가
닥 동아줄이었으며 무너져 내리는 정체성을 지킬 수 있는 유일한 힘이었
다. 아무리 힘든 상황에 처할지라도 언젠가는 메시아가 반드시 나타나 유
대 민족을 적으로부터 구원할 것이라는 종말론적 희망과 같은 메시아 신
앙은 유대 민족에게는 생명줄과도 같았다. 비록 거짓 사바타이-프랭크 메
시아니즘 사건은 유대인들에게도 상당히 충격적인 사건이었지만 실제 유

대 민족의 역사에서 유일한 사건은 아니었으며 유대 민족에게 위기가 닥칠 때면 어김없이 메시아 운동도 함께 일어났다. 유대 민족에게 메시아사상은 유대 역사만큼이나 오랜 사상이며 특별히 민족의 위기 때면 메시아니즘 운동이 등장하였고 더불어 거짓 메시아니즘의 운동도 활발하게 전개되었다.

메시아(Messiah)의 정체성과 역할에 대한 사상은 히브리 성서로부터 그 기원을 찾을 수 있다. 히브리 성서에서 메시아라는 명칭은 '하느님께 기름부음을 받은 자라는 의미로, 이는 왕, 제사장 그리고 예언자 직을 수행하기 위해 선별되어 하느님으로부터 기름부음을 받는 자라는 의미다. 시간이 지남에 따라 점차 유대인들에게 메시아는 왕의 직분을 수행하는 인물로 여겨졌으며 유대 민족이 강대국의 지배하에 들어가게 되었을 때 자신들을 구원해 줄 강력한 메시아 왕을 보내달라고 하느님께 간절히 기도하는 모습에서 메시아는 백성들을 곤경에서 구할 수 있는 강력한 힘을 가진 왕의 모습으로 이해되었다. 유대 백성들이 바벨론의 포로 생활에서 풀려난 후 고향에 돌아왔을 때 이스라엘 민족에게는 진정한 의미에서의 왕이란 존재하지 않았다.[13] 매트 골디쉬(Matt Goldish)는 이후에 유대민족들에게 메시아에 대한 이미지와 내용이 어떻게 파격적으로 변화되어 왔는지를 설명한다. 기원전 2세기에는 하시모니안(Hasmoneans) 왕조가 대제사장과 왕 그리고 강력한 군사적 이미지의 메시아 역할을 담당했다고 말한다. 이후 이스라엘이 로마 제국의 식민지로 점령당했을 때, 그리고 기

---

13 Matt Goldish, "Mystical Messianism: From The Renaissance to the Enlightenment" in *Jewish Mysticism and Kabbalah*, New York: NYU Press, 2011, p. 115-116.

원 후 70년 로마군에 의해 예루살렘 성전이 파괴되었을 때에도 유대민족은 군사적으로 강력한 힘을 가진 메시아가 외세의 침략을 물리치고 승리하는 하시모이안 왕조 때의 강력한 군사로서의 왕인 메시아를 기다렸다. 이후 메시야에 대한 새로운 이미지가 등장하게 되는데 이전의 군사적 이미지와는 전혀 다른 이미지의 메시아로서 대표적인 인물이 그리스도교의 나사렛 예수이며 겸손하고 온순한 이미지의 메시야로 그려진다. 골디쉬에 따르면, 13세기에는 두 가지 중대한 변화가 일어나는데 첫 번째가 스페인과 이달리아 지역에 등장한 카발라신비주의자인 아브라함 아불라피아(Abraham Abulafia)의 예언자적인 메시아니즘이다. 두 번째는 스페인 카발라의 가장 근본적인 작품인 『조하르』(the Zohar)의 등장이다. 『조하르』는 메시아에 대한 매우 고양된 신비주의적인 개념을 제시하고 있으며 아불라피아의 예언자적 메시아니즘과 함께 '영적이고 신비적인 메시야의 모습으로 전환된다.[14]

1492년 스페인 당국은 오랫동안 스페인에서 터전을 잡고 살던 스페인 유대인들을 박해하며 대거 쫓아내는 사건이 발생한다. 오랫동안 스페인에 정착해서 삶을 이어오던 유대인들은 하루아침에 삶의 터전을 잃고 쫓겨나야 하는 신세가 되었지만 그 어떤 사람이나 집단에게도 호소하거나 도움을 청할 수 없었다. 오랜 삶의 자리에서 쫓겨나 유리해야만 하는 유대인들 사이에서 메시야에 대한 기대가 강렬해졌다. 유대교 지도자인 돈 이삭 아브라바넬(Don Isaac Abrabanel)은 메시아의 도래가 임박했다고 선

---

14 Matt Goldish, "Mystical Messianism: From The Renaissance to the Enlightenment" in *Jewish Mysticism and Kabbalah*, New York: NYU Press, 2011, p. 116-117.

포했으며, 다른 랍비는 메시아가 1520년에 출현할 것이라고 예언했다. 이런 분위기에서 스페인에서 추방당한 후 이탈리아에서 살던 아서 렘린 로이틀링겐(Asher Laemmlein Reutlingen)이란 인물이 자신을 메시아로 자처하며 1500년부터 1502년까지 메시아니즘 운동을 전개했다. 그가 전개한 메시아니즘 운동은 당시 유럽 전역으로 빠르게 퍼져나갔다고 전해진다. 이후 1575년부터 1665년에 이르기까지 약 90년 동안 자칭 메시아라고 주장하는 인물들이 디아스포라 유대인들 사이에서 여러 명 나타났다. 그 때마다 약속된 메시아가 출현해 나락에 떨어져 고통당하는 자신들을 구원해줄 것이라는 믿었던 유대민중들은 열광했고 얼마 되지 않아 깊은 절망으로 떨어지기를 반복했으며 유대 사회는 혼란에 빠져들기를 되풀이했다.[15]

하시디즘 출현의 배경이 된 메시아니즘 운동은 사바타이 제비(Sabbatai Zevi)와 야콥 프랭크(Jacob Frank)로 이어지는 거짓 메시아니즘 운동이다.[16] 1658년에 사바타이 제비는 하느님께서 메시아의 시대를 위한 새로운 토라를 자신에게 주셨다고 주장하며 등장한다. 어느 날 사바타이는 당시 예언의 능력과 뛰어난 영적 치유 능력을 지닌 인물로 알려진 나단 아슈케나지(Nathan Ashkenazi)의 명성을 듣고 그를 방문한다. 사바타이는 양극성 장애가 있는 자신의 정신적인 문제를 상담하고 조언을 받기 위해 나단을 찾아갔던 것이다. 자신의 문제를 나단에게 털어놓고 조언을 기대하던 사바타이는 나단으로부터 전혀 예상치 못한 말을 듣게 되는데, 나단은 사바타이를 향해 당신이야말로 진실로 메시아라고 말했다고 전해진다. 예언자

15 Matt Goldish, "Mystical Messianism," p 116-117.
16 Ibid., p. 129.

로 영적 치유자로 유명한 나단으로부터 메시아라는 자신의 정체성을 확인한 사바타이 제비는 그때부터 나단과 함께 메시아로서의 신분과 역할에 대해 자신을 확신시키고 각인시키려고 노력했다.

1665년 봄, 나단은 여러 유대 공동체에 사바타이 제비가 참된 메시아라고 공식적으로 선포했다. 나단이 지닌 카발라 지식과 예언의 능력 그리고 영적 치유 능력에 대한 유대인들의 신뢰와 존경심 덕분에 사바타이는 이즈미르로부터 콘스탄티노플 그리고 오스만 제국에 이르기까지 메시아로서의 광폭 행보를 감행했으며, 메시아의 도래를 기다리던 유대인들은 사바타이 메시아에 열광했으며 약속된 메시아로 추앙했다.[17] 박해와 추방 그리고 대량 학살에 이르기까지 고되고 지난한 역경 속에서 유대인들은 사바타이 메시아가 적을 처단하고 불의 역사를 종식시키고 승리함으로써 자신들을 구원할 것이라 굳게 믿었고 메시아 사바타이에게 열광했다. 그러던 1666년 2월 사바타이가 콘스탄티노플에 가게 되었을 때 그에 관한 소문과 행보를 알고 있던 터키 당국은 사바타이를 소요와 반란의 죄목으로 감옥에 가둔다. 사바타이는 반란과 소요의 죄목으로 재판을 받던 중 개종하여 배교자가 될 것인지 메시아로서 순교자가 될 것인지를 선택하도록 종용당하자 즉각 이슬람으로 개종하는 어이없는 메시아의 배교 사건이 벌어졌다. 메시아 사바타이의 배교 행위를 목도한 유대인들은 거짓 메시아에 분노하여 엘리트주의라는 형식과 외관만 남은 전통 유대교로부터 멀어지게 되었고 영적인 공백 상태가 되었다.[18] 반면 사바타이가 이슬람으로 개

17 Ibid., p. 130.
18 Rachel Elior, *The Mystical Origins of Hasidism*, p. 4.

종한 것을 알면서도 여전히 사바타이를 메시아로 추종하는 유대인 무리들이 있었다. 심지어 사바타이가 죽은 이후에도 그를 메시아로 추앙하고 메시아로 재림할 것을 선포한 잔여 그룹이 있었다고 한다.

조지프 댄은 사바타이가 배교한 이후뿐만 아니라 심지어 그가 죽은 이후에도 사바타이 메시아주의가 150여 년 동안 지속되었다는 사실을 전한다. 그 일이 가능했던 것은 사바타이를 지지하고 메시아로 선포한 나단이 사바타이의 배교는 유대인들을 구원하기 위해서 필연적으로 메시아가 악의 부분이 되어야만 했다는 신학적 입장으로 사바타이를 변호했기 때문이라고 한다. 댄은 예수께서 죄인으로 로마 당국에 고소를 당하고 십자가에서 최고형으로 죽으신 이후 역설적으로 부활 신앙이 생기고 기독교의 역사가 번성한 것처럼 종교는 역사적 역설에 의해서 파괴되는 것이 아니라 오히려 번성한다고 설명한 게르숌 숄렘의 연구를 소개한다.[19] 사바타이 제비가 죽은 이후 그리 오래되지 않아 자신이 재림한 사바타이 제비 메시아라고 주장한 자칭 메시아 야곱 프랭크가 출현하고 상당히 많은 대중들이 그를 재림한 사바타이 메시아로 추종하며 지지했다고 한다. 프랭크는 자신을 추종하는 자들로부터 받은 헌금으로 호화롭고 방탕한 생활을 하다 폴란드 유대 공동체에서 추방당했다고 알려진다. 이후 자칭 사바타이 재림 메시아인 야곱 프랭크와 그의 추종자들은 가톨릭으로 개종하여 배교하면서 이슬람으로 배교한 사바타이 제비의 전철을 밟았다. 출구 없는 고난의 역사 속에서 고통받던 유대 민족이 질곡의 역사에서 해방되고 구원되기를 원하는 메시아 신앙의 틈새를 이용해 사바타이 제비와 야곱

---

19 조지프 댄, 『유대교 신비주의 카발라』, 이종인, 경기도, 파주: 안티쿠스, 2010, 140쪽.

프랭크 등의 가짜 메시아 운동이 끊이지 않았으며, 유대 민족이 처한 이러한 종교적 신앙적 영적 공백의 혼란 상태가 바알 셈 토브의 하시디즘 신비주의가 등장하는 배경이 된다.

3. 수운 최제우의 구원 신학과 바알 셈 토브의 구원 신학

구원을 갈구하는 인간의 갈망은 인간이 구원을 받아야 할 상황에 처해 있다는 보편적인 사실을 진제로 한다. 종교는 이러한 인간의 상황을 죄와 악, 죽음이라는 인간의 보편적인 실존으로 규정한다. 동서양을 막론하고 시간과 장소를 가로질러 구원되어야 할 죄악과 죽음의 상황이란 비록 초월적이고 추상적이며 내세적인 구원을 배제하는 것이 아님에도 불구하고 구체적으로 정신적 육체적 고통을 야기하는 경험적 차원을 지시하고 있다. 유대교와 동학의 경우는 경험적이고 현세적이며 내재적 차원의 구원을 강조한다. 동학의 창시자인 수운 최제우에게 조선과 백성들의 처참한 위기적 상황은 구원되어야 할 과제 상황이었으며 이를 위해 수운이 수행한 명상과 사색 그리고 기도와 간구를 통해 득도하고자 한 것은 보국안민(輔國安民) 곧 나라의 주권을 지키고 백성들이 행복하고 인간다운 삶을 살 수 있는 길을 찾고자 한 것을 알 수 있다. 유대인들의 메시아니즘 열광 역시 그들이 진정으로 해방되고 구원되고자 하는 억울한 고난과 고통의 역사와 무관하지 않다는 것을 앞서 설명했다. 유대인들에게 구원되어야 할 죄와 악의 상황과 더불어 구원되어야 할 죽음의 실존 역시 인간이라면 모두가 겪어야 하는 자연적인 죽음을 의미하지 않는다. 유대인들에게 그리고 구한말 조선인들에게 인간을 포함한 모든 생명체들의 생성과 소멸은 자연스런 생애 과정으로 죽음은 생의 한 부분이며 생 역시 죽음의 한 부분으로 그들에게 영생과 영혼불멸 사상은 오히려 이교적인 것이었다. 죽음은 피조물인 인간에게는 자연스런 것으로 받아들여졌으며 유대인의 경전인『구약성경』은 자연스런 생의 마지막인 죽음을 이렇게 표현한다. "야곱이 아들에게 명하기를 마치고 그 발을 침상에 모으고 숨을 거두니 그의 백성에게로 돌아갔더라."(창세기 49장 33절) 유대인들에게 인간의 육체와 영혼은 조상으로부터 온 것이기에 죽음을 통해 다시 그들의 조상들에게 돌아가는 자연스런 과정으로 인식된 것이다. 그렇기 때문에 유대인에게 그리고 조선인에게 구원받아야 할 죽음은 자연스럽지 않은 죽음, 다른 말로 수명을 다하지 못한 억울한 죽음을 의미한다. 메시아를 고대하는 유대인들이 구원받아야 할 죄악과 죽음의 상황은 빼앗긴 나라, 대량 학살로 인한 억울한 죽음, 이방인으로서 받아야 하는 부당한 차별과 억압의 현실적인 상황이었다. 명상과 기도의 구도 생활을 통해 수운이 간절하게 얻고자 한 구원 역시 외세의 침입과 간섭으로부터 자유로운 주권을 지닌 독립적인 나라가 되는 것이며, 조선의 민중들이 나라 밖과 안에서 악을 꾀하는 세력으로부터 자유롭게 되고 굶주림에서 벗어나 배불리 먹을 수 있고 마음 편안하게 살 수 있는 일상의 삶이었다.

1) 동학의 창시자 수운 최제우의 구원 신학

수운 최제우가 전국을 누비며 본 조선 말기의 상황과 당시 백성들의 실태는 종교적 용어로 죄와 악의 실존 그리고 언제 닥칠지 모르는 억울한 죽음에 노출된 상황이었고 무엇인가 혹은 누군가의 도움으로 구원이 필요한 상황이었다. 수운이 조선 팔도를 돌며 백성들의 실정을 보고 듣고 느끼며 고뇌하며 나라와 백성을 구원할 수 있는 길, 곧 보국안민(輔國安民)의 길을 찾기 위해 명상과 사색을 수행했으며, 이에 한계를 느꼈을 때 한 선사의 만남을 계기로 기도와 간구의 방법으로 구도 생활을 바꿨다는 것을 위에서 기술했다. 수운의 기도와 간구의 구도 생활은 마침내 수운이 37세가 되는 해인 1860년 음력 4월 5일에 이르러 구미산 아래 용담정 자택에서 무극대도(無極大道)를 얻는 체험에 이르게 된다.[20] 수운이 경험한 신비체험은 1860년 음력 4월 5일 단 한 번만 일어난 일이 아니라 약 6개월 동안 계속되었으며 거의 매일 하느님과 문답을 주고받은 수운은 9월에 이르러 새로운 깨달음을 얻었다고 알려진다.[21]

예측할 수 없는 신비체험을 한 수운이 가장 처음 기록한 글은 「용담가」로서 하느님을 만난 수운의 개인적인 기쁨을 표현하고 있지만 이후에 전개되는 그의 주요한 신학 사상이 이미 드러나 있음을 알 수 있다. 도올 김용옥에 따르면, 「용담가」에 쓴 글은 포교나 교훈의 목적으로 기록한 것이 아니라 득도의 기쁨을 표현한 것이라고 설명한다.[22] 수운의 생각과 삶 전체가 새로운 차원으로 개벽한 하느님과의 만남은 수운 개인의 실존에 있어서도 구원의 경험으로 다가왔으며 나라와 백성의 구원을 위한 그의 간절한 간구와 기도에 대한 응답으로서 다가온 개벽 사건이라고 할 수 있다. 수운은 더할 나위 없는 기쁨과 환희를 가지고 「용담가」에서 다음과 같은 글로 표현했다.

---

20 김용옥, 『동경대전 2』, 서울: 통나무, 2023, 18쪽.
21 김용휘, 『최제우의 철학』, 22쪽.
22 김용옥, 『동경대전 2』, 19쪽.

하느님 큰 은혜로 경신년 사월 오일 글로 어찌 기록하며 말로 어찌 나타낼까 무한한 큰 진리를 신비롭게 얻었도다. 장하고 또 장하구나 이내 운수 장하구나 하느님 이르시되 개벽 후 오만 년에 네가 처음이로다. 나 또한 개벽 이후 보람을 못 보다가 너를 만나 성공하니 나도 성공 너도 성취 너희 집안 운수로다 이 말씀을 들은 후에 자신감이 생겼도다.[23]

「용담가」의 일부를 표현한 위의 글에서, 수운은 자신이 체험한 신비경험은 인간의 언어로 다 표현할 수 없으며 그래서 자세히 기록하기에는 매우 어려운 무한한 큰 진리, 곧 무극대도(無極大道)로서 이를 신비한 경험이라고 표현했다. 도올은 수운이 닦아 내고 얻어 낸 '무극대도'란 '극이 없는 거대한 도, 무궁한 우주 전체의 도라고 설명함으로써 수운이 얻은 도가 단순히 개인적이고 지엽적인 도가 아니고 모든 인류에게 적용되는 보편적인 도라는 것을 말한다. 도올의 해석에 따르면, 수운의 득도는 '인류 역사 오만 년 만에 얻어진 운수'라고 한다. 다시 말해 '오만 년 전에 인류 문명이 개창된 이래, 최초의 근원적인 가치 전환'이라는 의미이다. 여기서 수운이 말하는 '오만 년'이란 태초의 창조를 의미하는 숫자적인 의미의 연수를 가리키는 것이 아니라 인류의 문명이 개벽되는 틀로서 '다시 개벽'되어져야 한다는 '역사적 해석의 틀'이라 한다.[24] 「용담가」에서 신비체험에 대한 개인적인 기쁨을 기록하고 있다면 신비체험 후 1년 3개월 만인 1861년 7월, 수운은 「포덕문(布德文)」을 써서 본격적으로 덕을 세상에 펼치고

---

23 김인환, 『수운선집: 용담유사 · 동경대전』, 73쪽.
24 김용옥, 『동경대전 2』, 19쪽.

자 한다.

　　뜻밖에도 사월에 마음이 선뜩해지고 몸이 떨려서 무슨 병인지 알 수도 없
고 말로 표현하기도 어려운 지경에, 어떤 신선의 말씀이 문득 귀에 들리므
로 놀라서 캐어물은즉 대답하시기를 "두려워하지 말고 두려워하지 말라.
세상 사람이 나를 상제(上帝)라 이르거늘 너는 상제를 알지 못하느냐?" 나
는 어찌된 일인지 몰라 물으니, 대답하시기를 "나 또한 공이 없으므로 너를
세상에 내어 사람에게 이 법을 가르치게 하니 의심하지 말고 의심하지 말
라." 묻기를 "서도로서 사람을 가르치리이까?" 대답하시기를 "그렇지 아니
하다. 나에게 영부가 있으니 그 이름은 선약(仙藥)이요 그 형상은 태극(太
極)이요 또 형상은 궁궁(弓弓)이니, 나의 영부를 받아 사람을 질병에서 건지
고 나의 주문을 받아 사람을 가르쳐 나를 위하게 되면 너도 또한 장생하여
덕을 천하에 펴리라.[25]

　　수운은 「포덕문」에서 종교체험 가운데 스스로를 상제(上帝)라고 밝히
는 하느님으로부터 구체적으로 소명(召命)을 받는 과정을 상세히 묘사했
다. 상제라는 하느님은 먼저 수운에게 말을 걸어오며 그에게 특별한 임무
곧 세상 사람들에게 법을 가르치라고 명한다. 하느님은 수운에게 그 도법
으로 영부(靈符)를 주며 그것으로 사람들을 질병으로부터 건지라고 명하
고 이에 더하여 주문(呪文)을 주며 사람을 가르쳐서 하느님을 위하라고 명
령했다. 그리고 수운이 상제의 명령을 행할 경우 수운이 장수하면서 덕을

<hr>

25 『동경대전』, 「포덕문」, 김용휘, 『최제우 철학』, 21쪽.

널리 펼 수 있을 것이라 보상까지 약속하는 모습이 기술된다. 「포덕문」에서 상제 곧 천주 하느님은 「용담가」에서 선보이는 신관보다 좀 더 구체적으로 묘사되었으며 인간을 구원하고자 하는 구원관 역시 좀 더 자세히 구체화된 신학 사상으로 전개되었다. 「용담가」에서 자신을 계시한 하느님은 '노이무공(勞而無功)'의 하느님, 곧 애는 썼으나 보람이 없었다고 스스로를 소개한 하느님으로 오만 년 동안 찾은 인물인 수운을 만나 자신이 수운을 택한 신이라고 알린다. 노이무공한 그 하느님은 이제 보국안민을 위해 사색과 명상 그리고 기도와 간구의 구도 생활을 하고 있는 수운을 찾아와 대화하며 수운이 해야 할 일을 구체적으로 부여하는 모습이 기술된다. 하느님은 수운에게 영부를 주며 백성들을 질병으로부터 구원하기를 그리고 주문을 주며 백성들을 가르쳐 하느님을 위하도록 하라고 명하시는 모습을 볼 수 있다. 스스로를 '노이무공'하다고 소개한 하느님은 전능성의 속성을 가진 신과는 거리가 있어 보이나 인간과 동역하여 자신의 뜻을 이루고자 하는 하느님이심을 알 수 있다.

　「용담가」와 「포덕문」 그리고 「안심가」를 통해 묘사된 수운이 만난 하느님은 전능한 힘으로 모든 것을 자신이 원하는 때에 이루고자 하는 대로 독단적으로 행하는 절대자 신이 아니라 역사 가운데서 자신의 뜻을 이루기 위해 필요한 인물을 찾고자 애쓰시는 내재적이며 인격적이며 관계적인 신이라는 것을 알 수 있다. 마침내 오만 년 만에 찾아낸 한 인물 수운을 만나신 하느님은 수운을 동역자로 삼아 인간을 구원하고 개벽의 역사를 이루시고자 하는 초월적인 동시에 역사적인 하느님이심을 알려 준다. 나라를 구하고 백성을 편안하게 하고자 하는 보국안민의 과제 상황을 이루어 내고자 간절히 기도하고 간구하는 수운의 뜻과 인간을 온갖 질병으로부터 구원하고 세상을 개벽하고자 하는 하느님의 뜻과 하나가 되는 신인협조, 신인합동적인 일치 속에서 구원의 역사를 이루어 가고자 하는 뜻을 발견할 수 있다. 마치 '인간 없이 세상을 창조하신 하느님께서는 인간 없이는 세상을 구원하지 않으시려'는 것처럼 수운을 향한 하느님의 온전한 손 내미심과 하느님을 향한 수운의 맞잡음은 하느님과 인간이 하나가 되어 세상을 다시 개벽하려는 마음, 계속적인 구원의 역사를 이루어 가고자 하는 뜻을 알 수 있게 한다.

전통적인 유대교의 가르침이 인류를 구원할 수 있는 강력한 힘을 가진 한 인물 메시아를 요청하여 세상을 구해 내는 타력 구원적인 신학을 주장하는 반면, 신비체험에서 만난 하느님을 통해 수운이 얻은 깨달음은 모든 인간은 하느님의 동역자가 될 수 있다는 자각이다. 수운은 하느님께서 자신의 동역자가 될 인간을 찾으시고 부르실 뿐만 아니라 하느님 자신 역시 인간의 동역자가 되어 주시는 인격적인 신으로서 모든 인간이 하느님과 더불어 자신을 구원하고 나라와 인류를 구원하는 개벽 역사의 주체가 될 수 있다는 새로운 구원 신학을 알려 준다. 수운의 구원 신학은 모든 인간이 일상의 역사 속에서 각자 다수의 메시아가 되어 자신을 구원하고 이웃과 사회와 나라를 구원하고 개벽할 수 있는 신인협동적인, 신인합일적인 신적 인간이라는 의미에서 초월적 휴머니즘이라고 할 수 있다. 수운의 초월적 휴머니즘 사상은 그의 시천주 사상과 오심즉여심의 가르침 가운데서 발견할 수 있다.

2) 하시디즘의 바알 셈 토브의 구원 신학

유대 민족의 메시아 신앙과 반복되는 메시아니즘 운동은 디아스포라 유대인들의 고난의 역사로부터 비롯되었다. 오랜 세월 거주하던 땅에서 이방인이라는 이유로 저항 한번 못하고 쫓겨나 삶의 터전을 잃어버릴 때도 갑자기 덮친 대량 학살의 공포 가운데서도 생존의 끈을 놓지 않을 수 있었던 것은 그들의 메시아 신앙이었다. 메시아의 도래에 대한 유대인들의 간절한 기대와 열망은 사바타이 메시아니즘 운동과 같은 자칭 메시아로 주장하던 거짓 메시아들에게 현혹되곤 했다. 사바타이 제비가 이슬람교로 배교한 후에도 심지어 그가 죽은 후에도 그가 재림할 메시아라고 믿는 사바타이파는 오랜 세월동안 지속되었다. 이후 재림한 사바타이라고 주장한 자칭 메시아 야곱 프랭크가 성추문을 일으키고 가톨릭으로 개종하며 배교했을 때도 유대인들은 프랭크파를 형성하여 그를 재림 메시아로 추앙했다. 디아스포라 유대인들의 삶이 절박할수록 핍박과 박해가 심해질수록 유대인들은 메시아니즘에 열광하였고 거짓 메시아임을 알게 되었을 때조차 일부는 거짓 메시아니즘에 집착했으며 일부는 유대교 신앙을 저버리기도 했다. 이러한 사회적 혼란과 가중된 경제적 어려움과 정신적 종교적 불안과 절망이 팽배한 시기에 유럽의 폴란드를 배경으로 하시디즘이 탄생하게 된다.

하시디즘의 이름은 히브리어로 경건한 자를 의미하는 하시드(hasid)에서 유래하였으며 창시자는 랍비 이스라엘 바알 셈 토브(Rabbi Israel Ba'al

Shem Tov)다.[26] 그의 본명은 이스라엘 벤 엘리에제르 (Israel ben Eliezer)로서 '좋은 이름의 선생'이라는 뜻의 바알 셈 토브(Ba'al Shem Tov)의 첫 자를 모아 베슈트라는 별명으로도 불렸다. 하시디즘은 유대교 신비주의인 카발라 전통 내에서 등장하였으며, 특별히 중세 카발라 신비주의에 관한 모든 내용을 집대성한 총서 『조하르』와 루리아 카발라(Luria Kabbala)[27]를 이어 오면서 이에 새로운 신비주의 리더십과 메시아주의 등에 새로운 개념을 도입했다.[28] 하시디즘은 그의 반대파인 정통 랍비 유대교 신비주의인 미트나그딤(mitnagdim)과 함께 루리아 카발라가 규정한 하느님, 우주, 인간의 신학적 개념을 이어 오고 있다.[29] 폴란드의 남동쪽에서 카리스마적인 인물인 바알 셈 토브의 역량하에 창시된 하시디즘은 1740년대와 1750대에는 이미 상당한 세력을 가졌으며 이러한 하시디즘에 대해 카발라 신비주의 전통 내에서는 상당히 심오한 종교적 발전으로 여겨졌다고 한다. 바알 셈 토브를 비롯해 그를 잇는 하시디즘의 새로운 지도자들은 카리스마적인 권위를 지닌 자들로서 계시된 현상의 세계와 감추어진 세계는 상호 교차적인 세계라는 인식을 지닌 자들이었으며 그들은 이원론적인 세계관을 극복하고 상호 관계적인 일원론적 세계를 표현하기 위한 새로운 개념들

---

26 바알 셈 토브는 좋은 이름의 선생 혹은 좋은 이름의 주인이라는 일반호칭이지 창시자인 이스라엘 벤 엘리에제르를 지칭하는 고유명사, 원래 이름이 아니다. 따라서 수없이 많은 바알 셈 토브가 있을 수 있으나 하디시즘에서는 그리고 다른 사람들조차 바알 셈 토브는 창시자인 이스라엘 벤 엘리에제르를 지칭하는 것으로 이해하고 사용한다. 창시자에 대한 존경심에서 비롯된 것이라 생각된다.

27 16세기, 갈리리야의 사펜드에서 활약한 이삭 루리아(Isaac Luria, 1534~72)가 체계를 세운 신비주의가 루리아 카발라 신비주의다.

28 조지프 댄, 『유대교 신비주의 카발라』, 이종인, 파주 : 안티쿠스, 2010, 148쪽.

29 Ibid., p. 148.

을 만들어 낸 깊은 영적인 감각과 능력을 지닌 자들이었다고 전해진다.[30]

바알 셈 토브는 1698년 혹은 1700년에 폴란드 남부에서 태어나 1760년에 사망한 것으로 알려졌다. 베슈트의 어린 시절, 그의 부모와 집안, 교육은 어떠했는지에 대해 구체적인 정보는 거의 알려진 바가 없으며 단지 그가 고아원에서 성장했고 허드렛일을 하며 살았다고 알려졌다. 당시 동네 사람들에게 기억된 베슈트의 어린 시절의 모습은 착하고 어린이를 사랑하는 그저 순박한 젊은이로 생각했지만 그가 매일 밤마다 회당의 지하실에서 카발라를 읽고 묵상했다는 사실은 전혀 몰랐다고 전해진다.[31] 베슈트(바알 셈 토브의 약칭)는 성실하고 매사에 열심인 성품의 카발리스트로 알려졌으며, 기도 중에 천상으로 올라가 메시아를 만난 신비체험을 비롯해서 여러 차례의 신비체험을 바탕으로 설교하고 가르쳤다고 한다.[32] 또한 그는 영적 치료사로서 사람들의 병을 치료했고 마술사로도 활동했으며 하시디즘을 창시한 인물로 알려져 있다. 그의 수제자인 랍비 도프 바에르(Rabbi Dov Baer of Mezheritch)는 스승인 바알 셈 토브의 가르침을 전하고 설교했으며 하시디즘 운동의 구체적인 형태를 갖춘 인물이다.[33] 하시디즘 초기의 두 인물은 책을 남기지 않았으며 두 사람의 제자들이 그들의 가르

---

30 Rachel Elior, the Mystical Origins of Hasidism, p.10-11.

31 Perle Besserman, Kabbalah and Jewish Mysticism: An Essential Introduction to the Philosophy and Practice of the Mystical Traditions of Judaism, p. 71

32 바알 셈 토브가 자신의 매형에게 보낸 편지에는 자신 천상에 올라 메시야를 만났다고 하는 체험을 기록했다고 한다. 참조. Jonathan Dauber, "The Baal Shem Tov and the Messiah: A Reappraisal of the Baal Shem Tov's Letter to R. Gershon of Kutov" Jewish Studies Quarterly, 2008.

33 조지프 댄, 『유대교 신비주의 카발라』, 148쪽.

침을 엮어 책으로 출판했다.[34] 바알 셈 토브의 제자들, 그리고 이후에 하시디즘 운동을 전개한 모든 지도자들은 베슈트의 가르침을 매우 중요하게 생각해서 그의 가르침을 사람들에게 전했으며 창시자의 영적 유산을 전파하여 하시딕 운동(Hasidic movement)을 이어갔다. 초창기 하시디즘 운동은 탈무드를 영성의 궁극적 표현이라고 믿는 랍비 유대교 지도층들, 특별히 유대교 율법과 신비주의에 깊은 영향력을 끼친 빌나의 랍비 엘리야 가온(Rabbi Elijah Gaon of Vilna)에게 공격당하고 매도되어 이단으로 파문되기도 하였으나 그럼에도 하시니즘 공동체는 동유럽 전역에 수십 개로 확장되었다.[35]

바알 셈 토브가 시작한 하시딕 운동이 삽시간에 유럽 지역으로 광범위하게 퍼져 나간 이유에 대해 학자들은 다양한 의견들을 제시한다. 하시디즘 연구의 권위자인 레이첼 엘리오르(Rachel Elior)는 대표적인 학자로서 시몬 더브나우(Simon Dubnow)의 이론과[36] 벤치온 디누르(Benzion Dinur)[37]의 이론을 소개한다.

먼저 시몬 더브나우가 제시하는 하시디즘이 발생하고 유대인 민중들 사이에서 유례없이 빠르게 성장한 원인과 배경으로 디아스포라 유대인들의 정치적 경제적 사회적 요인들이 결합된 결과라는 의견을 제시한다. 더브나우는 무엇보다도 18세기 폴란드와 우크라이나에서 살던 유대인들이 겪었던 정치적 경제적 위기의 근본 원인은 1648년 보흐단 흐멜니츠키

---

34 Ibid., p. 149.

35 Ibid.

36 Rachel Elior, the Mystical Origins of Hasidism, p. 4-5.

37 Ibid., p. 4-6.

(Bohdan Khmelnytsky)라는 인물이 당시 코사크(Cossack) 군대를 이끌고 폴란드 정부에 대항하여 봉기를 일으켜 1657년까지 지속된 전쟁이라고 지적한다. 흐멜니츠키의 봉기는 당시 지역의 농민들과 타타르족의 지지를 받으며 폴란드 군대를 공격하여 급속도로 확산되었고 유대인 공동체에도 큰 타격을 주었다. 우크라이나 지역에 위치한 유대인 공동체들은 폴란드 귀족의 대리인 역할을 하는 경우가 많았기에 이에 불만을 가진 반유대주의적 세력이 유대인들을 집단 학살했다. 이로 인해 당시 우크라이나 폴란드 지역의 유대 공동체들이 붕괴되었으며, 이는 유대인들에게 끔찍한 박해의 비극적인 역사로 이어진 시기다. 더브나우에 따르면 이러한 비극적인 시기에 당시 랍비들이 중심이 되었던 탈무드 학문 중심적인 정통 유대교는 절망에 빠진 유대민중들에게는 지식층 집단으로 유대민중을 소외시키고 배제시키는 집권 권력층으로만 느껴졌다는 것이다. 유대민중들은 자신들이 위안을 받을 수 있고 영적으로 안정을 제공할 수 있는 종교를 원했고 하시디즘은 이러한 요청에 부응했다. 베쉬트의 하시디즘은 지적인 엘리트주의를 탈피하고 누구나 하느님과 직접적인 관계를 맺을 수 있는 영적 체험과 영적 위안을 제공하고자 영적 구원과 사회적 안정을 제공하고자 했던 점들이 유대 민중들이 쉽게 접근할 수 있고 장점이 되었다고 주장한다.

벤치온 디누르 역시 하시디즘이 발생하고 급속하게 퍼지게 된 원인들에 대해 많은 부분 더브나우의 설명들을 공유한다. 흐멜니츠키의 봉기가 유대인 공동체에 미친 정치사회적 혼란과 불안, 경제의 붕괴와 대량 학살 등 당시의 치명적인 상황들을 하시디즘 발생 등을 주요 원인들로 공유한다. 더브나와는 달리 다누르는 카발라 신비주의와 메시아 운동을 주요 원인으로 강조하고 있다. 다누르는 샤바타이와 프랭크로 이어지는 메시아 니즘 운동의 실패와 함께 오직 전통주의적인 유대인만을 대변하는 권위주의적인 유대인 공동체 지도부인 카할(Kahal)에 대한 불만이 하시디즘이 등장하고 번창하게 된 큰 요소로 작용했다고 주장한다. 메시아에 대한 신앙과 기대를 잃고 영적 공허감에 빠진 유대민중들에게 하시디즘은 신비주의적 체험을 강조하며 유대민중을 위한 메시아적 구원 개념을 새롭게 재해석하였다. 유대민중들에게 다가갈 수 있는 새로운 종교적 가르침과 새로운 리더십과 새로운 영성으로 사회를 개혁히고자 했던 하시디즘의 새로운 시도로 하시디즘이 크게 성장할 수 있었다는 것이 다누르의 주장이다.

레이첼 엘리오르는 더브나우와 다누르가 공통으로 주장한 사회경제적인 원인들을 수용하면서도 그 외의 요인으로 바알 셈 토브가 카발라 신비주의를 계승하면서 유대 민중들에게 영적 구원에 대한 새로운 길을 제시했다는 점을 강조한다. 엘리오르에 따르면 바알 셈 토브는 유대교 랍비들이 엘리트들을 중심으로 구축한 카발라 구원론에 대한 이해를 대중적으로 재해석함으로써 유대 민중들이 쉽게 다가갈 수 있도록 했으며 대중들의 영적 공허를 충족시킬 수 있는 신비주의 운동을 전개했다고 평가한다. 따라서 하시디즘 발생과 성장의 원인들을 설명한 세 명의 학자, 시몬 더브나우와 벤치온 디누르와 레이첼 엘리오르의 주장들을 분석하고 종합할 때, 17~18세기 폴란드 지역에서 발생한 봉기와 전쟁, 대량 학살, 그리고 이로 인한 정치 사회 경제적인 위기 가운데 등장한 사바타이와 프랭크를 비롯한 거짓 메시아 운동의 충격이 중요한 요인이라고 할 수 있다. 거짓 메시아니즘 운동의 실패와 그 충격으로 인해 대중들의 신앙과 영적 공백 상태에 이르렀을 때 바알 셈 토브의 하시디즘은 정통 유대교의 구원에 대한 가르침을 대중들이 쉽게 이해하고 받아들일 수 있는 새로운 구원의 길을 제공했다는 점을 지적할 수 있다.

바알 셈 토브, '베슈트(Besht)'는 자신의 사상을 알리기 위한 저술을 남기지 않았다. 바알 셈 토브의 이름으로 남겨진 문서는 1747년에 그의 매형인 쿠토브의 게르숀(R. Gershon of Kutov)에게 쓴 편지가 있는데, 그가 상위 세계를 여행한 경험을 상세히 설명한 내용으로 일명 '베슈트의 서한'으로 알려져 있다.[38] 베슈트의 가르침은 주로 그의 제자들인 폴론네(Pologne)의 랍비 야아코브 요세프(R. Yaakov Yosef, 1710-1784)와 메제리치(Mezeritch)의 설교자인 랍비 도브 베르(Rabbi Dov Ber)에 의해 전해졌다. 야아코브 요세프는 1780년에 최초의 하시디즘 책인 『톨도트 야아코브 요세프(Toldot Yaakov Yosef)』를 출판했다. 그는 스승인 베슈트로부터 직접 들은 교훈을 기록했으며 그의 가르침을 자신의 사상으로 해석하며 세심하게 기록했다고 평가된다. 베슈트는 카발라 신비주의 전통을 충실히 따르고 있으며 그 중에서도 중세 카발라의 『조하르』 신비주의 사상과 루리아 신비주의(Luria Kabbalah) 사상은 그의 신비주의 사상을 구성하는 가장 중요한 요소이다.

중세 시대에 카발라 신비주의에 관한 크고 작은 저술들이 있었으나 다양한 카발라 사상을 집대성한 총서로서 알려진 저작 『조하르』[39]가 등장하

---

38 Jonathan Dauber, "*The Baal Shem Tov and the Messiah: A Reappraisal of the Baal Shem Tov's Letter to R. Gershon of Kutov*" *Jewish Studies Quarterly* , 2008, p. 212.

39 『조하르』의 저자에 관해 많은 이견과 논쟁이 있었으나 13세기 스페인에서 활동했던 모세 드 레온이 편찬했으며 조하르라는 뜻은 빛나는 책이라는 의미이며 구약성서에 대한 해석과 우주생성의 비밀 등을 담고 있다.

게 된다. 현대 정통 유대교에서『조하르』는『성경』과『탈무드』를 이어 유대교 신앙의 세 번째 기둥이라고 평가될 만큼 카발라 사상의 모든 것을 담고 있다. 바알 셈 토브의 하시디즘 역시 중세 카발라주의 전통을 충실하게 따르고 있으면서도 핵심적인 사상과 개념들을 자신의 시각으로 창조적으로 해석하며 발전시켰다. 카발라 신비주의에서 가장 중요한 개념은 아인 소프(Ein Sof)로서 '무한하고 완벽하고 지고한 존재로서의 신'을 지시하는 개념이다. 아인 소프는 끝이 없이 무한하고 영원한 신으로서 모든 존재가 생겨나는 근원이다. 아인 소프로부터 다른 존재들이 생겨나는 과정을 카발라는 세피로트(Sefirot)의 체계로 설명한다. 세피로트(단수형은 세피라)란 아인 소프의 10가지 영적 구조라고 할 수 있으며 신의 무한한 본질이 다양한 형태로 드러나는 방식이다. 이 세피로트가 신과 창조 세계 사이의 매개체 역할을 하며 우주와 인간의 영적 구조를 이해하는 데 도움을 준다. 여기서 가장 높은 첫 번째 세피라는 왕관을 의미하는 케테르(Keter)로서 아인 소프와는 별개의 산물이 아닌 바로 아인 소프의 순수한 의지를 말하는 것이다. 바로 아인 소프의 의지를 통해 모든 존재가 생겨나게 된다. 그리고 마지막 열 번째 세피라는 물질세계를 지시하는 말쿠트(Malkuth)로 한편 셰키나(Shekinah)로 알려진 것으로서 "신성한 흐름이 피조물에게 흘러들어가도록 중개 역할을 한다."[40] 이렇게 10개의 세피로트의 체계는 생명나

---

40 1세피라는 〈케테르(왕관)〉, 2는 〈호쿠마(지혜)〉, 3은 〈비나(이해)〉, 4는 〈헤세드(자비)〉, 5는 〈게블러(공정)〉, 6은 〈티페레트(미)〉, 7은 〈네쳐(승리)〉, 8은 〈호드(영광)〉, 9는 〈에소드(기반)〉, 10은 〈마르크트(왕국)〉라고 한다. 지고의 〈케테르〉는 〈신〉의 최초의 현형태, 최하의 〈마르크트〉는 〈신〉의 최종적 현형태, 즉 물질계를 나타낸다. 네이버지식백과 "카발라 Kabbalah" (종교학대사전) 2024. 10. 3, https://terms.naver.com/entry.naver?docId=631176&cid=50766&categoryId=50794

무 형태의 상징을 통해 추상적이고 무한한 신성과 신성한 힘을 유출시키는 기능을 연결시키며 그 결과 신성한 힘들로 하여금 모든 피조물을 지탱하고 유지하게 만든다고 설명한다.[41]『조하르』와 루리아의 카발라 신비주의에서 말쿠트라 불리는 물질세계는 아인 소프의 모든 신성한 빛 세키나가 현존하는 세계다.

대부분의 카발라 신비주의자들은 『조하르』와 이삭 루리아의 카발라 연구에 집중하였고 자신들의 가르침을 매우 비밀스럽고 내면적인 것으로 여기면서 초자연적 세계에만 집중했다. 그들은 일반 대중들과는 거리를 두면서 자신들의 가르침을 학식 있는 지성인, 엘리트 계층만을 상대로 전하면서 계층적으로 차별화된 신비주의를 조성했다. 반면에 베슈트의 하시디즘은 마치 플로티누스(Plotinus)의 유출설처럼 이 세계의 모든 존재는 무한한 신성 아인 소프의 의지로부터 발생되었기에 신성이 없는 곳이 없으며 모든 인간과 모든 사물을 포함하는 모든 존재에는 신이 내재한다는 철저히 일원론적인 세계관을 갖고 있다. 바알 셈 토브에게 신이 존재하지 않는 곳은 어디에도 없으며 세계 내 존재의 모든 곳에는 신이 현존한다는 것이다. 따라서 베슈트의 하시디즘은 "신과 인간, 주체와 객체, 선과 악, 성과 속 등의 이원론의 구분은 실재하지 않는다."고 하며 "악조차도 신에게서 나왔기에 정말로 악한 것은 없다고 보았다."[42] 베슈트는 심지어 모든 종교에서 전제되는 신과 인간의 질적 차이의 경계조차 없애며 신과 인간의 관계를 밀접하게 연결시켜 모든 인간이 신비체험을 통해 신을 만날

---

41 조지프 댄, 『카발라 유대교신비주의』, 68-78쪽.
42 강지언, "하시디즘(Hasidism)의 예로 본 신비주의 이론 고찰-창시자 바알 셈 토브를 중심으로," 「차세대 인문사회연구」, 15. 2019, 149쪽.

수 있다고 주장한다. 이렇게 베슈트의 하시디즘 특성은 전통적 유대교 사상에서 드러나는 이원론적인 세계관을 모두 일원론적인 관점으로 재해석하고 있으며 카발라 문헌들을 재작업 하여 새롭고도 개혁적인 사회적 종교적 해석들을 더했다. 따라서 베슈트의 하시디즘은 전통적인 카발라리스트와는 달리 모두를 포괄하고 모든 것에 함께하시는 친밀하고도 개방된 하느님의 현존을 가르쳤다. 베슈트는 "온 땅에 하느님의 영광이 가득하다."는 이사야 선지자의 말씀과 하느님이 계시지 않는 곳은 그 어디에도 없다는 『조하르』의 가르침을 이어서 모든 장소에 그리고 모든 시간에 그리고 모든 길에 그리고 모두에게 하느님이 계시다는 것을 대중들에게 가르치며 학식이 없는 모든 민중들도 신비체험을 통해 하느님과 밀접한 관계를 가질 수 있었다. 따라서 전통적인 유대교 신비주의는 제한되고 적은 수의 특별한 사람들을 대상으로 한 협소한 가르침이었다면, 하시디즘은 더 폭넓은 대중들, 민중들을 위한 열린 신학적 가르침이었다는 특징이 있다.[43] 거짓 메시아니즘 사건에 절망하고 영적인 공허와 구원의 신앙마저 잃어버린 디아스포라 유대 민중들에게 하시디즘은 새로운 신앙과 새로운 구원의 희망을 주었으며 하시디즘은 삽시간에 대중들 사이에 퍼져 나갈 수 있었다.

---

43 Rachel Elior, *the Mystical Origins of Hasidism*, p. 9.

4. 초월적 휴머니즘
─현세적·내재적 메시아들의 계속되는 개벽의 역사

1) 하시디즘의 일상의 메시아─자디크와 드베쿳

일원론적 세계관으로 모든 사물과 사람을 포함하여 우주의 모든 존재가 하느님 현존의 자리로서 하느님이 자신을 계시하는 처소가 된다는 것이 바알 셈 토브의 하시디즘이 전제하는 만유재신론적인 신론이다. 하느님과 인간 그리고 사물의 관계를 가로막는 경계와 장애물은 제거되고 신과 세계의 상호교류적인 관계가 이루어질 수 있다는 가능성이 전제된다. 따라서 하느님이 현현하는 존재인 인간은 영적인 주체로서 하느님과 교류하고 친밀한 관계를 맺을 수 있는 존재로서 인간과 하느님이 상호 주체적인 관계성을 맺을 수 있다는 전제가 하시디즘의 신학적 특성이 된다. 영웅적이고 군사적인 하느님, 전적 타자로서의 하느님과 죄인으로서의 인간이라는 계층적인 이원론의 관계성과는 달리, 바알 셈 토브가 상정하는 인간은 하느님과 밀접한 관계를 맺을 수 있으며 온전히 영적 주체가 될 수 있는 가능성을 가진 존재다. 따라서 하느님과 밀접한 관계를 가지며 생활하는 영적 인간은 자신을 구원하고 타자를 구원하며 더 나아가 공동체와 사회를 구원할 수 있는 존재, 곧 신적 인간이 될 수 있다는 가르침이 바로 하시디즘에서 찾을 수 있는 초월적 휴머니즘이다. 이러한 점을 지적하여 레이첼 엘리오르는 바알 셈 토브가 유대교 신비주의 전통에 공헌한 점을 다음과 같이 세 가지로 열거했다. 첫째, 하느님은 어디에나 계신다는 신의 편재(遍在)성을 주장했고, 둘째, 하느님의 감추어진 세계에 모든 사람이 접근할 수 있다고 했으며, 셋째, 하느님을 예배하는 다양한 방식이 본질적으로는 모두 같다고 했다. 바알 셈 토브는 자신의 세 가지 신학적 요소에 근거해서 전통적인 유대교의 이원론적인 세계관을 전체론적인(holistic) 관점으로 대체했다.[44] 따라서 베슈트의 하시디즘 신비주의 신학은 유대교 전통적인 신학과는 많은 점에서 차이가 있으며 새롭고 혁신적인 면을 보인다.

베슈트의 하시디즘은 메시아 신앙과 구원 신학에서도 차별화된다. 전통 유대교 신학에서의 메시아사상은 역사의 어느 한 시점에 다윗의 뿌리로부터 메시아가 나타나 유대 민족을 해방하고 악한 적들에게는 철퇴를 내리고 하느님의 백성인 유대 민족에게 위로와 승리를 안겨 준다는 내용이다. 전통 유대교의 메시아사상을 그대로 전수한 디아스포라 유대인들의 메시아 신앙은 고통의 한계가 임계점을 넘을 때에도 출현하지 않은 메시아로 인해 때로는 희망 고문을 때로는 분노와 절망을 경험하곤 했다. 18세기 유대 민족의 기대와 열광 속에 강력한 메시아로 등장한 사바타이 제비와 야곱 프랭크는 그러한 열광이 초래한 대표적인 예라고 할 수 있다. 메시아에 대한 기대 그리고 거짓 메시아의 등장과 실패 그리고 유대 민족의 절망과 분노, 이 같은 비극적 상황은 전통 유대교의 메시아 신앙이 지니는 한계이자 귀결일 수밖에 없었다. 언제인지 그 때와 장소를 예측할 수 없는 메시아의 도래, 참으로 약속된 우주적 메시아가 등장하기까지는 거짓 메시아니즘은 계속해서 반복될 수밖에 없는 것이기에 유대 민족들에게 메시아는 여전히 희망 고문이자 절망과 분노의 대상이 된다는 자체적

---

44 Frederick E. Greenspahn, ed. *Jewish Mysticism and Kabbalah: New Insights and Scholarship* (New York& London: New York University Press, 2011, p. 139-140.

한계를 품고 있다.

바알 셈 토브의 하시디즘은 강력한 군사적 이미지를 지닌 신적 존재로서 우주적인 메시아의 예측할 수 없는 출현에 모든 희망과 삶을 건 유대 민중들에게 다른 차원의 메시아, 곧 "현재적이고 내재적인 메시아" 그리고 평범한 삶에서 경험할 수 있는 "일상의 메시아"를 이야기한다. 일상의 메시아란 전통 유대교에서 약속한 참된 메시아가 언제든 속히 도래할 수 있도록 메시아의 출현을 예비하고 헌신적으로 준비하는 자로서 비록 왕이나 천상의 존재 혹은 다윗의 뿌리라는 정체성으로서의 메시아는 아니지만 일상에서 할 수 있는 메시아의 사역 기능과 역할을 한다는 면에서 일상의 메시아라고 할 수 있다. 베슈트의 하시디즘은 이렇게 새로운 메시아의 출현과 새로운 구원 신학을 위해 중요한 신학적 개념들을 재해석하고 창조적으로 적용함으로써 유대 민중들에게 개방된 포용적인 신학을 제시한다. 베슈트의 하시디즘은 새로운 메시아, 곧 현재적이고 내재적인 일상의 메시아와 새로운 구원 신학을 위해 드베쿳(Devekut), 자디크(Zaddik) 등 몇 가지 핵심적인 개념을 창의적으로 해석하여 적용한다.

베슈트의 하시디즘은 유대교가 전수해 온 메시아사상, 곧 약속된 메시아가 도래할 것이며 하느님으로부터 위임받은 메시아의 임무를 수행함으로써 하느님의 뜻을 완수할 것이라는 전통 유대교의 메시아 신앙을 거부하지 않는다. 베슈트는 정통 유대교의 메시아 신앙을 충실하게 전수하였고 대중에게 그리고 후대에 전달하고자 했다. 다만 정통 메시아 신앙이 지니고 있는 한계와 문제점들을 베슈트는 경험을 통해 잘 알고 있었다는 것이다. 언제인가 도래할 메시아는 미래적 존재였고 그를 기다리는 유대인들의 극한의 고통은 현재적이고 일상적이었다. 때문에 사바타이와 프랭크 메시아니즘 사태는 유대 역사에서 이전과 이후에도 끊임없이 발생했으며 이는 단지 종교적 파장만이 아니라 피할 수 없는 사회적 문제가 되곤 했다. 미래에 올 메시아를 향한 유대인들의 신앙은 현실의 고통을 인내할 수 있는 힘을 주는 희망의 창구이기도 하지만 한편으로 오지 않는 메시아는 희망 고문이 되었고 이것이 좌절감과 상실감으로 바뀌는 일들을 종종 경험했다. 하시디즘이 발생할 당시 상황도 메시아를 기다리는 유대 민중들의 희망과 절망, 인내와 분노, 무관심과 상실감 등 메시아 신앙의 양가적 측면이 고스란히 드러난 시기였다. 유대 민중들은 신앙의 회복과 위로와 희망 그리고 현실의 삶에 충실할 수 있는 영성을 요구했고, 베슈트는 이러한 유대 민중들의 깊은 외침에 현재적이며 내재적인 메시아로 응답했다.

베슈트의 하시디즘의 새로운 메시아 신앙은 미래적이라기보다는 현세(現勢)적이고 초월적이기보다는 내재적이며 특정한 시기에 제한되기보다는 현실의 삶에서 경험할 수 있는 일상의 메시아로서 매우 혁신적인 메시아의 상을 보여준다. 베슈트의 하시디즘에서 일상의 메시아는 마치 세례 요한이 메시아가 오심을 예비하기 위해 광야에 나가 그가 오시는 길을 준비한 것처럼 개개인이 그리고 공동체가 메시아의 도래를 앞당기기 위해 환경을 조성하는 메시아 역할을 한다. 베슈트의 일상의 메시아는 현재적이고 내재적인 인물이지만 미래에 오실 메시아와 무관하지 않다. 베슈트의 메시아는 현재에서 단순히 미래의 메시아를 기다리는 것이 아니라 미래를 준비하며 더 나아가 미래의 메시아 도래를 앞당기는 역할을 한다. 일상의 메시아의 모습과 역할은 하디시즘의 중요한 신학적 용어인 자디크 혹은 짜딕(Zaddik, Tsadik)과 연관된다.

하시디즘의 주요 도그마 중 하나가 바로 자디크에 관한 이론이다. 자디크에 대한 도그마는 바알 셈 토브의 제자인 폴로노예의 야콥 요세프 (Yacov Yosef of Polonoye)와 이후 리젠스크의 엘리멜레흐(Elimelech of Lizhensk)가 하시디즘을 유대 공동체의 사회적 질서로 확장시키는 구조로 고착시키기 위한 신학적 기초를 세우기 위해 만든 도그마라고 한다.[45] 자디크는 히브리어로 의로운, 바른 등의 의미로 의로운 사람, 올바른 사람을 의미한다. 올바름, 의로움은 토라와 율법에서 중시하는 개념으로『구약성서』에서 그리고『탈무드』에서도 많이 등장하는 용어이며 사용하는 데 약간의 차이는 있으나 랍비들 사이에서도 카발라 신비주의자들에게서도 자주 사용된 용어이다. 하시디즘에서 자디크에 관해 도그마로 규정되기 이전 베슈트는 자디크를 영적으로 완벽한 사람이라는 의미로 사용했다. 바알 셈 토브는 설사 토라를 공부하지 못한 사람, 평범한 사람일지라도 영적으로 성숙하고 상승하여 하느님과 관계를 맺을 수 있다고 가르쳤다.[46] 베슈트에게 자디크는 영적인 구원을 체험하고 영적으로 완벽한 사람으로 다른 사람들을 도와 영적인 충만함에 이르도록 돕는 역할을 한다. 베슈트는 자디크가 특정한 사람만이 담당하는 직분이나 신분이 아니라 모든 사람에게 자디크가 될 수 있는 가능성이 열려 있다고 가르쳤다. 또한 베슈트에게 자디크는 개인적인 관계성 속에서 선생과 학생 사이에 도움을 주는 관계였던 반면, 이후에 자디크 교리는 공동체의 구성원과 리더의 관계로 변화된다.[47]

이후 하시디즘 공동체에서 자디크의 리더십에는 매우 강력한 권위가

---

45 Mari Silva, *Jewish Mysticism*, Primata 2021, p. 87.

46 Ibid.

47 Ibid.

부여되었다. 의로운 자인 자디크는 하시디즘에 속한 작은 공동체들의 리더로서[48] 공동체에서 영적 도덕적 지도자이며 하느님과 인간을 연결하고 하느님의 뜻을 사람들에게 전하는 중재자요 매개자의 역할을 한다. 자디크는 자신의 공동체에 속한 사람들의 영혼을 구원하기 위해 애쓰며 메시아적 완성에도 중요한 역할을 한다. 자디크는 메시아가 도래할 수 있는 환경을 조성하고 준비하는 자로서의 중재자로서의 역할을 할 뿐 자신을 전 우주의 구원자인 메시아라고 표방하지 않는다. 자디크는 자신이 이끄는 하시딤 공동체에 속한 유대 신자들의 건강과 신앙, 영적 정신적인 문제를 돌보고 물질적인 필요와 안녕을 살피는 역할을 하는 반면 공동체의 신자들은 그들 공동체의 리더인 자디크의 세속적 필요를 책임진다.[49] 따라서 하시딤 공동체에서 리더인 자디크는 자신이 속한 공동체라는 한계 내에서 지역과 시대, 구성원들에 의해 제약을 받는 국지적 메시아의 역할을 한다. 따라서 자디크는 자신이 관할하는 지역 공동체의 구원자라는 특별한 위상을 지닌다.[50] 자디크는 메시아가 올 때를 대비해 메시아의 길을 예비하는 자이면서 그때까지는 자신이 맡은 제한된 공동체 내에서만 현재적이며 일상적인 영적 구원자이자 생활에 필요한 소위 사회적 구원자의 역할을 한다고 할 수 있다.

하시디즘의 창설자 바알 셈 토브에게 자디크는 영적 지도력을 갖춘 사

---

48 조지프 댄, 『카발라 유대교 신비주의』, 151쪽. 하시디즘의 운동은 18세기 말에 이르러 "독립적인 공동체들의 느슨한 조직으로 발전하였고, 각 공동체는 신비주의적 지도자인 자디크가 이끌었다"고 한다.
49 Ibid., p. 152.
50 Ibid., p. 153.

람으로서 영적 능력, 영적 지도자로서의 역할이 매우 중요했다. 베슈트는 하느님을 의지하고 믿는 것에 머무르지 않고 하느님 과의 영적 연합, 하느님과의 내적 일치감을 추구하는 것을 자디크를 비롯한 모든 유대 신자들의 목표로 삼았다. 베슈트는 이를 위해 드베쿳을 매우 중요하게 여겼다. 드베쿳이란 하느님과의 결합, 하느님과의 깊은 영적 연결 등을 의미하는 용어이다. 하느님에 대한 헌신과 영적 소통을 통해 하느님과의 영적 연결과 연합을 이루는 드베쿳은 자디크에게 매우 중요한 상태이며 역할이다. 그러나 하느님과 직접적인 영적 교류를 하는 드베쿳은 자디크에게만 한정된 것이 아니라 모두에게 그 가능성이 열려 있다는 점이 베슈트의 입장이다. 따라서 모든 사람들이 예배와 기도 등과 같은 제의적 의식을 통해서뿐만 아니라 평범한 매일의 일상 가운데서 하느님의 임재와 관계를 경험할 수 있다. 자디크는 스스로 드베쿳을 실천하면서도 공동체 구성원들이 드베쿳을 실천할 수 있도록 도와야 한다. 창시자 바알 셈 토브가 가르치고 실천한 자디크의 의미와 본질은 시간이 지나면서 도그마로 규정되고 하시디즘의 공동체와 수장으로서의 역할과 활동 등을 제도화하는 과정 속에서 많이 변화되었다. 이후 하시디즘 운동이 번창해 가면서 공동체의 리더만이 자디크의 리더십을 행사할 수 있도록 제한되었고 또한 자디크의 직위는 아들에게 세습되는 것으로 변화되었다. 자디크 가운에 자신이 우주적 메시아라고 동일시하는 이들도 있었고 자디크들 가운데서 잠재적 메시아라고 추앙되는 경우도 있었다. 그러나 바알 셈 토브가 가르치고 실천한 자디크와 드베쿳의 정신은 계속 이어지고 있으며, 약속된 메시아의 도래를 앞당기기 위해 헌신하며 자신과 이웃과 공동체의 사람들을 영적으로 물적으로 모든 문제를 서로서로 돕도록 실천하는 일상의 메시아들이 존재한다.

2) 초월적 휴머니즘—수운 최제우의 시천주와 오심즉여심

수운 최제우가 신비체험을 통해 깨달은 시천주(侍天主) 사상과 오심즉여심(吾心卽汝心) 사상은 동학에서 가장 핵심적인 사상으로 하느님과 인간의 관계, 인간이 누구인지에 대한 정체성, 인간과 인간의 관계, 그리고 인간과 우주와의 관계를 설명하는 개념이다. 신비체험 가운데 하느님이 먼저 수운을 찾아오시고 말 걸으시며 영부와 주문을 전하며 백성들을 질병으로부터 구하고 주문을 가르쳐 하느님을 위하라고 명하는 수운의 신비체험을 앞선 장에서 살펴보았다. 영부를 통해 백성을 질병으로부터 구하고자, 주문을 통해 하느님의 가르침을 사람들에게 전하고자 하는 하느님께서 구원 사역에 동역자로서 수운을 향해 손 내미는 모습과 이에 보국안민의 과제 상황을 마음에 품고 나라와 백성을 구원하고자 하는 수운의 맞잡음이 바로 동학이 창도되고 신인협동의 개벽의 역사로 이어졌다는 것을 위에서 살펴보았다.

「용담가」에서 기쁨과 환희로 표출된 신비체험이 「포덕문」의 기록을 거치며 수운은 근 1년간의 숙고와 검증과 반추하는[51] 과정을 겪어 주문을 지었다고 한다. 김용옥은 수운이 지은 강령주문과 본주문으로 이루어진 21자의 주문은 축자영감설적인 기록이 아니라 신비체험에서 얻은 영감을

---

51 김용휘, 『최제우의 철학』, 서울: 이화여자대학교출판부, 2012, 40쪽.

숙고하여 수운이 창의적으로 해석해서 지은 작품이라고 했다.[52] 김용휘는 수운이 주문을 짓고 강령의 법을 지으며 깨달은 철학적 명제가 시천주 사상이라고 말한다. 다시 말해 김용휘에 따르면 동학의 발생은 직접적인 신비체험으로부터가 아닌 오히려 시천주의 자각에서 비롯되었으며 이로 인해 서학과 차별되는 동학의 정체성이 완성되었다고 말한다.[53]

김용휘는 수운의 시천주(侍天主) 사상에서 첫 글자인 시(모심)의 의미를 먼저 수운의 설명한 내용을 기반으로 세 가지 측면, 곧 내유신령(內有神鈴), 외유기화(外有氣化), 각지불이(各知不移)로 설명한다. 수운의 모심의 세 가지 측면에 대한 김용휘의 설명에 따르면, '내유신령이란 우리 안에 하늘의 신령한 영이 내재해 있다는 뜻이며, 외유기화는 밖으로 하늘의 기화 작용에 의해 생명이 탄생하고 유지되고 있다는 뜻이며, 각지불이는 이 영과 기운으로 모셔져 있는 하늘을 각자가 온전히 알아 하늘과 분리됨이 없어야 하는 것'이다. 이재봉은 시천주의 '모심'에 대해 좀 더 구체적으로 구분해서 이해해야 한다고 말한다. 즉 시천주의 모심의 의미에 있어서도

52 김용옥,『동경대전 2』. 215-216쪽. 수운이 동학대전 2에서 인용하고 있는 주문은 다음과 같다. 먼저 선생주문과 학생주문으로 나누고, 선생주문은 강령주문과 본주문 21자로 되어있다. 지기금지 사월래 시천주 령아장생 무궁무궁 만사지(至氣今至 四月來 侍天主 令牙帳生 無窮無窮 万事知) 지극한 하느님의 기운이 지금 정에게 이르렀나이다. 사월이 왔습니다. 하느님을 모시었으니 나로 하여금 장생케 하소서. 무궁무궁토록 만사를 알게 하소서. 그리고 학생주문은 초학주문, 강령주문, 본 주문으로 이루어졌다. 지기금지 원위대강 시천주 조화정 영세불망 만사지(至氣今至, 顧爲大降, 侍天主, 造化定, 永世不忘, 万事知) 지극한 하느님의 기운이 지금 나에게 이르렀나이다. 원컨대 그 기운이 크게 내려 나의 기운이 하느님의 기운이 되게 하소서. 하느님을 내몸에 모시었으니 나의 삶과 이 세계의 조화가 스스로 바른 자리를 갖게 하소서. 일평생 잊지 않겠나이다. 하느님의 지혜에 따라 만사를 깨닫게 하소서.
53 김용휘,『우리학문으로서의 동학』, 서울: 도서출판 모시는사람들, 2021, 75쪽.

'모시고 있음'과 '모셔야 함'의 의미를 구분하여 이해해야 한다는 말이다. 다시 말해 '모시고 있음'이란 '사실로서의 모심'을 말하는 것으로 본래 인간존재는 이미 하느님을 모시고 있는 존재라는 사실을 상기시킨다. 모든 인간은 본래적으로 그의 내면에 하느님의 거룩한 영이 내재되어 있다는 의미다. 마찬가지로 인간의 내부뿐만 아니라 인간의 외부 존재인 세계에는 이미 하느님의 에너지, 기(氣)가 있어 생동적인 생명 현상이 이루어지고 있다는 것을 상기시킨다. 이는 인간 내면과 외부의 모든 세계, 우주에는 하느님이 생명의 근원이자 생명의 실재이며 원리로서 그리고 우주적 생명으로서 인간과 자연 세계에 내주한다는 것은 이론의 여지없이 사실이라는 의미이다. 인간을 포함한 모든 우주에는 하느님이 계시지 않은 곳이 없다는 그래서 모든 것이 하느님 안에 있다는 동학의 일원론적 우주관을 담지하고 있다. 인간이 인지하는 것과는 별개로 우리 안에는 하늘의 신령한 영이 내재해 있다는 사실, 인간 외부에는 하느님의 기와 에너지가 역동적으로 움직여 자연 세계의 유기체적 생명현상이 작동되고 있다는 사실을 상기시킨다. 인간의 인지나 승인 확신 등이 관여할 여지가 없는 사실임을 주장한다.

이재봉은 여기서 수운이 모심을 이야기하는 것은 사실로서의 모심을 이야기하는 것이 아니라 '당위로서의 모심'을 이야기하는 것이라고 말한다. 위에서 말한 것처럼 사실로서의 모심은 인간의 인지가 필요하지 않기 때문이다. 다시 말해 이재봉에 따르면, 이미 만물도 사람도 시천주하여 존재하지만 그럼에도 불구하고 수운이 하느님을 모시라는 이유는 인간의 내외부에 만물 안에 생명의 원리인 하느님이 존재하신다는 사실만으로는 불완전 상태이기에 이를 극복해야하기 때문이라고 지적한다.[54] 따라서 불완전한 상태를 극복하기 위해서 수운이 하느님을 모시라고 가르친 것은 '당위로서의 시천주'를 말하는 것이라고 한다. 당위로서의 시천주란 사람이 하늘을 모시고 있다는 사실을 넘어 인간의 인지, 곧 인간의 깨달음이 선행되어야 한다는 의미이다. 인간의 내면에 하늘을 모신다는 단순한 사실의 인지를 넘어 깊은 자각, 깨달음의 단계를 거칠 때 섬긴다는 차원이 된다. 인간의 내면의 하느님을 모시고 있음을 깊이 깨달을 때, 다시 말해 내 안에 하느님을 성심으로 섬길 때 진실로 오심즉여심, 곧 하느님의 마음과 인간의 마음이 하나가 된다고 할 수 있다. 인간 안에 하느님을 모시고 섬길 때 하느님의 뜻과 인간의 뜻이 일치되고 하느님의 뜻하는 일을 함께 해나갈 수 있는 하느님의 동역자로서의 인간이 될 수 있는 것이다.

그래서 진실한 생명의 근원이시며 무극대도한 하늘을 섬기는 차원은 모든 생명 활동, 생명현상, 인간을 포함한 우주의 모든 생명 원리가 바로 사실로서의 시천주임을 깊게 자각하는 것에서부터 출발해야 한다고 말한다.[55] 사실로서의 시천주를 깊이 느끼고 자각하는 사람은 하느님과 인간과 자연과 우주 모든 것이 분리될 수 없으며 이 모든 것이 하느님과 일체라는 것을 자각한 후에야 하늘과 사람과 자연을 진심을 다해 섬길 수 있다는 의미이다. 내 안에 계시는 하느님, 내 이웃 안에 계시는 하느님, 자연 세계 속에 계시는 하느님을 보고 모시고 섬길 때, 하느님 안에 있는 나와 이웃, 하느님 안에 있는 세계를 볼 수 있다는 의미이다. 그럴 때야 비로소

---

54 이재봉, "사실로서의 侍天主," 「코기토 77」, 2015. 7, 319쪽.
55 Ibid., p. 322.

하느님의 뜻과 일체가 된 나, 하느님과 일체가 된 이웃을 만날 수 있으며 그래서 내가 그리고 이웃이 그리고 모든 인간이 하느님이심을 알게 된다. 이것이 동학의 시천주 사상, 오심즉여심 사상의 핵심이며, 하느님과 인간의 관계의 본질이며 본래적인 인간의 참된 정체성으로, 이것을 깨닫는 것이 곧 구원이며 개벽이며 이를 초월적 휴머니즘이라 명명한다.

동학에서 전제하는 신에 대한 특징에 대해 권진관은 말하기를 동학은 신인합일의 도이며 '신과 인간이 분리되는 것이 아니라 하나로 합일되는 신관'이라고 말한다.[56] 동학에서는 초월적 인격신을 인정하면서도 내재적 신을 인정하는 특징이 있음을 지적한다. 이런 점에서 동학에서 시천주·양천주·인내천 등과 같은 신론, 인간론 그리고 세계관에 관한 신학적 개념이 등장하고 있음을 알린다.[57] 더 나아가 동학의 신은 공간적이면서 역사적인 특성이 있으며 역사의 변혁을 꾀하는 신이라고 설명한다. 수운의 신비체험에서 경험한 상제로 스스로를 알린 신은 목적을 가지고 노력했지만 공이 없었다고 고백하는 신의 모습을 그리고 있으며 인간의 도움을 요청하는 신이다. 그래서 수운이 만난 동학의 신은 인간에게 도움을 요청하는 신이기에 인간은 신의 동역자가 될 수 있으며, 신도 인간의 동역자가 될 수 있어 인간과 함께 일하는 신이기도 하다. 그래서 동학의 신은 신인협동적이며 신인합일적 신인일체적 신관을 지닌다.[58] 수운은 신비체험을 통해 만난 신에 대해 상제·하늘님·하느님 등의 다양한 개념을 사용하여

---

56 권진관, "동학의 신관과 서학의 신관: 민중신학적인 관점에서", 『신학사상』 127, 2004, 3쪽.
57 Ibid..
58 Ibid., p. 7.

때로 신인동형론적인 인격신, 때로 비인격적 실재의 신, 절대적이며 무한한 초월적 신이면서 동시에 내재적인 신, 무극대도의 신, 그리고 '변화 생성 과정의 상대적인 조화의 존재' 인간과 관계하고 요청하고 협동하는 '관계적이며 내재적이면서 역사적인 신'을 표현한다. 유한과 무한, 초월과 내재 등의 모든 것을 포용하고 포괄하는 신이다.[59]

시천주, 곧 "모든 사람들이 자기 안에 거룩한 하늘을 섬기고 있다."는 수운의 자각은 자신만이 아니라 모든 사람들의 내면에는 하느님이 계시다는 새로운 깨달음이었으며 이는 모든 인간의 평등성과 존엄성을 자각하는 인식론적인 전환의 경험이었다. 시천주의 깊은 사상을 깨달은 후에 수운은 바로 자신의 수하에 둔 여종 둘을 자유인으로 해방시킨다. 그리고 그 중 한 여성은 자신의 수양딸로 삼았으며 또 다른 여성은 자신의 며느리로 삼았다. 시천주의 깊은 도를 깨우친 수운은 여성과 남성, 상놈과 양반이라는 인간의 관계를 가로막는 차별의 벽을 헐고 하느님을 모시고 섬기듯 두 여성을 자신의 귀한 자녀들로 모시는 개벽의 역사를 만들었다. 자신들이 주인으로 섬기던 수운이 이제 두 여성의 아버지가 되었고 자신의 종으로 부리던 두 여인은 이제 자유인이 되어 수운의 딸과 며느리가 되는 개벽의 역사가 일어난 것이다. 하느님을 내면에 모시는 시천주 신앙은 사회적 계급과 신분에 따라 차별화되고 객체화되고 물화된 인간에 대해 신성을 모신 존재라는 혁신적 인간관을 제공하며 신성을 지닌 신적 인간이라는 신화된 존재로서 존엄한 존재라고 선포하는 급진적 신학적 인간관이다.

---

59 황경선, "한국 고대 사유와 수운 최제우에서 인간관의 문제"「동양문화연구」19, 2014, 93쪽.

최제우의 시천주 신앙은 민중들 사이에 빠르게 퍼져 나갔고 자신의 신성과 신화를 자각한 농민들은 동학농민혁명을 주체적으로 이끌었으며 때로 실패하고 때로 성공할지라도 하늘을 모시고 섬기는 사람들로 인해 계속적인 개벽의 역사 구원의 역사를 이어 간다.

5. 닫는 말

본 논문은 동학의 창시자 수운 최제우의 개벽 신학과 하시디즘의 창시자 바알 셈 토브의 메시아 신학과의 상호교류적인 대화를 통해 두 종교의 구원 신학을 초월적 휴머니즘으로 규정하며 글을 전개했다. 조선 말기 수운 최제우의 직접적인 신비체험을 계기로 창시된 동학과 유대교 카발라 신비주의의 한 분파인 하시디즘은 동·서의 다양한 차이에도 불구하고 구원 신학에 있어 새로운 패러다임의 전환을 가져왔다는 점에서 공통점을 갖는다. 두 종교의 구원 신학의 특징은 한반도와 유대민족이라는 두 약소국의 백성들이 운명처럼 겪어야만 했던 강대국의 침략과 식민지배 그리고 디아스포라의 고난과 수난의 역사적 배경 가운데 생겨난 구원 신학의 특성을 갖는다. 전통적인 종교에서 말하는 구원 신학의 특징은 군사적·정치적으로 강력한 힘을 가진 구원자가 위기에 빠진 개인이나 민족과 국가를 적과 위기의 상황으로부터 구하고 승리를 안겨준다는 서사를 가진다는 특징이 있다. 전통적인 구원 신앙을 가진 신앙인들은 언젠가 강력한 메시아가 나타나 기적처럼 구원을 이루어주기를 기다리는가 하면, 강한 힘을 가진 외세의 힘을 구원자처럼 의지하기도 하였다.

바알 셈 토브의 하시디즘에서 추구하는 구원 신학은 언제일지 모르는 막연한 미래에 도래할 초월적인 메시야 대신에 현재적이고 내재적인 일상의 메시아와 일상의 구원을 주장한다. 베슈트의 메시야는 언젠가 도래할 우주적 메시아를 배제하거나 대신하는 인물이 아니라 하느님과의 깊은 영적 연결로 하느님과의 일치 곧 드베쿳을 실천하고 실현하는 사람, 곧 성숙한 영적 지도력을 갖춘 자디크와 같은 내재적이고 현재적인 일상의 메시아를 말한다. 자디크는 약속된 우주적 메시아가 도래할 때까지 이웃과 공동체와 사회를 현실적으로 영적으로 돕고 구원하는 일상의 메시아의 역할을 담당하는 지도자로 약속된 메시아의 도래를 준비하고 그 시기를 앞당기는 역할을 하는 일상의 메시아다. 수운 최제우가 신비체험을 통해 만난 하느님은 "신인협동적" 신으로서 자신의 뜻을 이루기 위해 인간을 동역자로 찾으시는 신이다. 수운의 시천주 사상 그리고 오심즉여심의 사상을 통해 인간의 내면에 계시는 하느님을 섬김으로 하느님의 마음과 인간의 마음이 하나로 일치된 조선의 민중들은 하느님과 함께 개벽을 이루어가는 주체가 된다. 이로서 바알 셈 토브의 하시디즘에서 주장하는 내재적이고 현재적인 일상의 메시아로서 자디크와 하느님의 동역자로 부름받고 이에 응답한 조선의 민중들은 자신들 안에 계신 하느님을 섬기고 하느님의 뜻을 이루어 역사를 개벽해 가는 신적인간으로서 초월적 휴머니즘을 실현하는 주체라고 할 수 있다.

'내면의 빛'과 '시천주'

— 조지 폭스와 수운 최제우의 종교체험과 사회적 영성

정경일

1. 여는 말―인간의 위기와 종교의 위기

위기의 시대다. 하지만 인류 역사에서 '위기'가 아니었던 시대가 있었을까? '태평성대'는 신화에 가까울 뿐, 역사는 언제나 '위기'의 연속이었다. 위기는 인간 실존의 항상적 현실이다. 그럼에도 오늘의 위기에는 전대미문의 독특성이 있다. 그것은 단순히 현존 문명의 위기가 아니라, 인류세(人類世, Anthropocene) 서사가 가리키듯 인류의 위기, 생명의 위기라는 사실이다. 이와 같은 지구행성적 대위기는 근대 산업혁명 이후 자본주의가 폭주하고 대량생산, 대량소비가 보편적 삶의 방식이 되면서 인류가 자초해 온 정신적, 정치적, 경제적, 생태적 위기의 축적적 결과다. 최근 한국 부산에서 개최된 세계지질과학총회(IGC)에서 인류세가 공식적으로 선포되지는 않았지만, 이미 인류세는 인류와 뭇 생명의 '여섯 번째 대멸종'을 우려하게 하는 보편적 위기 서사가 되어 있다.

인류세는 '위기 서사'이지만, 동시에 '책임 서사'이기도 하다. 인류세가 함의하는 것 중 하나는 지구의 지질학적 변화를 가져올 만큼 거대한 힘을 가진 인류가 그 힘으로 파괴의 속도를 늦추면서 대파국을 피할 길을 찾아보자는 것이다. 역사학자 아놀드 토인비의 통찰처럼 인류의 위대함은 문명의 위기라는 도전에 응전하면서 새로운 문명을 창조해 온 능력에 있다.

물론 위기를 직면하고 대응하고 변혁하는 것이 간단하고 수월한 일은 아니다. 응전을 통한 변화는 고통스러운 것이어서 인간은 분명한 위기 앞에서도 '경로의존성'에 따라 생각해 왔던 대로 생각하고 살아왔던 대로 살아가고 싶어 한다. 하지만, 토인비에 따르면, 이런 관성과 관습의 흐름에 역류하며 새로운 세계를 상상하고 실천하는 '창조적 소수자'들이 있어 인류는 위기 때마다 집단적 각성과 문명 전환을 이루어 올 수 있었다. 그런 이들이 출현하고 활동해 온 인간 삶의 영역 중 하나가 '종교'다.

종교는 위기의 대지에 서 있는 구원의 나무다. 종교는 인간의 실존적 위기인 죽음과 고통과 악의 도전에 대한 응전으로 시작되었다. 세계의 위대한 종교들은 그 시대, 그 사회의 위기 속에서 태어났다. 칼 야스퍼스가 명명한 '축의 시대'는 인류의 고통이 극심했던 때였다. 야스퍼스가 주목한 축의 시대 출현 종교운동의 하나인 이스라엘 예언자 운동은 히브리 노예의 고통으로부터 생겨난 구원과 해방의 길이었다. 붓다가 살았던 때도 인더스문명의 '제1차 도시화'에 이어 기원전 500년경 갠지스 평원에서 전개된 '제2차 도시화'로 인해 질병이 만연하고, 마가다와 코살라 두 강대국을 중심으로 열여섯 나라가 '항시적 전쟁 상태'에 있었던 폭력의 시대였다. 전쟁은 살상과 약탈, 전쟁 포로와 민간인의 노예화를 초래했고, 이로 인해 무수한 사람들이 고통을 겪었다. 야스퍼스가 조명한 축의 시대 이후이기는 하지만, 예수의 시대도 마찬가지였다. 로마와 유대 정치권력과 예루살렘 종교 권력의 이중 억압으로 인해 고통받던 유대인들에게 하느님 나라 복음을 선포한 이가 예언자 운동을 계승한 예수였다. 이처럼 전쟁과 폭력, 비인간화의 위기 속에서 삶이란 무엇인가, 인간이란 무엇인가, 구원이란 무엇인가를 질문하고 항의하고 희망하는 데서 종교가 기원한 것이다.

종교의 기원이 이와 같다면, 오늘의 대위기 시대야말로 새로운 문명 전환을 제시하고 주도할 창조적이고 변혁적인 종교운동이 출현해야 할 때여야 하지 않은가? 하지만 불운하게도 이 시대의 종교들은 역사상 그 어느 때보다도 더 무력하고 무능한 것 같다. 그것은 현대 세계의 세속화와 탈종교화로 인해 종교에 대한 사회적 관심과 기대가 크게 약화된 때문이기도 하지만, 그보다는 종교가 현대인에게 삶의 의미와 목적을 제시하지 못하기 때문이다. 또한 발터 벤야민이 해부한 '종교로서의 자본주의'가 그것의 가장 극단적 형태인 신자유주의로 악화해 인류 역사상 가장 '보편적인' 유사종교가 되고, 동서양의 기성 종교들이 그 지배 아래로 들어가면서 종교의 위기가 더욱 심화되었다.

하지만 종교의 역사가 가르쳐 주는 것은 기존 종교가 생명력을 잃고 더 이상 구원의 길을 제시하지 못하는 바로 그때 창조적이고 변혁적인 종교운동이 새롭게 출현한다는 사실이다. 불교, 그리스도교, 이슬람 등이 그렇게 출현했고, 각 전통 안의 급진적 개혁 운동들도 그렇게 전개되었다. 근대에도 동서양의 종교들이 시대의 도전을 바르게 인식하며 대응하지 못하고 있을 때 두 창조적, 변혁적 종교운동이 등장했다. 17세기 영국에서 조지 폭스(George Fox)가 창시한 '퀘이커(Quaker)' 운동과 19세기 조선에서 수운 최제우가 창시한 동학(東學) 운동이 그것이다.

흥미롭고 의미심장하게도, 올해 2024년은 '조지 폭스 탄생 400주년'이자 '수운 최제우 탄생 200주년'이 되는 해다. 역사적으로는 단순한 숫자상의 우연일 수도 있겠지만, 인류세, 기후변화, 신자유주의의 복합적 대위기 시대인 2024년에 두 종교 성인의 가르침과 영성과 삶을 돌아보는 것에는 우연 이상의 특별한 의미가 있다. 폭스와 수운은 서양과 동양의 공간적 거리, 400년 전과 200년 전이라는 시간적 거리, 그리고 서양 종교인 퀘이커와 동양 종교인 동학의 문화적 거리를 넘어, 문명사적 위기라는 도전에 문명 전환으로 응전하는 공통점을 보여주기 때문이다. 폭스와 수운의 지혜와 영성과 윤리는 어쩌면 그들의 시대보다 더 총체적이고 파괴적인 위기를 겪고 있는 인류세 시대의 우리에게 신과 인간과 자연이 하나 되는 생명 세상, 개벽 세상을 향한 길이 되어 줄지도 모른다.

2. 왜 퀘이커와 동학인가?

퀘이커는 17세기 중반 영국에서 조지 폭스가 시작한 그리스도교 종교·영성·사회 운동이다. 퀘이커의 공식 명칭은 '종교친우회(宗教親友會, Religious Society of Friends)'이다. 현재 전 세계적으로 신자 수 약 38만 명의 작은 종파이지만, 그 종교적, 사회적 영향력은 결코 작지 않다. 1947년 영국의 퀘이커 봉사회(Friends Service Council)와 미국 퀘이커 봉사 위원회(American Friends Service Council)가 노벨 평화상을 수상할 정도로 국제적인 인정과 신뢰를 받았다. 당시 노벨 위원회 군나르 얀(Gunnar Jahn) 위원장은 시상 연설에서 "퀘이커가 많은 사람들의 마음 깊은 곳에 있는 타인에 대한 자비와 그들을 돕고자 하는 열망, 즉 국적이나 인종에 관계없이 모든 사람 사이의 풍부한 동정심을 행동으로 옮기는 것이 가능하다는 것"과 "무력을 이기는 정신의 승리에 대한 믿음에서 비롯되는 힘"을 보여주었다고 칭송했다.[1] 오늘도 퀘이커는 '내면의 빛(Inner Light)'을 따라 정의, 평화, 생명을

---

1   Gunnar Jahn, "Award ceremony speech," https://www.nobelprize.org/prizes/

위해 일하고 있다.

동학(東學)은 1860년 수운 최제우가 창도한 민중의 종교·영성·사회 운동으로, 조선 말기의 사회적·정치적·경제적 혼란과 외세 및 서학(西學)의 침입에 대한 반발로 생겨났다. 수운은 1861년 포교 개시 후 불과 3년 만인 1864년에 혹세무민(惑世誣民)의 죄목으로 체포되어 처형당했지만, 교리와 조직을 정비한 2대 교주 해월 최시형 때 급격히 교세가 늘어, 1894년 2차에 걸친 동학혁명(갑오농민전쟁)을 일으키며 급진적 반봉건·반외세 운동을 전개했다. 동학혁명이 조선 관군과 일본군에게 진압된 후에도 동학은 계속 성장했고, 1905년 3대 교주 의암 손병희 시대에 천도교(天道敎)로 개칭한 후 1919년 3·1독립운동을 주도할 무렵에는 교세가 300만에 이르렀다. 당시 한국의 인구가 약 1,600만 명이었으니 사실상 최대 종교였다고 해도 좋을 것이다. 하지만 그 후 종단 내부 분열, 해방 후 민족 분단, 남한 사회의 일방적 친미 반공화로 인한 민족종교의 위축 등이 원인이 되어 급격히 교세가 감소했다. 2015년 통계청 인구주택총조사에 따르면 천도교 교인 수는 약 6만 6천 명이다. 이러한 교세 약화에도 불구하고 동학과 천도교에 대한 관심은 꾸준히 이어져 왔고, 문명 위기, 생명 위기가 가시화되고 감각되고 있는 최근에는 동학의 '다시 개벽' 사상이 새롭게 주목받고 있다.

퀘이커와 동학(천도교)은 지극히 작은 종교이지만, 인간과 뭇 생명의 위기 속에서 문명 전환의 상상력과 실천력을 주는 대안적 종교로 인식되고 있다. 특히 개인주의와 물질주의 경쟁주의가 삶의 기본 원리로 내면화되

peace/1947/ceremony-speech/

200 | 동학과 서학

어 있는 신자유주의 체제에서 두 창조적 종교운동은 개인과 사회를 동시에 구원하고 영적 수행과 사회적 실천을 통합하는 사회적 영성의 살아 있는 모델로 존재해 왔다. 이러한 두 종교운동의 뿌리에는 '모든 사람 안에 있는 하느님의 그것(That of God in everyone)', 즉 '내면의 빛'을 깨달은 조지 폭스의 종교체험과 '모든 사람이 한울님을 모시고 있음', 즉 '시천주(侍天主)'를 깨달은 수운 최제우의 종교체험이 있다.

폭스와 수운의 공통점 중 하나는 두 성인 모두 위기의 시대를 살았다는 사실이다. 폭스(1624-1691)가 살았던 17세기 영국은 정치적 격변과 종교적 혼돈의 시대였다. 폭스가 영적으로 고뇌하며 고투하던 시기와 겹치는 1642년부터 1651년까지 왕당파와 의회파 사이의 '영국 내전'-청교도혁명(Puritan Revolution)'으로도 불리는-이 벌어졌고, 내전에서 승리한 의회파 올리버 크롬웰의 공화정과 청교도적 공포 통치, 1660년의 왕정복고(Restoration), 1688년의 '명예혁명(Glorious Revolution)'이 이어졌다. 경제적으로는 1648년의 흉작 등으로 가난한 사람들의 굶주림과 괴로움이 극심했고, 농업 구조 변화에 따라 빈부 격차도 더욱 악화되었다. 종교적으로는 성공회(영국국교회) 외에 개신교 계열의 장로교, 청교도(Puritans), 침례교 등이 경쟁하고 있었고, 급변하는 세상에서 불안에 시달리는 사람들을 끌어모으는 종말론적 천년왕국 공동체, 구도자(Seekers), 랜터스(Ranters) 등의 종교운동도 일어났다. 이런 정치적, 경제적, 종교적 혼란 속에서 젊은 조지 폭스는 번민하며 진리와 구원의 길을 애타게 찾고 있었다.

수운이 살았던 19세기 조선도 이와 크게 다르지 않았다. 조선왕조의 왕권 약화와 함께 세도 가문들이 권력을 다투면서 정치적 불안이 팽배했다. 관료들의 부패도 극심해서, 삼정(三政)-전정(田政)·군정(軍政)·환곡(還穀,

還政)의 문란으로 인한 과도한 세금과 수탈로 민중은 경제적 어려움을 겪고 있었다. 정치적, 경제적 혼란에도 유일하게 요동하지 않은 신분제는 민중의 좌절과 불만을 불러일으키고 있었다. 게다가 서구 열강과 일본의 군사적 위협과 침략으로 민중의 삶은 더 피폐하고 불안해졌다. 종교적으로는 조선의 지배 이념이자 종교인 유교가 경직화되어 있었고, 불교는 조선조 동안의 오랜 억압 탓에 역동성을 잃고 있었다. 서양에서 천주교가 새롭게 유입되어 신분제를 동요시키기도 했지만, 서양 제국주의 외세와 결탁되어 있었던 탓에 민중의 희망이 되어 주지 못하고 있었다. 이와 같은 정치적, 종교적 격변과 혼란 속에서 수운이 세상을 구할 길을 간절히 찾고 있었다.

이처럼 폭스와 수운, 그리고 퀘이커와 동학의 역사적 시대 배경은 정치적, 종교적 복합 위기를 공통분모로 보여준다. 또한 두 종교운동은 전통적 종교가 위기를 타개할 대안이 되지 못하면서, 새로운 종교 또는 영성에 대한 민중의 갈망에 응답하며 나타났다는 공통점도 보여준다. 퀘이커와 동학의 이러한 공통점을 살펴보는 것은 지구행성적 문명 위기, 생명 위기에도 동서양의 제도 종교들이 제 역할을 하고 있지 못한 오늘의 현실에서 더 큰 의미가 있다.

3. 조지 폭스와 수운 최제우의 삶과 종교체험

"동학은 눈물이다."[2] 도올 김용옥의 역저 『동경대전1: 나는 코리안이다』

---

2   김용옥, 『동경대전 1 : 나는 코리안이다』, 통나무, 2021, 9쪽.

의 첫 문장이다. 동학에 들어 있는 민중의 고통과 저항의 역사를 눈물 없이 바라볼 수 없다는 한 사상가의 절절한 심정이 배어 있다. 퀘이커의 기원에도 박해와 억압의 역사가 있어, "퀘이커도 눈물이다."라고 해도 지나치지 않을 것이다. 조지 폭스는 자신을 '슬픔의 사람(man of sorrow)'이라고 고백했다.[3] 수운도 슬퍼하고 탄식하고 한탄하며 구원의 길을 갈망했던 사람이다.(『용담유사』, 「교훈가(敎訓歌)」) 두 급진적 종교운동은 시대의 아픔과 슬픔 속에서 구원과 해방의 길을 치열하게 모색한 폭스와 수운의 눈물에서 시작되었다.

조지 폭스는 지금으로부터 400년 전인 1624년 7월 영국 레스터셔의 작은 마을 드레이튼인더클레이(Drayton-in-the-Clay)에서 직공의 아들로 태어났다. 아버지 크리스토퍼 폭스는 '공정한 크리스터'라고 불릴 만큼 정직하고 성실한 이로 인정받았고, 어머니 마리 라고는 순교자의 후손이며 목사의 딸로 경건한 신앙인이었다. 이와 같은 가정 배경 덕분에 어린 폭스는 자연스럽게 종교적 삶에 관심을 갖게 되었다. 구두 수선공으로 일하고 레스터셔 언덕에서 양을 치며 많은 시간을 보낸 그는 십 대 시절부터 하느님을 더욱 생각하며 성실하고 경건한 청년으로 성장했다. 나이가 들수록 폭스의 종교적 관심은 더욱 깊어져서, 열아홉 살 때 집을 떠나 가죽옷을 입고 유랑하며 진리와 구원의 길을 찾기 시작했다. 그는 당대의 종교인들에게서 진리의 가르침을 얻고자 했지만, 그 누구도 그의 영적 갈증을 해소해 주지 못했다.

수운 최제우는 폭스보다 200년 후인 1824년 12월 16일 경상북도 월성군

---

3   조지 폭스, 문효미 옮김, 『조지 폭스의 일기』, 크리스찬다이제스트, 1994, 69쪽.

현곡면 가정리에서 태어났다. 그의 본명은 최제선(崔濟宣)이었는데, 훗날 어리석은 백성을 구하겠다는 다짐으로 스스로 이름을 최제우(崔濟愚)로 바꾸었다. 그의 아버지 최옥은 몰락 양반이었고 어머니 한 씨는 재가 여성이었다. 조선의 경직된 신분제 사회에서 제도적으로 차별받을 수밖에 없는 처지로 태어났지만, 아버지 최옥은 그의 나이 63세에 얻은 아들 제선을 애지중지하여 한학을 가르쳐 주었다. 하지만 제선이 여섯 살 때 어머니 한 씨가 세상을 떠나고, 열일곱 살 때 아버지 최옥마저 사망하여 고아가 된다. 게다가 부친 삼년상을 치르는 중에 집에 화재가 발생해 모든 것을 잃는다. 가세가 크게 기울자, 열세 살 때 혼인한 아내 박 씨의 친정이 있는 울산으로 이주하고, 이후 행상이 되어 전국 각지를 두루 흘러 다니며 고통과 혼란의 세상을 체험한다. 이러한 개인적, 사회적 고통 속에서 최제우는 새로운 세상을 여는 종교적 길을 치열하게 모색한다.

폭스와 수운 시대의 기성종교들은 영적 역동성을 잃은 채 무기력과 혼란에 빠져 있었기에, 두 절박한 구도자의 영적 갈망을 채워 주지 못했다. 이런 암울하고 답답한 현실은 폭스와 수운을 내적 혼란과 불안과 우울의 구렁텅이로 밀어 넣었고, 그럴수록 진리와 구원의 길을 찾는 그들의 열망은 더욱 커져 갔다. 이슬람 수피 신비가이며 시인인 잘랄루딘 루미는 "목마른 자가 물을 찾듯 물도 목마른 자를 찾는다."고 했는데, 그 타는 목마름과 절실함 때문이었을까, 내적 어둠 속에서 길을 찾지 못해 괴로워하고 있던 폭스와 수운에게 갑작스럽게 섬광처럼, 은총처럼 신이 찾아온다.

정신이상에 가까운 증세까지 겪으며 방황하던 폭스는 열아홉 살 때인 1643년 허망하고 세속적인 삶을 떠나라는 하느님의 명령을 듣고 구도자의 삶을 살기 시작한다. 그럼에도 내적 혼란은 계속되었는데, 1646년 코벤

트리로 가던 중에 하느님이 그의 마음을 '열어 준(opened)' 종교체험을 한다. 하느님은 그에게 모든 그리스도인은 '하느님의 자녀이며 죽음에서 생명으로 옮긴 자들'이라는 사실을 알려 준다. 이후에도 폭스의 종교체험은 계속되었는데, 그는 그 체험을 '열림(openings)'이라고 표현했다. 하지만 신비한 종교체험의 기쁨에도 괴로움이 반복되었고, 자신의 그런 상태에 대해 말해 줄 사람을 찾지 못해 절망하고 있던 중에, 1647년 "한 분이 계시니 그분은 예수 그리스도로 네 처지를 말할 수 있는 분이다."라는 음성을 듣는다. 폭스의 종교체험은 계속되고 깊어져서, 노팅엄셔에서 결정적 신비체험을 한다. 그곳에서 하느님은 '겉보기에 해로워 보이는 것들의 본성을 열어 보이셨'고, 이에 폭스는 "내가 왜 이래야만 합니까?(내가 왜 이러한 고통과 유혹을 겪어야만 합니까라는 뜻)"라며 항의한다. 하느님은 "그건 모든 상황을 네가 느껴야만 하기 때문이다."라고 대답한다. 이때의 체험을 폭스는 다음과 같이 회고한다.

나는 또한 어둠과 죽음의 바다가 있지만 무한하신 빛과 사랑의 대양이 어둠의 바다 위로 넘쳐흐른다는 것을 알았다. 그러한 점에서도 나는 하느님의 무한하신 사랑을 깨달았으며 커다란 열림을 경험하였다.[4]

이후 폭스는 순회 설교자가 되어 여행하면서 그에게 열린 진리와 구원의 메시지를 전하고, 그 과정에서 회심하여 모인 이들은 자신들을 '친구들(Friends)'이라고 불렀다. 이 이름은 "내가 여러분에게 명한 것을 여러분이

---

4   같은 책, 75쪽.

행하면, 여러분은 나의 친구입니다."(요한복음 15장 14절)라는 예수의 말씀에서 따온 것으로, 퀘이커의 공식 명칭인 '종교친우회'는 여기서 나왔다.

한편 폭스와 비슷하게 수운도 스무 살 무렵 장삿길에 나섰는데, 사방팔방 돌아다니며 행상 생활을 했어도 생업은 계속 어그러지고, 나이는 먹어가는데도 뜻한 바를 이루지 못해 슬퍼하고 한탄하며 울적한 나날을 보내고 있었다. 그러던 중 1855년(을묘년) 2월의 어느 화사한 봄날에 비몽사몽 중에 찾아온 한 늙은 선사(禪師)로부터 책을 한 권 받아 읽고 탐구하게 되는데, 그 책은 '기도하는 바에 관한 가르침'을 담고 있었다. 수운은 이후 용담에서 기도와 수행을 계속했는데, 마침내 1860년(경신년) 4월 5일 결정적 신비체험이 찾아온다. 그날 수운은 조카 맹륜의 생일 잔치에 갔다가 갑자기 몸이 부르르 춥고 떨리면서 극심한 내적 불안을 느낀다. 그때 갑자기 하늘로부터 완연한 소리를 듣고, 허공을 향해 외친다. "묻노니, 공중의 소리의 임자는 도대체 누구냐?" 그러자 하늘의 상제(上帝)가 대답한다.

나는 상제이다. 너는 상제도 알지 못하느냐? 너는 즉시 백지를 펴라! 그리고 내가 그리는 부도(符圖, 일종의 부적)를 받아라. … 너는 붓을 들어 그 형상대로 써라. 그리고 그것을 태워 정갈한 그릇에 넣어라. 그리고 냉수를 타서 마셔라. … 이제 너는 내 아들이다. 나를 아버지라 불러라. … (『대선생주문집(大先生主文集)』)[5]

이 체험을 수운은 『동경대전』 「논학문」에서 더욱 정교하고 풍부하게 이

---

5   같은 책, 124-131쪽.

야기한다.

뜻밖에도 사월에 마음이 선뜩해지고 몸이 떨려서 무슨 병인지 집중(執症)할 수도 없고 말로 형상하기도 어려울 즈음에 어떤 신선의 말씀이 있어 문득 귀에 들리므로 놀라 캐어 물은즉 대답하시기를 "두려워하지 말고 두려워하지 말라. 세상 사람이 나를 상제라 이르거늘 너는 상제를 알지 못하느냐?" 그 까닭을 물으니 대답하시기를 "내 또한 공이 없으므로 너를 세상에 내어 사람에게 이 법을 가르치게 하니 의심하지 말고 의심하지 말라." 묻기를 "그러면 서도(西道)로써 사람을 가르치리이까." 대답하시기를 "그렇지 아니하다. 나에게 영부(靈符)가 있으니 그 이름은 선약(仙藥)이요 그 형상은 태극(太極)이요 또 형상은 궁궁(弓弓)이니, 나의 영부를 받아 사람을 질병에서 건지고 나의 주문을 받아 사람을 가르쳐서 나를 위하게 하면 너도 또한 장생하여 덕을 천하에 펴리라."

이와 같은 강령(降靈) 체험과 상제, 즉 한울님과의 대화를 통해 수운은 무극대도(無極大道)의 진리를 깨닫는다. 이후 수운은 한울님으로부터 받은 가르침을 『동경대전』과 『용담유사』로 직접 기록해 널리 전하면서 새로운 종교운동을 펼친다.

폭스와 수운의 종교체험이 보여주는 공통점은 고통스러운 영적 불안과 방황 끝에 갑작스럽게 신의 음성을 직접 들었다는 것이다. 이러한 종교체험 또는 신비체험은 동서양의 종교에서 광범위하게 나타나는 현상이다. 하지만 폭스와 수운의 종교체험이 나타내는 독특성은, 그들이 신의 음성을 '외부'에서 들리는 것으로 해석하는 것이 아니라 '내부'에서, 즉 자기

(Self)의 가장 깊은 데서 들리는 소리로 해석했다는 점이다. 여기서 주의해야 할 것은, 신의 소리가 내면의 참자기로부터 나온다는 것을 깨닫는 일련의 과정이 있었다는 사실이다. 즉 폭스와 수운의 종교체험은 '일회적'이지 않고 '과정적'이었다. 처음에는 타인과 대화하듯 하느님과 그들 사이에 이원론적 거리가 있었지만, 계속되는 체험 과정에서 폭스는 신을 '내면의 빛'으로 이해하게 되고, 수운도 한울님의 마음이 곧 인간의 마음이라는 '오심즉여심(吾心卽汝心)', 즉 '시천주(侍天主)'의 진리를 깨달아 간다. 내 '밖의' 신이 내 '안의' 신으로 체험되고 해석되는 것이다.

이러한 종교체험은 폭스와 수운에게 틀림없이 엄청난 내적 희열과 해방감을 주었을 것이다. 하지만 그것만으로는 폭스와 수운의 종교체험에 나타나는 독특성을 이해할 수 없다. 두 사람의 종교체험에는 영적인 것과 사회적인 것의 통합적 관계성이 있다. 세계 종교들의 신비가들 중에는 천상적 신비를 경험하기 위해-또는 경험한 후에-세상을 버리거나 떠나는 이들도 많았다. 그들에게 선과 악, 기쁨과 슬픔, 즐거움과 괴로움으로 요동치는 세상은 피하거나 초월해야 할 대상이었다. 하지만 폭스와 수운은 초월적 신비를 경험하면서도 그 신비에 집착하지 않았다. 그들은 세상 속에서, 세상을 위해 신비를 체험한 사회적 영성가요 신비가였다. 그것은 그들이 자신만의 구원이 아니라 세상의 구원을 갈구했기 때문일 것이다. 폭스와 수운에게 자아의 변화를 가져온 하느님 체험은 사회의 변화를 위한 출발점이었다.

4. 종교체험의 사회화

폭스와 수운의 주요한 공통점 중 하나는 당대의 정치 권력과 종교 권력으로부터 억압당했다는 사실이다. 폭스는 1649년에서 1673년 사이에 모두 여덟 번 투옥되었고, 수운은 1863년 겨울 혹세무민의 혐의로 체포되어 이듬해 3월 10일 대구에서 좌도난정(左道亂政)의 죄목으로 처형당했다. 폭스와 수운만이 아니라 많은 초기 퀘이커들과 동학교도들이 체포당하고 폭행당하고 처형당했다. 새로운 종교운동이 기존 지배 체제의 의심을 사고 억압당하는 것이 특별한 일은 아니지만, 퀘이커와 동학이 이토록 극심한 탄압을 받은 이유는 무엇일까? 그것은 폭스와 수운의 종교체험이 사회 변화를 위한 실천으로 직결되었기 때문이다.

앞서 살펴본 것처럼, 폭스와 수운의 신비적 '하느님 체험'은 역설적으로 신비적 '인간 체험'이었다. 하느님이 저기 멀리 어딘가에 있는 외재적 존재가 아니라 모든 인간 안에 있는 '내면의 빛'이며, 모든 인간이 그 안에 한울님을 모신 존재라는 깨달음은, 인간과 인간을 구분하고 차별하고 억압하는 현실을 근원적으로 부정하는 것이었다. 모두가 하느님의 자녀이기에 차별과 억압은 반신적 행위였던 것이다. 물론 이와 같은 인간의 신성 또는 인간 안에 내재한 신성의 자각이 반드시 인간 평등의 사상과 실천으로 이어지는 것은 아니다. 종교체험의 주체가 처하거나 선택한 사회적 맥락과 의지에 따라 체험의 결과는 달라진다. 폭스와 수운은 자신이 속한 사회의 불의와 불평등을 비판적으로 인식하고 체험했기에, 그들의 종교체험이 정의와 평등을 열매 맺을 수 있었던 것이다.

크게 열리는(openings) 종교체험을 계속하고 있던 어느 날, 폭스는 "여자들은 영혼이 없다고 주장하며 경멸하는 태도로 거위나 다름없다."고 주장하는 사람들을 만난다. 이에 폭스는 마리아가 "내 영혼이 주님을 찬양하며 내 구세주 하느님을 생각하는 기쁨에 이 마음 설렙니다."(루가복음 1장 46-47절)라고 말했던 것을 들며, 그런 주장은 옳지 않다고 비판했다.[6] 초기 퀘이커 선교사의 거의 절반이 여성이었던 것은 이러한 평등 정신 덕분이었을 것이다.[7] 수운도 득도한 후 남편의 변화에 불안을 느낀 아내 박 씨를 '안심'시켜 주고, '거룩한 내 집 부녀', '현숙한 내 집 부녀'라고 부르며 존중했다. 박 씨는 수운의 첫 포교 대상이었으며, 수운은 아내를 더욱 지극한 공경으로 대했다. 이는 조선시대의 엄격한 남녀 차별을 거스르는 행위였다. 여기서 중요한 것은, 폭스와 수운의 평등한 여성관은 신성의 보편성에 기초한 평등한 인간관의 결과였다는 사실이다.

같은 맥락에서 폭스와 수운, 그리고 퀘이커와 동학은 노예제도로 대표되는 신분 위계를 무너뜨렸다. 폭스는 영국의 식민지 바베이도스를 방문했을 때 노예들의 끔찍한 고통을 목격하고 노예주들에게 다음과 같이 이야기했다고 한다. "나는 주인들이 이제껏 해 왔고 또 지금도 그렇게 하고 있듯이 흑인 노예를 잔혹하게 대하기보다는 온화하고 부드럽게 대우하고 몇 년간 봉사를 한 노예들을 풀어 주길 바란다."[8] 오늘의 인권 감수성과 관점에서는 흑인 노예에 대한 폭스의 모호한 온정주의적 태도를 비판적으로 볼 수 있지만, 그가 당대의 통념을 따르지 않고 있었음은 분명해 보인

6   폭스, 앞의 책, 68쪽.
7   Pink Dandelion, *An Introduction to Quakerism,* Cambridge, UK; New York: Cambridge University Press, 2007, p. 37.
8   폭스, 앞의 책, 404쪽.

다. 훗날 퀘이커 존 울먼 등이 노예제 폐지를 위해 헌신적으로 노력하고 기여한 것도 폭스의 평등한 인간관의 영향을 받은 것이었다. 수운도 득도 후 자기 집에 있던 두 하녀를 해방했고, 그중 하나는 며느리로 다른 하나는 수양딸로 삼았다.

이처럼 폭스와 수운은 평등한 인간관에 따라 기존의 신분 질서에 도전했다는 공통점을 보이지만, '폭력'의 문제에 있어서는 이후 퀘이커 운동과 동학 운동의 역사에서 큰 차이를 보인다. 두 운동 모두 기존 정치 권력과 종교 권력의 억압을 받았는데, 폭스와 퀘이커는 시종일관 평화주의와 원리적 비폭력을 고수했다. 폭스는 1650년 투옥 중에 공화정을 위해 크롬웰의 군대 지휘관이 되어 싸워 달라는 요구를 거부했다. 이때 폭스는 자신을 '모든 전쟁의 원인을 없애는 생명과 능력을 소중히 여기며 사는 사람'이라고 했고, 이로 인해 그는 "이가 득실거리고 냄새나는 곳에서 베개 하나 없이 30명의 흉악범 사이에 갇힌 채 반년 가까운 세월을 보냈다."[9] 이와 같은 고통에도 평화주의와 비폭력에 대한 폭스의 태도는 확고부동했고, 이는 1654년에 크롬웰에게 쓴 편지 내용에서 잘 드러난다.

그 편지에다 나는 주 하느님 앞에서 나는 그 사람이나 어떠한 사람에게든 물질적인 칼이나 다른 무기를 쓰지 않겠다고 하였다. 그리고 또한 나는 하느님께서 모든 폭력과 어둠의 일에 대항하고, 전쟁과 싸움의 원인들에서 벗어나 평화로운 복음으로 이끄는 증인으로 보내 세우신 사람이라는 것도

---

9 같은 책, 108-109쪽.

전하였다.[10]

 이처럼 폭스가 그리스도인은 전쟁이나 폭력에 참여해서는 안 된다고
굳게 믿고 실천한 것은 동등하게 '하느님의 그것(That of God)'을 갖고 있는
동료 인간을 해치거나 죽여서는 안 된다고 믿었기 때문이다. 이러한 평화
주의는 퀘이커 역사에서 개인적 전쟁 참여 등의 형태로 일부 포기된 적은
있지만 퀘이커 전체 공동체적으로는 중심적 위치를 잃지 않았다.
 반면 동학은 1894년 '갑오농민전쟁'으로도 불리는 동학혁명을 무력으
로 일으켜 일련의 전투에서 관군을 격파하며 전주성을 함락했고, 최종적
으로는 우금치 전투에서 패배했다. 그렇다고 해서 동학과 천도교를 전쟁
과 폭력을 정당화한 종교운동이라고 단순하게 규정하는 것은 적절치 못
하다. 중요한 것은 초기 퀘이커와 초기 동학이 직면한 정치적 상황의 차이
다. 비록 폭스를 비롯해 수많은 퀘이커들이 기존 지배 체제의 억압을 받
았지만, 동학만큼 관군과 일본군의 군사작전 대상이 된 적은 없었다. 특히
수운이 목격하고 경험한 서구 열강과 일본 침략자들은 민중의 삶을 도탄
에 빠뜨리는 군국주의 폭력 집단이었다. 수운은 그의 비판적 외세관과 시
국관을 다음과 같이 표출했다.

 경신년에 와서 전해 듣건대 서양 사람들은 천주의 뜻이라 하여 부귀는 취
 하지 않는다 하면서 천하를 처서 빼앗아 그 교당을 세우고 그 도를 행한다
 고 하므로 내 또한 그것이 그럴까 어찌 그것이 그럴까 하는 의심이 있었더

10 같은 책, 176쪽.

니[至於庚申 傳聞西洋之人 以爲天主之意 不取富貴 攻取天下 立其堂 行其道 故 吾亦
有其然 豈其然之疑; 지어경신 전문서양지인 이위천주지의 불취부귀 공취천하 입기
당 행기도 고 오역유기연 기기연지의] _『동경대전』「포덕문(布德文)」

개 같은 왜적놈아

너희 신명 돌아보라

너희 역시 이 세상에 생겨나서

무슨 은덕 있었던가. 『용담유사』,「안심가(安心歌)」

　그리스도교 용어를 빌려 표현하면, 이와 같은 수운의 포효는 서양과 일
본의 제국주의 침략에 맞선 통렬한 '예언자적 비판'이었다고 할 수 있을 것
이다. 중요한 것은 폭스와 수운, 초기 퀘이커와 초기 동학의 정치적·사회
적 상황이 비슷하면서도 달랐다는 점이고, 더 중요한 것은 '모든 인간' 안
의 신성을 체험하고 깨달은 폭스와 수운이 궁극적으로는 만인의 평등과
평화를 한마음으로 바랐다는 사실이다. 훗날 의암 손병희 시대의 천도교
가 주도한 3·1독립운동이 사해동포주의를 지향하는 비폭력 평화운동으
로 준비되고 전개되었다는 것도 잊지 말아야 할 역사다.

　폭스와 수운은 내면의 빛을 발견하고 한울님을 모시는 종교체험이 특
별한 영적 엘리트만의 것이 아니라 모두의 것이고, 또한 그런 종교체험의
목적이 개인적이고 내면적인 평화가 아니라 모두의 평화, 세상의 평화라
는 것을 사회적 실천으로 깨우쳐 주었다. 이는 하느님과 하나 된 사람은
하느님을 모시고 있는 모든 이와 하나 되는 것으로, 종교체험 또는 신비체
험의 '민주화'이자 '사회화'라고 해도 좋을 것이다.

5. 제도 종교를 넘어—일상의 성화

대부분의 종교에는 '성직 계급' 또는 '사제 계급'이 있다. 종교개혁을 통해 '모든 믿는 자는 사제'라고 선언한 프로테스탄트(개신교)도 대부분 목사직을 중심으로 교회 제도를 운용하고 있다. 그런데 흥미롭게도 퀘이커와 동학(천도교)은 비성직주의를 지켜 오고 있다. 퀘이커와 천도교 모두 그리스도교의 목사나 신부처럼 다른 신자와 구별되는 성직자가 없다. 이 역시 모든 인간 안의 신성 또는 신과의 중재 없는 직접적 연결에 대한 믿음과 체험에 기초하고 있다.

폭스와 초기 퀘이커는 서로를 평등하게 '친구'라고 불렀고, 친구들 사이의 그 어떠한 위계도 인정하지 않았다. 폭스는 타인을 부를 때 'you'라는 표현 대신 'thou'를 사용했는데, 그것은 당시 영국에서는 'you'가 왕족이나 귀족처럼 지위가 높은 사람을 지칭하는 데 사용되었고, 반면 'thou'는 사회적 지위가 낮은 사람을 지칭하는 데 사용되었기 때문이다. 따라서 사람 사이의 위계와 차별을 나타내는 'you'라는 표현을 거부하고 모두를 똑같이 'thou'로 부른 것이다. 이 때문에 'thou'를 사용한 초기 퀘이커들은 권력자들의 핍박을 당했다.[11] 이런 역사적 경험이 있었기에, 이제는 영어 단어 'you'에서 위계적 의미가 없어졌는데도 의식적으로 'thou'를 사용하는 퀘이커도 일부 있다. 또한 폭스는 재판장이나 신분 높은 사람들 앞에서 모자를 벗지 않았다는 이유로 공격당하기도 했는데, 이 역시 내면의 빛을 지닌 모든 인간은 평등하다는 그의 신념과 신앙 때문이었다. 이에 대해 폭스는

---

11 같은 책, 315-316쪽.

다음과 같이 말했다.

> 주님은 나를 세상으로 보내실 때, 신분의 귀천을 막론하고 누구에게든 모
> 자를 벗어 경의를 표하지 말라고 명령하셨으며 가난한 자든 부자든, 위대
> 한 사람이든 하찮은 사람이든 누구에게든 존경심을 품지 말라고 하셨다.[12]

"누구에게든 존경심을 품지 말라."는 것의 의미는, 역설적으로 '모든 사
람'을 존경해야 한다는 것이다. 초기 퀘이커들은 이렇게 타인에 관한 호칭
이나 행동에서 평등을 실천한 것 때문에 구타 등 폭행을 당했고, 심지어
목숨까지 위협당했다. 이처럼 평등한 인간관을 갖고 있었으니, 퀘이커에
는 성직자와 평신도라는 구분과 위계적 차별도 있을 수 없었다. 성직자가
따로 없다는 것은 어떤 의미에서는 모든 사람이 '성직자'라는 것이어서, 개
신교의 '만인사제주의'를 가장 철저히 실현한 이들이 퀘이커였다고 할 수
도 있을 것이다.

수운도 포교 초기부터 각지에 접(接) 조직을 만들고 접주(接主)를 세웠는
데, 이 접주들은 성직자가 아니라 교화와 관리의 책임자였을 뿐이다. 물론
천도교로 개칭하고 제도를 정비한 이래로 오늘날에는 교단 내에 교령(教
領), 도정(道正), 도훈(道訓), 교구장(教區長), 종의원(宗議院), 종법사(宗法師),
선도사(宣道師) 등 교역자가 있지만, 평신도와 구별되는 의미의 성직자는
아니다. 목회자와 성직 제도에 대한 반감과 부정은 폭스에게서 더 분명하
게 나타난다. 폭스는 다음과 같이 회고한다.

---

12 같은 책, 90쪽.

주께서 옥스퍼드나 케임브리지에서 공부한 것이 그리스도의 일꾼이 되기에 충분한 자격을 주는 것이 아니라는 사실을 열어 보이신 이후로 나는 목회자들을 덜 중요하게 여기게 되었고 그보다는 다른 생각을 가진 사람들을 더 중요하게 여겼다. 그들 가운데에는 영적 진리에 민감한 사람들이 더러 있었고 그중에 많은 사람들이 나중에 영적 진리를 깨닫게 되었다. 그들도 어떤 열림을 경험하였기 때문이다.[13]

또한 폭스는 '성직자와 사제'를 '세상이 [돈으로] 고용하는 교사들(hireling teachers)'[14]이라고 비판하고, 그들이 모여 있는 '교회'를 '뾰족집(steeple-houses)'[15]이라 부르는 등, 처음부터 반성직, 탈성직의 태도를 보였다. 물론 천도교에서처럼 퀘이커에도 모임을 준비하고 챙기는 서기(clerk)와 같은 직분이 존재한다. 그럼에도 중요한 것은 퀘이커에도 천도교에도 구별된 성직에 따른 신자 간 위계는 존재하지 않는다는 사실이다.

이와 같은 퀘이커와 천도교에서 볼 수 있는 조직상의 탈제도성보다 중요한 것은 두 종교운동이 공통적으로 강조하는 '종교체험'이다. 퀘이커와 천도교는 종교학자 윌프레드 캔트웰 스미스가 개념화한 '축적적 전통(cumulative tradition)'으로서의 외적 제도나 교리나 의례보다 '인격적 신앙(personal faith)'의 원천인 내적 종교체험을 더 중시한다. 폭스는 1650년 더비에서의 재판 때 그가 재판관들에게 "주의 말씀에 두려워 떨라."고 하자, 그들 중 베넷 판사가 폭스를 조롱하는 의미로 'quaker(떠는 사람)'로 불렀다

---

13 같은 책, 71쪽.
14 같은 책, 117쪽.
15 같은 책, 122쪽.

고 회고한다.[16] 이런 부정적 의미에도 불구하고 폭스와 친구들은 '퀘이커'라는 이름을 수용했는데, 이는 그들의 종교체험에 '떨림(quake)'이 있었기 때문이다.

흥미롭게도 수운이 한울님을 체험할 때 "마음이 춥고 몸이 전율[心寒身戰]"(『동경대전』, 「포덕문」)했다고 하고, 또 "몸이 몹시 떨리면서 밖으로 접령하는 기운이 있고 안으로 강화의 가르침이 있"었다고 한 것에서 알 수 있듯이(『동경대전』, 「논학문(論學文)」), 동학의 강령(降靈) 체험에서도 '떨림' 또는 '전율' 현상을 관찰할 수 있다. 사실 이는 많은 종교에서 루돌프 오토가 말한 성스러움, 즉 '두렵고 매혹적인 신비(Mysterium Tremendum et Fascinans)'를 체험할 때 나타나는 현상이다. 요아킴 바흐는 이러한 성스러움의 종교체험이 보이는 특성 중 하나를 "인간에게 가능한 모든 체험 중에서 가장 강렬한 경험(intense experience)"이라고 했는데,[17] 그 강렬함이 몸의 떨림 또는 전율로 나타날 수 있는 것이다.

폭스와 수운은 그들의 강렬한 종교체험에 대해 직접 글로 적어 남겼지만, 그들 자신도 그 체험의 전부를 언어로 완전하게 재현할 수는 없었을 것이다. 말할 수 없는 무한한 신비를 유한한 인간의 언어로 말하는 것은 근본적으로 불가능하기 때문이다. 그럼에도 그들의 '부분적' 재현 또는 해석을 통해 우리가 알 수 있는 것은, 폭스와 수운의 종교체험은 너무도 강렬해서 그들의 전 존재를 떨리게 하고 흔들어 불안과 슬픔의 사람에서 확신과 기쁨의 사람으로, 완전히 새로운 존재로 변화시켰다는 사실이다.

---

16 같은 책, 105-106쪽.

17 요아킴 바흐, 「종교의 보편적 요소들」, 김승혜 편저, 『종교학의 이해』, 분도, 1986, 120쪽.

한 종교는 그 창시자의 강렬한 종교체험으로부터 시작한다. 하지만 교리, 조직, 의례 등 종교적 요소가 제도화되면서 종교체험의 생생함과 역동성이 빠르게 약화된다. 물론 종교적 제도화가 불필요하다는 것은 아니다. 한 시대의 창조적 종교운동이 시대를 지나며 지속되기 위해서는 일정 정도의 제도화는 불가피하다. 또한 종교의 제도적 요소, 즉 축적적 전통은 인격적 신앙을 보전하고 다음 세대로 전승하는 틀과 통로가 되어 준다. 문제는 그런 축적적 전통이 인격적 신앙을 억압하고 통제하는 경향을 보인다는 사실이다. 이렇게 외적인 종교 제도가 내적인 종교체험을 압도할 때 종교는 물상화(reification)되고 생명력을 잃게 된다. 폭스 시대의 그리스도교가 낡은 교리를 고수하고 사회적 관습을 추종하면서 역동성을 잃었고, 수운 시대의 유도(儒道)와 불도(佛道)가 운이 다했던 것도(『용담유사』, 「교훈가」) 종교체험의 강렬함을 상실한 것과 관련이 있어 보인다.

폭스와 수운의 하느님 체험에서 시작한 퀘이커와 천도교는 지금까지 종교체험 중심의 '수행 종교'로서의 특성을 강하게 유지해 왔다. 퀘이커 수행은 전통적 그리스도교의 제도화된 의례와 관행을 크게 벗어난다. 퀘이커의 '모임(meeting)'은 다른 그리스도교 교회들의 '예배'나 '미사'에 해당하지만, 이 모임에는 설교나 공식 신앙고백이나 찬송이나 성례전 같은 제도화된 의례 형식이나 규칙이 없다. 퀘이커 모임의 중심은 하느님의 영이 열어 주는 것을 신뢰하며 기다리는 '침묵'이다. 물론 모임 중에 영에 의한 강렬한 내적 감동이 일어나면 듣고 깨달은 것을 자유롭게 나누기도 한다. 중요한 것은 하느님의 임재를 체험하는 것이며, 그것을 기다리는 침묵이다. 퀘이커 침묵의 특징은 그것을 혼자서가 아니라 공동체적으로 함께 체험한다는 것이다.

천도교도 철저하게 수행 또는 수도를 중심으로 하는 종교다. 천도교 수행에서 가장 중요한 것은 시천주, 즉 모든 사람 안에 모셔져 있는 한울님을 체험하는 것이다. 이를 위한 수행법의 요체가 '수심정기(守心正氣)'이다. 여기서 주목할 것은 이 '수심'의 '수'가 '닦을 수(修)'가 아니라 '지킬 수(守)'라는 사실이다. 이는 한울님으로부터 받은 본래의 청정한 마음을 잃지 않고 지켜 내는 것이 수행의 목적임을 의미한다. 이 수심정기를 위한 천도교의 구체적 수도법 중 하나가 생활 속의 모든 것을 한울님께 일일이 알려 드리는 '심고(心告)'이다. 해월 최시형은 심고의 구체적 방식을 다음과 같이 가르쳐 주었다.

> 잘 때에 "잡니다." 고하고, 일어날 때에 "일어납니다." 고하고, 물 길러 갈 때에 "물 길러 갑니다." 고하고, 방아 찧으러 갈 때에 "방아 찧으러 갑니다." 고하고, 정하게 다 찧은 후에 "몇 말 몇 되 찧었더니 쌀 몇 말 몇 되 났습니다." 고하고, 쌀 그릇에 넣을 때에 "쌀 몇 말 몇 되 넣습니다." 고하옵소서. 먹던 밥 새 밥에 섞지 말고, 먹던 국 새 국에 섞지 말고, 먹던 침채 새 침채에 섞지 말고, 먹던 반찬 새 반찬에 섞지 말고, 먹던 밥과 국과 침채와 장과 반찬 등절은 따로 두었다가 시장하거든 먹되, 고하지 말고 그저 "먹습니다." 하옵소서.(『해월신사법설』「내수도문(內修道文)」)

이처럼 지금 하는 일을 한울님께 알리고, 그러면서 그것을 알아차리는 것은 몸[身], 느낌[受], 마음[心], 현상[法]에 대한 불교의 '마음챙김(sati, mindfulness)'과 통해 보인다. 또한 매사를 심고하며 수행하듯 하는 것은 그리스도교 이냐시오 전통이 강조하는 '활동 중의 관상(contemplation in action)'과도 통해 보인다.

이러한 퀘이커와 동학의 수행에서 주목할 필요가 있는 또 한 가지는 두 수행 전통 모두 '일상'의 의미를 매우 강조한다는 사실이다. 퀘이커는 예배 모임(meeting for worship)과 사무 모임(meeting for business)을 이어서 갖는데, 두 모임을 구분하지만 분리하지는 않는다. 사무 모임도 예배처럼, 수행처럼 진행한다. 더 나아가 세상 속의 활동도 수행의 일부, 아니 수행 그 자체로 여긴다. 앞에서 언급한 동학의 심고도 마찬가지이다. 일상의 모든 것을 한울님께 고하며 행할 때 모든 것은 수행이 되고, 그것이 이루어지는 모든 곳이 수행의 장소가 된다. 이는 대부분의 종교들이 성과 속, 거룩의 시간과 일상의 시간을 분리하는 것과 다른 점이다. 초기 퀘이커 존 루페는 1658년 교황 알렉산데르 7세를 만난 자리에서 '모든 날이 하느님을 섬길 수 있는 안식일'이라고 말했다.[18] 일상의 모든 날이 안식일, 곧 거룩한 날이다. 이렇게 퀘이커와 동학은 일상을 성화한다. 일상은 하느님을 직접 만나 섬기고 모시는 거룩한 시간이며 거룩한 장소이다.

초기 퀘이커와 동학의 탈제도적 종교성과 체험 중심의 수행 종교성을 살펴보면서, 현대 퀘이커와 천도교 사이의 차이를 발견하게 된다. 퀘이커에도 내적 다양성이 있어 전통적 그리스도교 교회의 제도나 의례 형식을 다시 채택하는 흐름도 있었지만, 전체적으로는 퀘이커 특유의 반제도적 또는 탈제도적 종교성을 강하게 지켜 왔다고 평가할 수 있다. 퀘이커에는 공식적인 교리, 신조, 성직 제도도 없고 세례나 성찬식 같은 의례화된 성례전 또는 성사도 없다. 퀘이커는 그런 외적 요소 없이도-어쩌면 없었기

---

18 Dandelion, 앞의 책, 30쪽.

에-창조적 종교운동으로 지속되어 온 것이다. 바로 이러한 이유로 퀘이커는 오늘의 제도 종교들이 직면하고 있는 세속화나 탈종교화의 위기로부터 상대적으로 자유로워 보인다. 애초에 지켜야 할 외적 제도가 없으므로 위협받을 일도 없는 것이다.

반면 동학은 1905년에 종단 이름을 동학에서 천도교로 개칭하고 교리 및 조직을 체계화한 이래로 줄곧 제도화를 시도해 왔다. 물론 아무리 탈제도적인 종교라도 어느 정도의 제도화는 불가피한 일이다. 역사 속의 전통으로 지속되는 한 퀘이커도 완전히 제도화를 피할 수 없었다. 또한 제도화는 종교의 내적, 외적 역량을 증대시키기도 한다. 3·1독립운동 당시 신생 민족종교인 천도교가 불교와 그리스도교를 추동하며 주도적 역할을 할 수 있었던 것도, 20세기 초 제도화를 통한 교단 정비와 급격한 교세 확장 덕분이었다. 하지만 역시 중요한 것은 동학의 원초적 체험, 즉 수운의 종교체험 또는 신비체험이 천도교의 근원이며 심장이라는 사실이다. 복잡하고 위태로운 현대사회에서 안팎으로 위기를 겪고 있는 천도교의 과제는 교리, 조직, 의례를 시대에 맞게 현대화하는 동시에 수운과 해월의 인격적이며 개벽적인 종교체험을 되살리는 데 있지 않을까.

6. 맺는말―모두를 위한 퀘이커와 동학

1652년 여행 중에 폭스는 펜들(Pendle)이라는 이름의 크고 높은 언덕에 이르렀다. 폭스는 하느님에 이끌려 산꼭대기로 올라가 랭커서 바다를 보았다. 거기서 하느님은 폭스에게 "많은 사람들을 모을 장소를 보게 하셨다." 그리고 언덕에서 내려온 그날 밤, 폭스는 '강가에서 하얀 옷을 입고 주께 나아가는 많은 사람들의 무리'의 비전을 본다.[19] 그의 비전대로였을까, 폭스 탄생 400주년이 되는 2024년 8월 5일에서 12일, 남아프리카공화국 요하네스버그 인근 반더비즐파크 바알 강가에서 현장과 온라인으로 모인 53개국 퀘이커들이 '우분투의 정신으로 살아가기(Living the Spirit of Ubuntu)'라는 주제로 세계 퀘이커 총회를 개최했다. 총회에서 퀘이커들은 "우리는 초기 친구들이 그랬던 것처럼 기후와 생태계 파괴에 직면한 우리의 슬픔에 이름을 붙이기 위해 같은 깊은 힘을 활용하라는 부름을 받았습니다."라고 고백했다.[20] 그리고 총회 후 친우세계위원회(FWCC) 서기 사이먼 C. 램브는 세계의 퀘이커 친구들에게 보낸 서신에 다음과 같이 썼다.

하느님은 우리 말고는 손이 없고, 우리 말고는 발이 없고, 우리 말고는 입술이 없기에 우리는 더 나은 세상을 계속 상상합니다. 당신이 있기에 내가 있습니다. 내가 있어 당신이 있습니다. 나는 당신을 봅니다. 우리는 서로에게 속합니다. 우리는 여전히 여기 있습니다. 우리는 하나입니다.[21]

퀘이커는 폭스 시대나 지금이나 변함없이 소수 종교이지만, 그 확산 범위에서는 '세계종교'이며 선한 영향력에서는 '강소 종교(強小宗敎)'이다. 한국에서는 퀘이커의 존재감이 미미한 것 같지만, 영적 침묵과 사회적 연대

19 폭스, 앞의 책, 126-127쪽.

20 "'We are still here': Quakers from around the world gather in South Africa" https://www.quaker.org.uk/news-and-events/news/we-are-still-here-quakers-from-around-the-world-gather-in-south-africa

21 Simon C. Lamb, "To all Friends Everywhere," https://fwcc.world/epistle-of-world-plenary-meeting/

의 불이성을 추구하는 개신교인의 관심과 참여가 지속적으로 증대되어 왔다.

수운 탄생 200주년을 맞이하는 천도교도 내부적으로는 교세가 크게 약화되었다고 하지만, 천도교 바깥에서 수운과 해월의 동학사상과 영성을 탐구하는 이들은 꾸준히 늘어나고 있다. 특히 그리스도인 학자들의 동학 연구는 질과 양 두 측면 모두에서 돋보인다. 철학자 김용옥은 이분법적 서구 신관을 전복하기 위해 동학을 탐구했고, 신학자 김경재도 동학 신관을 범재신론(汎在神論)으로 해석하면서 서구 유일신관을 보완하고 극복하고자 했다. 철학자 김상일은 그리스도교 신학이 동학과의 대화를 통해 '신서학(新西學)'이 되어야 한다고 주장했다. 최근에 작고한 그리스도인 종교학자 길희성도 해월 최시형을 '영적 휴머니스트'로 부르며 높이 평가했다. 문화신학자 이정배도 동학사상, 특히 지기(至氣) 사상을 '한국적 생명 신학'의 중요한 전거로 제시한 바 있고, 최근에도 동학과의 대화를 통한 '기독교의 개벽적 전회'를 시도하고 있다. 모두 동학사상과 영성을 배우면서 그리스도교의 한계를 조명하고 극복하고 싶은 마음일 것이다.

그뿐만 아니라, 동학에 대한 현대적 관심은 종교계와 학계의 영역을 넘어 시민사회로 넓혀지고 있다. 오늘날 동학 경전과 사상을 함께 읽고 탐구하는 시민 모임이 한국 사회 곳곳에서 열풍처럼 일어나고 있다. 그들 중에는 그리스도인도 천도교인도 아닌 이들도 많다. 이는 한국 사회만이 아니라 지구 사회를 위협하고 있는 서구 산업 문명에 대한 비판적 성찰, 그리고 제도 종교의 한계에 대한 집단적 자각과 관련이 있을 것이다. 일찍이 시민사회에서 동학에 관심을 갖고 실천한 대표적 인물은 무위당 장일순이다. 천주교인이었던 그는 최근에 한상봉이 쓴 『장일순 평전』 부제처럼

'걸어 다니는 동학'으로 불렸다. 해월의 삼경(三敬) 사상에 깊은 영향을 받은 그는 동학적 생명 사상을 구상하고 생명운동을 실천했던 것이다. 원주에서 해월이 체포된 현장에 해월 추모비를 세우는 데 앞장선 이도 장일순이다. 이때 보낸 편지에서 그는 다음과 같이 썼다.

> 회원 각자는 천도교 신도가 아니라 천주교 신자, 기독교 신자, 불교 신자, 유교를 받드는 사람도 있어요. 요(要)는 예수님이 기독교만의 예수님이 아니라 모든 이의 예수님이고, 석가모니 부처님이 모든 중생의 부처님이지 불신도만의 부처님이 아닌 것처럼, 우리 해월 최시형 선생님도 마찬가지로 모든 이의 선생님이시더란 말이에요.[22]

그리고 장일순은 추모비 비문에 '모든 이웃의 벗 崔보따리 선생님을 기리며'라고 적었다. 해월이 종교의 차이, 종교인과 비종교인의 차이를 넘어 '모든 이의 선생님'이며 '모든 이웃의 벗'인 것처럼, 동학은 모든 이의 사상이며 수행이 될 수 있고, 이미 그렇게 되어 가고 있다.

이처럼 퀘이커와 동학이 종교적 경계를 넘어, 시대와 지역의 차이를 넘어, 다양한 종교인과 비종교인의 관심을 받고 있는 것은 두 종교운동의 사상과 영성이 '당대성'과 '보편성'을 지니고 있기 때문이다. 근원적으로는, 폭스의 '내면의 빛' 체험과 수운의 '시천주' 체험은 같은 하느님 체험이다. 수운은 체포되던 해에 남긴 시에서 "용담의 물은 흘러 흘러 사해를 이룬다

---

22 한상봉,『장일순 평전: 걸어 다니는 동학, 장일순의 삶과 사상』, 삼인, 2024, 500-501쪽 재인용.

[龍潭水流四海源]"라고 노래했는데(『동경대전』, 「절구(絶句)」), 폭스가 펜들힐에서 내려와 본 강의 물도 흘러 흘러 같은 구원과 해방의 바다에 이를 것이다. 한 하느님을 믿고 따르는 한, 같은 바다로 흐르는 한, 우리는 퀘이커이고 동학이다. 퀘이커와 동학은 오늘의 우리 모두를 위한 것이며 모두의 것이다. '열림'과 '다시 개벽'의 바다에서 우리는 하나다.

제 3 부

동아시아 문학이 보는 '가족',
그리고 동학과 기독교

— 나쓰메 소세키 · 루쉰 · 최제우 · 예수의 가족관

김응교

1. 가족에 대한 인식

'가족관계증명서'는 본인을 기준으로 부모, 배우자, 자녀 등 이름이 쓰여 있고, 그들의 탄생, 사망, 국적 등을 쓴 문서로 알려져 있다. 여기서 과연 '가족'이란 어디까지일까, 그 범위에 대한 질문이 생긴다. 현대 대한민국에서는 '본인+부모+배우자+자녀'만을 법적인 가족관계로 본다. 여기서 질문이 생긴다. 친척은 가족이 아닌가. 크게 나아가 민족 공동체를 가족공동체라고 표현한다면 이상한가.

가족이라는 말은 이제 일상 속에 너무도 많이 쓰인다. 조폭을 'Gangster family'라며 목숨까지 거는 의리에 가족관계를 이용한다. "일터를 내 가정처럼"이라는 구호는 가정을 이용한 노동착취가 될 수 있다. 삼성 가족, 현대 가족이라는 용어는 마케팅을 위한 용도일 것이다.

가령 개신교뿐만 아니라 천주교를 포함한 범그리스도교에서 '하나님 아버지'라는 표현을 쓸 때가 있다. 주기도문에서도 '하늘에 계신 우리 아버지'라는 구절이 있다. '하늘에 계시다'는 말은 물리적인 의미를 지니는 말이라기보다는 인간과 차원이 다르다는 높임말이다. '우리 아버지'는 당시 유대인들이 들을 때는 하나님의 신성을 모독하는 불경한 표현으로 들렸을 것이다. 예수는 주기도문을 제자들에게 가르쳐 주면서 '하나님'을 '아버지'라고 부르라는 충격적인 표현을 제시한다. 그저 인간이 신에게 할 수 있는 가장 높은 존경의 표현이 '아버지'라고 한다.

「갈라디아서」3장 26절에 '너희가 다 믿음으로 말미암아 그리스도 예수 안에서 하나님의 아들이 되었으니'라는 표현이 나온다. 그리스도교 신도에게 아버지는 혈연이나 공문서를 넘어서는, 절대자까지도 아버지가 되는 것일까. 어디까지가 법적 가족이고, 법적이지 않으면 가족이라고 할 수 없는 것일까.

애매한 문제의식을 토대로, 이 글에서는 동학과 기독교의 가족관을 비교해 보려 한다. 비교하려 했지만 처음부터 벽에 부닥친다. 동학이나 기독교나 시대에 따라 혹은 종파에 따라 가족관에 차이가 있다. 이 글에서 그 시기와 종파를 선택한다는 것은 처음부터 한계가 있다. 동학이나 기독교의 전체가 아니라, 어차피 한 부분이라는 한계가 있다.

동학과 기독교의 가족관을 비교하기 전에, 동학이 탄생하던 시기와 발전되는 19세기 동아시아에서 보이는 가족관을 설명하려 한다. 사회적 제도인 가족제도(family institution)를 넘어 동학과 기독교의 가족관을 살펴보려 한다. 일본은 나쓰메 소세키 문학에 나타난 가족관, 중국은 루쉰 문학에 나타난 가족관을 살펴보려 한다. 중국에서는 이 과정을 통해 동학과 기독교의 가족관 차이와 특장(特長)이 드러나리라 생각한다.

2. 나쓰메 소세키가 본 천황 중심 가족국가

나쓰메 소세키(夏目漱石, 1867-1916)를 일본인은 국민 작가라고 한다. 일본 국민에게 상상을 넘는 자신감을 준 러일전쟁의 승리에 나쓰메 소세키

도 공감한다. 러시아를 군사력으로 이겼다는 사실을 넘어, 일본 문화가 서양 문화와 러시아 문화를 뛰어넘어야 한다는 의견들이 유행처럼 번지던 시기였다. 일본의 문화계는 러시아 문화를 상징하는 톨스토이를 넘어서고 싶었다. 그때 나쓰메 소세키도 '대문호 대망론'으로 화답하면서, '국민작가 나쓰메 소세키'라는 신화가 시작된다.

1984년에서 2004년까지 통용된 천 엔 지폐에도 그의 얼굴이 올라 있었다. 일본 지폐에 나오는 인물에게는 몇 가지 공통점이 있다. 첫째, 천황제에 찬성한 인물이고, 둘째, 일본을 외국에 알린 인물이다. 나쓰메 소세키는 두 가지 모두 가장 잘 어울리는 인물이다.

나쓰메 소세키가 사망하기 2년 전 46세 때 쓴 후기 대표작 『마음』(1914. 다이쇼 3)은 등장인물은 많지 않으나, 연애의 삼각관계 이후로 오는 고통스러운 내면을 탐구한다. 『마음』은 고등학교 교과서에 가장 많이 실린 작품으로 알려져 있다.

이 소설에는 다섯 명의 죽음이 나온다. 메이지 천황, 노기 부부, K. 선생님, 아버지의 죽음이 나온다. 중요한 역사적 배경은 1912년 메이지 천황의 죽음이다. 사실 소세키는 메이지 시대가 시작하는 1868년의 1년 전에 태어났고, 메이지 시대가 끝나는 1912년의 4년 뒤에 사망한다. 나쓰메 소세

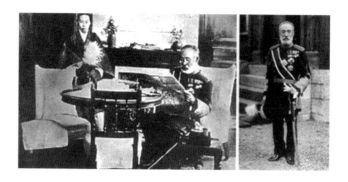

키 세대에게 천황의 사망은 하늘이 무너지는 충격이었다. 놀랍게도 소설 주인공의 아버지와 '선생'도 이 죽음에 함께하며 자결하는데, 자살하기 전에 선생은 자신이 자살하는 이유를 쓴 유서를 남긴다.

> 그런데 여름 더위가 한창 기승을 부릴 때 메이지 천황이 서거했네. 그때 나는 메이지 정신이 천황으로 시작되어 천황으로 끝났다는 생각이 들더군. 메이지의 영향을 가장 강하게 받은 우리가 그 후에 살아남는 건 결국 시대에 뒤처진 것이라는 느낌이 강렬하게 내 가슴을 쳤네. 나는 분명히 아내에게 이렇게 말했지. 아내는 웃으며 상대해 주지 않았지만 무슨 생각을 한 건지 갑자기 나에게 그럼 순사(殉死)라도 하면 되지 않겠느냐고 놀리더군.(나쓰메 소세키, 『마음』, 현암사, 2018. 271면)

선생은 자신의 아내가 한 말에 "내가 순사한다면 메이지의 정신에 순사하는 거라고 대답했지."라고 쓴다. 메이지 천황이 사망하고 놀랍게도 수많은 사람들이 천황의 죽음에 이어 자살하는 사건이 일본 전역에서 이어진다. 일본인이 아닌 사람으로는 이해할 수 없는 사건이었다.

천황의 장례식이 치러지고 한 달 후에, 노기 마레스케(乃木希典, 1849-

1912) 대장이 아내와 함께 할복자살하는 사건이 일어난다. 그때 선생은 "순사다, 순사다."라고 했다고 한다.

> 나는 신문에서 노기 대장이 자살하기 전에 남긴 글을 읽었네. 세이난(西南) 전쟁 때 적에게 깃발을 빼앗기고 사죄하기 위해, 죽자, 죽자, 하면서도 지금까지 살아왔다는 의미의 구절을 보았을 때 나는 무심코 손가락을 꼽아 노기 씨가 죽을 각오로 살아온 세월을 헤아려 보았지. 세이난 전쟁은 1877년에 일어났으니까 35년의 거리가 있네. 노기 씨는 그 35년간 죽자, 죽자, 하면서 죽을 기회를 기다리고 있었던 모양이야. 나는 그런 사람에게 그때까지 살아온 35년이 고통스러울지, 아니면 칼로 배를 찌른 한순간이 고통스러울지를 생각했네.
> 그리고 나서 이삼일 지나 나는 결국 자살하기로 결심했네. (272-273)

선생은 '노기 씨가 죽은 이유를 잘 알 수 없'다고 하면서 자신도 노기 씨의 길을 따른다. 이런 심리를 어떻게 이해할 수 있을까. 만세일계(萬世一系)라는 천황제는 남성으로 이어져 내려오는 가부장제다. 일본인은 가부장제 가족공동체의 구성원으로 세뇌된다. 그 세뇌는 신전이라고 할 수 있는 '신사'에서 담당한다. 만세일계라는 천황제의 연속성 속에서 일본 국민은 자신도 모르게 천황 아래 자발적 복종을 내면화한다.

> 젊은이에게 쇼와 천황은 어떤 이미지인가 물으면, '일본의 아버지'라는 대답이 하나의 정형화된 형태로 되돌아온다. 천황은 일본의 가부장(家父長)이라는 의미인 것이다. 그리고 친근하다, 흐뭇하다, 노고를 위로하고 싶다는

등의 고정된 수식어가 붙은 천황 가정의 초상은 '일억 총중류(總中流)' 의식에 젖어 있는 일본인 가정의 행복을 상징하는 것이기도 하다. 천황의 '성가족(聖家族)'이 사회적인 위계질서의 최고 정점에 서 있는 것이다.(栗原彬,「日本民族宗 としての天皇制」,『昭和の終焉』岩波書店, 1990. 199면. 박영희,『근·현대 천황상에 대한 민중의 의식 변화 연구』, 부경대학교 석사논문, 2017, 64면에서 재인용)

천황을 아버지로 보고, 일본 사회를 천황을 아버지로 하는 가부장 사회로 보는 것이 일본인들에게 의식화되었다는 말이다. 일본 사회는 성스러운 '성가족(聖家族)'이 되고, 개인은 그 성가족의 자식, 깊이 말하면 니체나 헤겔이 지적하는 '노예의지'로 훈련된 인간이 되는 것이다.

파시즘 국가의 공통점은 독재자를 '아버지'로 보는 것이다. 아버지 앞에는 '위대한'이라는 형용사가 붙는다. 권위가 있기에 위대하고, 권위가 있는데도 자애롭기 때문에 위대하다는 것이다. 결국 파시즘의 독재자는 위대한 신의 자리에 올라서는 것이다. 이로써 일본 특유의 '천황 중심 가족주의 국가관'이 탄생한 것이다.

따라서 제2차 세계대전 당시 일본인에게 천황은 신이고 아버지이고 대원수였다. '천황 폐하를 위해 순사(殉死)'한다는 것은 그들에게 신념을 넘어 이성적 논리였다. 폭탄이 장착된 비행기를 몰고 자살 공격을 감행하는 카미카제의 '순사'는 메이지 천황, 메이지 시대와 함께한다는 '거룩한 이성적인 결단'이 된다. 군사부일체의 유교 이념과 천황을 중심으로 한 절대 '국가가족공동체'는 개인을 하나의 도구로만 보고 그 정신적 노예들은 스스로 자결하게 하는 비극을 낳았다. 지금도 야스쿠니 신사가 한국과 중국 등 여러 나라에서 비판받는 이유는, 천황을 아버지로 하는 '국가신도 이데올로기'를 총집결하고 전쟁 참여의 의미를 신성화하는 세뇌 공장이기 때문이다.

나쓰메 소세키의 『마음』은 일본인에게 일본 정신을 가르치는 수양서라고 할 수 있다. 한편으로 나쓰메 소세키는 서민들의 내적 갈등과 함께 거대한 국가주의를 연결시키는 소설을 썼다. 아이러니하게도 나쓰메 소세키는 일본의 거대한 천황 중심 가족국가를 소설에서 잘 드러냈다.

3. 식인사회와 루쉰

루쉰의 「광인일기」를 보면, 형이 여동생을 잡아먹고, 사람이 사람을 잡아먹는 식인사회 이야기가 나온다. 주인공 '나'는 식인과 가족 살해는 오래전 중국 문명의 하나였다고 주장한다.

> 이아(易牙)가 제 자식을 삶아 걸주(桀紂)에게 바친 일은 줄곧 옛일이기만 했습니다. (「광인일기」 10번 일기)

사실과 조금 다르지만, 이아(易牙)는 춘추시대 제나라 환공(桓公, B.C.720?-B.C.643)을 섬긴 아첨꾼 간신이다. 어느 날 환공은 "인육(人肉)만을 못 먹어 봤다."고 농담으로 말한다. 이 말에 아첨꾼 이아는 세 살 난 아들을 죽여 요리로 만들어 환공에게 바쳤다. 이아가 아이를 삶아서 요리를 만들었다는 역아증자(易牙蒸子)라는 사자성어는 여기서 나왔다.

광인은 4천 년 동안 계속 사람을 잡아먹어 온 고장에서 살아왔다, 가족이 서로 먹고 먹히는 사회에서 살아온 것이다.

누이동생은 형에게 먹혔다. 어머니는 알고 계셨을까? 알 수가 없다.

어머니도 알고 계셨을 게다. 그렇지만 울면서도 아무 말씀이 없으셨다. 당연한 일로 여겼으리라. 내가 네댓 살 때였나. 대청 앞에 앉아 바람을 쐬고 있는데 형이 이런 말을 했던 것 같다. 부모가 병이 나면 자식 된 자는 모름지기 한 점 살을 베어 삶아 드시게 해야 훌륭한 사람이라고. 어머니는 안 된다고 하진 않았다. 한 점을 먹을 수 있다면 물론 통째로도 먹을 수 있다.(「광인일기」 11번 일기)

중국 역사뿐만 아니라, 『조선왕조실록』 등을 보면 아버지가 아들을 죽이고, 형제가 서로 죽이는 사건은 너무도 많다. 형이 실제로 어린 누이동생을 먹었다는 설정은 역사적 사례가 얼마든지 있다.

전근대 이전의 사회는 가족이 가족을 죽이는 사회였다. 왕조사를 보면 아버지가 아들을 죽이고, 형이 동생을 죽이는 이야기가 많이 나온다. 여성은 전족을 하여, 인간으로 살 수 없는 노예의 신분이었다. 축첩 제도, 서자 차별 등 억압적 가족주의는 전근대의 핵심이다.

1911~1912년에 신해혁명이 일어나고 전근대를 극복하려는 시도로 1915년 잡지 『신청년』이 발간된다. 이 잡지는 봉건적 가족주의를 벗어나 과학과 민주주의, 새로운 가족상을 제시한 전혀 새로운 잡지였다. 루쉰은 바로 이 잡지에 1918년 「광인일기」를 발표했던 것이다.

나도 모르는 사이 누이동생의 살점 몇 점을 먹지 않았노라 장담할 수 없는 것이다. 이젠 내 차례인데….

사천 년간 사람을 먹은 이력을 가진 나, 처음엔 몰랐지만 이젠 알겠다. 제

대로 된 인간을 만나기 어려움을! (「광인일기」 12번 일기)

마치 자연스레 에미 애비를 따라 낡은 정신을 반복 재생산하는 것처럼. '나' 역시 식인의 풍습과 무관한 사람이라 할 수 없을 것이다. 결국 중국 문명에 대한 루쉰의 자세는 반(反)전통이다. 그야말로 '나도 모르는 사이 누이동생의 살점 몇 점을 먹지 않았노라 장담할 수 없는' 상황이다. 광인은 '달빛'의 계시로 모순된 사회를 부정하기 시작한다. 4천 년 역사가 식인사회라는 것을 깨닫는다.

루쉰의 태도는 명확하다. 자기 판단 없이 떼 지어 몰려다니는 구경꾼들은 식인사회에서 노예에 불과하다. 반면 자각한 개체는 해방된 주체다. 마지막에 광인은 모든 사람들을 식인으로, 좀비로 만드는 이 사회에서 아직도 사람의 가능성을 지닌 아이를 구하라고 호소한다.

사람을 먹어 본 적 없는 아이가 혹 아직도 있을까?
아이를 구해야 할 텐데. (「광인일기」 13번 일기)

루쉰은 마지막 문장에서 식인의 경험이 없는 아이가 있을지 걱정한다. '아이를 구하라'는 외침'은 바로 이 단편이 실린 단행본 책의 제목이기도 하다. 중국과 이 지구 세계가 진정한 사람의 세계를 이루어야 한다는 루쉰의 외침이다.

루쉰의 작품에서는 아이들이 죽는다. 「광인일기」에서는 어른들이 다섯 살 소녀를 '먹는다'. 「약」에서 불쌍한 화샤오솬은 어른들의 무지에 희생양이 된다. 「폭풍」에서 핸드백으로 쓰인 류진도 모두 '먹혔다'. 「내일」에서 바우어는 아이를 살리지 못하는 낙후한 사회 시스템의 희생자다.

소설 「지신제 연극」은 루쉰 자신의 어린 시절 체험을 그대로 쓴 소설이다. 이 글을 쓴 1922년 루쉰은 41세였으니 30여 년 전 일을 쓴 글이다. 루쉰은 다음은 구습에 얽매인 어른들과 달리, 구습보다는 미래의 가능성과 파괴성을 지닌 아이의 세계를 강조한다. 연극 보러 갈 배가 없을 때, 저녁을 못 해 출출할 때 문제를 풀어 낸 이는 어린아이 솽시다. 솽시는 어른들 상식을 하나의 놀이로 전복시킨다. 서리는 불법적 도적질인데 아이들도 류 씨 아저씨도 콩서리를 '나눔의 놀이'로 즐긴다. 놀이는 아이에게 자발적인 활동이다.

"놀이는 어린이들의 가장 정당한 행동이며 장난감은 어린이들의 천사이다." 루쉰 수필 「연」에 나오는 문장이다. 어린 시절 동생의 연을 부숴 버린 적이 있는 루쉰은 당시 연을 만들고 날리는 일은 못난 아이들이나 하는 유치한 일, 할 일 없는 아이들이나 하는 놀이라고 생각했다. 시간이 흐르고 보니 쓸데없는 놀이야말로 아이들에게는 가장 정당한 행동이고, 아이들이 갖고 노는 장난감이 어린이들에게는 천사와 같은 존재라는 사실을 깨달았던 것이다. 루쉰은 기존의 가치를 전복시키고 새로운 창조를 행하는 '아이 해방론'을 강하게 강조한다.

백 년 뒤 상황은 놀랍게 바뀐다. 갑자기 돈을 번 부자들은 미국 등 서구에 가서 아이를 낳는 원정 출산을 하기도 한다. 또한 아이를 황제처럼 대우하여 문제가 일어나는 소황제(小皇帝, xiǎohuángdì) 현상이 생겨나기도 했다. '소황제'란 귀염만 받으며 황제처럼 대우받는 독생 자녀를 은유하는 단어다.

또한 루쉰은 여성 문제에도 주목한다. 루쉰은 '여성해방'이라는 거창한 주제를 말하지 않는다. 오히려 남편이 없는 여성의 충격적인 고독과 비극적인 일상을 조용히 전한다. 루쉰은 여러 편의 소설에서 고독한 여성을 주인공으로 내세운다. 실제로 중국의 혁명 과정에서 서둘러 앞서 나갔다가 먼저 세상을 떠나야 했던 여성들이 너무 많았다. 「약」에 나오는 추근을 비롯하여 많은 여성들이 전족과 머리 형태를 거부하여 목숨을 잃었다.

봉건적 억압을 비판한 루쉰에게 죽을 때까지 '전족'을 풀지 않았던 '구식' 부인이 있었다. 루쉰이 베이징에서 교편을 잡던 40대 때 스승과 제자로 만났다가 나중에 부부가 된 '신식' 여성 쉬광핑(1898-1968) 이전에, 루쉰은 20대 중반 사오싱에서 어머니의 강권에 의해 주안(1878-1947)과 결혼했었다.

전족을 한 주안은 글을 배우지 못하는 등 봉건적인 환경에서 자랐다. 저우 씨와 주 씨 양가는 루쉰이 공부하러 난징에 간 틈에 혼약을 맺었다. 루쉰의 의지가 아닌 혼약이었기에 1906년 혼례를 치른 다음 날부터 루쉰은 거처를 신방에서 어머니 방으로 옮겼고, 그 뒤로 두 사람은 최대한 서로 말도 섞지 않는 형식적인 부부로만 살았다. 역설적으로 「축복」에 나오는 샹린 댁이 주안 같은 '구식' 여성이라는 평가는 아이러니다. 주안은 루쉰이 보내는 생활비로 평생 루쉰의 어머니를 모신다. 「축복」은 중국의 서발턴(subaltern)에 대한 이야기다.

여성들은 애당초 죄가 없었음에도 지금 낡은 습관의 희생 노릇을 하고 있다. 인류의 도덕을 자각한 이상 우리는 양심적으로 저들 젊은이와 늙은이의 죄를 반복하지 않으려 하고, 또한 이성(理性)을 탓할 수도 없다. 하릴없이 더불어 한평생 희생 노릇을 하며 사천 년의 낡은 정부를 청산해야 한다. 한평생 희생 노릇을 하는 것은 지독히 무서운 일이지만, 혈액은 필경 깨끗하고 소리는 필경 깨어 있고 진실하다.

우리는 크게 소리를 지를 수 있다. <u>꾀꼬리라면 꾀꼬리처럼 소리치고, 올빼미라면 올빼미처럼 소리치면 된다. 우리는 거들먹거리며 사창가를 빠져나오자마자 "중국의 윤리는 제일이다."라고 말하는 사람의 소리를 배워서는 안 된다.</u>

우리는 또한 사랑 없는 비애를 소리쳐야 하고 사랑할 것이 없는 비애를 소리쳐야 한다. … 우리가 낡은 장부를 깨끗이 지워 버리는 순간까지 외쳐야 한다.

낡은 장부는 어떻게 깨끗이 지우는가? <u>나는 대답한다. "우리의 아이들을 철저히 해방하는 것이다."</u>(루쉰, 「수감록 40」, 『루쉰전집』 1, 462면)

아순이 아버지에게 잘 설명하지 못하고, 끙끙 울다가 숨졌다. 루쉰은 아순이 '꾀꼬리라면 꾀꼬리처럼 소리치고, 올빼미라면 올빼미처럼 소리치'기를 원했을 것이다. 아잇적부터 아버지에게 매를 맞아 온 아순은 자신의 말을 할 수 없었다.

여성은 어떻게 해방되어야 하는가. 전족은 계속 신어야 하는가. 아이는 어떤 존재로 평가해야 하는가. 결혼은 어떤 제도로 변화되어야 하는가. 루쉰의 「축복」에 보면, 며느리를 물건 팔 듯 돈 받고 파는 풍습도 나온다. 일본에서는 아이를 돈 받고 파는 풍습이 있었다. 이 모든 것이 동아시아인들에게는 피할 수 없는 과제였다.

당시 동아시아 근대화 과정 중 쟁점의 하나는 가정의 행복이었다. 루쉰의 「행복한 가정」에서는 5·4운동의 영향을 받은 가정의 일상을 경쾌한 문체로 표현하고 있다. 독특하게 코믹한 소설이다. 봉건적 가정의 모습을 루쉰은 「약」, 「내일」에 썼다. 「축복」, 「이혼」에서는 궁핍한 농촌 생활과 인정받지 못하는 존재로서의 여성을 드러낸다. 소설들이 가난한 민중의 가정을 다루고 있다면, 「행복한 가정」은 지식인 가정의 일상을 다루고 있다.

이 중국인 부부의 문학관은 너무 가볍지 않은가. 다분히 허위의식으로 문학을 대하고 있는 것이 아닐까. 오히려 이들은 러시아 소설의 인물들처럼 현실을 직시하고 비판하지도 않았으며, 자신을 구원하거나 실천하지도 않은 여전히 가부장적인 부부다. 이 글은 근대화 과정에서 중국의 행복한 가정을 쓴 것이 아니다. '이러한 모습이 행복한 가정인지' 반성적인 고찰을 코믹하게 썼다고 볼 수 있다. '그'는 행복한 가정에서 살고 있을까. 어처구니없게도, 실제의 상황은 전혀 행복하지 않다.

행복한 가정은 개인만의 문제가 아니다. 중국은 군벌에 의해 분열되고 인민은 극심한 곤경에 처해 있었고, 인민들의 행복한 가정에 대해서는 거의 무관심했다. 가장 먼저, 먹을 것과 입을 것, 땔감 걱정을 해야 하는 사회에서 도대체 어떻게 행복이 있을 수 있겠는가.

「행복한 가정」에서 루쉰은 가장 개혁적인 부부를 드러내며, 여전히 개혁적이지 않은 봉건적 가부장적 가정을 보여준다. 더 좁게 말하면 중국 인민이 무식하다며 '인민을 계몽하겠다는 혁명가 부부'를 풍자 비판한 소설이다. 아울러 루쉰의 자기 반성적인 소설이다.

어둠 속에서 희망을 찾는 루쉰을 마오쩌둥은 '민족의 영혼'이라 했고, 저우언라이는 '문단의 기수'라고 했다. 억압과 차별이 없는 평등한 사회라는 구체적인 '내일'을 제시한 루쉰을 그 시대 혁명가들은 열광했다. 안타까운 사실은 루쉰이 지적한 문제는 중국은 물론 일본이나 한국에서도 완전히 극복되지 않았다는 점이다.

4. 동학의 시천주, 사인여천, 한울님 가족

동학(東學)에서는 인간 한 사람 한 사람이 한울을 모시는 시천주(侍天主)라고 하여 한울님이라는 새로운 존재를 깨닫는 존재론을 제시한다. 동학의 인간관은 신을 모시며 벗하는 '영성적 인간관' 나아가 '신성적 인간관'이라 할 수 있겠다. 동학을 창시한 수운 최제우(1824-1864)는 '시천주(侍天主)'라고 했고, 동학을 체계화한 해월 최시형(1827-1898)은 '천인(天人)'이라는 개념을 내놓았다.

12. 사람은 한울 사람이 될 수 있으나, 그러기 위해선 대선생님의 무극대도를 따라야 합니다[人是天人 道是大先生主無極大道也].(최시형, 리영재 역주, 「개벽운수」, 『해월신사법설』, 모시는사람들, 2021. 114면)

최시형은 '천인(天人)'을 "사람이 하늘이고 하늘이 사람이다."라고 했다. 이것은 단순히 인간이 하늘을 모신다는 수동적인 뜻이 아니다. 해월 최시형은 자기 내면의 한울을 키워 스스로 성숙시키는 '양천주(養天主)' 개념도 설명했다.

7. 사람이 바로 한울이요. 한울이 바로 사람이니, 사람 밖에 한울이 없고 한울 밖에 사람이 없습니다[人是天天是人 人外無天天外無人].(최시형, 「천지인·귀신·음양」, 위의 책, 50면)

따라서 『해월신사법설』에 따르면 모든 인간 존재는 한울님이다. 인간

한 존재 한 존재가 한울님이기에 제단을 자신을 향해 진설하는 향아설위(向我設位)라는 개념이 나타난 것이다. 스스로 자신을 한울님으로 모셔야 하는 것이다. 여성이나 아이도 한울님인 것은 말할 필요도 없다.

> 4. 내가 청주를 지나다가 서택순의 집에서 그 며느리가 베 짜는 소리를 듣고 서 군에게 묻기를 "저 누가 베를 짜는 소리인가?" 하니, 서 군이 대답하기를 "제 며느리가 베를 짭니다." 하는지라, 내가 또 묻기를 "그대의 며느리가 베 짜는 것이 참으로 그대의 며느리가 베 짜는 것인가?" 하니, 서 군이 나의 말을 분간치 못하더이다. 이 말뜻을 모르는 이가 어찌 서 군뿐일까요. 이제부터 도인의 집에 사람이 오거든 사람이 왔다 이르지 말고 한울님이 강림하셨다 말하십시오[余過淸州徐 淳家 聞其子婦織布之聲 問徐君曰「彼誰之織布之聲耶」徐君對曰「生之子婦織布也」又問曰「君之子婦織布 眞是君之子婦織布耶」徐君不卞吾言矣 何獨徐君耶 道家人來 勿人來言 天主降臨言].(최시형,「대인접물」, 위의 책, 64면)

여성을 노비처럼 하대하는 봉건제는 동학에 이르면 해체된다. 수운 최제우 자신이 가족에서 차별 문제를 겪은 역사적인 희생양이었다. 가족 문제는 전근대를 극복하는 숙제였다. 1894년 동학농민혁명에서 과부 재가가 가능하도록 이룬 일은 혁명적 의미가 있다. 단순한 제도 변혁 이전에 사상 자체를 변화시켰다. 단순히 가부장제를 우선으로 하는 유교적 시스템을 극복하는 수준을 넘어선다. 해월의 범재신론(汎在新論)은 여성을 하나의 대상이 아니라, 시천주(恃天主)의 단독자로 격상시켰던 것이다.

5. 도가의 부인은 경솔히 아이를 때리지 마세요. 아이를 때리는 것은 곧 한울님을 때리는 것이니 한울님이 싫어하고 기운이 상합니다. 도인집 부인이 한울님이 싫어하고 기운이 상함을 두려워하지 아니하고 경솔히 아이를 때리면, 그 아이가 반드시 죽으리니 일체 아이를 때리지 마십시오[道家婦人 輕勿打兒 打兒卽打天矣 天厭氣傷 道家婦人不畏天厭氣傷而輕打幼兒則 其兒必死矣 切勿打兒].(최시형,「대인접물」, 위의 책)

여성과 더불어 이때까지 천대받던 어린이는 한울님으로 격상된다. "경솔히 아이를 때리면, 그 아이가 반드시 죽으리니(輕打幼兒則 其兒必死矣)"라는 문장에서 '죽는다'는 말은 육체적 죽음 이전에 바로 위 문장에 나오듯, "한울님이 싫어하고 기운이 상한다"(天厭氣傷)는 뜻이다. 이 지점에서 여성과 더불어 어린아이도 한울사람(侍天主人)으로 존대되는 것이다.

타인을 한울님으로 모시는 태도는 동학의 시천주 사상 때문이다. 최시형의 시천주 사상은 한울님을 모신 사람들은 당연히 섬김을 받아야 한다는 '사인여천(事人如天)' 사상과 이어진다. 사람은 누구나 한울님을 모시는 존재이기에 사람을 대할 때는 여성이든 어린이든 한울님처럼[如天] 남을 섬겨야[事人] 하는 것이다. 이때 사(事)는 '일하다'는 의미가 아니라 '섬기다'라는 뜻이다.

조선인은 남을 공경하는 뜻으로 몸을 굽혀 예를 표하는 '절'을 한다. '절'이란 모든 예법(禮法)의 기본이다. 머슴이 "나리"하며 양반에게 절을 하면, 양반은 "오냐"하며 절을 받는다. 절을 하여 유교적 계급의 시스템은 유지된다. 달리 말하면 '절'이란 차별과 억압의 상징이기도 했다. 백세명은 동학의 시천주, 사인여천 사상은 동학인의 절 문화를 근본적으로 변화시킨다고 설명한다.

> 절이라는 것은 상대방을 높여서 공경하는 뜻을 육체적 동작으로써 표시하는 것이다. 그리하여 허리를 굽히는 것은 자신을 낮추는 것이며 자신을 낮추는 것은 결국 상대방을 높이는 것이 되는 것이다. 그러기 때문에 낮은 사람이 높은 사람에게 대하여 "저는 이렇게 낮은 사람이 올시다"하고 허리를 굽혀서 절을 하게 되면 높은 사람은 "암 - 내사 높은 사람이지"하는 의미로 턱을 잿기는 것이다. 이것이 차별윤리에서 나와진 절법이었기니와 과연 이래가지고 사람과 사람이 한데 뭉치는 결과를 가져오게 못했을 것은 너무나나 당연한 일이 아니었겠는가.
> 그와 반대로 사인여천의 새윤리에 있어서는 절하는 사람이 따로 있고 절받는 사람이 따로 있는 것이 아니라 누구든지 서로 상대방을 높이 공경하는 의미에서 "저는 이렇게 낮은 사람이 올시다"하고 허리를 굽혀서 절을 하게 되면 상대방으로서도 "원 - 천만에 저야말로 이렇게 낮은 사람이올시다"하고 정중히 허리를 굽혀서 맞절을 하는 것이다. (백세명, 『동학사상과 천도교』, 동학사, 1956. 126~127면)

남을 차별하기 위해 하는 '절'이라는 예법이 동학에서는 서로 절을 하여 전혀 다른 의미의 행위가 된다. 아무것도 아닌 행위인 것 같지만, 동학에서의 예법은 조선시대의 봉건적 차별사회에 균열을 일으키는 혁명적 행위였던 것이다.

이런 사상이 나오기까지는 해월 최시형 선생의 체험이 깔려 있기 때문이 아닐까. 열다섯 살 즈음 부모를 여읜 해월은 어린 여동생과 친척 집을

전전한다. 말이 친척이지 거의 머슴살이를 했다고 한다. 어린 아이인데 부모까지 없기에 천대받았을 때 평등의 중요성은 온몸으로 다가왔을 법하다. 이 체험을 통과하여 나온 평등사상에는 일본식 천황주의에 억압받는 노예도 없고, 4천 년 동안 차별하던 중국식 유교주의도 없다.

이 나라의 근대화를 이끈 불교와 기독교와 동학은 여성과 아이들의 중요성을 끊임없이 강조했다. '어린이'라는 단어를 만들어 낸 방정환, 〈엄마 앞에서 짝짜꿍〉, 〈빛나는 졸업장을 타신 언니께〉를 작곡한 작곡가 정순철 이들이 모두 동학교도들이다.

어린이들을 자유롭고 재미로운 중에 저희끼리 기운껏 활활 뛰면서 훨씬훨씬 자라 가게 해야 합니다. 이윽고는 저희끼리의 새 사회가 설 것입니다. 새 질서가 잡힐 것입니다. 결코 우리는 이것이 옳은 것이니 받으라고 무리로 강제로 주어서는 아니 됩니다. 저희가 요구하는 것을 주고 저희에게서 싹 돋는 것을 북돋아 줄 뿐이고 보호해 줄 뿐이어야 합니다. 우리가 어린이들을 대하는 태도는 이러하여야 할 것입니다. 거기에 항상 새 세상의 창조가 있을 것입니다. 이러한 태도로 하지 아니한다 하면 나는 소년 운동의 참 뜻을 의심할 것입니다.(방정환, 「소년의 지도에 관하여 - 잡지 어린이 창간에 제하여 경성 조정호 형께」,『천도교회월보』제150호. 1923년 3월)

방정환은 아이들을 어른이 원하는 대로 억지로 가르치지 말라고 했다. '저희에게서 싹 돋는 것을 북돋아 줄 뿐이고 보호해 줄 뿐이어야' 한다며 화초 키우듯 하지 말라고 했다. 어른 선도 교육이 아니라, 주체적이고 창의적인 아동 스스로의 교육을 제시한 것이다. 아동도 역시 한울님이기 때문이다.

실제로 동학농민혁명이 일어난 시기에 동학교도들 사이에는 루쉰이 그토록 지적한 신분 차별도 남녀 차별도 없었다. 인간 평등, 신분 철폐, 여성해방은 동학의 기본 세계관이었다.

> "노비와 주인이 함께 입도한 경우에는 또한 서로를 접장이라 불러 마치 벗들이 교제하는 것 같았다. 이런 까닭에 사노비와 역참에서 일하는 사람, 무당의 서방, 백정 등과 같이 천한 사람들이 가장 좋아라 추종하였다." 또한 '부자들을 위협하고 양반을 모욕하고 관리를 꾸짖고 욕하며 구실아치와 군교들을 결박'하는 등 '쌓인 원한과 굴욕'을 마음껏 풀어냈다. 그래서 "오직 양반들만이 죽는 한이 있어도 들어가지 않았고, 동학을 피하여 사방으로 흩어졌다."(황현, 김종익 옮김, 『오하기문』, 역사비평사, 1994. 129-130면)

동학을 비판적으로 서술한 황현이지만 동학도들의 태도에 놀라지 않을 수 없었다. 동학교도들이 감옥을 부수어 죄수를 석방하고 무기를 빼앗을 때도 호적 서류는 반드시 약탈했다는 점에 황현은 주목했다.(황현, 위의 책, 83면) 신분 기록을 약탈했다는 것은 노비나 천민이나 백정이라는 구분을 없애서, 새로운 공동체를 이루겠다는 행위였다.

놀라운 사실은 동학의 가족관은 현실적인 여성해방이나 아이의 발견에 머물지 않는다는 것이다. 최시형의 『해월신사법설』에 나오는 가족관은 하나님과 사람, 특히 여성과 어린이를 한울님으로 모시라는 생각을 포함하여 자연에까지 가족 개념을 넓힌다. 「천지부모」, 「삼경」 등에서는 한울님과 사람과 우주의 사물을 공경하라는 개념이 나온다. 여기서 부모님에 대한 견해가 전혀 다르다.

> 하늘과 땅이 만물을 낳으니 부모와 같고, 생명을 낳는 부모는 하늘 같고 땅 같은 존재이니, 천지부모는 하나님입니다天地卽父母 父母卽天地 天地父母 一體也. (최시형, 「천지부모」, 위의 책, 29면)

최시형은 "천지가 부모이고 부모가 천지이다."라는 놀라운 말을 했다. 인간은 빛과 공기와 물과 바람을 먹으며 성장한다는 말이다. 젖을 먹여 주는 육신의 부모처럼, 인간을 빛과 공기와 물과 바람으로 먹이는 우주도 부모라는 말이다. "어려서 먹는 것이 어머니의 젖이요, 자라서 먹는 곡식은 천지의 젖"이라는 문장은 얼마나 곡진한 상상력인가. 이 말은 혈연주의를 넘어서는 것은 물론 가족을 우주와 연결시켜 확장시킨다. 천지부모란 우주 생태계가 부모라는 우주부모(cosmo-parents)에 이르는 것이다.

안타깝게도 혈연의 부모는 물론 우주 생태계라는 부모를 인간은 얼마나 불효하며 천대해 왔던가. 인간 한 존재를 신적 존재로 보고, 가족의 범위를 우주의 지경까지 넓혀 생각하는 동학의 각성은 가족론에 대한 결정적인 개벽을 보여준다.

5. 예수의 하나님 가족, 오이케이오스

유대교는 철저히 혈연적 가족주의에 기초한 종교였다. 아브라함과 이삭과 야곱과 요셉으로 이어지는 계보는 이스라엘이라는 선민 공동체의 근간을 이룬다. 이스라엘 열두 지파는 철저하게 혈연주의에 기초한다.

예수의 탄생을 표시할 때도 '다윗의 자손이시며 아브라함의 자손이신 예수 그리스도의 족보'라고 표현한다. 「마태복음」 1장 1~5절까지는 예수가 다윗의 직계가족이라는 사실을 명기한다.

> 아브라함과 다윗의 자손 예수 그리스도의 계보라. 아브라함이 이삭을 낳고 이삭은 야곱을 낳고 야곱은 유다와 그의 형제들을 낳고, 유다는 다말에게서 베레스와 세라를 낳고 베레스는 헤스론을 낳고 헤스론은 람을 낳고, 람은 아미나답을 낳고 아미나답은 나손을 낳고 나손은 살몬을 낳고, 살몬은 라합에게서 보아스를 낳고 보아스는 룻에게서 오벳을 낳고 오벳은 이새를 낳고, 이새는 다윗 왕을 낳으니라(마태복음 1장 1~5절. 밑줄은 인용자)

'~낳고, ~낳고'로 이어지는 이 지루한 나열은 저자 마태가 유대인의 혈연주의를 증명해 보이려는 도입부일 수 있다. 저자 마태가 자기 스승의 뿌리가 다윗 왕족에 있다는 사실을 화려하게 썼지만, 이 문장과 달리 예수는 혈연적 가족주의를 해체한다. 예수의 말 중에 두 제자가 기록한 문장이 있다.

> 나는 아들과 아버지, 딸과 어머니, 며느리와 시어머니가 서로 다투게 하려고 왔다. (마태복음 10장 35절)

아버지와 아들이, 어머니와 딸이, 시어머니와 며느리가 서로 싸워 갈라질 것이다.(누가복음 12장 53절)

이 구절을 보통 예수를 따르다 보면 가족 사이에 갈등이 일어날 수도 있다고 해석하는 이들이 많다. 우선 가치가 하나님의 가르침에 있으니 가족을 떠나더라도 하나님의 가르침에 따르라고 설교한다. 단지 그 수준일까. 이런 해석은 위험하다. 가족을 떠나 기도원에 와서 살라거나, 남편보다 하나님을 따르는 목사가 더 중요하다느니, 주일날에는 부모님의 장례식에도 가지 말라는 황당한 목회자도 있다.

마치 반인륜이 예수의 가르침인 양 호도하는 경우는 잘못된 해석에서 비롯된다. 유대인의 혈연주의 가족관을 지적한 예수는 새로운 가족을 제시했다. 예수의 가족관을 알려면 아래 이야기에 주목해야 한다.

예수께서 무리에게 말씀하실 때에 그의 어머니와 동생들이 예수께 말하려고 밖에 섰더니 한 사람이 예수께 여짜오되 보소서 당신의 어머니와 동생들이 당신께 말하려고 밖에 서 있나이다 하니 말하던 사람에게 대답하여 이르시되 누가 내 어머니이며 내 동생들이냐 하시고 손을 내밀어 제자들을 가리켜 이르시되 나의 어머니와 나의 동생들을 보라 누구든지 <u>하늘에 계신 내 아버지의 뜻대로 하는 자가 내 형제요 자매요 어머니이니라 하시라며.</u> (마태복음 12장 46~50절)

예수의 어머니와 동생들이 예수 곁에 왔을 때 이야기다. 당시 예수는 소문난 인물이었기에 사람들이 둘레에 많았던 모양이다. 한 사람이 "당신

가족이 와 있어요."라며 예수에게 전한다. 그때 예수는 황당한 이야기를 한다. "누가 내 어머니이며 내 동생들이냐."어머니나 예수 동생들이 들으면 얼마나 황당한 이야기일까. 조금 유명해졌다고 가족을 외면하는 것일까. "손을 내밀어"라는 구절이 중요하다. 그는 둘레에 있는 사람들에게 손을 내민다. 이어서 "하늘에 계신 내 아버지의 뜻대로 하는 자가 내 형제요 자매요 어머니이니라"라고 말한다. 유대인의 혈연주의를 거부하고, 목적을 명확히 하는 예수의 새로운 가족관을 선언한다.

이 말은 유대인의 가족관을 흔드는 말이었다. 예수에게 형제나 자매라는 말은 하나님 나라 안에서 형제 자매이다. 따라서 가톨릭 성당이나 개신교 교회에서는 혈연이 아니지만, 하나님 안에서 한 가족이라며 형제 자매로 서로 호칭한다. 노태성 박사는 '하나님 가족'에 관해서 자세히 소개한다.

> 하나님을 아버지로 여기며 다른 기독교인을 형제, 자매로 여기는 사고 이면에는 가족이라는 공통적 사상이 놓여있다. 하나님을 중심으로 한 가족 즉, 하나님의 가족(familia dei)이라는 사상이다. 이 하나님의 가족 사상은 초기 기독교인들의 자기 이해의 표현이다. (노태성, 『원시 기독교 공동체의 자기 이해』, 크리스천헤럴드, 2005. 12면)

노 박사는 특히 마가복음에 나타난 '하나님의 가족사상'을 정밀하게 분석한다. 혈연을 넘어선 예수의 '하나님 가족 사상'을 바울은 '오이케이오스(oikeios, οἰκεῖος)로 표현했다. 그리스어 오이케이오스(oikeios)는 '가족에 속하는(belonging to the house)', '친족 관계(member of the household)' 등의 뜻을 갖는다. 한 집안의 식구인 것이다.

> "그러므로 이제부터 여러분은 외국 사람이나 나그네가 아니요, 성도들과 함께 시민이며 <u>하나님의 가족</u>입니다."(에베소서 2장 19절)

바울이 쓴 에베소서의 위 문장에서 '하나님의 가족'이란 단어의 희랍어가 오이케이오스다. 이 단어는 가까이 모인다는 의미가 강하다. 일주일에 한번씩 예배 장소에 모이는 가족 형태기 바로 오이케이오스다. 사고를 당하거나 누군가 사망하면 일제히 모여 장례를 치루는 행위로 오이케이오스의 형태일 것이다.

'예수의 하나님 가족' 혹은 바울이 말한 '오이케이오스'는 다시 두 갈래로 나눌 수 있다. 첫째는 예수를 따르는 '순례자-하나님 가족'이다. 이들은 열두 제자처럼 먼 지역까지 나아가 복음을 전하는 일종의 특공대들이다. 이들을 예수는 "나와 복음을 위하여 집이나 형제나 자매나 어머니나 아버지나 자식이나 전토를 버린 자"(마가복음 10장 29절)라고 칭한다. 이들의 모습은 혈연적 가족을 이루지 않는 신부나 수녀에게서도 볼 수 있다. 그렇다고 예수가 혈연가족을 무시한 것은 아니다. 예수는 마리아와 마르다의 가족인 나사로가 죽었을 때 통곡하며 그를 살려 낸다. 베드로의 장모 등 제자의 혈연이 병에 걸리거나 곤란을 겪을 때 빨리 가서 돌보도록 했다.

둘째는 혈연도 중시하고 거주하는 공간을 한 곳으로 정해서 사는 '거주자-하나님 가족'으로 나눌 수 있겠다. 가령 사도 바울의 전도 활동을 후원했던 남편 아굴라와 부인 브리스길라라는 부부를 기억할 수 있겠다. 유대인 디아스포라였던 이들 부부는 천막업 등을 하며 고린도에서 바울을 만나 바울의 선교활동을 후원한다.

> 그 후에 바울이 아덴을 떠나 고린도에 이르러 아굴라라 하는 본도에서 난 유대인 한 사람을 만나니 글라우디오가 모든 유대인을 명하여 로마에서 떠나라 한 고로 그가 그 아내 브리스길라와 함께 이달리야로부터 새로 온 지라. 바울이 그들에게 가매 <u>생업이 같으므로 함께 살며 일을 하니 그 생업은 천막을 만드는 것이더라.</u> 안식일마다 바울이 회당에서 강론하고 유대인과 헬라인을 권면하니라. (사도행전 18장 1~4절)

바울은 바로 아굴라와 브리스길라 부부를 만나 그들의 직업인 천막 만드는 일을 거들고 함께 살며 선교했던 것이다. 바울은 "너희는 그리스도 예수 안에서 나의 동역자들인 브리스가와 아굴라에게 문안하라."(로마서 16:3)는 문장을 남겼다. 바울은 이들 부부의 희생을 '목숨'에 비유하기까지 한다.

> 너희는 그리스도 예수 안에서 나의 동역자들인 브리스가와 아굴라에게 문안하라. 그들은 내 목숨을 위하여 자기들의 목까지도 내놓았나니 나뿐 아니라 이방인의 모든 교회도 그들에게 감사하느니라." (로마서16장 3~4절)

"자기들의 목까지 내놓"는 이들 부부의 헌신이 있었기에 바울의 선교가 가능했다. '순례자-하나님 가족'의 리더인 바울의 선교와 생활이 가능했던 것은 바로 '거주자-하나님 가족'인 아굴라와 브리스길라 부부의 도움이 있었기 때문인 것이다. 순례자와 거주자는 함께 동역(同役)하는 일꾼이 된다. 물론 '거주자-하나님 가족'의 구성원으로 살다가 확고한 목적이 있을 때 '순례자-하나님 가족'의 특공대가 될 수도 있다.

다만 키워야 할 어린 자녀가 있는데도 기도원에 가서 돌아오지 않는 부모가 있다면 문제가 아닐 수 없다. '거주자-하나님 가족'으로 살아야 할 사람이 아이들을 팽개치고 '순례자-하나님 가족'의 맹원으로 나설 때 문제가 있는 것이다.

혈육으로 맺어진 부모 형제는 물론이요, '누구든지 하나님의 뜻대로 행하는 사가 내 형제요 자매요 어머니'라는 영적 가족, 하나님 가족을 예수는 강조한다. 순례자든 거주자든 이들은 "하나님 뜻대로 행하는 자"라는 명확한 목적을 지향한다.

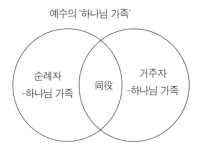

예수의 '하나님 가족'

예수가 "이웃을 네 몸처럼 사랑하라."고 할 때 그 사랑은 이미 혈연과 계급과 민족을 넘어선다. 유대교 혈연주의를 해체시킨 예수는 반(反)인륜이 아니라, 초(超)인륜을 가르친 것이다. 가라타니 고진은 바로 이 지점에서 예수가 무엇을 가르치는지 그 핵심을 본다.

『신약성서』에서는 단순히 사제 계급=국가에 대한 거부만이 있는 것이 아니라 가족·공동체에의 거부도 있습니다. 예수는 다음과 같이 말합니다.

"나는 아들과 아버지가, 딸과 어머니가, 며느리와 시어머니가 서로 다투게 하려고 왔다. 그러므로 가족이 자기의 원수가 될 것이다. 나보다 자기 부모를 더 사랑하는 사람은 나에게 적합하지 않다." "하늘에 계시는 아버지만을 바라는 자는 누구든지 내 형제와 자매이며 어머니이다." 예수는 이렇게 오래전부터 있어 온 가족·공동체를 배척함과 동시에 도시(상업 사회)가 초래한 부의 불평등에 저항했습니다. "만약 네가 완전하게 되길 원한다면, 돌아가서 네가 가진 것을 팔아 가난한 사람들에게 나누어 주어라. 그리하면 네가 하늘에서 보화를 얻으리라."

이처럼 보편 종교는 상인 자본주의·공동체·국가에 대항하여, 호수적(상호적)인 공동체 즉 어소시에이션을 지향하는 것으로서 나타났던 것입니다.(가라타니 고진, 『세계공화국으로』, 도서출판b, 2006, 107-108면)

가라타니 고진은 예수의 가족관이 갈릴리의 부족 종교를 보편 종교로 확장시켰다고 본다. 갈릴리 지역에서 태동한 예수운동은 '오래전부터 있어 온 가족·공동체를 배척함과 동시에 도시(상업 사회)가 초래한 부의 불평등에 저항'하며 선교적 활력을 얻어 보편적 세계종교로 발돋움 했다고 본다. 이 지점에서 예수의 가르침은 유대 공동체를 넘어 로마 세계 제국에 틈입하기 시작한다. 결국 예수의 '하나님 가족'은 로마 노예제 사회에 조금씩 균열이 일으키고 붕괴시킨다. 이후 예수의 뜻은 보편 종교로 정착한다. 문제는 로마의 권력자들이 예수의 뜻을 왜곡시켜, 권력자와 종교 지도자가 손을 잡으면서 혈연과 계급을 넘어선 예수의 가족론을 '권력자와 귀족의 가족주의'로 변질시킨 비극에 있다.

6. 전근대를 극복하는 영적 가족관

혈연주의를 파시즘으로 이용할 때 어떤 위험이 있는지 만세일계의 천황제 가족주의 국가를 통해 살펴보았다. 또한 유교적 가족제도가 어떤 위험이 있는지 루쉰의 문학을 통해 살펴보았다. 반면, 동학과 기독교는 혈연을 넘어 '영적 가족공동체'로 넓게 본다는 것을 확인했다.

동학에서 얼마나 여성과 어린이를 중요하게 보는지, 여성과 어린이를 왜 한울님의 존재로 보는지 살펴보았다. 기독교에서 예수가 말한 '하나님 가족'을 살펴보고, 다시 이 가족은 '순례자-하나님 가족'과 '거주자-하나님 가족'으로 나눌 수 있다는 점도 살펴보았다. 근대를 지향하는 운동, 가령 1911~1912년 쑨원의 신해혁명 이후 잡지 『신청년』을 중심으로 한 혁명운동의 가족 문제가 중요한 문제였다. 조선에서 《독립신문》, 『개벽』, 『신여성』 등의 잡지가 가족 문제, 위생문제에 집중한 것은 '가족의 개념'이 바로 근대로 넘어가는 핵심 문제였기 때문이다.

전(前)근대	근대사회
가족, 개인 ⊃ 개인은 국가에 종속	국가 ∞ 개인은 자유로운 존재
- 일본의 나쓰메 소세키의 『마음』에서도 메이지 천황을 따라 자결하는 노기 장군, 선생 등이 등장한다. - 중국의 가족으로 이루어진 국가 시스템(禮儀, 家族, 仁의 개념 들), 사람을 죽이는 가족제도들, 전족, 조혼, 축첩, 서자 제도 등	- 기독교 개화파들은 《독립신문》(1895)에서 집중해서 연재한 문제는 가족주의, 여성 자유, 위생론 등이었다. - 동학교도들이 만든 『개벽』의 인내천(人乃天) 개념은 바로 개인의 자유를 주장하는 사상이었다.

나쓰메 소세키가 소설 『마음』에서 보여준 천황을 중심으로 한 천황 중심의 가족국가주의, 여성과 아이의 인권을 파괴하는 중국의 그릇된 봉건주

의 문제는 개인을 국가 시스템에 가두는 제도였다. 반면 부패한 기독교 이전의 예수의 가르침이나 동학에서 한 인간 한 인간을 신적인 존재로 모시는 가르침은 국가와 개인 양자를 모두 자유롭게 한다는 사실을 확인했다. 혈연적 가족을 넘어 영적인 가족관으로 이웃을 사랑하려는 노력은 인도의 힌두교에서도 볼 수 있다. 엔도 슈사쿠의 마지막 소설『깊은 강』에서 절정은 기독교의 마리아상과 인도의 차문다 여신상을 비교하는 장면이다.

문둥병과 굶주림으로 늙고 병들었지만 인도의 차문다(Chamunda) 여신은 만신창이가 된 자신의 몸에서 인간의 아이들을 위해 자신의 젖을 내어주고, 실패하고 핍박당하는 이들을 위로하면서 이들의 고통과 분노를 스스로 받아들여 세상의 폭력을 해소해 낸다.

불교에서는 가족이란 '서로 인연으로 은혜로 맺어진 집단'이다. 은혜를 베풀고 그 은혜를 알고 갚는 혈연 공동체를 넘어, 불교에서는 '도반(道伴)으로서의 가족'이 중요하다. 불교에서 부부는 비록 세간에서 생활을 하고 있지만, 깨달음의 길을 함께 가는 도반(道伴)으로 표현되어 있다. 『상윳따니까야』「의지처경」에서는 '아내야말로 최상의 벗'이라고 했다. 불교에서 좋은 벗은 '수행의 전부'라고 할 만큼 가장 소중한 존재다. 함께 불법(佛法)을 닦으면서 사귄 벗이 가족이 된다. 지금 이 자리에서 함께 공부하는 이들이 서로 가족이 되는 것이다.

혈연주의와 계급제도를 넘어, 인류를 영적 가족공동체로 보고 그 사랑을 실천해 온 동학과 기독교는 깊은 의미를 지닌다. 타자를 적으로 삼고 사람이 사람을 죽이는 끔찍한 혈연주의와 계급주의를 넘어서는 동학과 기독교의 '영적 가족관'은 오늘날 평화를 위해 다시 새겨야 할 사상이다.

명멸하는 개벽과 신국
— 인류세의 개벽론, 비인간 존재들의 신국론에 대하여

이찬수

"이상은 추락함으로써 싹을 틔우는 한 알의 씨앗입니다. 비록 추락이 이상의 예정된 운명이라고 하더라도 이상은 대지(大地)에 추락하여야 합니다."

(신영복, 「대지의 민들레」, 파주: 돌베개, 2016, 91쪽)

1. 들어가는 말

수운 최제우(1824-1864) 이래 한국의 종교에서 '개벽(開闢)'이라는 말을 자주 써 왔다. 중국에서는 '개벽'을 세상의 시작 또는 세계의 주기적 변화라는 상수학적(象數學的) 의미로 사용하곤 했다. 조선에서도 이와 유사하게 쓰이다가, 후기 들어 수운을 위시해 증산, 소태산 같은 한국 종교의 선구자들에 의해 의미가 심화 및 확장되었다. 이들을 중심으로 개벽의 확장된 의미가 알려지면서, 세상의 전복을 상상하는 이들도 많아졌다. 저마다 개벽을 상상하면서 하나의 담론이 형성되었고, 크든 작든 개벽에 대한 상상이 세상을 바꾸는 동력이 되기도 했다.

기독교의 '하느님 나라' 운동에도 진작부터 그런 역사가 있어 왔다. 성경 속 '하느님 나라'에 해당하는 그리스어(헤 바실레이아 투 테우ἡ βασιλεία τοῦ θεοῦ)의 일차적 의미는 '신의 다스림'이다. 예수에게는 인간의 부당한 권력에 의한 불평등한 통치가 아닌, 공평무사한 신의 다스림, 임박한 새로운 세계(마가복음 1장 15절, 9장 1절; 누가복음 9장 27절, 10장 11절)라는 의미가 컸다. 하지만 예수 사후 일반 기독교인은 '하느님 나라'를 미래의 완벽한 이상 세계나 사후에 개인의 영혼이 머무는 '천당(天堂)'처럼 상상하곤 했다. 예수가 가르친 주기도문의 '나라'는 땅 위에서 구체화되는 신의 뜻이었지만, 하느님/신, 다스림/통치/나라 등의 용어에 대한 민중적 상상은 늘 예수의 메시지나 신학적 의미 밖으로 나아갔다. 그런 식으로 긍정적이든 부정적이든 세상에 영향을 주는 동력이 되어 왔다.

어떻든 큰 틀에서 개벽이든 신국이든 지금의 세상으로는 안 된다는 비판과 미래에 대한 희망적 기대가 반영된 세계관이라고 할 수 있다. 좀 더 자세히 살펴보자.

2. 개벽 개념의 역사와 신국[1]

1) 중국과 조선의 경우

'개벽(開闢)'은 '연다'/'열다'는 뜻이다. 이 말은 옛 중국에도 있었다. 중국 사상이 꽃피던 선진 시대(춘추전국시대, 기원전 770-기원전 221)의 개벽은 '토지를 개간하다'라는 뜻을 지닌 동사였다. 한대에 들어서서 '천지개벽' 등 인간 세상의 시작을 가리키는 용어가 등장했다. 이때의 천지개벽은 황무

---

1   박소정, 「동학 공동체의 철학적 근대: 개벽 개념의 성립과 계승 및 변용」, 『개벽의 사상사: 최제우에서 김수영까지, 문명 전환기의 한국 사상』, 창비, 2022, 66-89쪽; 허수, 「근대 전환기 동학·천도교의 개벽론」, 『개벽의 사상사: 최제우에서 김수영까지, 문명 전환기의 한국 사상』, 90-100쪽의 요지를 반영하며 보완 및 재정리했다.

지가 개간되어 인간이 살 만한 세상이 되었다는 의미였고, 이런 의미가 생성론적으로 확장되면서 세계의 시초라는 추상적 시점을 의미하는 말로도 쓰였다. 하지만 이 개벽은 먼 과거에 일어난 사건을 의미할 뿐, 미래적 사건이나 이상으로 상상되지는 않았다.

그러다가 송대에 이르러 개벽 개념에 미래 세계의 변화라는 생각이 담기기 시작했다. 소옹(邵雍, 1011-1077)의 "하늘은 자시에 열리고, 땅은 축시에 열리고, 사람은 인시에 열린다."(天開於子, 地闢於丑, 人生於寅)는 표현을 주희가 '개벽(開闢)'으로 개념화하면서 '세계의 주기적 재탄생'이라는 의미를 지니게 되었다. 여기에 미래적 사건이라는 의미도 들어 있었지만, 기존과는 완전히 다른 세상을 꿈꾸며 실천하는 인간의 노력이나 모습 같은 것은 아직 없었다. 후자의 의미가 등장한 것은 조선에서였다.

조선에서도 처음에는 중국에서처럼 '개간하다'의 의미로 쓰인 예들이 종종 있었고, 정해진 하늘의 운수나 순환론적인 원리를 의미하기도 했다. 그러다가 19세기 후반 수운 최제우는 다른 의미로 '다시 개벽'이라는 신조어를 사용했다. 정해진 하늘의 운수나 세상의 종말 개념에 국한되지 않고, 곧 세상이 뒤집어질 테니 그 어울리는 삶, 나아가 그 새 세상을 만드는 삶으로 전환해야 한다는 의미가 컸다.[2]

---

2   정약종은 '장생(長生)'이라는 의미를 담아 '개벽(改闢)'이라는 표현을 사용했다. 종교학자 한승훈은 이 '개벽(改闢)'이 19세기 신종교들에서 '후천개벽(後天開闢)' 사상이 나오게 된 배경이자, 수운 최제우가 말한 '다시개벽'은 '개벽(改闢)'의 한글 번역이라고 주장한다. 한승훈, "開闢과 改闢 : 조선후기 묵시종말적 개벽 개념의 18세기적 기원", 『종교와 문화』 제34호(2018), 203-243쪽.

2) 수운의 '다시개벽'

수운은 "십이제국 괴질운수 다시개벽 아닐런가"라 노래했다.(『용담유사』 「안심가」, 1861) 여러 나라에 콜레라나 장티푸스 같은 전염병이 도는 것을 보니 천지가 뒤집힐 때가 되었다는 의미이다. 비슷한 맥락에서 "유도불도(儒道佛道) 누천년에 운이역시 다했던가"(『용담유사』, 「교훈가」)라고도 읊었다. 계급적 질서를 떠받치며 조선의 지배 이데올로기 역할을 해오던 유교, 삼국시대 이래 한반도의 정신사를 이끌던 불교 모두 운(運)이 다했다고 보았다는 뜻이다. 세계의 중심이라던 중국이 아편전쟁으로 서양에 무너지고, 조선은 조선대로 정치가 문란해지고 백성이 급격히 피폐해지던 때였다. 이런 상황을 겪으면서, 수운은 세계가 하원갑(下元甲, 낡은 세대)에서 상원갑(上元甲, 새로운 세대)으로 접어들었다고 생각했다.(『용담유사』 「몽중노소문답가」, 1861) 빈부와 귀천이 뒤섞여가는 새로운 세상이 임박했다는 것이다. 이것은 기독교에서 예수가 "하느님 나라가 임박했다.", 즉 세상이 곧 다른 세계 속으로 돌입하게 될 것이라고 보았던 것과 비슷한 정서이다.

실제로 1894년 고부 지역에서 발생한 '민란'의 사발통문에는 '난리'가 나주기를 바라는 민중의 정서가 잘 반영되어 있다. 이제 세상이 바뀔 때가 되지 않았냐는 것이다. 동학농민군이 그 '난리'의 선봉에 섰고, 농민군은 승승장구했으며, 그 여세를 몰아 전라도 일대를 중심으로 각종 개혁을 추구했다.

성차별이나 신분제가 사회를 움직이는 핵심 원리였고, 정치적 차원의 '개화파'도 민중을 계몽의 대상으로만 생각하던 시절에 수운은 신분 차별과 성차별을 뛰어넘었다. 모든 이의 존엄함을 담은 '시천주(侍天主)'를 선포하고, 일반 민중도 '하늘님'을 모신 이로 차별없이 동등하게 격상시켰다.[3] 자신의 두 여종을 하나는 며느리로 하나는 수양딸로 삼는 등 사회적 하층민도 '섬김[敬]'의 대상으로 높였고, 시천주의 세상을 구체화시키는 실천을 했다. 이런 배경에서 그저 농사꾼이자 상민이었던 농민군의 승리와 이들의 주도하는 사회 개혁은 당시 민중에게 천지가 뒤집히는 '다시 개벽'처럼 여겨졌다.

수운에 의하면 '다시 개벽'은 인간이 '하늘님(하느님, 하늘님, 한울님)'을 모신 존재[侍天主]라는 자각을 기반으로 지금 여기에서 만들어 가는 새로운 세상이었다. 「안심가」에서는 신을 모셨음을 깨달은 순간부터 개벽은 시작되며, 그 개벽의 소임이 수운 자신과 조선인에게 맡겨져 있다고 확신했다. 「몽중노소문답가」(1862)에서도 「안심가」에서와 똑같이 "십이제국 괴질운수 다시개벽 아닐런가"라 노래하며 인간이 만들어 갈 태평성세로서의 개벽을 꿈꾸었다. 혼란스러운 시대를 극복해야 한다는 내적 요청에 충실했다. 수운에게 '다시 개벽'은 바로 지금 인간의 실천으로 일어나는 새로운 세상이었다. 시간이 흐름에 따라 그저 수동적으로 주어지는 상태가 아니라, '시천주'에 대한 깨달음에 기반해 세계를 주체적으로 변혁시켜 가는 전환의 과정이었다.

수운 자신이 명백히 논리화한 것은 아니지만, 여기에서 중요한 사실을

---

3 수운은 자신이 했던 종교체험의 대상을 '하늘님'이라 표현했고, 그것을 한자식으로 '天主'로 나타냈다. 天主의 '主'는 기독교식 '주님'이라는 뜻이 아니라, '님'의 한자식 존칭이다. 동학에서는 '하늘님'을 '하늘님', '한우님', '하울님', '하느님', '하날님' 등 다양하게 쓰다가 이돈화가 '한울님'이라는 호칭을 쓴 뒤 점차 '한울님'으로 굳어졌다. 한울님에는 '큰 울타리', 사실상 '우주 전체'라는 의미가 들어있다. 백낙청 외, 『개벽사상과 종교 공부: K사상의 세계화를 위하여』, 창비, 2024, 137-139쪽 참조.

하나 추론할 수 있다. 그것은 '시천주'를 깨닫기 전에도 '천주(하늘님)'는 이미 인간 안에 모셔져 있다는 사실이다. 인간은 자신이 의식하든 의식하지 못하든 신을 모시고 있는 귀한 존재인 것이다. 수운이 신에게서 들은 '오심즉여심(吾心卽汝心)', 즉 '하늘님의 마음과 수운의 마음의 동일성'은 수운에게만 해당되는 것이 아니라, 모든 인간에게 해당되는 원천적인 사실이다. 나중에 의암이 "본래의 나가 있기에 하늘도 있다."(「十三觀法」, 第9觀法 "我有觀 天有觀")거나, "본래의 나가 있기에 우주만물도 있다"(「十三觀法」, 第10觀法, "我有觀 物有觀")고 말한 것도 '다시 개벽'의 의미를 재해석한 것이라고 할 수 있다.[4]

인간의 마음은 본래 하늘의 마음과 같다. 수운은 이러한 원천적인 사실을 깨닫고 그에 기반해 '다시 개벽'의 이상에 대해 말한 것이다. 그렇다면 '다시 개벽'은 이미 이루어져 있는 현실이면서 동시에 바로 지금 이루어 나가야 할 긴급한 이상이기도 하다. '다시 개벽'은 새로운 기운이 도래하고 있다는 사실과 함께 시천주의 깨달음에 입각한 주체적이고 능동적인 실천으로 이루어지는 새로운 세상인 것이다.

3) 예수의 '하느님 나라'

이것은 예수가 '하느님 나라'를 내적으로 거듭난 이가 경험하게 될 새로운 세상으로 본 것과도 통한다: "정말 잘 들어 두어라. 물과 성령으로 새로 나지 않으면 아무도 하느님 나라에 들어갈 수 없다."(요한복음 3장 5절)

---

4   오문환, 『봄觀, 본래의 나를 찾는 마음공부』, 모시는사람들, 2009, 125-150쪽 참조.

그와 동시에 '하느님 나라'는 지금 여기 제자 공동체 안에 이미 이루어져 있는 현실이기도 했다: "보아라, '여기 있다' 혹은 '저기 있다' 말할 수도 없다. 하느님 나라는 바로 너희 가운데 있다."(누가복음 17장 21절) '하느님 나라'는 스승의 메시지에 동의하고 따르는 공동체 안에 '이미 이루어져 있는(already now)' 현재적 사실이면서, 그에 기반해 계속 추구해야 할 '아직 아닌(not yet)' 미래이기도 하다. 이런 시각에서 보면, '다시 개벽'에도 '지금 이미'와 '아직 아님'의 긴장이 동시에 들어 있다고 할 수 있다.

3. 두 용어의 관계, '다시 개벽 ≤ 후천개벽'

1) 다시 개벽과 후천개벽

수운의 개벽론은 해월에게로 이어졌다. 해월은 수운의 '다시 개벽'을 '선천(先天)'과 '후천(後天)'으로 나누어 풀었다.(『해월신사법설』「개벽운수」) 동학 창도(수운의 신 체험) 이전의 세상이 '선천개벽'이라면, 창도 이후의 세상이 '후천개벽'이다. 후천개벽은 선천의 삶의 방식으로는 해결할 수 없을 새로운 상황이기에, 삶의 자세도 그에 맞게 새로워져야 한다. 그 전제 중의 하나가 개인의 내적 전환이다. 수운의 '수심정기(守心正氣)'를 위시해 해월의 '향아설위(向我設位)'와 의암의 '이신환성(以身換性)' 등에 담겨 있듯이, 동학에서의 '개벽'은 개인의 내적 혁신을 기반으로 한다. 모든 이가 신을 모시고 있다는 자존감과 평등 의식이 그 핵심이다.

개인의 수양과 무관하게 그저 운수가 바뀌어 새로운 세상이 열린다는 상수학(象數學)적 개벽이 아니다. 다시 개벽, 후천개벽은 내적 수행에 입

각한 미래의 현재화이고, 그런 의미의 만사 혁신이다. 의암의 「인여물개
벽설(人與物開闢說)」에 담겨 있듯이, 그 미래는 사람과 사물 모두를 새롭고
깨끗하게 하는 것으로 드러난다. '후천개벽'은 '인여물개벽'이다. 사람과
사물 모두의 개벽으로서의 '후천개벽'은 수운의 '다시 개벽'을 현실에 맞게
확장하며 계승한 해석학적 용어라고 할 수 있다. 이들의 관계는 '다시 개
벽 ≤ 후천개벽'의 관계로 정리할 수 있을 것이다.[5]

이러한 개벽론은 오상준(1882-1947), 이돈화(1884-1950), 김기전(1894-?)
등 천도교 사상가들을 거쳐 20세기 전반에는 사회진화론적 시간론과 결
부되었고, 약(弱)이 강(强)으로 점진한다는 인식으로 이어졌으며, 그것이
후천개벽의 이상을 더 구체화시켰다.[6]

2) 개벽/신국 개념의 변화

그런데 이러한 해석적 변화에는 양면성이 있다. 개벽 개념을 시대에 맞
게 변형하며, 해월의 표현마따나 '용시용활(用時用活)'할수록 그 강조점도
점차 변해간다. 가령 이돈화는 「수운심법강의」(1933)에서 수운의 깨달음
으로 시작된 후천개벽의 삶을 '지상천국'으로 표현하곤 했다. 지상천국은
후천개벽에 해당하는 시대적 표현이지만, 수운 이래 전승되어 온 개벽 개

---

5   허수, 「근대 전환기 동학·천도교의 개벽론」, 앞의 책, 100쪽 참조해 만든 수학적 도
    식이다.
6   원불교의 창시자인 소태산 박중빈이 "물질이 개벽하니 정신을 개벽하자"거나, "약자
    강자진화상요법(弱者强者進化上要法)"에 대해 말했던 것도 이런 배경에서 나왔다고
    할 수 있다.

념의 독자성을 희석시키는 계기가 되기도 했다. 20세기 초반까지 많이 사용하던 '개벽이래(천지가 열린 이래)'라는 표현이 점차 '유사이래(有史以來)'로 대체되는 경향을 띠었던 것도 비슷한 맥락이다. 후천개벽이나 지상천국을 이른바 '근대어'인 '혁명'으로 보는 이들도 생기면서, 1920년대 이후에는 개벽보다는 혁명이라는 말을 더 많이 쓰게 되었다. 근대적 '역사'라는 말이 전근대적 '개벽'을, 그 내용상으로는 '혁명'이 '개벽'을 대체해 간 것이다.[7]

기독교의 역사도 비슷하게 전개되었다. '하느님 나라' 혹은 '신국'의 개념은 고대 유대교에서 비롯되었고, 예수를 거치면서 '꽉 찬 때'/임박한 종말(마가복음 1장 15절) 또는 지금 여기에서 구체화되는 이상적 사태로 이해되었지만, 역사적 현실화 과정 중에 일부 내용은 지상천국 개념으로 이어졌고, 일부 내용은 종말론적 미래 또는 사후에 영혼이 머무는 천당 개념으로 투사되는 경향을 보여주었다. 이런 변화는 기독교적 세계관을 시대에 맞게 문화화하는 데 기여하면서도 다른 한편으로는 하느님 나라에 담긴 인간의 실천적 투신성, 정치·사회적 의미를 약화시키는 계기로도 작용했다. 큰 틀에서 동학의 개벽도 그런 역사를 지닌다고 할 수 있다.

---

7 허수, 위의 글, 111-112쪽; 다른 예를 들면, 『개벽』은 천도교청년회가 '종교적 사회개조'를 지향하며 종합월간지 형태로 발간했지만, 일제강점기 하에서 직접 정치적이고 종교적 색채는 지양할 수밖에 없었다. 그렇기에 한편에는 『개벽』이 '개벽'이라는 용어와 그 사회적 의미를 알리는 데 기여했지만, 다른 한편에서 수운 등이 의도했던 '다시개벽'이나 '후천개벽'에 담긴 종교성은 상대적으로 느슨해질 수밖에 없었다. 한국 사회에서 '개벽'이라는 종교적(동학/천도교, 증산, 원불교적) 언어보다는 '혁명'이라는 일반적 언어가 더 익숙해진 것도 이런 역사와 연결된다고 할 수 있다. 허수, "『개벽』의 종교적 사회운동론과 일본의 '종교철학'", 『인문논총』 제72권 제1호(2015), 328-343쪽 참조.

4. 개벽과 신국을 경험하는 방식

1) 열렸다 다시 닫히는 현실

문제는 '개벽'이든 '신국'이든 수백, 수천 년을 지속해 온 말이지만, 실제로 온전히 경험된 적은 없는, 이상적 상태라는 데 있다. 개벽을 영어로 Great Opening으로 번역하곤 하지만, 인류는 '크게 열린(Great Opening)', 그것도 아주 긍정적으로 새롭게 열린 세상을 경험해 본 적이 없다. 개벽에 대한 저마다의 해석은 있어 왔지만, 수운이 '다시 개벽'을 말하고, 후학들이 '후천개벽'이라는 거대한 말 안에 담으려 한 그런 새로운 상태를 제대로 경험한 적이 없다.

개벽이라는 '사상'도 마찬가지이다. 개벽학파를 자처하는 철학자 조성환이 "개벽은 '개벽 전'과 '개벽 후'로 양분"되며, 한국 사상사는 개벽을 한국인의 눈으로, 주체적으로 사상화한 "동학 이전과 동학 이후로 양분된다"[8]고 진단하지만, 현실에서는 동학이 등장한 이후에도 개벽 사상이 한국 사상의 주류였던 적은 없다. 그는 '개벽'을 '자생적 근대화'라고 새롭게 해석하지만, 영향사적 차원에서 사상으로서의 개벽은 여전히 소수자가 사용하는 개념에 머문다. '자생적 근대화'라는 말이 서양식 '근대'의 프레임에 휘둘리면서 '자생성'을 훼손하게 될 가능성도 없지 않다.[9]

---

8   조성환·이병한, 『개벽파 선언: 다른백년 다시개벽』, 모시는사람들, 2019, 69쪽.

9   '개벽'을 '자생적 근대'나 '토착적 근대'(기타지마 기신北島義信의 표현)라고 해석하는 조성환의 입장은 서구식 문명화를 함축한 서양의 근대 프레임에 휘말릴 가능성이 있다고 이병한이 비판하는 것은 적절해 보인다.(조성환·이병한, 앞의 책, 35쪽, 81쪽)

양적인 주류가 중요한 것이 아닐뿐더러 진리는 비주류여도 상관없다고 말하기에는 '개벽'이라는 개념이 다소 거창하다. 수운 이후 '다시 개벽'이라는 새로운 이념 하에 '크게 열린' 세상을 도모했지만, 세상은 도리어 자기 폐쇄의 길로 치달았다. 오늘날에는 인류세 혹은 자본세라는 암울한 진단이 나오는 지경에 이르렀다. 이런 상황에서 개벽(Great Opening)이라는 큰 이야기는 자칫 공허한 메아리로 들릴 가능성도 있다.

하느님 나라/신국 개념도 마찬가지이다. 기독교 문화권에서 수천 년 동안 하느님 나라에 대해 말해 오고 있고 신학의 중심 사상으로 자리 잡아 왔지만, 실제로 인류가 하느님 나라를 실감해 본 적이 없다. 세상을 움직이는 근원적 동력을 '신'으로 명명하고 해석하고는 있지만, 현실에서의 신 혹은 신국은 언제나 미래적 이상으로 물러나면서 현실 너머에 있는 목적론의 근간처럼 작동하는 경향이 더 커졌다. 이와 비슷하게 '(다시) 개벽'도 이것이 개벽이다 싶으면 다시 한 걸음 물러나는 상황이 반복되었으니, 여전히 '이상적' 요청으로만 남아 있다고 보는 편이 옳다.

2) 닫힘의 틈새에서 반짝이는 열림

하지만 개벽과 신국에 대한 이런 양적 평가와 진단에도 불구하고, 개벽

개벽학을 주도하는 박맹수는 동학을 '비서구적 근대의 길'로 규정한다.(박맹수, 『개벽의 꿈, 동아시아를 깨우다』, 모시는사람들, 2012, 135-153쪽) 단순히 서구와 대립하는 구도가 아니라, 동서를 포괄하는 심층적 진리에 대한 깨달음에 입각해 외부 세계에 휘둘리지 않을 만큼 독자적이면서 가능한 모두가 평등한 공동체적 삶을 개척하는 데 있다는 사실을 말하려는 것이라고 하겠다.

적 사건이나 행위가 없었던 적도 없다. 세상이 완전히 열린 적이 없다고 해서, 신의 다스림을 인간이 온전히 경험해 본 적이 없다고 해서, 세상이 언제나 닫혀 있었다고만 할 수도 없다. 예나 이제나 여기저기서 새로운 세상을 열기 위한 끝없는 노력과 투쟁이 반짝이듯 있어 왔고, 어떤 방식으로든지 세상은 달라졌다고 느끼는 이들도 있어 왔다.

정도의 차이는 있을지언정 세상은 열린 듯 닫히고 닫힌 듯 열려 왔다. 여기저기서 새로운 세상이 보였다가 사라지고 닫혔다가 다시 열리는 방식이 계속되었다. '개벽'이 '명멸(明滅)'해 오고 있는 것이다. 가령 민족, 신분, 성차별이 당연하던 2천여 년 전에 바울이 한 평등 선언, 즉 "유대인이나 그리스인이나, 종이나 자유인이나, 남자나 여자나 차별이 없습니다. 그것은 여러분이 그리스도 예수 안에서 다 하나이기 때문입니다."(갈라디아서 3장 28절)라는 일성은 그 자체로 개벽의 선언이라 할 만했다. 마찬가지로 신분 차별을 위시해 온갖 차별을 정당화하던 시절에 나온 '시천주(侍天主)'라는 일성을 비롯해, '사인여천(事人如天)', '인내천(人乃天)'이라는 메시지도 새로운 세상을 열어 주는 창문과 같았다. '시천주'의 인식에 입각해 민중을 수탈하는 탐관오리에 도전하고, 일본의 조선 침략에 목숨 걸고 저항하는 것은 개벽적 행위였다.

그러나 개벽은 늘 장벽에 부딪혔다. 동학농민혁명도 일본의 힘이 현실이라며 그에 편승한 현실적 힘에 의해 좌절되었다. 가령 조선을 전근대에서 벗어나게 하려는 '개화파'는 동학운동도 전근대의 일환으로 보기도 했다. 서양식 근대를 추구하던 개화파는 서양식 근대에 접근한 일본을 수용과 긍정의 대상으로 삼기도 했다. 실제로 동학운동이 일어나던 당시 동아시아에서 '근대화'란 '서구식 문명화'였고, '개화'에도 그런 '서구화'의 의미가 담겨 있었다. 개화파는 서양과 동양을 근대와 전근대로 나누었고, 조선에서 탄생한 개벽 운동을 서양과 일본이라는 근대에 저항했다는 이유로 전근대적 움직임으로 이해하곤 했다.[10]

그런 식으로 한반도에서 자생적이고 독자적으로 추구한 '동학식 근대화 운동'[11]은 역시 한반도에서 일어난 개화라는 명분과 세력에 의해 희석되었다. 그렇게 더 근대적이라고 여겨진 '일본'이라는 더 큰 현실의 힘에 묻혀 갔고, 그 후과는 여전히 계속되고 있다. 이런 식으로 개벽은 나타났다 다시 묻히곤 했다.

5. 일본적 개벽의 흔적, 다나카 쇼조의 경우

전봉준을 위시하여 동학군이 '척양척왜(斥洋斥倭)'했다고 해서 서양이 모두 닫힌 세상이기만 했느냐면 전혀 그렇지 않다. 일본 전체가 '폐쇄'이기만 한 것도 아니다. 일본에도 '개벽(開闢, 카이뱌쿠)'이라는 말은 있어 왔

---

10 조성환, 『한국 근대의 탄생: 개화에서 개벽으로』, 모시는사람들, 2018, 104-107쪽 참조.

11 각주(8)에서는 조성환의 '자생적 근대화'라는 말을 다소 비판적으로 평가했지만, 서양적 근대화 담론과 무관하게 동학운동의 독자성을 '자생적 근대화' 내지는 기타지마 기신(北島義信)이 표방하는 '토착적 근대화'로 규정하는 것도 사실 큰 무리는 없다. 기타지마 기신은 이항대립적 서구형 근대론을 넘어서는 '토착적 근대'의 사례로 최제우의 '개벽 사상'과 아파르트헤이트(흑백차별)를 철폐시킨 남아공의 '우분투 사상'을 든다.(기타지마 기신, 「'토착적 근대'와 평화: 서구중심주의적 근대에서 평화·공생(상생)의 근대로, 지역에서의 실천 사례」, 『한국종교』 41집(2017); 北島義信, 「研究年譜 『土着的近代研究』 創刊にあたって」, 『土着的近代研究: 二項対立·欧米型近代を超えて』, 創刊號(2023), 2-3頁. 이런 맥락에서 본문에서도 동학에 독자적 '근대화 운동'이라는 표현을 써보았다.

고 그 흔적도 있어 왔다. 중국적 용례에서처럼 시대 순환에 입각한 새 세상의 열림 정도를 의미하는 경향이 있었지만, '개벽적' 실천 자체가 없었던 것은 아니다.[12] 그중 동학의 탄생과 동시대를 살았던 다나카 쇼조(田中正造, 1841-1913)의 행보가 돋보인다.

다나카는 일본의 정치인(중의원 의원)이었으면서도 조선의 전봉준이 "공명정대하게 스스로 개혁이라는 업을 맡았다."고 평가했고, 전봉준이 농민군의 행동 지침으로 세운 12개조 기율을 포함해 "동학을 '문명적'이라 칭송했으며, 조선 사회 안에서 자라고 있던 근본적 개혁의 새싹을 일본군이 짓밟아 버린 것을 깊이 슬퍼했다."[13] 그는 전문가들의 지식보다 민중적 지혜를 중시하며 민중 지향의 실천을 했고, 마을 자치를 강조했다. 또한 비전론(非戰論)에서 더 나아가 무전론(無戰論)을 주장했고, 군대를 없애고 외

---

12 일본의 '개벽적' 실천과 관련해서는, 일근대적 의미의 평화의 단초를 제공한 안도 쇼에키(安藤昌益, 1703-1762)를 위시해, 동학이 창도되던 시기의 자유 민권론자인 나카에 쵸민(中江兆民, 1847-1901), 주권재민적 민주주의를 추구한 우에키 에모리(植木枝盛, 1857-1982), '일본평화회(日本平和会)'를 창립한 기타무라 도코쿠(北村秀谷, 1868-1894), 기노시타 나오에(木下尙江, 1869-1937), 사회주의적 평화론자인 고토쿠 슈스이(幸德秋水, 1871-1911), 비전(非戰) 평화론자인 우치무라 간조(內村鑑三, 1861-1930), 절대평화론을 외친 야나이하라 타다오(矢內原忠雄, 1893-1961), 비폭력주의 노동운동을 펼친 가가와 도요히코(賀川豊彦, 1888-1960) 등이 돋보인다. 그럴더라도 이들이 한국의 동학처럼 혁명적 운동으로 이어졌거나 일단의 세력을 형성하며 사회를 바꾸는 정도까지 영향을 주었다고 할 수는 없다. 어느 정도 '개벽적' 실천이기는 했어도 일본적 사상 체계나 체계적 실천으로까지 이어지지는 못했다. 이와 같은 일본의 평화 사상과 운동에 대해서는 이찬수, 「비전(非戰), 반군국주의, 비핵화로서의 평화: 일본 평화 개념사의 핵심」, 『세계 평화 개념사: 인류의 평화 그 거대 담론의 역사』, 인간사랑, 2020, 164-186쪽 참조.
13 고마쓰 히로시, 오니시 히데나오 옮김, 『참된 문명은 사람을 죽이지 아니하고』, 상추쌈, 2020, 105-107쪽.

교비를 늘려 일본이 세계 평화를 여는 중심이 되기를 바랐다. "사람의 고귀함은 만사 만물을 거슬러 해치지 않고, 타고난 기운을 바로잡아 고립되지 않는 데 있다."면서 자연과 어우러지며 살았다. 그의 삶과 사상을 다룬 책의 제목, 즉 『참된 문명은 (산을 황폐하게 하지 않고, 강을 더럽히지 않고, 마을을 부수지 않고,) 사람을 죽이지 아니한다』에 이런 정신이 잘 반영되어 있다.[14]

일본 제국주의의 자긍심이 하늘을 찌르던 시절, 국가보다는 '하늘땅'과 더불어 살려던 다나카의 정신과 자세는 '개벽적'이다. 하지만 이런 목소리가 하나의 세력이나 운동으로까지 연결되지는 못했다. 다나카의 운동은 개인의 실천에 머물렀다. 개인의 힘이 반짝이다가, 부국강병을 지향하는 일본 제국의 힘에 의해 꺼져 버렸다. 다른 평화주의자들의 목소리도 피었다가 더 큰 힘에 의해 묻혀 버렸다. 평화의 작은 창문이 빼꼼 열렸다가 제국 중심의 거센 비바람에 다시 닫히는 상황이 반복되어 왔다. 그에 비하면 동학의 개벽 사상은 일정한 세력을 형성하고 민중 운동으로까지 이어져 왔으니 더 개벽적이었다고 할 수 있다.

---

14 고마쓰 히로시, 앞의 책, 119, 126-127, 184쪽. 그 밖에도 다나카는 "인민은 인민의 경험을 믿고 물러서지 말라"거나, "가장 높은 학교는 민중 속에 있다"거나 "국유나 민유/사유가 아니라 공유를" 강조했다. 유교 사상을 기반으로 하면서 인(仁), 정직, 양심의 근원으로서의 하늘을 우러르며 살았고, 일본이 대국주의에 취해 전쟁으로 내몰려갈 때, 도리어 일본은 망해간다고 외쳤다.(고마쓰 히로시, 위의 책, 46-47쪽, 109-113쪽, 146-150쪽, 178쪽)

6. 개벽과 신국의 양면성, 디지털 세계의 경우

1) 선한 의도, 다른 결과

그럼에도 불구하고 '다시 개벽'은 '다시닫힘'이 되기도 했다. 왜 열렸다 닫히는 것일까? 열림과 닫힘은 서로 다른 힘인가? 아니면 같은 힘의 다른 효과인가? 열림과 닫힘의 기준은 무엇인가? 개벽과 신국은 하나의 방향성을 지니는가? 개벽과 신국은 인간만을 위한 이상이자 과제인가? 가령 마른 장작이나 땅속 미생물에까지 적용되는 유기적인 세계인가?

이것은 개벽과 신국 논의를 어렵게 하는 질문들이다. 특히 모든 비인간 존재들의 개벽 논의는 이제 시작되고 있는 정도이다. 더욱 더 냉철하게 풀어 가야 할 도전적인 질문들이다. 분명한 사실은 선한 의도라고 해서 언제나 선한 결과를 가져오는 것은 아니라는 것이다. 신국을 앞당기려는 노력이 신국을 후퇴시킬 수도 있다는 것이다. 나에게는 열리는 문이었는데 남에게는 닫히는 문이 될 수도 있다. 디지털 문화의 한 사례인 SNS의 경우를 한 예로 들어 보자.

가령 옆 건물에 있는 동료가 사회 개벽을 위한 제언을 SNS에 올렸다고 하자. 나는 그 제언에 동의하며 응원하려는 선한 의도로 '좋아요'를 누른다. 그것이 개벽적 실천에 동조하는 것이라 생각하며 여기저기 퍼 나르기도 한다. 그 뒤 무슨 일이 벌어지는가. 가령 페이스북에서 '좋아요'를 누르면 그 '좋아요'는 제일 먼저 컴퓨터에서 출발해 전송층과 네크워크층을 거쳐 해저케이블을 지난다. 그 뒤 이동통신 사업자나 인터넷 모뎀의 4G/5G 안테나를 거쳐 도로 아래 묻혀 있는 구리관으로 이어진다. 그 뒤 대규모

길이로 설치된 전선을 타고서 통신 사업자들의 인터넷 공간에 쌓여 있는 다른 '좋아요'들과 합류한다. 여기서 모인 '좋아요'는 다른 데이터 센터로 운반된다. 그 과정에 바다를 가로지르기도 한다. 그 뒤에는 동료의 휴대전화를 향해 지금까지의 여정 그대로 거꾸로 거슬러 올라간다. 나의 '좋아요'는 수천 킬로미터를 여행하고서야 옆 건물에 있는 어떤 개벽주의자의 휴대전화에 도달하는 것이다.

이런 식으로 SNS 세계에서의 '좋아요'는 얼핏 아무런 흔적도 남기지 않는 순간적이고 비가시적 행위인 것 같지만, 실제로는 대단히 구체적이고 지리학적이다. '좋아요'의 '지리학'이라는 말이 나올 정도이다.[15] '좋아요'는 단순히 디지털 행위가 아니라 구체적인 '지리적' 선택인 것이다. 결정적인 것은 그 지리적 행위들이 쌓이면서 물론 엄청난 양의 지구 에너지를 소비하면서 인간이 지구의 지질학적 구조까지 변화시킨다는 것이다. 인간이 스스로를 파멸의 길로 몰아가는, 이른바 '인류세'로 접어들지 않았던가.

2) 탈물질화와 다물질화

기욤 피트롱(Guillaume Pitron)의 꼼꼼한 연구에 의하면, 디지털 산업은 어마어마한 전기를 사용하며 기후 위기와 생명 파괴에 일조한다. 디지털 행위는 외관상 깔끔하고 깨끗하게 보이지만, 아무리 평범한 디지털 행위일지라도 탄소를 남긴다. 좋은 소식을 전하기 위한 "이메일도 한 통당 최

---

15 기욤 피트롱, 양영란 옮김, 『'좋아요'는 어떻게 지구를 파괴하는가』, 갈라파고스, 2023, 46-47쪽.

소 0.5그램에서 용량이 큰 첨부파일을 동반하는 경우 20그램까지의 탄소를 발생시킨다. 이는 1시간 내내 켜 둔 전구로 인하여 발생하는 탄소의 양과 맞먹는다. 매일 이러한 메일 3,190억 통이 전 세계로 발송된다."[16] 선한 의도가 선한 결과를 가져오는 것은 아니라는 말이다. "온라인 커뮤니케이션이 사회적 교류를 크게 저해하고", 선한 의도와는 달리 의식하지도 못한 사이에 "우리는 서로에게 인간적으로 대화하는 방법을 잊어 가고 있다."[17] 그 과정에 막대한 전기에너지를 사용하는 것은 물론이다.

그런데 이메일 발송에 드는 에너지는 동영상 조회에 드는 에너지에 비하면 무시해도 좋을 정도이다. 가수 싸이의 노래 '강남스타일'이 발매되던 해 유튜브 조회수가 17억 회에 이르렀다.[18] 이는 297기가와트의 전력 소비에 해당되는 양으로, 프랑스에서 인구 7만 명 정도가 사는 중소 도시의 연간 전력 소비량에 버금간다.[19] 무심결에 흘려 본 디지털 동영상이 엄청난 양의 전기를 소모하고 지구를 위기로 몰아가는 것이다. 유튜브에 게시된 동영상 하나가 그럴진대, 유튜브 전체로 가면 어떻겠는가. 그 전력 소모량은 헤아리기가 불가능한 상황이다. 선한 의도가 그만큼 선한 결과를 가져오는 것은 아니라는 말이다.

---

16 기욤 피트롱, 앞의 책, 161쪽.

17 Ainissa Ramirez, *The Alchemy of Us: How Humans and Matter Transformed One Another*, 김명주 옮김, 『인간이 만든 물질, 물질이 만든 인간』, 파주: 김영사, 2022, 152쪽.

18 2024년을 기준으로 가수 싸이의 관계자가 올린 공식적 뮤직비디오의 조회수는 52억 회에 이른다. 그밖에도 싸이의 노래를 유튜버들이 자체 편집해 올린 동영상의 조회수는 계산하기 힘들 정도로 많다.

19 기욤 피트롱, 앞의 책, 161쪽.

인간이 AI를 만들어 자신의 생각까지도 AI에 맡길 정도로 물질적 매개를 넘어서는 이른바 '탈물질화'의 단계를 밟는 것 같지만, 인터넷을 가능하게 하는 무수한 금속성 물질을 염두에 두면 디지털 산업은 탈물질화가 아니라 다른 식의 물질화 과정이다. 디지털 세계는 외적으로는 단순해 보이지만 그 실상은 전에 없던 물질들의 복잡한 투입과 유기적 사용으로 얽혀 있다. 작은 스마트폰은 외형만 '스마트'하게 보일 뿐, 내용은 전에 없던 50가지 이상의 금속 재료들로 복잡하게 구성되어 있다. 인간은 컴퓨터 산업을 키우며 208가지 이상의 새로운 광물질을 탄생시켰고, 매년 에펠탑 5,000개의 무게에 맞먹는 전자 폐기물을 만들어 낸다.[20] 컴퓨터로 세상을 편리하게 연결시키는 과정에 예전에는 사용된 적 없던 물질을 기하급수적으로 창조하고 결합시킨다. '탈물질화'이기는커녕 도리어 '다물질화'이다.

이러한 미시적 다물질화를 가능하게 해 주는 전 세계의 무수한 데이터 센터들이 에너지를 급속히 빨아들이며 지구의 물질적 기초마저 변화시키는 동력으로 작용한다. 이상을 향해 나아가는 과정이 비이상적 혹은 몰이상적이게 되는 모순이 벌어지는 것이다. 이런 상황에 개벽과 신국의 이상을 어떻게 전달하고 확산시킬 것인가. 아니, 개벽이나 신국이라는 이상 세계가 과연 가능하기나 할 것인가.

7. 물질개벽에 종속된 정신개벽

원불교의 개조인 소태산이 "물질이 개벽되니 정신을 개벽하자"는 제언

---

20 기욤 피트롱, 위의 책, 60-61쪽, 307-308쪽.

을 했다. 그러면서 다음처럼 정신개벽을 주문했다: "모든 사람의 정신이 물질에 끌리지 아니하고 물질을 사용하는 사람이 되어 주기를 천지에 기도하여 천의(天意)에 감동이 있게 하여 볼지어다."(『대종경』「서품」13장) 물질의 무분별한 생산과 형성과 소비를 바로잡을 단순하고 분명한 비책처럼 들린다.

오래전부터 불교에서도 이와 비슷한 의미로 불성에 대해 말하고 불교식 심성론을 전승해 오며 불국토(佛國土)라는 이상 세계를 제시했지만, 역사 속에서 '불국토'가 두루 현실화된 적은 없다. 전에 그랬듯이 지금도 불국토 이야기를 하며 살아갈 뿐이다. "물질에 끌리지 아니하고 물질을 사용한다"는 소태산의 제안도 실제로는 공허한 메아리에 가까울 정도로 도리어 물질 체계는 더 정교해졌고, 물질을 사용하는 행위 자체가 물질에 끌리는, 즉 물질에 종속되는 결과로 이어져 오고 있다. 정신개벽을 위해서도 물질을 이용할 수밖에 없을 정도로 정신이 물질에 종속적인 것이 현실이다. 정신의 종속은 어떤 식으로 일어나는가?

가령 마른 나뭇가지를 비비면 마찰열로 인해 불이 일어난다. 마찰열과 발화는 자연법칙의 일환이다. 고대인이 나뭇가지를 비벼 불을 일으키는 방법을 알았을 때, 그 불 역시 자연법칙에 따라 일어난 것이다. 하지만 순수한 자연법칙이 아닌, 인간의 목적에 맞게 조율된, 대상화된 자연법칙이다. 인간은 자연법칙을 대상화해 하나의 방법으로 표준화하고 기술화해 다른 이에게 전수하면서 문명을 일으킨다. 자신을 자연에 대한 통제자나 조절자로 인식하면서 스스로를 문명의 주인으로 간주한다. 인간이 대상화하고 전승한 자연법칙의 양이 많아지고 규모가 커질수록, 그것으로 본래의 자연법칙을 대체할수록 문명은 더 복잡하고 정교해진다.

그러다가 역설이 벌어진다. 인간이 원하는 바를 얻으려 하면 할수록 인간은 자신이 수단화한 기계적 자연법칙에 종속되는 것이다. 자신이 만든 문명을 향유하려 하면 할수록 자신이 만든 문명에 종속되어 가는 것이다. 인터넷의 효과를 누리려면 인터넷의 법칙에 따라야 한다. 디지털의 원리와 결과의 위험성을 알리기 위해서라도 디지털의 원리에 따르지 않을 수 없게 된 것이다. 그런 식으로 인간은 자신이 만든 문명에 종속되어 갔고, 문명으로부터 자유로울 수 없는 지경으로 내몰렸다. 이런 식으로 정신은 물질의 역사에 종속되고 물질의 하위 영역이 되어 간 것이다.

만일 정신개벽을 내세우면서도 이런 문제의식이 없다면 아무리 큰 목소리도 그저 공허한 메아리로 돌아올 가능성이 크다. 가령 원불교 『정전(正典)』에서 말하는 '정신은 마음이 두렷하고 고요하여 분별성과 주착심이 없는 경지'를 의미한다. 당연히 '정신개벽'은 '마음이 두렷하고 고요하여 분별성과 주착심이 없는 경지'에 이르는 것이다. 그런데 소태산의 깨달음 이후 백 년이 넘는 동안 이런 정신개벽은 얼마나 이루어졌을까? 분명하고 우울한 사실은 소태산이 정신개벽을 외치던 시절보다 그 후예들은 자신들의 의도와 상관없이 더 물질에 종속된 삶을 살고 있다는 것이다. 물질에 종속된 정신, 소태산을 따른다는 원불교도도 여기에서 예외가 아니다.

물질화, 그것도 미시적이고 치밀한 다물질화 과정에 갇혀 버린 오늘날, 물질을 넘어 정신을 개벽한다는 것은 과연 가능할 것인가? '정신'이 더 혼미해지고 있는 현실에서 '마음이 두렷하고 고요하여 분별성과 주착심이 없는 경지'라는 이상적 전제가 오늘 우리에게 과연 어떤 의미를 줄 수 있을 것인가?

8. 인류세 시대, 개벽을 개벽하기

1) 개벽의 이상과 무목적적 세계

다른 문제는 개벽 자체의 어려움 못지않게, 무엇이 '열림'이고 무엇이 '닫힘'인지에 대한 이해 자체가 다양하다는 데서도 온다. 가령 정치적 보수와 진보는 서로가 서로에게 대응하고 작용하면서 서로를 닫힘의 증거처럼 간주한다. 세상이 진보적이기만 했던 적도 없고, 보수적이기만 했던 적도 없다. 때로는 진보적으로 사회가 좀 변하는 듯했다가, 다시 보수적으로 회귀하기를 반복해 왔다. 세상이 새로 열렸다고 한다면, 그것은 간헐적이고 산발적이며, 게다가 그것이 열린 것이라고 동의한 이에게만 부분적으로 그렇게 보였을 뿐이다. 그런 식으로 개벽이나 신국은 다양하게 변주되며 보기에 따라서는 정해진 방향성이 없이 그저 변해 가는 중이다. 인류세에 대한 적극적 이해를 선도하는 생태사상가 티머시 모턴(Timothy Morton)이 '세계는 무목적적'이라고 단정하는 데에는 이유가 있다.

모턴에 의하면, 세계·인간·비인간 존재는 서로가 서로 속으로 들어가는 방식으로 존재해 왔고, 애당초부터 상호 결합적이다. 인간은 일회적이고 직선적인 시간관에 근거해 사물들이 긍정적으로 결합해 갈 것처럼 상상해 왔지만, 실제로 결합의 방향성은 모호하다. 모호할 뿐만 아니라, 모든 존재들은 정해진 목적 없이 상호 의존하며, 상호 의존의 방향이 상보적이기만 한 것도 아니다. 모든 존재들은 때로 서로에게 해를 끼치는 식으로

상호 작용하기도 한다.[21]

인간과 비인간 존재들은 물론 모든 사물은 마치 뫼비우스의 띠처럼 시작도 끝도 없이 다른 사물과 얽히며 움직인다. 온갖 존재들이 서로 뒤얽히는 과정에 시간과 공간도 생긴다.[22] 브루노 라투르(Bruno Latour)에 의하면, 모든 존재들은 다른 데서 만들어진 법을 지키는 것이 아니라, 그들 자신의 법을 스스로 만들어 간다.[23] 인간이 제아무리 자연을 객체화해도 인간은 자연의 복잡한 실재들보다 작으며, 인간이 객체화한 자연에 종속된다. 무수한 부분들이 인간을 만드는 것이지 그 반대가 아니다.

그럼에도 불구하고 지금까지 인간 중심적 자세로 그 반대의 상상을 해왔다. 개벽과 신국도 오랫동안 인간 중심적이었다. 이런 상황에서 비인간 존재를 포함하는 사유가 전개되기 시작한 것은 그나마 다행이다. '개벽'과 '신국'의 개념을 인간-비인간의 상호 결합성, 만물의 관계성 중심으로 전폭적으로 재구성해야 할 때인 것이다.

2) 삼경 사상의 가능성과 난제

이때 해월의 삼경(三敬), 즉 하늘과 인간과 만물을 같은 차원에서 관계적으로 보아야 한다는 경천(敬天)-경인(敬人)-경물(敬物) 사상(『해월신사법설』,

21 티머시 모턴, 김용규 옮김, 『인류』, 부산대출판문화원, 2021, 17쪽.

22 Timothy Morton, *Being Ecological*, London: Pelican Book, 2018, pp.58-59.

23 Bruno Latour, *"We don't seem to live on the same planet"* - A Fictional Planetarium, in Bruno Latour & Peter Weibel (eds.), *Critical Zones. The Science and Politics of Landing on Earth*, Cambridge and Karlsruhe: MIT Press and ZKM, 2020, chap.6.

「삼경」)은 난국을 타개할 수 있는 최소한의 가능성을 제공해 준다. 한울님을 공경하는 '경천'은, 자기 밖의 허공을 향하는 선천 시대의 예법과 달리, 한울님을 모신 자신을 향하고 자신의 마음을 공경하는 것이다. 수운의 가르침에서처럼, 인간의 마음이 곧 한울의 마음[吾心卽汝心]이기 때문이다. 이 '경천'은 사람과 사물을 동등하게 대하는 '대인접물(待人接物)'의 자세로 나타난다. 대인접물은 경천의 다른 이름이며, 이런 맥락에서 삼경 사상의 '경'(敬)은 수운이 가르친 '모심[侍]'의 다른 이름이 된다.[24] 삼경 사상, 특히 경물 사상은 20세기의 개벽을 다시 개벽할 수 있는 최후의 이정표와도 같다.

하지만 현실에서는 여전히 이론에 머문다. 현실에서는 동학의 후예들이라고 해서 모두 경물 사상을 온전히 실천하는 것도, 실천할 수 있는 것도 아니다. 실천한다고 해도 그 실천이 정말로 '경물'이 되는지 입증할 재간도 없다. "침과 코가 땅에 떨어지거든 닦아 없이 하라."(『해월신사법설』, 「내수도문」)거나, "땅을 소중히 여기기를 어머님의 살같이 하라."(『해월신사법설』, 「성·경·신」) 할 정도의 경물 사상을 전승하고 있지만, 천도교인도 땅 위에 콘크리트 건물을 지어야 하고, 땅을 파고 그 아래 통신선을 깔아야 하며, 맨땅에 아스팔트를 덮고 자동차를 운전하고 그 위를 밟으며 다닐 수밖에 없다.

사람을 공경[敬人]해야 한다지만, 안중근이 이토 히로부미를 공경할 수 없고, 전봉준이 경복궁을 침탈한 일본군을 공경할 수 없었듯이, 죽이고 죽는 모든 사람을 공경하기는 힘들다. 일본에 의해 식민지가 되었지만, 식민

---

24 박길수, 「인류세 이후: 경물(敬物) 시대를 맞이하는 지혜」, 『개벽』 제12호(2023 가을호), 34쪽.

지 시절에도 무언가 혜택을 받고 누리는 사람들이 있었다. 저마다 처한 환경에 따라, 일본과의 정신적 거리에 따라, 일본에 대한 이해가 동일하지도 않다. 남북으로 분단된 상황에서 같은 천도교인들끼리도 북한의 정치적 현실에 대한 입장이 상이하다. 정치적 진보와 보수가 나뉜다.

사물을 공경해야 한다지만, 사물을 수단으로 삼을 수밖에 없는 것이 인간 삶의 현장이다. 하늘을 공경[敬天]해야 한다지만, 인간 공경[敬人]과 사물 공경[敬物]이 어렵듯이, 하늘 공경[敬天]도 막연하거나 어려운 것일 수밖에 없다. 본래적 나의 발견이 곧 하늘 공경[敬天]이며, 대인접물(待人接物), 즉 경인(敬人)과 경물(敬物)이 곧 하늘 공경[敬天]이라지만, 모든 비인간 존재를 나 이상으로 공경하기는 사실상 힘들다. 나아가 탁월한 동학 사상가도 오늘의 천도교인도 불가피하게 성과 지향적 자본주의에 휘둘리고, 문명을 완전히 떠나 살 수도 없다. 문명의 법칙 안에 있을 수밖에 없다. 매연을 거부한다며 전기차를 타지만, 전기차를 타면서 화석연료와 원자력으로 만든 전기를 소모한다. "'좋아요'의 지리학"에서 보았듯이, 매끈할 것 같은 디지털 문화를 향유하면서 이산화탄소를 발생시키고 기후 위기에 기여한다. '하느님 나라'를 건설하려 하면 할수록 '인간의 나라'가 강해지는 모순이 벌어지고 있는 것이다.

9. 비인간 존재들의 신국론, 지구 중심적 개벽론

1) 초객체와 물물천

'개벽', '신국'이라는 말 자체에 문제가 있는 것은 아니다. 여전히 자기중심성을 전제하고 인간 중심적으로 사고하는 습관이 문제다. '하느님 나라'를 말하면서도 그 하느님은 인간에 의해 인식된 인간 중심적 신이고, 하느님 나라, 신의 다스림도 사실상 '나에게 더 좋을 시간', '그들만의 공간', 그렇게 '인간을 위한 나라'이자 '당신들의 천국'이라는 사실이 문제다. 한편에서는 '신의 다스림'이라는 이상을 선포하지만, 현실에서는 신도 인간에게 하나의 객체이고 인간을 위한 수단인 것이다.

그동안 이러한 현실을 전환시킬 만한 대안적 이론들이 없었던 것은 아니나. 전술한 해월의 대인접물은 물론 물오동포(物吾同胞), '물물천 사사천(物物天 事事天)', 대승불교 화엄 철학의 핵심인 '사사무애(事事無碍)' 같은 것들이 있었고, 이들은 여전히 대안적 이론이 된다.

가령 해월은 수운의 가르침을 계승하며 이렇게 말했다: "내 항상 말할 때에 '물건마다 한울[物物天]'이요 '일마다 한울[事事天]'이라 하였나니, 만약 이 이치를 옳다고 인정한다면 모든 물건이 다 '한울로서 한울을 먹는 것[以天食天]' 아님이 없다."(『해월신사법설』 「이천식천」) 사람도 사물도 사건도 '한울이 한울 전체를 키우는' 원리, 즉 '이천식천(以天食天)'의 원리에 따른다는 것이다. 마찬가지로 '모든 현상들 간에는 걸림이 없다'는 불교의 '사사무애'에도 어떤 인간 중심적 가치도 들어 있지 않다. 그레이엄 하먼 (Graham Harman)은 '객체-지향적-존재론(object-oriented ontology)'이라는 말로 사실상 이에 해당하는 세계관을 전개한다.

하먼에 의하면 세계에는 주체가 아닌, 객체들 간의 자유 교섭이 있을 뿐이다. "그동안 객체는 주체에 의해 인식되는 만큼만 객체이며, 주체에 종속적인 것으로 간주해 왔다. 지구도 인간을 위한 수단으로 객체화해 왔다. 그러나 하먼에 의하면 '객체'라고 하는 것은 인간에 의해 다 파악되지 않는다."[25] 객체는 "그것을 구성하는 요소나, 그것이 다른 사물들에 행하는 효과들로 완전히 환원될 수 없는 어떤 것이다."[26] 객체에는 "어떤 요소나 효과로 환원될 수 없는, 그 고유의 깊이와 어둠과 불투명성이 있다." 하먼의 '객체-지향적 존재론'은 바로 이것을 의미한다. 모든 객체는 그 객체에 대한 모든 인식을 넘어서는, 모턴의 표현을 빌리면 사실상 '초객체(hyperobject)'인 것이다.[27] '사물이 그대로 하늘(物物天)'이라는 말은 사물이 인간의 하위 범주가 아니며, 인간을 위한 수단에 머물지 않는다는 뜻이다. 사물은 그것이 아무리 미시적이라 해도 인간이 파악한 영역을 언제나 넘어서기에 '사물이 그대로 하늘'이라 말할 수밖에 없는 것이다. 누군가 하는 일이나 어디선가 벌어지는 사건도 마찬가지의 논리 안에 있다.

'객체-지향적-존재론', '초객체' 등의 개념은 마치 '물물천 사사천(物物天事事天)', '사사무애(事事無碍)'의 세계관을 서양철학적 언어로 해석한 것 같은 느낌이 들 정도로 상통한다. '이천식천', '사사무애'의 세계관이 오늘 구미 학자들에 의해 '객체-지향적 존재론'이니 '초객체'니 하는 말로 변주된다는 인상을 받는다.

그런 식으로 오늘의 철학에서는 일회적인 시간관에 입각한 이상향의 도래 같은 꿈이 깨져 가고, '포월'(匍越, 김진석), '저월'(低越, 티머시 모턴) 등의 개념이 기존의 '초월'(超越) 개념을 대체하고 있다.[28] 이런 이론들은 개

25 이찬수, 「인간과 자연의 점선적 경계에 대하여: 차크라바르티, 모턴, 해러웨이, 켈러의 인류세 담론을 중심으로」, 『경계연구』 2집1호(2023), 113쪽.

26 Graham Harman, *Object-Oriented Ontology*, London: Penguin Books, 2017, p.43.

27 Timothy Morton, Ibid., p.22.

28 포월, 저월 등은 외견상 새로운 개념들이다. 이런 개념들의 출현은 기존 신학이나 형이상학에서 초월의 개념을 좁게 사용해 온 데 대한 인류세 철학자들의 비판적 대응의

벽의 근간인 경물 사상을 더 급진화시켜 '물(物)을 경(敬)하는' 자세에서조차 인간의 자취를 남기지 말아야 하고, 물(物)과 사(事)에 대한 인간중심주의적 판단을 극복해야 할 것을 요구한다. 하느님이 인간에 의해 인간 중심적으로 인식된 인간 중심적 관념이 되지 않도록 해야 하고, '신의 다스림'이 사실상 '인간을 위한 나라', 그것도 '그들만의 나라', '당신들의 천국'이 되지 않도록 사유를 급진화해야 한다는 것이다.

2) 미생물들의 하느님 나라

이러한 탈인간중심주의는 도나 해러웨이(Donna J. Haraway)의 표현마따나, 인간이 퇴비의 수준으로까지 내려갈 때 가능해진다. 생물학자이기도 한 해러웨이는 인류세를 살아가야 하는 인간에게 '실뜨기(string figure)', '퇴

일환이라고 할 수 있다. 라투르나 모턴 등이 신학적 세계관을 좁게 해석하여 상위의 혹은 근저에 해당하는 '초월'의 관점을 완전히 거부하는 경향이 있지만, '초월'의 의미를 좀 더 넓고 깊게 보면 만물 평등으로 대변될 수 있는 보편 은총의 다른 이름이다. 신학의 근간이라 할 수 있을 '은총론'에서는 모든 것을 인간적 성취 이전에 주어진 선물로 본다. 자연은 인간이 자연에 대해 인식하기 이전부터 인간의 인식에 선행하며 애당초부터 인간 안에 주어져 있는 인간 존재의 근거이다. 인간의 대상이나 수단이 아니다. 심층적 차원에서 보면, 원불교의 사은(四恩) 사상도 그렇고, 기독교의 신학적 은총론도 그렇고, 모든 것은 인간의 습관적 인식을 넘어서서 이미 그렇게 되어 있는 것이다. 주요 종교들의 핵심 메시지, 즉 창조론, 불성론, 사은론, 시천주론, 이기론 등의 공통점은 모든 것이 인간 이전에 그렇게 주어져 있다는 데 있다. 하지만 인간이 주체라는 오해와 착각이 보편적 은총론의 개념도 뒤집어놓았고, 지구를 바꾸는 데까지 이르렀다. 인간은 미생물과 같은 것들을 포함해 모든 사물들과 공존하는 존재일 수밖에 없다는 겸손함만이 지구의 위기를 전환시킬 수 있는 유일한 길이다. 이런 식으로 초월과 은총의 개념을 인류세 시대에 어울리도록 변증적으로 해석할 수도 있다.

비(compost)'라는 은유적 개념에 어울리는 삶의 자세를 요구한다. 여럿이 함께하는 실뜨기는 능동과 수동의 주고받기로 생존의 패턴을 만들어 가는 과정이다. 인간의 생존은 능동과 수동의 교차라는 것이다.

좀 더 눈여겨보아야 할 것은 퇴비/부식토로서의 인간이다. 인간(human)과 퇴비(compost)/부식토(humus)의 영어적 어원은 같다. 퇴비/부식토는 미생물들의 공동 생산 과정이다. 인간과 미생물들은 직접적 동종이나 혈연이 아닌데도 서로를 이용하며 관계를 맺는다. 그래서 해러웨이는 인간끼리만이 아니라 인간과 미생물 사이에 '친족 만들기(making kin)'를 요구한다. 그렇다고 해서 이 친족들이 서로에게 유리하게만 작용하는 것은 아니다. 인간은 미생물들로 인해 괴로울 수도 있다. 이들은 서로로 인해 난관(trouble)에 부딪힌다. 하지만 이 난관은 회피의 대상이 아니라 함께할 수밖에 없는 존재들의 필연적인 과정이다. 난관을 회피할 최종적인 해결책이 없고 긍정적인 미래가 보장되지도 않는다. 해러웨이의 책 제목에서처럼 '난관과 함께 머무르기(Staying with the Trouble)'를 감당해야 하는 것이다.[29]

미생물과의 공동 생산, 퇴비로서의 인간을 라투르의 표현으로 바꾸면 '땅에 묶인 자(Earthbound)'이다.[30] '땅에 묶인 자'는 난관 속에서도 서로 연결하며 서로를 만들어 간다. 긍정적 미래를 보장받거나 확신해서 하는 행위가 아니다. 어떤 최종적인 해결책과 보장된 미래가 결여된 그런 난관과 상

---

29 Donna J. Haraway, *Staying with the Trouble: Making Kin in the Chthulucene*, Durham & London: Duke University, 2016.

30 Haraway, Ibid., p.41에서 재인용.

실의 상황을 견뎌 내는 과정이다.[31] 이것은 '탈인간중심주의'의 과정이며, 탈인간중심주의는 인간이 퇴비, 부식토, 미생물의 자리로 (내려)가고서야 비로소 가능해진다. 궁극적으로는 인류의 종말을 감수할 정도로 탈인간적이어야 비로소 '하느님 나라'가 열린다. 신영복의 말처럼, "이상은 대지(大地)에 추락하여야" 한다. "이상은 추락함으로써 싹을 틔우는 한 알의 씨앗"인 것이다.[32] 퇴비와 같은 미생물의 세계로 '추락'함으로써만 개벽은 싹을 틔운다. 인간이 '땅에 묶이는' 원리에 따르고서야 '신국'의 문이 열린다.

3) 경물에 대한 급진적 이해

인간 중심적 사고방식을 폐기하는 만큼만 '정신개벽'에 다가선다. 개벽파를 자처하는 이병한이 말한 대로, '정신개벽'은 '인간의 조건과 운명을 생명 차원에서 지질학적 범주에서 숙고하는 것'이다. '이 세계에는 이미 생물과 무생물뿐 아니라 인간이 만든 인공물까지 공존하고 있'으며, '게다가 생물과 미생물과 무생물과 인공물까지 만물이 활물(活物)로 연결되는 울트라 하이퍼 네트워크 시대가 개막'하고 있기 때문이다. "이들을 함께 '행위자'로서 모시고 '주권자'로서 섬기는 새로운 민주주의가 절박"한 때이다.[33]

---

31 Haraway, Ibid., p.55; 이상 해러웨이를 다룬 내용은 이찬수, 「인간과 자연의 점선적 경계에 대하여: 차크라바르티, 모턴, 해러웨이, 켈러의 인류세 담론을 중심으로」, 『경계연구』 2집1호, 2023, 118-120쪽을 요약한 것이다.
32 신영복, 앞의 책, 같은 쪽.
33 조성환·이병한, 앞의 책, 87-88쪽.

삼경 사상, 특히 경물(敬物) 사상에 대한 급진적 이해가 필요하다. '경'하는 행위에서 인간을 위한 수단의 흔적이 드러나는 순간, 그것은 더 이상 '경'이 아니게 된다. 경(敬)은 인(人)과 물(物)을 동시에 천(天)의 자리에 두는 것이다. 천(天)의 자리에 두는 것은 인(人)과 물(物)을 자신의 주체[吾心] 이상으로 존중하는 것이다. 그러기 위해서는 인간이 물(物)의 자리로, 퇴비의 생산자인 미생물의 자리로 내려가야 한다. 아니, 땅속 미생물들을 인간의 자리로까지 끌어올려야 한다. 이병한은 경물-경인-경천에 바탕하여 사물을 대의하는 의원과 인간을 대변하는 의원과 하늘을 대변하는 의원, 즉 삼원제 민주주의를 만들어야 한다고 말한다. 만물의 공공 영역을 창출하고 만물의 주권을 대의하는 민주주의를 일구어 가는 배움이 '개벽학'이라는 것이다.[34] 이런 자세와 실천에서만 이른바 '개벽'과 '하느님 나라'가 비로소 몸을 입는다.

10. 명멸하는 개벽

물론 이조차도 단박에 이루어질 수는 없다. 여러번 이야기했듯이 실제로는 대단히 어려운 일이다. 그럼에도 불구하고 어떤 형태로든지 개벽이 없었던 것도 아니다. 개벽은 부분적이고 점진적이며 산발적이었다. 작은 반짝거림들의 명·멸(明·滅)이었다. 개벽은 작은 불빛처럼 붙었다가 꺼지는 형태로 지구상에 명멸해 왔고, 이것은 현재진행형이다. 개벽은 정적 상태가 아니라 동적 과정이다. 언제 어디선가의 개벽 과정이 언제 어디선가

---

34 조성환 · 이병한, 앞의 책, 88쪽.

는 폐쇄(閉鎖)로 덮이는, 그런 열림과 닫힘의 구도는 앞으로도 이어질 것이다. 전 세계가 거대한 빛으로 동시에 감싸이는 그런 이상 세계는 지금까지 없었고 앞으로도 없을 것이다. Great Opening이라는 대문자의 세계는 불가능하다. 억지로 희망을 품는다면, 작은 반짝거림들(glimmerings), 힐끔 열림들(openings)이 좀 더 여러 곳에서 좀 더 큰 반짝거림으로 잦아지도록 하기 위한 겸손한 실천만 있을 뿐이다. 개벽은 열림의 연속이 아니라, 열림과 닫힘의 반복이고 순환이다. 반복이고 순환이되, 열림의 시간과 장소를 좀 더 늘리고 넓히려는 행위로만 드러날 뿐이다. 그 과정에 인간중심주의의 흔적과 자취를 일소해야 하는 더 어려운 과제가 놓여 있는 것은 물론이다. 이를 위해서는 그러한 실천과 자취를 일소하는 것이 과연 가능한지에 대한 의심도 계속 이어가야 한다. 개벽은 그러한 의심의 과정까지 포함하는 것이어야 한다.

물물천(物物天), 사사천(事事天)에 함축되어 있듯이, 궁극적으로는 개벽의 주체를 지구이자 생명이자 우주로 전환시켜야 한다. 개벽의 주체는 지구이다. 전체로서의 한울님이다. 태양계 안에서 자전과 공전을 반복하며 스스로 자기 생명을 유지해 온 지구의 입장에서는 개벽적이지 않은 적이 없었다. 늘 능동적으로 움직이고 있는 지구의 운동에 개벽의 근원이 들어 있는 것이다.

그 근원을 신학적 언어로 하면 범재신론(panentheism)적 신이다. "모든 것은 그분에게서 나오고 그분으로 말미암고 그분을 위하여 있다."(로마서 11장 36절)고 할 때의 '그분', 즉 인간은 물론 모든 비인간 존재까지 동일하게 품는 일체의 근원이자 목적이다. 이 신 안에서는 인간과 사물의 차이가 사라진다. 모든 것이 그 안에 있기에, 동학의 언어로 하면 모든 것이 '한울'

안에 있기에, 존재하는 모든 것들, 즉 인간과 사물 간에는 차별이 없다.

이러한 원천적이고 무차별적인 사실에 대한 후천적 깨달음이 개벽과 신국에 다른 방식으로 몸을 입힌다. 하느님 혹은 한울님이라는 '주어'가 아니라, 그 주어를 주어 되게 해 주는 '술어'가, 즉 인간과 미생물의 공생 관계에 대한 전적인 긍정이 하느님과 한울님을 드러내는 근간이다.

한국학 연구자들이 '개벽'을 주제로 책을 쓰면서 근대 한국은 근대에 적응하면서 근대를 극복하는 이중과제에 놓여 있다고 정리한 바 있다. 두 과제를 단일하고 동시적으로 수행하는 "이중적인 단일기획"이 근대 한국의 과제였다는 것이다.[35]

구조는 비슷하다. 오늘의 개벽은 인류세에 적응하면서 인류세를 극복해야 하는 이중과제에 마주하고 있다. 인류세를 극복하려면 인간이 사물의 자리, 미생물과 퇴비의 자리에 서야 한다. 그것이 인간 본연의 현장이기 때문이다. 해러웨이의 표현처럼, 인간끼리만이 아니라 미생물과도 '친족 맺기(making kin)'가 인류세에 적응하면서 인류세를 극복하는 과정이다. 이런 관점에서 개벽론을 다시 써야 한다. 해월의 사상을 응용하면, '인류세(人類世)'를 감내하면서 '경물세(敬物世)'[36]로 전환해 가는 것이 인류세 안에서 인류세를 극복하는 개벽과 신국의 길이다.

---

35 강경석 외, 『개벽의 사상사: 최제우에서 김수영까지, 문명 전환기의 한국 사상』, 창비, 2022, 5쪽.

36 박길수, 앞의 글, 36, 40쪽.

오심과 모심[*]

이찬석

[*] 본 글은 「신학사상(神學思想)」 206집에 게재된 논문을 수정/보완하였음.

1. 시작하는 말

동(東)과 서(西)의 만남이 자연스럽게 이루어지는 세계화(globalization)의 시대에 동과 서의 만남을 이야기한다는 것이 인위적으로 보이는 측면이 있다. 그러나 세계화의 과정에서 다양한 지역성(locality)이 사라지면서 획일화의 경향을 보이는 점은 자연스럽다기보다는 인위적으로 보인다. 만남이 정복이나 흡수가 아니라 조화로운 만남을 창출하기 위하여 동과 서의 이야기는 더 이어져야만 한다. 2024년은 한국의 민족종교인 동학(東學)을 창시한 수운(水雲) 최제우(崔濟愚, 1824-1864)의 탄생 200주년이 되는 해이다. 또한 한국 신학에 많은 영향을 주었고, 한국 신학으로부터 많은 사랑을 받은 위르겐 몰트만(Jürgen Moltmann, 1926-2024)이 소천하였다. 수운이 가르쳐 준 '다시 개벽'이 동학만이 아니라 증산교와 원불교를 포함한 한국 신흥종교에 결정적인 영향을 주었다면, 몰트만은 신학의 부록으로 취급받던 종말론을 신학의 핵심으로 올려놓았다. 수운의 개벽사상은 '시천주(侍天主)'로부터 출발하지만, 기독교의 관점으로 바라보면 종말론과 밀접한 연관성이 있다.

본 글이 추구하는 지향점은 몰트만의 종말론과 수운의 종말론을 고찰하고 두 종말론을 비교하면서 한국적 종말론이 지향해야 하는 지점을 모색하는 것이다. 몰트만은 그의 초기 저서인『희망의 신학』에서 종말론에 관한 신학적 담론을 펼치지만, 자신의 종말론을 체계적으로 기술한 것은『오시는 하나님』에서다. 책의 제목처럼 하나님의 오심, 오시는 하나님이 몰트만 종말론의 핵심적인 개념이다. 수운의 가장 중요한 사상은 하느님을 내 안에 모시는 '시천주(侍天主)'이고, 이 시천주의 '모심'은 '다시 개벽'의 근간이 된다. 그러므로 본 글은 몰트만의 종말론을 '오심의 종말론'으로, 수운의 '다시 개벽'을 '모심의 종말론'으로 명명하면서 살펴보려고 한다.

2. 오심―몰트만의 오심의 종말론

1) 오심의 종말론의 범주―새로움

몰트만은 종말론의 출발점으로 새로움의 범주를 주장한다. 그는 자신의 종말론을 전개하기 이전에 현대신학에서 종말론이 '시간화'와 '영원화'를 지향하였음을 비판한다. 실제적인 예로서 슈바이처(Albert Schweitzer)의 철저 종말론은 '종말론의 시간화'를 지향하였고, 불트만(Rudolf Bultmann)의 실존론적 종말론은 '종말론의 영원화'를 지향하였다고 비판한다. 몰트만에 따르면, 슈바이처는 예수를 종말의 재난을 선포하는 묵시사상가로 보았고, 예수의 종말론 뒤에 숨어 있다고 믿는 윤리적 의지와 세계의 윤리적 최후 완성에 대한 희망을 찾으려고 하였다. 그러나 슈바이처는 시간 자체의 아무런 변화를 보지 않았다고 몰트만은 비판한다. 불트만의 신학에서 '마지막 시간'은 인간이 자기를 하나님의 계시의 카이로스 속에서 이해할지 아니면 세계로부터 이해할 것인지를 결정하는 '마지막 철저한 결단' 앞에 세워지기 때문에 미래는 케리그마 속에서 인간에게로 오고, 실존적으로 '앞에 서 있음' 즉 영원한 지금-영원한 미래를 말한다. 불트만의 종말론은 세계 미래의 마지막에 대하여 다루지 않고, 인간 실존의 현재적 탈세계화에 대하여 다룬다. '미래'란 케리그마 속에서 인간에게 오며 그를 마지막 결단으로 세우는 것은 말한다. 그러므로 몰트만의 눈에 불트만의 종말론은 달력의 시간과 아무 관계가 없고 실존적 '앞에 서 있음' 곧 영원한 지금-영원한 미래를 말한다.[1] 결국, 몰트만은 슈바이처의 '종말론의 시간화'와 불트만의 '종말론의 영원화'에 대하여 다음과 같이 비판한다.

> '철저 종말론'이라 불리는 시간화된 종말론에서 … 그것은 새로움의 범주를 알지 못하였다. … 영원화된 종말론에서 현재의 순간은 '돌연적인 것,' 기다리지 않던 것이요, 비약이며 기적이다. 그러나 그것은 '종말론적 순간'이 아니며 새로움의 범주에 속하게 되지 않는다. 오히려 그것은 '예외'로, '중단'으로 존속한다.[2]

몰트만이 종말론의 '시간화'와 '영원화'에 대하여 공통으로 비판하는 점은 '새로움의 범주'를 알지 못한다는 점이다. 몰트만에 따르면, 새로움의 범주는 '오시는 하나님'의 경험을 통하여 열리고, 종말은 '시간의 미래'가 아니고 무시간적 영원도 아니고 하나님의 미래와 오심이다. 하나님은 '지금도 계시고 전에도 계셨고 또 장차 오실'(요한계시록 1장 4절) 분으로 '오시

---

1 위르겐 몰트만/김균진 옮김, 『오시는 하나님: 기독교적 종말론』 (서울: 대한기독교서회, 2010), 34-53쪽.
2 Ibid, p. 69-70. 강조는 논자의 것임.

는 하나님'이며, 하나님의 미래는 과거에 계셨고 지금 계신 바와 같이 장래에도 있을 것이라는 데 있지 않고 활동 가운데 계시며 세계를 향하여 오신다는 데 있다. 하나님의 미래는 '존재의 미래'가 아니라 '오심의 미래'이며, 하나님이 그의 영광과 함께 오실 때 그는 온 우주를 그의 영광으로 가득 채우고, 이 미래는 역사에 있어서 하나님의 존재 방식이다.[3]

몰트만의 종말론에서 새로움에 대한 강조는 미래에 대한 표현으로서 futurum과 adventus의 구분에서 더 명료하게 나타난다. 전자는 '되는 것'으로 과거와 현재가 미래의 '됨'의 잠재성을 그들 자신 안에 지니고 있어서 새로운 것을 가져올 수 없다. 미래의 우위가 없으며 새로움의 범주도 없고 희망의 원리도 사실상 없다.[4] 그러나 adventus는 모든 것들을 전적으로 다르고 새롭게 변혁하는 실재의 도래를 의미한다. 근본적으로 새로운 실재의 도래를 소망하는 기독교인들의 기대에 대한 표현으로 적합한 것은 futurum이 아니라 adventus이다. 몰트만이 말하는 종말은 "단순히 현재로부터 요청되거나 비롯되는 단순 미래(futurum)가 아니라, 오히려 현재를 초월하면서 동시에 현재를 가능하게 하는 도래하는 미래(adventus)이다.[5] 결국, 몰트만의 오심의 종말론에서 종말론의 범주는 '새로움'이며 '단순 미래'가 아니라 '도래하는 미래'를 종말론의 미래라고 주장한다.

---

3 Ibid., p. 57-61.
4 Ibid., p. 62-63.
5 김정형, "종말의 시제로서 도래(Adventus): 위르겐 몰트만의 종말론적 미래 개념 연구," 「한국조직신학논총」 34, 2012, 42-44쪽.

2) 오심의 종말론의 규범―예수 그리스도의 십자가와 부활

"기독교 신앙에서 특별한 것은 무엇인가?"라는 물음에 몰트만은 "간단히 말하여 그것은 그리스도 자신이다."[6]라고 답한다. 더 나아가 그는 '기독교 신학으로서의 내적 기준을 십자가에 달린 그분에게서 발견'[7]한다. 몰트만에게 기독교 신앙의 정체성은 예수 그리스도이고, 기독교 신학의 내적 기준과 규범은 십자가에 달리신 그분이듯이, 종말론에서도 예수 그리스도의 십자가와 부활을 내적 기준과 규범으로 삼으면서 기독론 중심적 종말론을 전개한다.

몰트만의 신학은 두 단계로 발전하였는데 전기에는 세 권의 저서가 한 쌍을 이루는 시기로 전체를 구축하는 신학을 제시하고, 후기에는 이 전체에 이바지하는 부분들로서의 신학을 발전시킨다. 전기의 세 가지 중요한 저서는 『희망의 신학』(1964), 『십자가에 달리신 하나님』(1972), 『성령의 능력 안에 있는 교회』(1975)이며, 세 권의 지배적인 신학적 아이디어는 예수의 십자가와 부활의 변증법적 해석이다. 이 변증법의 의미는 십자가와 부활이 죽음과 생명처럼 전적으로 대립하는데 이 둘이 하나로 발전한다는 것이다. 즉, 십자가에 달려 죽은 예수와 부활하신 예수는 전적으로 모순으로 존재하지만 같은 예수이다. 하나님은 십자가에 달린 예수를 살림으로

---

6 위르겐 몰트만/ 김균진 옮김, 『신학의 방법과 형식: 나의 신학 여정』, 서울: 대한기독교서회, 2009, 60쪽.

7 위르겐 몰트만/ 김균진 옮김, 『십자가에 달리신 하나님』, 서울: 한국신학연구소, 1983, 13쪽.

써 불연속성 속에서 연속성을 창조하셨다.[8] 몰트만에 따르면, 부활절에 신앙되고 선포된 주님은 십자가에 달렸던 예수와의 연속성 안에 있으며, 이 연속성은 항상 새롭게 추구해야 하고 죽음(십자가)과 생명(부활)의 모순 속에 있는 불연속성의 연속성으로 모순 속에 있는 연속성이다. 그러므로 예수의 동일성은 오직 십자가와 부활 안에 있는 동일성이며, 모순을 통해서 존재하는 변증법적 동일성이다. 결국, 십자가와 부활의 변증법은 동일성 속에 있는 변증법이다.[9]

　몰트만의 종말론의 전제는 '그리스도께서 이 세계에 오셨으며 십자가에 달려 죽었고 부활하신 예수 안에 나타나셨다는 것'[10]이며, 예수 안에 나타난 하나님은 출애굽과 약속의 하나님으로 미래를 존재의 속성으로 지니는 하나님이시다.[11] 예수의 십자가는 피조물 세계가 당하는 죄악과 타락한 상태를 계시하고, 예수의 부활은 하나님의 자비와 정의와 인간성이 충만한 새로운 생명의 세계를 계시하는 동시에 약속한다. 그의 부활과 현현 속에서 제자들은 예수가 선포한 하나님 나라가 반드시 이루어진다는 하나님의 약속을 경험한다.[12] 십자가에 달린 예수를 부활시킨 하나님의 역사는 하나님의 약속의 최종적인 사건이다. 예수의 부활을 통해서 하나님은 모든 죽은 자들의 부활, 모든 실재의 재창조, 의와 영광의 하나님 나라

8　이형기,『알기 쉽게 간추린 몰트만 신학』, 서울: 대한기독교서회, 2002, 15-34쪽.

9　위르겐 몰트만/전경연·박봉랑 옮김,『희망의 신학』, 서울: 대한기독교서회, 1992, 219-221쪽.

10　몰트만,『오시는 하나님』, 341쪽.

11　몰트만,『희망의 신학』, 199쪽.

12　김균진,『현대신학사상: 20세기 현대신학자들의 삶과 사상』, 서울: 새물결플러스, 2021, 488쪽.

의 도래를 약속하고 있으며, 예수의 인격 안에서 그것을 실행에 옮김으로써 이 약속을 확증하셨다. 그러므로 예수의 부활은 모든 실재의 종말론적 미래를 내포하고 있다.[13]

　예수는 십자가에 달렸다가 일으킴을 받은 자이다. 그렇다면 동일성의 핵심은 예수의 인격 안에 있지 않고 무로부터 생명과 새로운 존재를 창조하시는 하나님 안에 있다. 십자가 처형과 부활 현현을 통해 경험되는 이 사건 안에서 하나님은 자신의 본질을 드러내시고 자신의 신실함을 계시하신다. 십자가 처형과 부활 현현을 통해 계시되는 이 사건은 뒤로는 하나님의 약속을 가리키고, 앞으로는 만물 가운데 하나님의 신성이 드러날 종말을 가리킨다. 그러므로 이 사건은 하나님의 신실함이 드러나는 종말론적인 사건이며, 동시에 그의 약속의 종말론적인 보증으로 그리고 성취의 개시로 몰트만은 이해한다.[14] 몰트만의 종말론은 『희망의 신학』에서 중요한 해석학적 개념이었던 '약속과 성취'를 중심으로 십자가와 부활의 모순을 규명한다. 몰트만은 십자가를 이 세계의 타락한 상태의 상징으로, 부활을 새로운 창조가 일어나는 모든 실재의 종말론적 미래의 상징으로 읽어가면서 예수 그리스도의 십자가와 부활을 그의 오심의 종말론의 규범으로 삼는다.

13　리처드 버캠/김도훈 · 김정형 옮김, 『몰트만의 신학』, 서울: 크리스천헤럴드, 2008, 25쪽.
14　몰트만, 『희망의 신학』, 221쪽.

3) 오심의 종말론의 통전성—우주적 쉐히나(Schechina)

몰트만은 『오시는 하나님』에서 너무나 빈번하게 분리되었던 개인적/역사적/우주적 종말론을 통합하는 '통전적 종말론'을 시도한다. 그에 따르면, 중세 종말론과 근대 종말론은 개인의 희망을 중심으로 개인의 삶과 죽음, 영혼 구원이 중심 문제였다. 그러나 기독교의 희망이 영혼 구원의 문제로 위축되면 삶을 변혁하고 세계를 변화시키는 힘을 상실하게 된다고 몰트만은 비판한다. 그러므로 그는 종말론을 개인적 희망으로 시작하여 역사적/우주적 희망을 다루고 신적 종말로 마무리 짓는다.[15] 몰트만의 개인적 종말론은 시간성으로부터 영원한 생명으로의 전이이고, 역사적 종말론은 역사로부터 영원한 나라로의 전이이며, 우주적 종말론은 시간적 창조로부터 '신성화된' 영원한 세계의 새 창조로의 전이이다.[16] 결국, 몰트만의 오심의 종말론에서 개인적 종말론의 핵심은 영생이고 역사적 종말론의 핵심은 하나님의 나라이고 우주적 종말론의 핵심은 영원한 창조라 할 수 있으며, 개인적 종말과 역사적 종말과 우주적 종말과 신적 종말을 아우르는 통전적 종말론을 추구한다. 그런데 통전적 종말론의 하나의 지향점으로서 몰트만은 '우주적 쉐히나(Schechina)'를 제시한다. 그는 『오시는 하나님』의 서문에서 이 책의 지향점은 '우주적 쉐히나'라고 강조한다.

종말론에 관한 이 책에서는 영원한 삶과 영원한 나라와 영원한 창조의 여

---

15 몰트만, 『오시는 하나님』, 20-22쪽.
16 신옥수, 『몰트만 신학 새롭게 읽기』, 서울: 새물결플러스, 2015, 270쪽.

러 지평이 하나의 점을 지향하는데, 곧 하나님의 우주적 쉐히나(Schechina)를 지향한다. … 1985년에 쓴 창조론『창조 안에 계신 하나님』의 목적이 하나님의 안식일을 다룬 것이었다면, 미래의 이론을 다루는 이 책은 모든 창조가 그 속에서 새롭게 되고 영원히 생동케 되며 모든 피조물이 있는 그대로의 얼굴과 함께 자기 자신에 이르는 하나님의 종말론적 쉐히나에 있다는 것을 드러내는 데 있다.[17]

몰트만의 창조 신학에서 창조의 절정은 인간의 창조가 아니라 안식일이며, 안식일이 시간 안에서의 하나님의 현존이라면 쉐히나는 피조물의 공간 안에 있는 하나님의 현존이다. 그에 따르면, "하나님은 모든 것을 쌍으로 창조하였으나, 안식일만은 단수로 창조하였다. 그러므로 안식일은 그의 파트너를 기다린다. … 하나님의 안식일 휴식은 창조의 잔치로서 그의 완성의 시작이다. 하나님의 궁극적 쉐히나는 '끝이 없는 잔치'(Athanasius)에 있는 그의 시작의 완성이다. 안식일은 시간 안에 있는 하나님의 쉐히나이다. 쉐히나는 공간 안에 있는 하나님의 안식일이다."[18]『오시는 하나님』에서 몰트만의 종말론은 통전적 종말론으로 개인의 영생, 영원한 하나님의 나라, 그리고 영원한 새 창조의 복합적인 시야들이 삼위일체 하나님의 우주적 내주(Shekinah)라는 좀 더 포괄적인 아치 안에서 합류한다.[19] 결국, 하나님의 '우주적 쉐히나'는 개인적·역사적·우주적 종말론

---

17 몰트만,『오시는 하나님』, 17. 강조는 논자의 것임.
18 Ibid., p. 484-485.
19 이형기,『(모더니즘과 포스트모더니즘 논의에 비추어 본) 몰트만 신학』, 서울: 한들출판사, 2006, 370쪽.

을 통전하는 핵심적인 개념이라 볼 수 있으며, 하나님의 '우주적 쉐히나'는 '종말론적 쉐히나'이다.

몰트만의 창조 신학에서 피조물이 거하는 우주의 공간은 하나님이 자신의 편재를 제한함으로 생긴 공간이므로 창조는 하나님의 공간 안에서 이루어졌다. 창조의 공간은 하나님 안에 있으면서 하나님 밖에 있는 공간으로 피조물들이 활동할 수 있는 공간이면서 하나님의 거처이다.[20] 몰트만은 창조의 공간을 피조물들 활동의 공간과 하나님 안에 있는 거주 공간으로 나눈다. 창조에서 하나님의 자기 제한으로 피조물들은 활동의 자유를 얻지만, 하나님으로부터의 거리가 존재한다. 우주(역사) 안에 거하시는 하나님 내주의 역사가 하나님의 내적 현존인 내주의 초월로 변하면, 온 창조가 하나님이 그 안에 거할 수 있는 하나님의 집, 하나님의 성전이 되고, 하나님이 그 안에서 쉴 수 있는 본향이 된다. 태초에 창조자가 자기를 그의 창조의 거주 공간으로 만든 것처럼, 종말에는 하나님의 새 창조가 그의 거주 공간이 된다. 이리하여 세계가 하나님 안에, 하나님이 세계 안에 거하게 된다.[21] 결국, 몰트만의 오심의 종말론은 궁극적 쉐히나인 종말론적 쉐히나를 중심으로 개인적·역사적·우주적 종말론을 통전하여 온 우주를 하나님의 집·성전으로 제시한다.

---

20 몰트만, 『오시는 하나님』, 505-510쪽.
21 Ibid., p. 522-524.

3. 모심─수운(水雲) 최제우(崔濟愚)의 모심의 종말론

수운 최제우의 동학(東學)이 지향하는 사상은 개벽사상이라 할 수 있고, 한국의 신종교(新宗教)는 수운의 개벽사상을 다양한 모습으로 심화/확대한다. 개벽사상의 바탕이 되는 것은 '운수론(運數論)'이며, 운수(運數)란 우주를 형성하는 시간과 공간의 체계 안에서 사물이 시작과 끝이 없는 생성·변화·소멸의 과정을 반복하는 가운데, 개인이나 집단의 길흉화복 역시 시운(時運)에 좌우된다는 것이고, 인간은 그런 미래를 정확히 예측하고 길흉화복에 잘 대처해야 한다는 것이다. 개벽은 하늘과 땅이 열린다는 천개지벽(天開地闢)의 준말이고 개벽사상은 우주론적 순환적 역사관을 견지한다. 그러나 수운의 동학을 포함한 근대 신종교의 개벽사상은 단순한 순환적 역사관으로 끝나지 않고, 인간의 능동적이고 의지적인 의미를 포함한다. 즉, 개벽사상은 우주론적 순환적 역사관이면서도 인간 삶의 모든 영역과 관련된 총체적 구원 형식을 잘 갖추고 있다.[22]

수운의 '다시 개벽'은 하느님을 모심을 의미하는 시천주(侍天主)의 깨달음에서 출발하여, 수심정기(守心正氣)라는 종교적 수련에 의한 변화를 강조하였다. 인간의 심성만으로는 부족하니 마음을 닦아 바른 정기를 받아야 하며, 개벽의 새 세상을 만들어 내는 주체는 인간이라고 수운은 강조하였다.[23] 그러므로 수운의 '다시 개벽'의 시작점은 시천주(侍天主)라 할 수 있고, 수심정기는 시천주의 실천이고, 시천주와 수심정기의 궁극적 지향

---

22 윤승용, 『한국 신종교와 개벽 사상』, 서울: 모시는사람들, 2018, 151-157쪽.
23 Ibid., p. 159.

점은 '무극대도(無極大道)'의 '지상선경(地上仙境)'의 세상으로 시천주의 궁극성이 온전하게 이루지는 종말론적인 세계이다. 그러므로 본 글은 수운의 개벽적 종말론을 '모심의 종말론'으로 명명하고 '시천주'를 모심의 종말론의 출발점으로, '수심정기'가 시천주의 실천이므로 수심정기를 모심의 종말론의 실천으로, '지상선경'은 시천주와 수심정기의 현실화로 주어지는 결과이므로 시천주의 지향점으로 설정하면서 수운의 종말론을 고찰한다.[24]

1) 모심의 종말론의 출발─시천주(侍天主)

수운 최제우의 동학이 출현하는 시대적 동기는 세 가지로 정리할 수 있다. 첫째로, 조선의 보수적 체제 유학 사상에 대항해서 사회를 개혁할 수 있는 새로운 신념 체계를 제시하고, 둘째로, 밀려오는 서양의 종교인 천주교에 대항할 수 있는 신앙 단체를 형성하고, 셋째로, 군사력에 힘입어 조선 사회의 존망을 위협하는 양이(洋夷)와 특히 일본에 대항해서 보국안민(輔國安民)을 주장하는 것이라 할 수 있다.[25] 수운은 『동경대전』의 「포덕문」에서 당시의 사람들의 마음 상태에 대하여 다음과 같이 진단한다.

---

24 수운과 동학에 관한 많은 연구자가 수운의 동학을 포함한 신종교가 선천/후천을 분리하면서 새로운 세상을 후천의 세상으로 이야기하였음을 전제한다. 그러나 도올 김용옥이 지적하듯이, 신종교의 선두주자인 수운에게 있어서 선/후천은 없고 '개벽'과 '다시 개벽'만이 있다. 수운의 선포는 '다시 개벽'이지 '후천개벽'이 아니다. 논자는 도올의 주장에 동의하면서, 본 글에서 인용된 '후천개벽'이 수운이 말하는 개벽을 의미하는 것으로 읽혀지면 '다시 개벽'으로 수정한다.
25 윤이흠, "동학운동의 개벽 사상" 「한국문화」 8, 1987/12, 183쪽.

"근래 들어 세상 사람들이 모두 각기 자기만을 위하는 자세[各自爲心]로 마음을 삼고, 천리를 따르지 아니하고[不順天理], 하늘의 명령은 내팽개쳐버리니[不顧天命], 그들의 마음은 항상 무언가에 켕겨 두려움으로 가득할 뿐이로다. 그들은 어디로 향해야 할지 그 삶의 방향감각을 잃고 만 것이었다."[26] 수운 당시의 사람들은 '각자위심'하고 오로지 본능적 이기주의에 빠져 편협한 자아를 극복할 수 있는 공동체 정신의 도덕주의가 무너졌다. 이 붕괴가 민중의 심성에 초래하는 것은 두려움이고, 방향감각의 상실이다.[27] 수운이 진단하는 당시의 시대는 말세에 따르는 천부의 재앙이 괴질의 만연으로 나타나고, 시대적인 재앙으로는 서양의 득세로 중국과 우리나라가 동시에 위기에 처해 있으며, 도덕에 순종하지 않아 백성이 도탄(塗炭)에 빠져 있다는 것이다.[28] 이처럼 각자위심으로 병들어 있는 조선의 사회를 치료하는 명약으로서 수운은 시천주(侍天主) 신앙을 강조하였다.

수운은 경신년 4월 5일에 종교체험을 하고, 그 체험에서 하느님에게 받은 것은 '시천주(侍天主)'와 더불어 '오심즉여심(吾心卽汝心)'이다. 수운은 자신의 종교체험을 『동경대전』의 「논학문」에서 이렇게 적었다. "갑자기 어느 날 몸이 심하게 떨리고 추웠다. … 몸 밖으로는 접령(接靈)의 기운이 있었고, 몸 안으로는 강화(降話)의 가르침이 있었다. … 어찌하여 이러하오? 이 나의 물음에 대하여 하느님은 다짜고짜 다음과 같이 대답하였다:

26 김용옥, 『동경대전 2: 우리가 하느님이다』, 서울: 통나무, 2021, 68쪽. 강조는 논자의 것임.
27 Ibid., p. 69-70.
28 윤이흠, "동학운동의 개벽 사상", 189쪽.

내 마음이 곧 너의 마음이다."²⁹ 수운은 이 체험에서 하느님의 마음이 나의 마음이라는 것과 하느님이 바로 내 안에 모셔져 있다는 사실을 깨닫게 되고, '내 안에 하느님이 모셔져 있음'을 의미하는 시천주를 자신의 가장 핵심적인 종교 사상으로 삼는다.³⁰

수운은 시천주를 풀이하면서, '시(侍)'는 '안으로 신령이 있고, 밖으로 기화 작용이 있어 온 세상 사람들이 각기 알아서 옮기지 않는 것'[內有神靈, 外有氣化, 各知不移者也]이라 했다. 즉, '모심[侍]'을 내유신령, 외유기화, 각지불이로 설명하였고, '내유신령'은 우리 안에 하늘의 신령한 영이 내재해 있다는 뜻이고, '외유기화'는 밖으로 하늘의 기화 작용으로 생명이 탄생하고 유지되고 있다는 뜻이고, '각지불이'는 이 영과 기운으로 모셔져 있는 하늘을 각자가 온전히 알아 하늘과 분리됨이 없어야 한다는 것이다.³¹ "'내유신령'과 '외유기화'가 인간에게 관계하는 하느님의 모습, 즉 인간에게 '시(侍)'해 있는 존재론적 실상을 의미한다면, '각지불이'는 인간의 안팎에서 신령과 기화로 작용하는 존재와 생명의 실상을 깨달아 모든 인간이 이 신령성에 기초하여 전체 우주, 전체 생명과 교감하면서 생명을 북돋우고 살려야 한다는 실천적 의미로 볼 수 있다."³²

결국, 시천주는 하느님을 내 안에 모심을 깨달음으로 해서 본성을 회복하는 것을 뜻하고, 하느님의 기운과 나의 기운이 융화 일체임을 의미한다.

---

29 김용옥, 『동경대전 2』, 119쪽.
30 윤석산, 『동학교조 수운 최제우』, 서울: 모시는사람들, 2006, 214쪽.
31 김용휘, 『최제우의 철학: 시천주와 다시 개벽』, 서울: 이화여자대학교 출판부, 2012, 40쪽.
32 Ibid., p. 89.

또한 안으로 하느님 본성을 깨달음으로 해서 자신이 우주의 중심에 서 있음을 자각하는 것이요, 밖으로는 하느님 기운과 융화 일체를 이룸으로써 자신이 무궁한 우주와 서로 같은 기운으로 연결되어 있음을 자각하는 순간이기도 하다. 즉 시천주의 '시(侍)'의 순간이란 안과 밖으로 하느님 본성과 기운을 동시에 깨닫고 느끼므로, 자신이 단순한 하나의 개체가 아니라 우주라는 전체와 같은 기운으로 관통되어 있음을 깨닫는 것을 말한다.[33] 결국, 시천주는 수운의 '다시 개벽'의 근간이 되는 개념이고, 수운의 모심의 종말론의 출발점이 된다.

2) 모심의 종말론의 실천(수행)─수심정기

수심정기는 수운의 시천주를 실천하는 수행법으로 『동경대전』에서 두 번, 『용담유사』에서 한 번 나오며, 『동경대전』에서는 「논학문」과 「수덕문」에서 나온다. 그러나 「논학문」에서는 수운이 신비체험을 할 때의 내용이므로 수행법의 의미로 쓰였다고 보기 어렵다. 두 번째는 「수덕문」에서 나오며 이것은 수운이 자신의 깨달음을 포덕(布德)하는 상황에서 등장한다. "나는 드디어 용담의 문을 개방하고 손님들을 맞기 시작하였는데, 몰려드는 사람들의 숫자가 만만치 않았다. … 인의예지(仁義禮智)는 앞선 성인(공자, 맹자)의 가르침이지만 수심정기(修心正氣)는 오직 내가 새롭게 창안한 덕목이다."[34] 여기에서 수운은 자신이 창안한 가르침을 앞선 성인들

---

33 윤석산, 『동학 교조 수운 최제우』, 218쪽.
34 김용옥, 『동경대전 2』, 176-178쪽. 강조는 논자의 것임.

의 가르침인 인의예지(仁義禮智)와 구별하면서 '수심정기'로 명명한다. 즉, "인의예지(仁義禮智)가 앞의 성인들의 가르침이라면, 수심정기는 바로 수운 선생 자신이 정한 수행법이라는 뜻으로 쓰이고 있다.[35] 도올은 이 수심정기가 수운을 공자와 대등하게 견줄 만한 발상이고 유교의 총강령과 비견할 만한 동학의 사유 체계로 해석되어야 한다고 주장한다.[36]

천도교 안에서 수심정기의 '수'가 '지킬 수(守)'이냐, '닦을 수(修)'이냐에 관하여 많은 논란이 있었다.[37] 김용휘는 수운의 '수심'을 '修心'으로 해월의 '수심'을 '守心'으로 읽는다. 김용휘는 '수심정기'를 '동학의 수행론의 요체'[38]라고 보면서, 2대 교주 해월(海月) 최시형에 근거하여 '수심정기(修心正氣)'보다 '수심정기(守心正氣)'를 선호한다. 김용휘에 따르면, 수운에게 수심(修心)은 인의예지를 실천하기 위한 더 근본적인 마음가짐으로 나의 몸에 하느님을 모시고 있음을 알아서 그 몸과 마음을 하느님 모신 거룩한 성소로 정결하게 하며, 온몸과 마음을 다해 성경신(誠敬信)으로 받들어, 그 덕과 하나가 되는 것을 의미한다. 그러나 해월은 마음이 하늘이라고 생각하였기 때문에 하늘로서의 마음은 본래 청정하고 무구하여 닦을 필요가 없고 다만 그 마음을 잘 지키고 양(養)하는 것만을 요구한다. 그러므로 해월에게 수심은 守心으로 '태어날 때의 어린아이 마음을 지켜서 잃지 않는 것'을 의미한다. 이러한 측면에서 김용휘에 따르면, 해월의 수심(守心)

35 윤석산, "천도교의 수도법 수심정기에 관하여," 「동학 학보」 제7호, 2004, 105쪽.
36 김용옥, 『동경대전 2』, 178쪽.
37 이 논란에 관한 자세한 내용은 다음을 참조. 윤석산, "천도교의 수도법 수심정기에 관하여," 104-112쪽.
38 김용휘, "동학의 수양론: 수심정기를 중심으로" 「도교 문화연구」 22, 2005, 163쪽.

은 '마음이 본래 하늘'로서 온전하며, 그 싹으로 주어진 하늘마음을 잘 길러서, 그 마음이 중심이 되고 주체가 되도록 함으로써 다른 감정이나 삿된 마음에 빠지지 않도록 잘 지켜 주재함을 의미한다.[39]

도올은 수심정기를 '마음을 닦고 기를 바로잡는다'로 해석하는 것을 개탄하면서, 수운이 하느님을 처음 만났을 때 한 결정적인 한마디는 '오심즉여심(吾心卽汝心)'이었으므로 수운에게 심(心)은 '하느님의 마음'이다. 인간은 하느님이기 때문에 끊임없이 수심(修心), 즉 하나님의 마음을 닦아야 하는 운명을 받고 태어난 존재이다. '정기(正氣)의 '기(氣)'는 귀(鬼)와 신(神)의 묘합(妙合)이며 이 기를 바르게 한다는 것은 귀신을 바르게 한다는 것이다. 나의 기를 바로잡는 것은 시천주의 '시(侍)'를 의미하는 것이며 조화정의 정(定)을 의미하는 것으로 내 몸이 건강할 때 귀신이 건강한 것이며, 귀신이 건강할 때 이 천지의 조화가 바른 방향을 잡아 나아가는 것이다.[40]

윤석산도 수심정기를 동학의 중요한 수행법"으로 보면서, 수심정기가 수심정기(修心正氣)가 된다면, 마음을 닦고 기운을 바르게 하는 것으로 풀이할 수 있고, 수심정기(守心正氣)가 된다면, 회복한 하느님 마음을 지키고, 기운을 바르게 하여 바른 삶을 실천한다 볼 수 있다고 설명하면서 천도교의 수도법은 '수심정기(修心正氣)'가 아니라 '수심정기(守心正氣)'라고 주장한다.[41] 그에 따르면, 수심정기를 통하여 개개인이 스스로 하느님 마음을 회복한다는 것은 곧 하느님 모심을 개개인의 내면에 주체적으로 체득하는 길이며 하느님의 삶을 실천하는 것이다. 더 나아가서 '수심'은 곧

39 김용휘, "동학의 수양론," 170-173쪽.
40 김용옥, 『동경대전 2』, 181쪽.
41 윤석산, "천도교의 수도법 수심정기에 관하여," 113-114쪽.

우주적 질서를 내 안에서 회복하는 길이요, '정기'는 우주 운행의 법칙에 매우 주체적으로 참여하는 길이다.[42]

결국, '수심정기'란 한마디로 본래의 마음을 잘 지키고, 각자에게 주어진 기(氣)를 바르게 하는 것이다. '본래의 마음'이란 하늘로부터 품부 받은 것이며, '기(氣)를 바르게' 하는 것은 그렇게 하늘로부터 받은 본래의 마음을 잘 지킨다는 실천적인 의미가 담긴 것이다. 그리고 이를 각자의 생활 속에서 제대로 준수하기 위해 수운은 주문과 심고, 그리고 스승의 경전 암송 등을 제시한다. 수운의 수심정기는 수행론적 선상에서 이해해야 한다.[43]

3) 모심의 종말론의 지향점—무극대도(無極大道)

수운의 종말론적 시간관을 잘 보여주는 것은 『용담유사』의 「몽듕노소문답가」이다. 수운은 이 문답가의 1절과 2절에서 『정감록』의 내용을 '송송가가(松松家家)'로 언급하면서 '이재궁궁(利在弓弓)'을 말한다. 1절의 일부 내용에 대하여 도올은 다음과 같이 풀이한다. "이미 지나간 임진년 왜란 때는 소나무밭으로 도망가는 게 장땡이었고, 최근 가산에서 일어나 정주에서 궤멸된 홍경래란 때는 그냥 집에 머물러 있는 것이 살아남을 확률이 제일 높았다고 『정감록』에 쓰여 있었다오."[44] 사람들은 『정감록』에 근거하여 임진왜란 때는 '이재송송(利在松松)'을 말하면서 소나무 아래로 가야 한다고 하였고, 홍경래 난 때에는 '이재가가(利在家家)'를 말하면서 집에

---

42 Ibid., p. 101.
43 이길용, "치양지와 수심정기에 대한 종교학적 이해," 『동학학보』 9, 2005, 318쪽.
44 김용옥, 『용담유사』, 서울: 통나무, 2022, 252쪽.

있어야 한다고 하였다. 그러나 이제 사람들이 '송송가가(松松家家)'가 아니라 '이재궁궁(利在弓弓)'에 빠져 있다고 수운은 말한다. "어화 세상 사람들아! 우리나라에도 일찍이 좋은 예언서가 있지 않겠소. 그 참서들이 한결같이 '이재궁궁(利在弓弓)'을 말하고 있지 않습니까? … 모두가 궁궁으로 도피할 생각에 미쳐 있는 것이 우리 사회의 현실이다."[45]

수운이 살던 시대에 감결류와 비결서가 매우 유행하였고, 홍경래의 계획적인 봉기 거사(1811-1812)가 실패로 돌아간 이후, 그러한 비기는 더욱 강한 영향력을 발휘하였다. 수운은 이러한 도참사상이 민중에 광범위하게 펼쳐져 있는 현실을 매우 심각하게 체험한 것 같다.[46] 수운은 「몽둥노소문답가」의 2절에서 이제는 '이재궁궁(利在弓弓)'을 따라야 함을 다음과 같이 강조한다. "임진왜란과 홍경래 봉기 시절에 관해서는 이미 과거의 일이 되었으므로 송송가가(松松家家)란 말의 실상을 알 수 있겠지만, 지금 외치고 있는 이재궁궁(利在弓弓) 이상촌은 어디에 있을까? 과연 누가 알 수 있겠는가. 진실로 문제는 그러한 장소의 유무에 있는 것이 아니다."[47] 계속하여 수운은 종말론적 위기의식을 더 자세하게 다음과 같이 설명한다.

이미 천운이 뒤바뀌고 있는데, 그 대세의 변화를 보지 못하고 뭘 걱정하고 있는 것이냐? 근심 말고 돌아가서 시운이 윤회하는 것을 똑바로 보아라! 십이제국이 서로를 약탈하고 괴질이 성행하는 이 시대의 운수야말로 다시 개벽의 확증이 아니겠는가! 태평성세가 다시 정해질 것이요, 나라가 풍요

---

45 Ibid., p. 252.
46 Ibid., p. 256.
47 Ibid., p. 260.

롭고 백성이 편안해질 것이다. 개탄하는 마음에만 사로잡히지 말고 서서히 세태를 관망하고 점차로 일을 해 나가라! 하원갑이 지나가면 상원갑의 호시절이 도래한다. 그때 반드시 만고에 있어 본 적이 없는 새로운 무극대도가 이 세상에 생겨날 것이다.[48]

　　수운은 국태민안의 이상경을 동요하지 말고 기다려야 함을 강조하고, 하원갑을 지나면 성운의 주기인 상원갑이 돌아와서 무극대도가 세상에 펼쳐진다고 말했다. 수운은 말세론적 징표로서 '십이제국 괴질 운수'를 말한다. 이 십이제국의 괴질 운수가 지나가면 새로운 상원갑의 호시절이 돌아온다. 결국, 윤회하는 시운에 따라 천운이 열려 '다시 개벽'하여 후천이 열렸으니 이를 맞이하기 위하여 '이재궁궁(利在弓弓) 하니'이에 따라야 한다는 것이다.[49] '이재궁궁'은 '궁궁'에 이로움이 있다는 뜻으로 우리나라의 예언서들에는 이 궁궁 사상이 많이 등장한다. 어떤 때는 궁이 활을 뜻하므로 활활 즉 광활한 넓은 땅을 의미할 때가 있다. 궁궁이나 궁을의 형상이 태극의 형상이므로 산과 물이 태극의 형상으로 휘돌아가는 좋은 땅이라는 뜻도 있다. 또 궁궁을 마주 보게 하면 '아(亞)' 자가 되어 서학에서 활용하였다는 이야기도 있다. 궁궁이 '무극이태극'과도 같은 고차원의 형이상학 원리라는 설도 있다. 하여튼 궁궁은 우리나라 도참사상의 한 키워드이다.[50]
　　전술하였듯이, 수운의 '다시 개벽'은 우주적 순환 원리에 의해 필연적으

48　Ibid., p. 260-261.
49　윤이흠, "동학운동의 개벽 사상", 187-188쪽.
50　김용옥, 『용담유사』, 254쪽.

로 도래할 새로운 세상과 그것에 수반하는 물질적·정신적 대변혁을 의미한다. 그러나 수운의 개벽은 숙명론이나 말세론이 아니라 근본적 전환의 메시지이고, 그냥 전환이 아니라 문명적 전환, 우주적 패러다임의 대전환을 촉구한 메시지였다. 그냥 신비적 예언이 아니고, 사람이 사람으로 대접받지 못하고, 온갖 신분적 차별과 멸시와 굶주림에 짐승처럼 살던 세상에서 모든 사람이 배불리 먹고 하늘로 존중받는 세상으로의 근본적 전환을 촉구한 것이다.[51]

수운의 다시 개벽은 '무극대도(無極大道)'가 세상에 펼쳐지는 때이다. 전통적으로 동양 사상에서 무극은 태극으로 이해되었다. 한 현상의 유와 무는 존재론적 궁극적 의미 맥락에서 상호 보완적인 상대개념에 불과하다. 이처럼 무극이면서 동시에 태극으로 이해되어 온 우주의 진리를 동양에서는 도(道)라고 불러 온 것이다. 수운이 제시하는 무극대도 역시 이 동양의 전통적 도를 의미한다.[52] 또한 수운은 다시 개벽에 의한 신세계를 요순시대의 재현으로 그린다. 저주스러운 선천이 지나고 다가올 후천의 황금시대는 아득한 과거의 요순시대의 인간으로 돌아가고 또 그때의 시대상으로 돌아가는 것이다. 수운은 요순시대는 사람들이 도덕에 순응하고 병란도 없고 괴질에 시달리지도 않는 태평성세였던 것으로 이해한다. 이러한 황금시대에는 무극대도가 사회를 순치하기 때문에 '억조창생 많은 사람이 동귀일체'하게 되고, 그 순치는 이름하여 '무위이화'라고 할 것이며, 이러한 이상 사회를 한마디로 '지상선경(地上仙境)'이라 부른다.[53] 결국, 수

51 김용휘, "최제우의 동학과 개벽의 꿈," 「지식의 지평」 17, 2014, 176쪽.
52 윤이흠, "동학운동의 개벽 사상", 191쪽.
53 Ibid., p. 191-192.

운의 모심의 종말론에서 지상선경은 시천주에서 시작하여 수심정기로 실천하여 무극대도가 이루어지는 이상 사회로 종말론적인 세계이다.

4. '오심의 종말론'과 '모심의 종말론'의 상호적 대화

몰트만과 수운의 사상(종말론)에서 공통으로 돋보이는 점은 이 세계의 변혁을 추구한다는 점이다. 몰트만의 신학은 특별히 희망과 십자가를 정치 신학적으로 해석하는 정치 신학으로, 그의 종말론은 이 세계의 파멸이 아니라 변혁을 시향하고, 이 세상이 아닌 다른 세상으로 '들어감'이 아니라 하나님이 이 세상으로 오심을 말하고 있다는 측면에서 이 세상 중심적이다. 수운의 모심의 종말론도 시천주-수심정기-무극대도의 과정을 통하여 새로운 세상을 저세상이 아니라 이 세계 안에서 성취함을 지향한다. 이러한 측면에서 몰트만과 수운의 종말론은 내세 중심적이라기보다는 이 세상 중심적이고 이 세계의 변혁을 지향한다. 그러나 두 종말론은 '오심'과 '모심'이라는 차이를 보인다.

1) '오심'에서 '모심'으로

수운의 '모심의 종말론'적 관점에서 몰트만의 '오심의 종말론'을 보면 신(神) 중심적이라 할 수 있다. 수운의 종말론에서는 하느님과 인간의 상호성이 존재하면서도 종말론의 주체로서 인간의 몫과 자리가 분명하게 드러난다. 그러나 몰트만의 오심의 종말론은 인간을 포함한 피조물의 참여와 역할을 축소하고 하나님의 역할을 극대화한다. 바우캠(Richard

Bauckham)은 몰트만의 종말론적 과정이 '하나님 중심적 목표를 제시하고'[54]하고 있다고 평가한다. 전술하였듯이, 수운의 모심의 종말론은 개벽의 종말론으로 하느님을 내 안에 모시는 시천주에서 출발하여 수심정기의 수행을 통하여 시천주를 실천하여 무극대도의 세상인 지상선경을 지향한다. 이 지상선경에서는 인간의 주체적 자각과 실천이라는 인간의 몫이 중요한 자리를 차지한다. 수운의 다시 개벽이 출현하는 외부적 상황은 서양의 침략으로 인한 외세의 괴질(怪疾)이지만, 실제로 가장 심각한 괴질은 '각자위심(各自爲心)'이라 할 수 있다. 물론 서양의 침략도 각자위심과 깊은 연관이 있지만, 각자위심은 수운 당시 조선의 백성들이 걸려 있는 괴질 중의 괴질이다. 수운이 보기에 조선의 백성들은 불순천리(不順天理)와 불원천명(不願天命)한 마음을 갖고 각자 자기만을 위하는 각자위심의 삶을 살아가고 있었다. 각자위심의 세상에 대한 전적인 책임은 인간들에게 있으며, 각자위심에 대한 수운의 해법인 시천주에서 생명은 인간의 주체적 자각이므로 인간의 몫과 자리는 분명하게 자리 잡는다.

더 나아가서 수운의 종교체험에서 하느님은 전지전능한 절대적 주관자가 아니라 인간과 더불어 공(功)을 세운다. 수운은 『용담유사』의 「용담가」에 자신이 만난 하느님을 노이무공(勞而無功)의 신(神)이라고 고백한다. "하느님 하신 말씀 개벽 후 5만 년에 네가 또한 첨이로다. 나도 또한 개벽 후 노이무공(勞而無功)하다 가서 너를 만나 성공하니 나도 성공, 너도 득의(得意) 너희 집안 운수로다."[55] 도올은 '노이무공'을 풀이하면서 수운의

54 이형기, 『알기 쉽게 간추린 몰트만 신학』, 69쪽.
55 최동희, 이경원, 『새로 쓰는 동학:사상과 경전』, 서울: 집문당, 2003, 329쪽.

하느님에 대하여 다음과 같이 기술한다.

> 하느님은 우주의 생성 밖에서 그 과정을 주관하거나 컨트롤하는 아웃사이더가 아니라, 천지의 생성과 더불어 노력하여 공을 이루는 과정(process)적 인사이더인 것이다. 천지의 개벽 후 천지와 더불어 같이 노력했으나 공이 없었다는 것이다. 수운의 하느님은 전지전능하신 '하느님'이 아니라, 생성과 더불어 실패하고 좌절하는 하느님, 기(氣)에 대하여 이상적인 리(理)만을 제공하는 하느님이 아닌 것이다. '수운을 만나 처음으로 성공했다'는 하나님의 고백은 수운의 깨달음이 얼마나 유니크한 것이었나, 그리고 조선 민족의 위상이 얼마나 고귀한 것인지를 나타내 주는 명언이다.[56]

하느님은 개벽 후 5만 년에 처음으로 수운을 만난다. 도올에 따르면, '개벽 후 5만 년'이라는 표현에는 선천개벽-후천개벽의 이원적 대비 개념이 없으며 그냥 인간 문명의 역사를 '개벽 후 5만 년'이라 표현했을 뿐이므로 개벽의 주체로서의 하느님이라는 관념도 없고, 개벽은 하느님이 주체적으로 결행한 행동이 아니다. 그러므로 하느님은 천지를 개벽하지 않았다.[57] 수운이 만난 하느님은 '노이무공'의 하느님이다. 개벽 이후에 하느님은 노력하였으나 아무런 공을 이루지 못하였다. 동학의 하느님은 수운을 만나고 나서 성공하고, 하느님의 성공에 수운은 결정적인 역할을 한다.

수운의 모심의 종말론의 출발점이 되는 '시천주'의 핵심에는 '내유신령'

---

56 김용옥, 『용담유사』, 76쪽.
57 김용옥, 『용담유사』, 76쪽.

'외유기화' '각지불이'의 세 가지 차원이 있다. "'모신다는 것'은 '대상' 못지 않게 '주체'도 중요하다. 즉 무엇을 모시는지 못지않게, '누가' 모시는지도 중요하다."[58] '내유신령'의 깨달음은 하느님의 선물로 주어지지 않고 내가 내 안에서 자각하는 것이다. '외유기화'도 인간이 주체적으로 자각하는 것 이다. '각지불이'도 인간이 주체적으로 실천해야 하는 차원이다. "내유신 령과 외유기화는 당연히 모심의 대상을 위한 것이라기보다 모심의 주체 가 가져가야 할 바이다. 즉 이는 모심의 대상이 초월인지 내재인지에 대한 묘사가 아니라 그 모심이 가져오는 주체의 변화 혹은 그 상태에 대한 표 현"[59]이다. 결국, 모심의 종말론은 출발점에서부터 인간의 몫을 강조하고, 인간을 주체로 세운다. 모심의 실천이라 할 수 있는 '수심정기'는 내 안에 모셔져 있는 하느님과 합치되는 삶을 내가 살아가고, 내가 기운을 바르게 하여 하늘의 기운으로 사는 것을 뜻한다. 그러므로 '수심정기'에서 수행의 주체도 역시 인간이고, 전적으로 인간의 몫이다. 수운이 제시한 '다시 개 벽'은 우주가 순환하는 원리에 따라 돌아오는 새로운 세상과 그것이 수반 하는 대변혁으로 '무극대도'가 세상에 펼쳐져서 '무위이화'하는 지상선경 을 지향한다. 그러나 수운의 개벽론과 모심의 종말론은 운명론이나 숙명 론이 아니라 인간의 자각과 실천으로 완성된다.

수운의 모심의 종말론에서 인간의 자각과 실천이 지상선경의 성취에 결정적인 몫을 차지하고 종말의 주체가 인간에게로 기울어져 있다면, 몰 트만의 오심의 종말론은 전적으로 하나님의 '오심'으로 이루어지고, 새로

---

58 이길용, "하나님 나라와 시천주," 『동학학보』 17, 2009, 280쪽.
59 Ibid., p. 280-281.

운 창조라 할 수 있는 종말은 하나님에 의하여 완성된다. 전술하였듯이, 몰트만은 종말론의 '시간화'와 '영원화'를 비판하면서 그의 오심의 종말론을 시작하는데, 비판의 초점은 '새로움'의 범주를 알지 못한다는 것이다. 그러므로 몰트만은 '역사의 미래'와 '미래의 역사'를 구분하면서 '오시는 하나님'으로부터 새로움의 범주를 제시한다. 몰트만은 역사 안에서 또는 인간 안에서 새로움의 범주를 찾는 것에 비판적이다. 결국, 몰트만의 오심의 종말론은 새로움의 범주를 종말론의 중요한 요소로 간주하면서 새로움의 주체를 하나님, 오시는 하나님으로부터 찾는다.

몰트만은 『오시는 하나님』에서 개인적 종말, 역사적 종말, 우주적 종말을 차례대로 기술한 뒤에 마지막으로 '신적 종말'을 다루었는데 제목은 '영광'이다. 하나님의 영광이 몰트만의 오심의 종말론이 지향하는 목표이다. 몰트만에 따르면, 모든 사물의 목적은 하나님을 영화롭게 하는 것이며, 하나님을 영화롭게 하는 것은 하나님에게서 나오고 하나님 자신을 통해서이다. 세계는 하나님을 필요로 하지만 하나님은 세계가 필요하지 않다. 그러므로 몰트만은 하나님의 영광을 하나님의 자기 영화로 규정한다.[60] 하나님의 영광은 안식일과 쌍을 이루는 쉐히나를 통하여 완성된다. 하나님은 창조의 공간으로 돌아오기를 원하는 오시는 하나님이며, 이 세계가 하나님의 공간(집)이 되는 우주적 쉐히나가 이루어지면 하나님의 충만과 하나님의 자기 영화와 하나님의 안식은 완성을 맞이하고, 영원한 기쁨의 잔치가 펼쳐진다. 하나님의 우주적 쉐히나, 하나님의 자기 영화, 하나님의 영원한 안식, 영원한 기쁨의 잔치라는 여러 가지 과정에서 주체는 전적으

---

60 몰트만, 『오시는 하나님』, 546쪽.

로 하나님이다. 이길용은 명료하게 말한다. "수운의 시천주에서 천주를 모시는 주체는 인간이다."[61] '다시 개벽'과 '모심의 종말론'으로 바꾸어 말한다면, 수운의 모심의 종말론에서 시천주로 시작하여 무극대도를 여는 주체는 인간이다. 그러나 몰트만의 오심의 종말론은 신(神) 중심적이며 종말의 주체는 하나님이다.

2) '모심'에서 '오심'으로

몰트만에게 종말론적이라는 것은 종말(미래)의 시각에서 현재를 보는 것이고, 현재의 역사는 그 자체에서 의미를 찾지 않고 하나님의 나라의 완성이라는 종말론적 관점에 따라 의미를 형성한다.[62] 몰트만의 오심의 종말론적 관점에서 수운의 모심의 종말론을 보면, 모심의 종말론에서는 현재가 종말(미래)을 결정하고, 현재와 종말의 불연속성보다는 연속성이 지배적이다. 논자의 눈에, 오심의 종말론에서 몰트만이 '새로움'을 중요하게 전제하는 이유는 역사와 종말의 연속성을 넘어서 불연속성을 강조하기 위함으로 보이고, 현재와 종말의 연속성을 넘어서 불연속성을 강조하기 위함으로 읽힌다. 그는 종말이 가져오는 '새로움'의 근원을 역사의 '안'이 아니라 '밖'에서 찾고, 그것을 '오시는 하나님'으로부터 찾는다. 그가 Futurum과 Adventus를 구별하여 설명하는 중요한 이유도 역사와 종말의 불연속성을 강조하는 것으로 볼 수 있다. 전자(Futurum)는 '되는 것'으

---

61 이길용, "크리스텐센의 인간 이해에 비추어 본 동학의 인간관", 『동학학보』 13, 2007, 195쪽.
62 김동건, "몰트만의 그리스론의 구조와 특징", 「신학사상」 169, 2015 여름, 90쪽.

로 현재에서 미래로 발전하면서 역사와의 연속성이 지배적이므로 새로운 것을 가져올 수 없다는 것이다. 반대로 후자(Adventus)는 존재의 되어 감이 아니라 전혀 예측하지 못하고 기다리지 않던 것이면서 전적으로 다르고 새로운 것을 의미함으로 역사와 종말의 불연속성을 내포한다. 그의 종말론이 '존재의 미래'가 아니라 '미래의 존재'를 강조하는 이유도 동일선상에서 볼 수 있다. 존재의 미래는 현재 존재하는 것들이 시간이 흐르면서 자연스럽게 만나는 미래를 의미하므로 현재와 미래의 연속성이 지배적이다. 그러나 미래의 존재는 미래(종말)로부터 현재로 뜻밖에 다가오는 것이므로 현재와 미래의 불연속성을 담으면서 전직인 새로움을 품고 있다.

그렇다고 몰트만의 종말론이 현재와 종말의 불연속성만을 강조하지는 않는다. 그의 종말론은 기독론 중심적 종말론이고, 예수 그리스도의 십자가와 부활을 종말론의 범주로 삼는다. 십자가와 부활은 오심의 종말론에서 종말론적 미래의 성취이면서 약속이다. 그의 신학을 지배하는 아이디어인 '십자가와 부활의 변증법'은 모순의 변증법이면서 동일성의 변증법이다. 십자가에 처형된 예수가 부활하였다는 점은 이질적인 모순이고, 동일성은 십자가의 예수와 부활의 예수가 같은 존재라는 점이다. 여기에서 십자가는 역사와의 연속성을 지시하고, 부활은 역사와는 전적으로 다른 새로움으로 역사와의 불연속성을 의미한다. 예수의 부활이 약속하는 것은 존재의 미래가 아니라 새로움을 가져오는 종말론적 미래를 내포하고 약속한다. 결국, 몰트만의 오심의 종말론은 '존재의 미래'를 거부하고 '새로움'의 출현이 가능한 '미래의 존재' '종말의 미래'에 굵은 밑줄을 그으면서 현재가 종말(미래)을 결정하지 않고 종말(미래)이 현재를 결정한다.

몰트만의 종말론 관점에서 수운의 종말론을 읽어 가면, 수운의 모심의 종말론은 '미래의 존재론'이 아니라 '존재의 미래론'을 내포하고 있다고 볼 수 있다. 수운의 '다시 개벽'은 근원적으로 동양의 운수론(運數論)에 근거한다. 운수론은 숙명론이라 할 수는 없으나 개인과 집단의 길흉화복이 시운(時運)에 의하여 좌우된다고 보기 때문에 자연 순환론적인 사유 방식을 전제한다. 순환론적인 사유에서 미래는 전적으로 새로운 차원이라기보다 과거의 반복을 내포한다. 물론 수운을 포함한 신종교의 개벽사상은 운수론에 갇히지 않고 인간의 능동적이고 의지적인 차원을 강조하지만, 종말이 가져오는 새로움은 우주 밖이 아니라 안에서 출현한다. 시천주는 하느님을 모시는 것이 노른자위이지만, 시천주에서 수운의 주된 관심인 노이무공(勞而無功)의 하느님의 선물(은총)이 아니라 하느님과 수운이 상생(相生)하는 하느님의 성공과 수운의 성공이다. 전술하였듯이, 수운의 시천주 체험에서 하느님은 전지전능한 절대적 신이라기보다는 인간(수운)에 의하여 노이무공이라는 자신의 한(恨)을 해소하면서 수운을 살리는 상생의 신이다. 그러므로 수운의 시천주 안에는 신(神)과 인간(人間)의 변증법적 긴장이 작용하고 있다.

동학의 2대 교주 해월 최시형에게로 동학의 도통(道通)이 넘어가면서 '시천주'는 '양천주(養天主)'로 옷을 갈아입는다. 김용휘의 해석처럼, 해월에게 마음이 곧 하늘이라면 양천주는 내 안에 이미 존재하는 하느님을 키우고 확장하는 것이 핵심이다. 수운이 창안한 시천주 안에서 생동하던 신과 인간의 변증법적 긴장이 해월의 양천주에 이르러서는 내재화의 형태로 변화한다. 더 나아가서 동학의 3대 교주 의암 손병희의 '인내천(人乃天)'은 '인간이 곧 하느님'이라고 선언하면서 신과 인간의 '내재화'를 넘어서 '동일화'의 모습을 보인다. 이러한 측면에서 이길용은 시천주의 변화 과정을 다음과 같이 기술한다. "수운에게서는 한울(하느님)을 모셔야 하는 존재로, 해월에게서는 한울(하느님)을 이미 모시고 있는 존재로, 의암에 이르러서는 본성상 이미 한울(하느님)과 같다는 생각이 그것이다."[63] 김용휘는 수운의 하느님 이해가 그의 체험이 깊어지면서 단계적으로 심화하였다고 본다. 수운은 처음에 하느님을 초월적이고 인격적인 모습으로 생각하였으나 체험이 깊어지면서 밖에서 들려왔다고 생각한 하느님의 목소리가 사실은 안에서 울려 나온 것, 즉 자신의 마음에서 들리는 소리를 깨닫는 것으로 김용휘는 설명한다.[64] 김용휘는 수운이 만난 하느님은 '노이무공(勞而無功)'의 하느님이면서 '오심즉여심(吾心卽汝心)'의 하느님이었으며, 처음에는 인격신이 상정되어 있었는데 후에 인격신을 제거한 것 같기도 하다는 백낙청의 질문에 다음과 같이 대답한다.

동학의 하늘님 개념이 수운의 의식, 그런 수도의 깊이에 따라서 달라졌다고 보고요. 처음에는 인격적인 상제로 체험을 하다가 그것이 나중에 내면화되면서 '오심즉여심' 결국 하나라는 것을 깨닫고, 더 나아가서는 '나'라는 이 본래의 존재가 사실은 무궁한 나, 오는 것도 없고 가는 것도 없는, 이 육신이라는 건 물론 사라지지만 내 안에 있는 영으로서의 참나는 무궁한 존재라는 것을 깨닫는 데까지 나아갔다고 봅니다. 이렇게 단계적으로 봐야 한다고 생각합니다.[65]

63 이길용, "크리스텐센의 인간 이해에 비추어 본 동학의 인간관", 204쪽.
64 김용휘, 『우리 학문으로서의 동학』, 83쪽.
65 백낙청 외 8인, 『개벽 사상과 종교 공부: K 사상의 세계화를 위하여』, 파주: 창비, 2024, 142-143쪽.

몰트만은 예수가 선포한 '이미/아직'의 긴장이 생생하게 살아 있는 종말(하나님의 나라)을 콘스탄틴 제국이 '아직'의 지평을 탈각하고 현재화하였음을 비판하고, 현대신학이 종말을 시간화하고 영원화하여 '새로움'을 상실하였음을 비판하면서 미래의 종말에 근거한 '오심의 종말론'으로 예수가 선포한 종말론을 회복시킨다. 그러나 수운의 시천주에 의하여 태동한 동학의 '모심의 종말론'은 해월의 양천주와 의암의 인내천으로 변화하면서 '다시 개벽'이 지향한 '모심의 종말론'은 인간의 마음과 역사 안으로 내재화한다고 볼 수 있다. 그러므로 몰트만의 '오심의 종말론'에서 수운과 동학의 '모심의 종말론'을 읽어 가면, 시천주를 자각한 인간의 마음이 미래(종말)를 결정하여 새로움의 근원이 인간의 마음과 역사와 우주 안에 있다고 할 수 있다.

5. 나오는 말—'오심-모심'의 종말론을 꿈꾸며

이제는 글로벌을 넘어서 글로컬의 세상이 열리고 있고 열려야 한다. '안'과 '밖'을 나누고 약자와 약소국을 희생시키는 either/or의 사유 방식보다는 상생(相生)과 혼종성(hybridity)을 지향하는 both/and의 사유 방식이 더 넓게 확산되어야 한다. 혼종성과 글로컬의 관점으로 몰트만의 오심의 종말론과 수운의 모심의 종말론의 통전은 글로컬 종말론으로서 '오심-모심의 종말론'을 꿈꾸어 볼 수 있다. 글로컬의 관점으로 몰트만의 오심의 종말론과 수운의 모심의 종말론을 동시에 읽어 가는 것은 서구적인 것/비서구적인 것, 기독교적인 것/한국적인 것의 이분법적 경계선을 지우고 불이(不二)적 관점으로의 통전을 지향한다. 또한 '오심'과 '모심'을 이항 대립적으로 분리할 것이 아니라 연속선상에서 불이적 관점으로 '오심-모심의 종말론'으로 통전한다. 아시아 신학자 이정용은 예수를 주변 중의 주변으로 보면서 '예수-그리스도'라고 표현하며 다음과 같이 말한다. "굳이 하이픈(-)을 사용해 예수-그리스도라고 한 까닭은 예수는 그리스도이고 동시에 그리스도가 예수이기 때문이다."[66] 이와 유사하게 '오심-모심의 종말론'은 오심은 모심이 되어야 하고, 모심은 오심이 되어야 함을 지향해 볼 수 있다.

「마가복음」에 따르면, 예수는 때가 찼고 하나님의 나라가 가까이 왔으니 회개하고 복음을 믿으라(마가복음 1장 15절)고 첫 메시지를 선포한다. 하나님의 나라가 우리에게로 온다는 말씀은 우주의 파괴를 내포하는 묵시적 종말론을 거절하고, 하나님의 나라는 '들어감의 나라'가 아니라 '오고 있는 나라'임을 의미한다. 또한 「마태복음」에 따르면, 예수는 "천국은 침노를 당하나니 침노하는 자는 빼앗느니라"(마태복음 11장 12절)라고 말씀하시면서 종말의 주체에 있어서 인간의 몫을 최소화하지 않고 최대화한다. 이러한 측면에서 기독교의 종말론은 인간의 몫을 강조해야만 하기에 '오심'은 '모심'이 되어야 한다. 오심의 종말론은 궁극적 새로움을 가져오지만 신(神) 중심적이면서 종말론의 주체가 하나님에게로 기울어져 있다. 그러나 모심의 종말론은 인간을 종말의 주체로 설정하여 인간의 몫을 강조한다. 이러한 측면에서 오심의 종말론은 모심의 종말론이 되어야 한다.

종말은 이 세상의 '끝'이 아니라 변혁을 지향해야 하지만 변혁은 현재의 역사와 우주와 연속성과 불연속성을 동시에 지녀야 한다. 종말로 다가온 세상이 현재의 세상과 연속성만이 지배적이라면 새로움은 불투명하고,

---

66 이정용 · 신재식 옮김, 『마지널리티: 다문화 시대의 신학』, 서울: 포이에마, 2014, 125쪽.

현재 고난의 한가운데 있는 사람들에게 희망이 될 수 없다. 반대로 종말의 새로운 세상이 현재의 세상과의 관계에서 불연속적 차원이 지배적이면 현세의 삶은 종말에 있어서 의미를 상실한다. 수운의 모심의 종말론은 해월의 양천주와 의암의 인내천을 거치면서 내재화와 동일화의 성격을 보인다. 그러나 몰트만의 오심의 종말론은 십자가와 부활의 변증법으로 종말에 이루어지는 새로운 창조와 역사(우주)와의 연속성과 불연속성을 동시에 지니고 있다. 이러한 측면에서 '오심-모심의 종말론'은 오심이 모심이 되는 것을 넘어서 모심은 오심이 되어야 한다.

제 4 부

동학과 개벽 신학

— 多夕의 '바탈'과 李信의 '역사 유비'에 근거하여

이정배

1. 들어가는 글

　2024년은 수운 최제우가 탄생한 지 200년이 되는 해다. 불교, 유교의 한 국화에 공헌한 원효/지눌, 퇴계/율곡을 넘어 정작 이들 탓에 잊힌 우리의 근원적 종교성, 하늘님을 되찾은 개벽사상가 수운의 업적을 기려야 마땅할 일이다. 신채호의 말대로 거듭된 아/비아의 투쟁에서 민중의 영적 주체성을 회복시켰기 때문이다. 따라서 일백 년 역사를 훌쩍 넘긴 이 땅의 기독교 역시 이제는 일방적 선포자의 입장을 버리고 수운의 종교 세계를 수용하되 그에 잇대어 자신을 재구성하는 노력을 기울여야 한다. 이를 필자는 기존의 '토착화'와 대별하여 신학의 '토발화'로 명명했다.[1] 이 땅의 사람들이 지닌 기초 이념이 중국은 물론 서구에서 유입된 종교 및 사상을 택했으며 버리기도 했다는 의미에서다.[2] 따라서 독일 토양에서 비롯된 첫 번째 종교개혁이 인류세의 총체적 위기를 맞아 이 땅의 정신적 풍토에서 새

1　이정배, "함석헌 사상 속의 비판적 쟁점들- 개벽, 소위 토발적 시각에서 살피다", 『개벽의 사상가』, 백영서 엮음, 창비, 2022, 251-276쪽.
2　이것은 종교학자 정진홍 교수의 지론이다. 그는 한국인의 기초 이념으로 '하늘 경험' 과 '힘 지향성'을 꼽았다. 이후 유입된 종교들이 지닌 힘을 근거로 '하늘 경험'을 풍요롭게 확장-미토스(불교), 로고스(유교), 데우스(기독교)-시켰다고 보았다.

롭게 발아되어 두 번째 차축 시대를 활짝 열어젖히기를 빌고 싶다. 동학속에 유불선의 창조적 합체인 성리학의 한계와 서학(천주학)에 대한 적실한 이해 및 평가가 담겼다고 믿는 까닭이다. 비슷한 시기에 출현한 대종교와 동학의 관계 및 상호 영향사 또한 살필 주제이나 『천부경』을 풀어 쓴다석을 경유하며 간접적으로 후술할 생각이다.

주지하듯 개신교 선교사들이 활동하던 19세기 말, 초기 기독교는 동학을 낯설게 여기지 않았다. 서구 선교사들 간에 이견이 있었음에도 동학이 되찾은 하늘님(천주)을 기독교의 유일신 개념과 같게 보려고 노력한 것이다.[3] 이는 서학(천주학)과의 변별성을 강조한 수운 당대의 상황과 크게 달라진 일면이다. 물론 선교적 동기에서 비롯한 제국주의적 팽창의 일환이기도 했겠으나 배타하거나 부정하지 않았다는 사실이 놀랍다. 동학 천도교가 기독교에 힘입어 당시 조선의 구체제에 저항할 수 있다고 본 선교사도 있었다니 주목할 일이다.[4] 후일 핍박받는 와중에서 기독교의 외피를 쓰고 활동한 동학도[5]들이 존재했던바, 이는 일정부분 상호 간의 교감이 있었음을 말해 준다. 하지만 평안도 등 여타 지역에서는 양자가 갈등하는 상황도 발생했다. 평양, 의주, 정주 그리고 선천 지역에서 양대 세력 간에 우위

---

3 김영호, 『동학 천도교와 기독교의 갈등과 연대, 1893-1919』, 푸른역사, 2024(초판 2쇄), 84-146쪽. 양자 간의 연속성을 강조한 존스 선교사와 동학을 비판, 학대한 메켄지 선교사의 각기 다른 입장을 참조하라. 전자는 동학에서 인격적 초월 신을 보았고 후자는 동학을 기독교와 이슬람의 관계로 폄하했다. 후자는 참나무인 기독교에 견줘 동학을 잡초로 비유하기도 했다.

4 이것은 감리교 선교사 아펜젤러의 생각이다. 「The Korean Reposition」, 1895년 6월호에 실린 아펜젤러의 글 참조. 앞의 책, 95에서 재인용.

5 이들을 '영학'이라 일컫는다.

를 다투는 싸움이 제법 심각했다. 교세를 확장하기 위해 동학 천도교가 기독교와 같은 조직 체제를 갖추었고, 천주와 지기(至氣)의 양면성, 곧 믿음과 수행을 강조하여 기독교의 인격 신관을 넘어서고자 했기 때문이다.[6] 반면 1919년 3·1운동을 전후하여 상호 간의 협력, 곧 종교 연대 운동이 절정을 이룬 바도 있었다. 일제의 식민지 현실에서 민족문제가 공통의제가 된 까닭이다. 당시 조직과 재정을 갖춘 동학 천도교의 지원이 없었다면 3·1운동은 불가능했을 것이란 역사적 평가도 있다. 기독교의 경우 남강 이승훈의 교회적 인맥을 중심하여 부분적으로 참여했던 까닭이다. 이후 기독교는 독립이 좌절되자 내세 지향적 종교로 회귀하였고, 천도교 또한 서구 지향적인 문명개화 노선을 택했기에 두 종교 모두 사회 개혁의 동력을 상실했다.[7] 현실 적응 및 교세 확장에 매몰된 결과 지난 백여 년간 양자는 교리 차원에서 적대적으로 병립해 왔다. 토착화 전통의 감리교 신학조차 동학 수용을 거부했고 다석과 함석헌 같은 씨올 사상 주창자들 또한 동학을 이해하는 데 소극(부정)적이었던 것은 매우 안타까운 일이다.

이렇듯 지난 역사를 돌이켜 성찰하며 양자 간 새로운 만남을 시도하는 일이 이 글의 목적이다. 물론 1960~1970년대 이후 두 종교 간의 긍정적인 해우가 열거할 수 없을 만큼 많았지만, 주로 기독교적-범재신론, 생태적 위기, 종교 수행 그리고 민중신학-시각에서 필요한 만큼, 전체가 아닌

---

6 앞의 책, 207쪽.
7 앞의 책, 351쪽 이하 참조. 3.1운동은 문명개화 노선을 택한 북접의 영향 속에서 치러졌다고 한다. 남접 중심의 농민전쟁 흐름과 무관했다는 지적이다. 아래로부터 위로 올라오는 민중의 역동성을 상실한 운동이란 평가도 있을 법하다. 물론 북/남접의 구별을 인정치 않는 연구자들이 있는 것도 사실이나, 3.1운동이 동학혁명을 전유했는가의 문제는 여전히 남아 있다.

부분적으로 소위 '원'동학[8]의 주요 사상을 활용하는 차원에서였다. 하지만 수용자가 아닌 전달(선포)자의 입장을 견지했기에 아전인수라 해도 좋을 만큼 포괄주의적 신학으로 귀결되었다. 서구적 근대를 추동한 기독교를 여전히 궁극적인 '답'이라고 여긴 결과이겠다. 이는 수년 전까지 동학 연구자들 상당수가 기독교 신학자들이었다는 점과 무관치 않다. 하지만 3·1 선언 백주년(2019)을 전후하여 동학사상을 연구하는 주체적인 세력이 기독교 밖에서 조성되었다. 기독교 수용 여부에 따라 개화/수구로 양분되던 이 땅의 근대사를 뒤엎고 개벽적 근대를 말하기 시작한 것이다.[9]하지만 이들의 개벽적 근대론에 대한 비판도 없지 않다. 수구(위정척사)로 평가받은 유교 측의 반론 때문이기도 하나 서구적 잣대인 근대란 말 자체를 없애자는 논의가 생겼기 때문이었다.[10] 본고에서는 다룰 여백이 없겠으나 이후라도 토론될 가치가 크고 많다. 가능한 대로 이들 논지를 비판적으로 수용할 것인바 이를 위해 먼저 시인 김지하를 비롯하여 도올과 백낙청 등 인문학자들의 '개벽사상' 연구 경향에 주목할 필요가 있다. 이들 간의 입장 차를 긍정하되 특별히 유교 사상사로부터 동학을 독해하는 도올의 주장에-그와의 차이도 적시할 것이지만-공감을 표하면서 넘어설 것이다. 동시에

---

8 이 말은 본디 시인 김지하의 언어이다. 동학을 천도교와 구별하되 더욱 철저하게 분리해서 생각하겠다는 의도에서 비롯했다. 김지하,『동학 이야기』, 솔출판사, 1994, 참조

9 조성환, 이병한,『개벽파 선언-다른 백년, 다시 개벽』, 모시는사람들, 2019. 조성환,『한국 근대의 탄생-개화에서 개벽으로』, 모시는사람들, 2018.

10 유교 측 반론, 즉 '유교와 근대화는 대립개념이 아니다'는 시각은 역사학자 노관범 교수가 제기했으며 근대 개념 자체의 부정은 도올 김용옥 선생의 대표적 입장이다. 후자의 입장은『동경대전 1,2』(통나무 2021)를 통해서 잘 알려졌다. 전자의 입장을 대변한 노관범의 다음 책을 참조하라.『기억의 역전』, 소명출판사, 2016.

사유의 보편성을 강조하며 동서를 연결하는 백낙청의 입장[11] 또한 '역사 유비'[12]라는 신학적 언표와 잇대어 사유할 생각이다. 이런 논의들은 주/객 도식을 난파, 전도시킨 목하 소장 동학 연구가들과 출발선이 다르지 않다. 하지만 동학의 고유성과 절대성을 힘껏 강조하면서도 개벽을 특정 서구 사상으로 환원시켜 설명하는 방식에는 이견을 드러내겠다.[13] 동학의 경우 '근대'를 비판했듯이 서구 개념으로부터의 이격을 우선시했기 때문이다. 필자가 '유비' 개념을 내세운 것도 같은 맥락에서 이해할 사안이다. 우리 곁에 장일순 선생, 김성순 장로의 경우처럼[14] 동학과 그리스도교를 함께 품은 종교적 '이중'국적 소지자들이 존재했다는 사실은 큰 축복이다. '개벽 신학'으로 동학을 재구성하는 일이 결코 이론적 작업만이 아닌 것을 반증 했기 때문이다. 그럼에도 이론적 작업은 여전히 중요하며 난제일 수밖에 없다. 이에 '삼재'론을 기초로 '바탈론'을 강조한 다석 유영모와 '역사 유비' 를 도출한 신학자 이신의 신학 이론이 크게 도움되었음을 밝힌다.

11 후술하겠지만 백낙청은 개벽 사상이 서구적 토양에서도 가능할 수 있다고 보았다. 영 국의 소설가 D.H 로렌스를 '개벽 사상가'로 여긴 것이다. 더욱 근원적으로 예수 역시 개벽 사상가로 보는 데 주저함이 없다. 그의 책 『서양의 개벽사상가 D.H 로렌스』, 창 비, 2020.
12 이에 관한 필자의 책을 참조하라. 이정배, 『역사 유비로서의 이신의 슈르리얼리즘 신 학』, 동연, 2023.
13 김상일, 『동학과 신서학』, 지식산업사 2000. 참조. 최근에는 서구의 신유물론을 동학 의 개벽 사유와 일치시켜 이해하는 시도들이 줄잇고 있다. 일리 있으나 개벽 사상 배 후의 정세(적) 판단을 간과할 여지가 있다. 역사와 의식은 실종되고 뜻만 취하는 경우 본의 아니게 서구에 종속될 수 있다는 것이 필자의 우려이자 생각이다.
14 장일순 선생은 동학과 천주교를 삶 속에서 하나로 엮었고 김천에서 포도 농사를 짓는 김성순 장로는 개신교인 신분으로서 동학도로 개종했다. 한상봉, 『장일순 평전』, 삼 인, 2024. 김성순, 『황악산 거북이의 꿈』, 모시는사람들, 2021 참조

2. 동학 개벽사상의 연구 추세와 상호 논쟁점

첫 장에서는 위 주제에 관한 외부 연구자들의 최근 입장을 정리할 것이다. 시대순일 경우 의당 최동희를 앞세워야겠으나 김지하, 도올, 백낙청[15] 그리고 구비문학에 관심이 많은 조동일[16]간의 논쟁점을 먼저 서술하고 도올과의 연장선상에서 그를 후술하겠다. 도올이 유교적 차원에서 동학을 이해했다면 그의 스승인 최동희의 경우 단군신화로 관계를 소급시켜 동학과 다석 간의 연결 고리를 상상케 했기 때문이다.

주지하는바 인문학 차원에서 동학(사상)에 문명사석 의미를 부어한 사상가로서 시인 김지하와 견줄 수 있는 존재가 없다. 도올 역시 한 시절 김 시인과 함께 동학 경전을 읽었으며 백낙청 또한 동학에 뿌리를 둔 그의 민중 생명론에 심취하곤 했다. 이들 모두가 시인의 영향 속에 있었다고 해도 과하지 않다. 하지만 서 있는 자리(위치)가 달랐기에 그들의 연구 경향 또한 달라졌다. 각기 증산교, 개신교, 원불교, 민속(학)을 의지처로 삼았기 때문이다. 예컨대 '을묘천서(乙卯天書)' 논쟁에서[17] 드러나듯 수운 종교체험의 특성과 절대성에 집착했기에 갈등이 불거진 측면도 있다. 자기중심

---

15 백낙청 외,『개벽 사상과 종교 공부』, 창비, 2024. 동 저자,『문명의 대전환과 후천개벽』, 모시는사람들 2020. 나중 책은 주로 원불교의 개벽 사상을 논한 것이다.

16 조동일,『동학 성립과 이야기』, 모시는사람들, 2011.

17 수운이 을묘년에 하늘로부터 받았다는 책이 M. 릿치의『천주실의』일 것이란 추정에 대해 동학 천도교 측의 반발이 크다. 이는 '걸어 다니는 동학'이라 평가받는 표영삼에 잇대어 도올이 주장했던 것인데, 최근 천도교 교령으로 추대된 윤석산은 이를 논박, 부정했다. 천서를 실물로서의 책이 아닌 종교체험의 표증으로 여긴 것이다. 그럼에도 중국에서 유입된 천주학 관련 서적들과 수운의 관계 자체를 부정할 수는 없을 것이란 판단이 지배적이다.

성, 곧 구심력을 강조하는 경우 밖을 향한 파급효과, 즉 원심력의 약화를 두려워할 필요가 있다. 그럴수록 동학 역시 전통 기독교가 강조하듯 '개종' 차원으로서가 아니라 '가종(Adversion)'의 산물이라 여도 좋겠다.[18] 이하에서 개벽 사유의 보편적 확장을 위해 각각의 연구 추세를 살피고 차이에 주목하되 통합시켜 필자의 글 방향을 논(정)할 것이다. 여기서 무엇보다 수운이 말한 '다시 개벽'의 취지와 뜻을 살피는 일이 우선되어야 하겠다.

'다시 개벽'은 수운 종교체험의 본질이다. 서세동점의 시기에 중국(유교) 문명의 몰락에 충격을 받으며 시천주, 곧 '오심즉여심(吾心卽汝心)'의 체험을 통해 보국안민(輔國安民)의 길을 제시한 것이다. 서교(천주학)를 비롯한 서학(서구 문명)의 병폐와 모순을 자각한 결과였다. 제국주의 침략에 일조하는 종교, 자기 이익만을 좇는(各自爲心) 서구 종교인의 모습을 여실히 경험한 탓이다. 기존 성리학이 '내유신령(內有神靈)', 곧 내 속의 하느님(영)에 무지했다면-수운은 성의정심(誠意正心) 대신 수심정기(守心正氣)를 강조했다-[19] 서학은 우주의 영적 차원, 곧 기화(氣化)를 몰랐다며 유학 전통과 서구 모두를 비판했다. 인간 내외를 구성하는 양면, 곧 신령과 기화가 결코 다를 수 없었기 때문이다. 신령이 기화였고 기화가 다시 신령이었다. '시' 자의 마지막 풀이인 '각지불이(各知不移)'는 이런 사실을 부정하고 인간과 자연 생명을 약탈하는 서구적 근대에 대한 거부라 여겨도 좋다. 단언컨대

---

18 여기서 加宗(Adversion)이란 종교철학자 고 황필호의 의견이다. 모든 종교체험은 본래 중층적인 것으로서 어느 한 경험이 압도적 상태로 드러난 경우라 했다. 순수경험은 없다는 말이기도 하다.

19 여기서는 닦을 '수'를 말하나 수운이 해월에게 도통을 전수할 때 지킬 '수'로서의 수심정기를 말했다. 김용옥, 『동경대전』 1권, 130쪽, 215쪽.

이들 각각의 생명을 빼앗거나 옮기지 말라는 것이다.[20] 동시에 이는 제도 종교로서 서학을 부정하는 종교 해방의 길이기도 했다. 자신을 '노이무공 (勞而無功)'한 존재로 여긴 수운의 '하늘님'[21]은 사람의 일상 삶(노동)을 하늘 일로 여길 만큼 서구 종교의 틀거지를 허문 것이다. '전능성'을 표상한 서구의 하느님이 각자위심의 근거로서 제국주의를 부추겼다고 판단한 것이다. 그럴수록 수운은 '무위이화(無爲而化)'의 하늘님을 강조했고 하늘(신령) 모신 자기 마음을 갈고 닦아[修], 지키는[守] 일을 거듭 요구했다. 필자가 개벽 신학의 토내로서 세 개의 '공'-공(空)·공(公)·공(共)-을 강조한 것도 이런 차원에서다.[22] '없음[空]'을 지켜야 모두의 것[公]이 회복되고 그로써 일상[共]이 거룩하게 되는바 '시(侍)' 자에서 이 모든 것을 본 것이다.[23] 천지(있음)만 알고 귀신(무위이화)을 몰랐다는 수운의 서구 비판도 같은 뜻을 담았다.

이런 이유로 수운의 '다시 개벽'은 역사를 선천(先天)/후천(後天)으로 나누는 소위 '후천(後天)개벽론'과도 달랐다. 물론 우주 순환론에 입각한 말세론 차원에서 수운의 개벽사상을 이해하려는 시각도 없지 않았다.[24] 무

---

20 여러 다른 해석이 있으나 필자는 '각지불이'를 소외의 개념으로 푼 도올의 생각에 동의한다.

21 김용옥, 앞의 책, 341-343쪽. 도올은 초기 동학 문서에서 천주, 상제, 하늘님 등 여러 개념이 함께 사용되고 있지만 '하늘님'으로 통일하자고 제안한다. 후일 이돈화에서 비롯한 것으로 지금껏 천도교 내에서 통용되는 '한울님' 개념에 대해서는 비판했다. 물론 개념 변천사를 동학 천도교의 발전사로 긍정적으로 볼 필요가 있겠지만 본고에서 필자는 처음 뜻에 주목했다.

22 이에 대한 논의는 본고의 마지막 장에서 재론하겠다. 본 주제를 다룬 논문을 필자는 2004년 5월 24일 한국 조직신학회에서 'K-신학'차원에서 발표했다.

23 도올은 '시천주(侍天主)'의 '시(侍)'를 존재자(실체)로서의 신을 죽인 사건이라 보았다. 김용옥, 앞의 책, 141쪽.

24 김형기, 『후천개벽 사상연구』, 김형기, 한울 아카데미 2004, 20-65쪽 이하 내용 참조.

극대도가 주도하는 동귀일체의 새 세상 도래를 개벽이라 여긴 것이다. 동학혁명을 후천에 대한 민중 열망(믿음)의 산물로 여길 정도였다. 그러나 도올은 개벽을 종교의 수직 구조를 수평 구조로 바꾼 대사건으로 여겼다. 앞서 본 대로 기독교적 초월 개념을 탈각시켰기 때문이다. 의당 정감록 유형의 세대주의적 종말 의식과도 거리를 두어야 했다. 후천/선천 개념은 김일부의 『정역(正易)』 사상과 결합한 이후의 결과로서 정작 수운과는 무관한 일이었다.[25] 자기 절대성을 위해 이전 종교를 선천의 산물로 보았던 후대 천도교의 해석일 뿐이다. 이는 도올의 동학 연구에 지대한 영향을 미친 표영삼의 생각이기도 했다. 물론 동학혁명에 좌절된 민중들에게 천지(天地)가-비괘(否卦)에서 태괘(泰卦)로-뒤바뀌고 음양이 역전된 후천의 세상, 유토피아적 상상도 일정 부분 필요했으리라 가늠할 수 있을 것이다.

시인 김지하는 동학 연구의 출발점을 바로 여기서 찾았다.[26] 민중 생명론을 역설한 시인은 특히 강증산은 주목했다. 동학혁명에 좌절한 민중을 위해 증산은 일부의 『정역』에 잇대어 후천개벽 사상을 펼쳤다. 이들을 해원(解冤)하는 주술적 방법도 활용했고, 신화적인 천상 세계를 묘사했으며, 자신에게 어떤 종교적 성인보다 우위의 존재, 곧 옥황상제란 호칭도 사용했다. 하지만 시인은 옥황상제를 강증산 개인이 아니라 병신, 광대, 공돌(순)이를 비롯한 여러 형태의 민중 속에서 재림하는 존재로 여겼다. 뭇 민

저자는 「교훈가」, 「안심가」, 「권학가」 등에 언급된 '일성일쇠(一盛一衰)', '일치일란(一治一亂)', '상하원갑(上下元甲)' 등의 말에 의거 태초의 창조에 버금가는 말세 차원으로 수운의 개벽을 이해하였다.

25 김형기, 앞의 책, 79쪽 이하. 저자도 후천개벽 사상을 후대의 결과물로 봤다.
26 이하 내용은 김지하의 『동학 이야기』, 145-248쪽 참조하여 재서술한 것이다.

중 속에서 옥황상제의 재림(재현)을 보았고 이를 시천주(侍天主), 인내천(人乃天) 나아가 사인여천(事人如天)의 본뜻이자 개벽사상의 핵심이라 정리했다. 동시에 인류 문명사의 기본 질서-남/녀·노/소·반/상-를 뒤바꾸는 천지공사(天地公事)의 필연성을 여기서 찾았다. 천지공사가 개벽의 앞선 조건이 된 것이다. 이렇듯 시인은 수운의 '다시 개벽'을 증산의 '후천개벽'으로 이해했고, 후자를 전자의 본질이자 완결판이라 확신했다. 후천의 종교 표상이 시인에게 민중을 위한 상징 언어로 수용되었고 담긴 뜻에 동조한 것이다. 증산이 그랬듯 시인 역시 인간과 우주, 인간과 인간 그리고 인간과 사회가 통합되는 후천개벽이 '남조선', 곧 이 땅에서 이루어지리라 믿었다. 민중 생명론에 민족의식을 잇댄 결과였다. 하지만 이것은 '다시 개벽'에 대한 왜곡 아니 창조적 오독일 수 있다.[27] 선천/후천 속에 내포된 결정론적 사유가 수운 속에 부재했기 때문이다. 이에반해 민속학자 조동일의 경우 수운에 대한 구전설화에 관심을 두었다. 역사적 진위보다 구비문학 차원에서 의미를 추구한 것이다. 구비문학 역시 민중의 열망을 담았기에 시인 김지하와 일정 부분 유사성도 있다. 하지만 역사성 없는 전설과 신화 속 수운의 존재가 기존 상식(통념)과는 크게 달랐다. 경주 인근을 수없이 탐방하며 친인척을 비롯한 지역 주민들의 기억을 수집하여 분석했기에 기존 역사 연구에 보충할 여지도 있다. 무엇보다 조동일은 수운의 저술 중 '칼의 노래'로 알려진 〈검결(劍訣)〉을 중시했고, 퇴계 학풍의 성리학

---

27 수운은 상수학에 근본적으로 관심을 두지 않았으며 선천/후천이란 말 역시 한 적이 없었다. '다시 개벽'은 보국안민 의식과 관련된 삶의 당위성이라 보면 좋겠다. 김용옥, 『동경대전』, 2권, 46-49쪽. 백영서 외, 『개벽의 사상사』, 창비, 2023, 1부 3장, 4장 논문 참조.

자인 아버지 최옥보다는 먼 친척으로서 주술을 가르친 최림의 존재를 더 크게 의미화했다.[28] 수운의 동학을 도올과 달리 유교와의 단절로 여겼고 '칼의 노래'를 통해 수운을 영웅화하고자 한 것이다. 동학의 민중성을 강조하고픈 의지 또한 여기에 충분히 담겼다. 하지만 역사적 사실을 전혀 도외시하거나 생략한 채 전승된 기억을 통한 생애를 서술하는 것은 개벽 연구의 본류가 더하기 어려울 것이다.

도올 김용옥의 연구가 그래서 다시 중요하다. 그는 판본 연대 및 진위에 몰두할 만큼 동학의 오리지널리티(Originality)를 추적했다. 수운의 '다시 개벽'에 집중했기에 종교화된 후대의 후천개벽론에 공감하지 않았다. 앞서 본 대로 다시 개벽을 선천/후천의 분리 차원에서 보는 것에 동의하지 않은 것이다. 동시에 그는 동학의 근원성을 조선 사상사 나아가 맹자의 유교로 소급하여 이해했다.[29] 수운 종교체험의 독창성을 순수 혹은 절대적 계시 차원이 아닌 '가종'의 형태로 서술한 것이다. 여기서 골자는 다음 장의 주제인바 김지하가 말하듯 민중이 아니라 '민본(플레타르키아, Pletharchia)'이다. 민중 역시 서구 근대의 개념이자 산물로 봤던 까닭이다. 일체 서구적 잣대로 동학을 논하는 일에 대한 경종이겠다. 오히려 선진 유학 속에서 시종일관 서구 근대를 능가하는 사상적 맹아를 찾고자 했다. 따라서 퇴계의 리(理, 太極)를 서구적 천주로 치환하는 정약용의 시도-마테오 리치가 『천주실의』에서 그랬듯 '적응주의' 차원-를 반기지 않았다. '리'보다는

---

28 조동일, 『동학 성립과 이야기』, 3장과 마지막 결론 부분을 보라. 김지하는 「검결」의 중요성을 동학혁명의 배경으로 이해했고 도올의 경우는 수운의 7대 조부 최진립 장군과 연결 시켰다. 반면 최림이란 존재를 조동일 외에 언급한 연구자를 지금껏 찾지 못했다.
29 도올의 『동경대전』 1권 248쪽 이하 내용 참조.

오히려 '기'를 중시한 것 또한 다른 한 이유였다. 신유학의 '성리(性理)' 대신 기적 존재인 '몸'을 강조한 것이다. 이렇듯 '몸'적 존재의 신성화, 여기서 비롯한 종교의 일상화, 성(聖)의 평범성을 조선 사상사의 절정인 동학이 열어젖힌 세계, 곧 개벽이라 논했다. 하지만 동학의 시천주 체험, 곧 지기를 기일원론으로 오롯이 설명할 수 있을지에 대해서는 토론이 필요할 것이다. 아울러 조선 사상사의 근원을 선진 유학이 아니라 고운(孤雲) 최치원을 거쳐 『천부경』에로 소급해야 할 이유도 충분하다. 도올이 『동경대전』 첫 권의 부제를 '나는 코리안이다'라고 했기 때문이다. 백낙청은 다소 늦게 개벽사상에 몰입했으나 누구보다 빠르게 본 연구에 큰 공적을 쌓았다. 마음공부에 빠진 원불교를 개벽 종교로 재정위하고픈 열망에서다. 주지하듯 원불교는 물질/정신 개벽의 상관성을 개교 표어로 내걸었다. 이에 근거하여 백낙청은 개벽 종교로 태어난 원불교가 자본주의 체제와 맞닥뜨릴 주체라고 확신했다. 원불교가 제시한 적실한 공부(수행)법 때문이었다. 따라서 후천개벽에 잇댄 김지하 시인과 달랐고 원불교를 개벽사상의 한 지류로 본 도올과도 변별되었다. 근대에 관한 그의 '이중 과제'론은[30] 원불교를 이해하고 변호하는 일에도 적용되었다. 자본주의적 근대를 부정하는 도올 및 토착적 근대론자들과 달리 그는 적응과 극복의 이중 과제를 말했고 그것을 원불교의 공부법과 일치시킨 것이다. 이후 적응이란 표현을 두고 여러 논쟁이 일어났으나 여기서는 논할 지면이 없어 유감이다.[31] 자본과 맞설 주체가 종교(원불교)라는 주장에 회의적 견해가 다수인 것만

30 백낙청, 『근대의 이중 과제와 한반도식 나라 만들기』, 창비, 2021.
31 『녹색 평론』 편집자인 고 김종철 선생과의 지면 토론이 유명하다.

큼은 분명하다. 하지만 백낙청은 개벽 사유에서 민족주의 요소를 벗긴 유일한 논자이다. 예수는 물론 영국 소설가 D. H. 로렌스를 개벽사상가로 자리매김했기 때문이다.[32] 개벽을 한국 고유의 사상사적 유산으로 본 도올로서는 지지할 수 없는 발상일 것이다. 하지만 백낙청에게 토착화는 동시에 보편화이기도 했다.[33] 필자 역시 이점에 동의하는바 '역사 유비'란 개념을 통해 더욱 정교하게 후술할 생각이다. 다음 장에서는 동학의 오리지널리티를 '단군신화'로 소급한 최동희의 시각에서 도올 김용옥의 논지를 비판적으로 서술하겠다.

3. '다시 개벽'의 오리지널리티―선진 유학을 넘어 '단군신화'에로

도올이 동학의 사상적 기원을 성리학이 지배한 조선 사상사에서 찾은 것은 종교학적으로나 신학적으로도 탁견이었다. 그는 성리학을 유불선 삼교가 통섭된 동양 사상의 진수라 여겼고, 그 바탕에서 서구(학)의 충격을 흡수, 비판하며 동학을 탄생시켰다는 것을 지론으로 삼았다. 일종의 종교 혼합(가종)적 현상이었으나 '다시 개벽'에서 보듯 창조적으로 새 길을 냈다는 것이다. 필자가 동학을 '토발(土發)'적 종교라 일컫는 이유가 바로 여기에 있다. 원시 기독교가 『구약성서』, 유대주의, 영지주의, 스토아철학 등의 영향을 받았지만 새로운 종교로서 역사에 출현한 일과 견줄 수도 있겠다.[34] 물론 '다시 개벽'에는 문화적 요인과 함께 정세적 판단 또한 역할

---

32 각주 11번 참조.
33 백낙청 외, 『개벽사상과 동학공부』, 창비, 2023, 마지막 기독교 편을 참조하라.
34 R. 불트만, 『서양 고대 종교 사상사』, 허혁 역, 이화여대 출판사, 1977.

을 했다.[35] 중국을 무너뜨린 서구 제국주의와 그 아류인 일본의 욕망을 여실히 본 것이다. 이를 묵인하고 추동한 서학(교)을 '각자위심'의 사상이자 종교로 보았고 이에 '오심즉여심'의 문화(종교)적 자각으로 맞서고자 했다. 1860년에 있었던 수운의 종교체험, '오심즉여심'은 각자위심을 부추긴 서구 근대성 개념과는 아주 이질적이었다. 이런 자각과 깨침은 당시의 정세, 곧 각자위심의 서구적 근대를 향한 엄중 경고라 하겠다. 하늘마음과 같(닮)은 인간의 살(갈)길이 결코 서구에 있지 않다는 것이다. 여기서 김용옥은 정세적 충격 속에서 '토발(土發)'된 종교성, '다시 개벽'의 맹아를 성리학에 바탕한 조선 사상사를 통해서 살폈다. 마치 원시 기독교 내에서 유대주의, 영지주의적 제 요소를 찾았듯이 말이다. 도올은 유불선 중에서 기독교의 경우 『구약성서』와 견주어도 좋을 선진 유학, 곧 맹자에까지 그 근원을 추적하였다. 동학을 연구함에 있어 노장사상 혹은 무속 나아가 단군신화 등에 방점을 찍은 학자들과 변별되는 지점이다. 물론 그 역시 이 점을 간과하지 않았으나 무게 있게 다루지는 못했다고 판단한다.

앞서 보았듯이 도올은 시인 김지하처럼 민중(생명)보다는 민본(플레타르키아) 개념을 중시했다.[36] 백성을 근본으로 삼는 '민본'의 뿌리를 선진 유학, 『맹자』에서 찾은 것이다. 여기서 민본은 인간과 하늘의 본성이 같다는 사실을 전제한다. 인간 마음을 알면 결국 하늘을 알 수 있다는 것이다.[37] 하지만 유교의 경우 개인보다는 백성, 곧 '민(民)'의 집단적 차원을 강조한

---

35 백영서, 『동아시아 담론의 계보와 미래』, 나남출판사, 2022.
36 이하 내용은 『동경대전』 1권에 실린 '조선 사상사 대관' 부분을 나름 요약 정리한 것이다.
37 『맹자』, 「진심편」, 맹자왈 "진기심자(盡其心者)는 지기성야(知其性也)니 지기성즉지천의(知其性則知天矣)니라."

다. 개체로서의 '민'을 생각할 수 없었던 상황이었을 것이다. 주지하듯 백성이 아닌 곧 '민'의 개체성, 개별아(個別我)의 개념은 불교에서 비롯했다. 화엄보다는 선불교의 경우 그런 경향이 더욱 짙었다. 송대의 이기(理氣) 철학은 '이일분수설(理一分殊說)'에서 드러나듯 불교의 개체성을 수용하여 발전시킨 유학이라 말할 수 있다.[38] 우주 존재론 혹은 도덕 형이상학을 인간 본성론으로 확장한 조선 성리학은 퇴계와 고봉 기대승 간의 사단칠정 논쟁에서 절정을 이루었다. 도덕적 순수성 혹은 '천리[四端]'로서의 종교성을 중시한 퇴계와 달리 고봉은 '기(氣)'의 우선성, 곧 칠정(七情)의 현실태를 강조한 것이다. 퇴계의 경우 정통 주자학 논리에 어긋남을 알면서 사단을 '이발(理發)' 곧 '리의 능동(자발)성'의 결과라 하였다. 이에 잇대어 경(敬)을 통해서 잊힌 민족의 하느님[天]을 되찾았다는 주장도 생겨났다.[39] '기'를 소종래(所從來)로 본 고봉의 논리가 십분 옳았음에도 퇴계의 도덕적 순수성에 대한 지향이 당시 대세였던바, 도올은 이를 조선 성리학의 관념화로 평가했다.[40] 주지하듯 본 논쟁은 호락논쟁, 곧 인물성동이론으로 불리는 두 번째 토론으로 이어졌다. 고봉과 율곡을 따르는 주기론자 중에서 퇴계의 주장에 동조하는 이들 때문이었다.[41] 본래 미발심체(未發心體), 곧 마

---

38 도올은 「계사」, 주역 계사전이 없었다면 송대 신유학 운동은 펼쳐지지 않았을 것이라 했다. 김용옥, 『도올 주역 계사전』, 통나무, 2024, 50쪽.

39 이는 유교학자 윤사순의 생각이었다.

40 도올 김용옥, 『동경대전』 1권, 300. 여기서 도올은 퇴계가 자신이 부정했던 양명의 '心卽理'에 빠졌다고 봤다.

41 현실의 기적 차원을 강조한 한원진과 리의 주재성을 포기 못한 이간 사이의 논쟁이었다. 녹문 임성주는 후자인 이간의 입장을 발전시켰다. 『동경대전』 1권, 301-307,. 이은선, 『한국 페미니스트 신학자의 유교 읽기』, 모시는사람들, 2023, 145-152쪽. 참조.

음 작용이 시작되기 이전의 마음 본체가 순선한 것인지, 선악 병존의 상태인지를 묻는 토론이었다. 하지만 이후 사물과 인간 본성의 같고 다름에 관한 논쟁으로 더 유명해졌다. 최근 서구에서 유입된 신유물론 논쟁을 선취했다고 봐도 좋을 만큼 말이다. 기국(氣局)에 근거하여 사물과 인간의 '다름'을 강조할 수도 있지만 리통(理通)을 강조한 홍대용의 경우 '인물균(人物均)', 곧 양자의 동일성에 방점을 찍었기 때문이다. 하지만 인물성 '이(異)'론 역시 '리'를 수용하지 않을 수 없었다.[42] 애당초 '리' 없는 사물[氣]이 존재할 수 없는 까닭이다. 이는 심성론 차원에서도 마찬가지였다. 주기론 역시 인간 심체(心體)에 대한 종교적 열망을 요구할 수밖에 없었다. 하여 기를 순수 도덕 의지에 복속시켰다. 이 경우 기는 '리화(理化)된 기(氣)'라 말해도 좋겠다.[43] '본연지성' 대신 대중적 '심(心)'의 현실에서 도체를 체인(體認)한 까닭이다. '심'이 존재와 당위의 일치 공간이 되었다고 볼 수 있다. 도올은 이를 평범한 심[氣]의 신적(Divinity) 격상이라 일컬었다. 이 역시 관념적이긴 하나 민본성의 확장이라 여기면서 말이다. 퇴계의 주리론적 성향에서 천주학을 수용한 정약용의 경우 이런 열망을 더욱 심화시켰다. '성선(性善)'에서 '심선(心善)'으로의 이동, 곧 인간 평등(민본)성을 수직적 구조에서 구축했기 때문이다. 도덕성(理)의 근원을 선진 유학의 '상제(上帝)'로 소급하고 이를 서학을 수용하는 토대로 삼은 것이다. 조선의 철학을 통시적 차원에서 '리' 위주로 본 것은 이 점에서 옳다.[44] 하지만 수운은 이기 관

---

42 정약용을 비롯한 남인들이 심의 기적 측면을 강조하는 흐름(人物性異論)에 속했으나 퇴계의 理를 수용했던 것을 기억하라.

43 『동경대전』 1권, 306쪽.

44 오구라 기조, 『한국은 하나의 철학이다』, 조성환 역, 모시는사람들, 2017 참조.

계를 역전시켜 서학의 수직적 구조를 수평적 구조로 뒤바꿨다.[45] 이것만큼 '개벽'의 뜻을 잘 표현할 수 있는 말은 없을 듯싶다. 수운의 하느님 체험, 지기론을 최한기의 기학(氣學), 기일원론 차원에서 풀었기에 가능했다.[46] 성리, 심리를 넘어 '기'적 차원의 몸을 우주의 본원이자 도라 여긴 것이다. 몸이 없으면 도(道)도 결국 없기 때문이다.[47] 따라서 도올은 몸적 존재로서 인간을 시천주, 인내천의 본뜻이라 확정했다. 플레타르키아 곧 민본성의 정점을 여기서 찾은 것이다. 안병무의 민중신학을 조선 사상사의 일환으로서 '기론'의 학문이라 본 것도 같은 맥락에서다. 하지만 몸이 그 자체로 하늘이고 초월일 수 있겠는지, 동학 연구자들이 이를 수용할지 토론이 필요하다. 지기론을 '리' 없는 '기'로 이해할 수 있을지도 살필 내용이겠다. 이에 필자는 다석의 핵심 용어인 '바탈'이란 말을 소환하여 이와 논쟁할 것인바 후술하겠다.

필자는 동학을 조선 사상사(성리학)를 경유하여 맹자로 소급하는 도올의 입장을 비판적으로 지지한다. 하지만 「계사전」 연구를 통해 도올은 맹자 이전의 『역(易)』 사상에 관심을 두었으며 그것을 당시의 영토 개념으로 고조선에서 발원한 것이라 역설했다. 『역』을 동이족의 산물로 보고 동학

45 『동경대전』 1권, 312-313쪽.
46 도올의 박사논문 주제가 성학, 심학도 아니고 왕부지의 기학인 것에 주목하라. 최한기의 기학에 대한 관심도 이런 선상에서 비롯했다. 초창기 학문적 관심이 결국 수운의 개벽 사상을 새롭게 이해하는 『동경대전』 집필로 이어진 것이다. 이번 책 『도올 주역 계사전』에서도 기학과 동학의 관계를 곳곳에서 언급했다. 특히 4장 참조.
47 "…도는 보편적 법칙으로 있을 수 있지만 그것을 사람들이 시의에 맞게 기로서 구현해 내지 않으면 그것은 없는 것이나 마찬가지이다. … 기가 없다면 도가 없다는 말은 만고의 진실한 명제인데 사람들이 살피지 않고 말하기를 두려워하는 것이다." 『도올 주역 계사전』, 258-9쪽.

과 연루시킬 목적에서 비롯한 발상이었다. 이에 더해 「단군신화」에 대한 언급도 간헐적으로 반복했다. 하지만 정작 이들에 대한 언급만 있지 적합한 관계 설명이 없어 궁금증만 키웠다. 본 논지를 명확히 하려면 고조선과 「단군신화」 나아가 『역』의 상관성이 필시 밝혀져야만 한다. 더욱이 '한번 음하고 이어 양하는 역'을 도이자 기로-때론 귀신으로-일컬었는데 이것을 수운이 무극대도이자 귀신으로 체험했다고 주장했으니 말이다.[48] 민본성을 토대로 맹자와 동학의 시천주, 인내천과의 사상적 연결 고리는 충족히 제시했으나 이 개념을 '역'과 관계시켰고 기를 수운이 체험한 귀신으로 봤던 논리는 더욱 정교한 해명을 요한다. '귀신이 나다(鬼神者吾也)'라는 수운의 종교체험을 심지어 단군의 부활로 여겼던바[49] 이에 대한 역사적 근거는 물론 이에 이르는 과정 설명이 부재한 탓이다. 추정컨대 귀신으로서의 기와 '몸'으로서의 기는 천지 및 몸을 경(敬)의 대상으로 삼을 때 가능한 일이다. 따라서 이하 글에서는 「단군신화」 등 우리의 옛 사상을 통해 동학을 이해, 해석하려는 최동희를 비롯한 일련의 학자들 생각을 빌려 보완할 생각이다.[50] 『천부경』과 동학 간 상호 관련성 또한 이 작업을 통해 밝혀질 것도 기대한다.

주지하듯이 수운의 '다시 개벽'은 앞서 존재했던 어느 개벽을 상정한다. 이전의 개벽을 「단군신화」 등에서 드러난 하늘 신앙 내지 현묘지도로서

---

48 『도올 주역 계사전』, 100쪽.
49 앞의 주 참조.
50 이하에서 참조할 글은 최동희, "천도교와 단군신화- 하늘 신앙을 중심으로", 「단군학 연구(2호)」와 한우근 "동학사상의 본질" 그리고 이재봉, "동학의 본체론", 「대동철학(5집)」 등이다.

의 풍류 혹은 인중천지일(人中天地一)의 세계라 말할 수 있겠다. 따라서 동학의 '동(東)'은 서학에 반한 '동'이기 전에 주체적 자기 인식의 표현이다. 고운 최치원의 동인(東人) 의식과도 무관치 않을 것이다. 주지하듯 유입된 종교들이 지배 종교가 되면서 하늘 신앙에 기초한 민족 고유 사상을 비아(非我)로 취급했다. 하지만 서세동점의 시기에 기존 종교의 무용성을 목도하며 동학과 나철의 대종교는 잊힌 종교성(하늘)을 부활시켰다. 여기서 단군신화가 중요한 역할을 했다. 앞서 보았듯이 도올은 천도(天道)로서의 '역(易)'과 거기서 비롯한 성리학을 토대로 동학을 이해했으나 그것만으로 충분치 않다고 여긴 듯 고조선, 단군 등의 언어를 덧붙여 놓았다. 이에 반해 최동희는 동학과 단군신화의 관련성을 아주 명시적으로 서술했다. 신화적 인물, 환인(桓因), 환웅(桓雄)을 '하늘'을 당시의 한자음으로 표기한 것으로 볼 정도였다.[51] 동학 천도교를 천도(성리학)와 주술(신화)의 결합으로 이해할 여지를 허락한 것이다. 동시에 기존 종교들의 영향사를 강조하는 가종(Adversion) 차원뿐 아니라 민족의 고유한 종교성을 강조하려는 뜻도 여기에 담겨 있다.

앞에서 말했듯이 환인은 '하늘'이란 발음을 당시 한자를 빌려 표현한 것이다. 이는 '상제'가 하늘이란 말뜻(의미)을 한자어를 통해 나타낸 것과는 차원이 다르다. 환인은 '하늘'을 말소리 그대로 전한 것이기 때문이다. 중국의 상제처럼 그렇게 환인은 우리 민족의 최고신이었다. 따라서 옛 청동기 시기부터 믿어 온 민족의 천신, 곧 환인과 접신(接神)했던 존재가 바로 수운 최제우였다. '오심즉여심(吾心卽汝心)', 자기 마음이 그 하늘의 마음임

---

51 최동희, 앞의 글, 78-80쪽.

을 알아차린 것이다. 마음과 기운이 하늘의 그것과 소통하는 종교적 경지를 체험했다. 이는 단군신화 이후 잊힌 신을 재발견한 것이다. 수운을 단군을 부활시킨 자로 본 도올의 의중도 바로 여기서 찾을 수 있다. 그럴수록 수운은 당시를 지배한 유교 도덕 대신 오직 '하늘님만을 믿으라'고 강조하였다. 그것은 '하느님을 자신 속에 모시라는 말과 다르지 않았다. '모심'은 수운의 종교체험의 방식, 곧 접신의 다른 표현이기 때문이다. "하늘님을 믿었어라 네 몸에 모셨으니 사근취원(捨近取遠) 하란 말가?"[52] 이때의 하늘님은 조화에 능한(조화정) 귀신일 것이다. 최고신인 하늘님의 지극한 기운(지기)이 자기 안에서 작동하기 때문이다. 물론 유학에 낯선 신령한 부적(영부)과 주문을 통해서였다. 하지만 이는 도덕적이며 동시에 합리적 무극대도를 얻는 길이기도 했다.[53] 상제를 믿고 모시는 일과 도를 지키는 것의 의미가 같기 때문이다. 이런 무극대도를 어떤 신분 차이에도 불구하고 사람들이 저마다 깨달을 수 있기를 수운은 열망했다. '각지불이(各知不移)'란 말 속에 누구든 이를 부정하거나 부정당할 수 없다는 강력한 뜻이 담겨 있다.[54] 동학의 시천주가 자신의 '몸주'만을 위하는 무속이나 하늘과 사람 간 틈을 만든 성리학 그리고 천주학과 변별된 이유일 것이다.

이렇듯 동학의 민중성과 종교성은 단군신화에 기초했으며 영부 및 주술적 요소에 의지했지만 동시에 역사성과 도덕성(합리성) 또한 중시했다. 이는 동학을 천도와 무속의 결합이라 한 말의 속뜻이다. 여기서 성리학 곧

---

52 「용담유사」, 교훈가.
53 한우근, 「동학의 본체론」, 233쪽.
54 최동희, 앞의 글, 89쪽. 이는 각지불이(各知不移)에 대한 저자의 해석이다. 앞서 도올의 이해와는 꼭 부합하지 않으나 내용상 차이보다 일치점이 크기에 인용했다.

이기(理氣) 철학에서 말하는 귀신론이 대단히 중요하다.[55] 철학적 귀신관으로 대중적 종교성을 매개했기 때문이다. 민중의 주술 신앙을 조화력을 지닌 신(귀신)과 합일되는 길로 고양시켰다. 플레타르키아의 정점인 '인내천'의 뜻도 여기서 찾을 일이다. 주지하듯 동학의 최고신 하늘님, 때로 귀신으로 불리는 이 존재는 도(道)와 기(氣)의 양면성을 지녔다.[56] 도는 궁궁(弓弓)이 형상하듯 한번 음하고 한번 양하는 순환의 이치(역이태극)로서 천지만물을 생성하는 조화의 원리, 곧 무위이화(無爲而化)를 일컫는다. 하지만 수운에게 상제를 믿고 모신다는 것과 무위이화의 도(無極大道)를 따르는 일은 애당초 같았다. '내유신령'과 '외유기화'가 본래 하나였으니 말이다. 하지만 기는 도에서 비롯한 운동의 실체를 뜻했다. 따라서 지기(地氣)는 기의 근원적인 상태, 음양으로 나뉘기 이전의 상태(渾元一氣)이겠다. 어떤 형체도 없는 맑고 순수한 허령창창(虛靈蒼蒼)한 상태를 적시한다. 하지만 생명력을 품은 지기는 일음일양의 원리에 따라 필시 무엇이 될 수밖에 없다. 이때 음양의 운동 방식, 곧 '일음일양지위도(一陰一陽之謂道)'를 일컬어 귀신이라 했다.[57] 여기서 귀신은 의당 조화의 원리이자 동시에 내 속에 모신 하늘님(시천주)이었다. 도올은 계사를 통해 이 점을 강조했으나 단군신화와 연결시켜 사유하지 못하였다. 그럴수록 잊힌 하늘(환인)의 발견과 더불어 민중의 주술적 종교성을 귀신 신앙, 곧 시천주 각성에 이른 것은 동학이 민족을 위해 쌓은 적공 중 가장 큰 것이었다.

이상에서 조선 사상사를 거쳐 선진 유학 그리고 「단군신화」로 방향을

55 한우근, 「동학사상의 본질」, 57-62쪽.
56 이재봉, 「동학의 본체론」, 227쪽.
57 앞의 책, 246쪽.

틀어 동학의 사상사적, 종교적 기원을 추적했다. 이 과정에서 동학은 잊힌 하늘님을 주술과 성리학(역)을 통해 민족에게 되돌렸고 각성시켰다. 천도와 영부(강령) 그리고 귀신의 관계가 이를 잘 적시한다. 하지만 「포덕문」에서 보듯 경천(敬天) 없이 주술의 효과를 기대할 수는 없었다.[58] 동시에 하늘님 공경을 성경신(誠敬信)을 지키는 수심정기(守心正氣)로 보았기에 인의예지(仁義禮智)를 밀하는 성리학과도 달랐다. 여기서 필자는 『천부경』을 소환하여 동학의 근원을 그와 잇댈 생각이다. 이 책이 중국의 그 어떤 사상과도 변별된 민족의 고유한 선도(仙道) 문화의 산물이기 때문이다.[59] 주술의 도덕적·존재론적 자각, 곧 신인합일(神人合) 내지 천인무간(天人無間)의 원리가 이 속에 담긴 것이다. 이는 동학의 시천주, 나아가 인내천 개념과 견주어도 좋겠다. 주지하듯 『천부경』은 「단군신화」에 언급된바, 환인(하늘)이 다스린 환국(桓國)으로부터 구전되었고, 이후 녹도(鹿圖)문자로 기록되었으며, 이를 고운 최치원이 한자로 풀어 전했다고 기록되었다.[60] 여기서 역사적 사실 여부를 토론할 생각은 없다. 성서가 그렇듯

---

58 한우근, 앞의 글, 43-44쪽. 『동경대전』, 「포덕문」, 불순도덕자 일일무험(不順道德者 一一無驗).

59 묘향산에서 이 책을 발견했다는 계연수에 따르면 본래 이것이 재앙을 피하는 주술로 사용되었다고 한다. 수운의 영부와 관련지어 생각할 수 있다. 이것이 「단군교」로 전해졌고 후일 「대종교」의 경전이 되었던바 홍범도, 김좌진의 의병 활동의 정신적 원리가 되었다. 이 역시 갑오 동학혁명의 실상과 무관치 않다. 최근 동학을 『천부경』을 연루시켜 연구하는 추세도 이런 배경에서 이해할 수 있다.

60 「단군신화」가 그렇듯 환국의 역사성을 언급한 책으로는 『삼국유사』를 들 수 있다. 환인이 역사적 인물이란 것도 『환단고기』, 「태백일사」 등에 기록되었다. 동시에 『단군세기』에는 47대를 이은 고조선의 창건자 단군이 환웅의 18대 후손이라 적혀있다. 최민자 주해, 『천부경. 삼일신고. 참전계경』, 모시는사람들, 2006, 31-42쪽. 조남호, "최치원과 천부경", 제3회 동북아 평화 정착을 위한 학술대회(2010년 10월), 12-13쪽 이

이 우리의 구전과 신화의 역사화 역시 필요하다고 여길 뿐이다. 더구나 동학과 『천부경(天符經)』, 양자의 관계를 조명한 책들이 적지 않았고[61] 무엇보다 다석 유영모가 천지인 삼재론(三才論)으로 『천부경』을 풀어 기독교를 이해했으며 훈민정음의 구조원리를 여기서 찾았던 까닭이다. 여기서 비롯한 다석의 '동양적' 기독교는 '오심즉여심'의 동학과 구조 및 내용과 중첩될 수 있다. 따라서 필자는 다석의 '바탈'론이 동학과 만나 '개벽 신학'을 꽃피울 준비를 했다고 말하고 싶다.

4. 『천부경』의 삼재론과 역사 유비를 통한 '개벽 신학'의 틀 짜기

이하에서는 상중하(上中下) 경으로 구성된 81자 『천부경』의 내용은 필요한 만큼 짧게 후술하겠다. 일체 논의를 각설하고 고운 최치원의 동인의식이 드러난 「난랑비서(鸞郎碑序)」에 기록한 현묘지도(玄妙之道)와 『천부경』 속 천지인 삼재(三才)론, 곧 삼일(三一) 사상과의 유관성을 긍정, 수용할 생각이다. 주지하듯 신결(神訣)-신이 내린 비결-이라 불렀던 『천부경』을 한자로 풀어 쓴 이가 바로 최치원이고 이를 유불선을 토착화시킨 이 땅의 고유한 사상-현묘지도-이라 일컬었기 때문이다.[62] 이를 '풍류'라 다시 불렀고 그것이 유불선 세 종교를 통해서 드러났다(包含三敎)고 했으나 도

하.『환단고기』,「태백일사」에서 재인용.
61 이찬구,『천부경과 동학』모시는사람들, 2007. 최민자 주해, 앞의 책. 전광수, "천부경과 삼일 사상의 관계성 연구-동학에 나타난 천지인 삼재를 중심으로",「동학학보(46호)」. 이정배,『없이 계신 하느님과 덜없는 인간』, 모시는사람들, 2009. 129-170쪽 참조.
62 최영성,『고운 최치원의 철학사상』, 도서출판 문사철, 2012, 42쪽. 조남호, "최치원과 천부경", 9-25쪽.

352 | 동학과 서학

의 본체는 여전히 미지 상태로 남겨져 있다. 이는 천지인 삼재를 통해 활동하지만 천도(리) 역시 온전히 드러나지 않은 것과 견줄 수 있겠다. 동시에 접화군생(接化群生)이란 말 또한 81자 『천부경』의 속성이라 말할 수 있다. 천지인 삼재의 지속적 과정에 참여하면서 생명을 창출하는 천도(리)의 활동을 적시하기 때문이다. 따라서 전자가 천도의 체(體)라면 후자는 그의 용(用)이라 말해도 좋다. 동시에 고운 최치원과 수운의 가족 계보 역시 동학과 『천부경』의 상관성을 상상토록 돕는다.[63] 흔히 7대조인 조선시대 무인 최림과 퇴계 문하의 성리학자인 부친 최옥을 내세우나 최치원 경우도 수운의 28대조에 해당한다. 『용담유사』에 담긴 기계 존중 사상을 고려할 때 최치원의 존재 또한 수운의 의식 속에 존재했을 것이다. 동학을 조직할 때 수운이 사용한 '접(接)'과 '포(包)' 개념 역시 현묘지도의 두 특성, '포(包)' 함삼교와 '접(接)'화군생에서 유래했다. 이들 두 사람의 호, 곧 고운과 수운의 상관성 역시 고려할 만한 주제일 것이다. 최치원의 동인 의식이 풍류(풍월)가 본래 '배달(단군)'의 이두식 표현이란 사실에서도 엿볼 수 있다.[64] 이는 고운 최치원의 현묘지도가 고대의 종교 사상과 잇대어 있음을 적시하고 있다.

1) 『천부경』과 동학, 그 구조 및 내용적 유사성

앞서 최치원이 『천부경』과 동학을 연결하는 가교가 될 수 있음을 거칠

---

63 앞의 책, 304쪽 이하 내용 참조.
64 앞의 책, 314-315쪽.

게나마 표현했다. 이하에서는 양자 간 구조 및 내용적 유사성을 구체적으로 살필 것이다. 역시 후술할 주제이나 『천부경』을 중시한 다석과 동학의 관계 또한 동일선상에서 논하기 위해서다. 이들 공통분모가 바로 『천부경』라 생각하는 까닭이다. 주지하듯 이 책은 천리(天理)를 다룬 상경, 우주 자연의 변화를 설명한 중경, 그리고 인간존재를 파악한 하경으로 구성되었다.[65] 부언하면 하나[一]에서 우주 만물이 나오는 '일즉삼(一卽三)'의 이치인 천리(道), 우주 만물이 하나로 통하는 '삼즉일(三卽一)'의 지전(地轉) 그리고 삼즉일의 이치와 일즉삼의 이치가 인간 속에서 징험되는 인물(人物)을 상경·중경·하경에서 다룬 것이다.[66] 하나를 뜻하는 「상경」의 천도(理)는 의당 개념화할 수 없다. 본디 실상을 지니지 않기 때문이다. 노자의 '유생어무(有生於無)'와 같은 뜻으로서 태극보다 무극을 우선한 결과였다. 천지인 셋으로 나뉘고 하나로 통일되지만 정작 그 하나에 붙일 이름이 없다는 말이다. 무궁무진한 창조성만이 천지인 삼극(三極)을 발생시키는 천리의 속성이라 할 것이다. 동학에서 말하는 무극대도, 즉 수운이 경험한 무위이화의 하늘님이 바로 이를 일컫는다. '오도는 무위이화이다'라는 말은 바로 동학의 이런 성격을 결정짓는 포괄적 언설이다. '나의 도는 함이 없이 화한다', 즉 인위적인 조작 없이 자연과 인사의 변화를 주도하는 까닭이다. 따라서 '시천주 조화정'의 조화도 결국 '무위이화'뿐이다.[67]

앞에서 말했듯 「중경(中經)」에서는 하나의 이치와 기운(음양)의 조화 작

---

65 이하 내용은 필자가 앞서 연구한 논문 "천부경을 통해서 본 동학과 다석의 기독교 이해, 『없이 계신 하느님, 덜 없는 인간』, 132-135쪽을 선택적으로 재구성한 것이다.
66 전광수, "천부경과 삼일 사상의 관계성 연구", 「동학학보」 46호, 17-18쪽.
67 도올 김용옥, 『동경대전』 2, 61쪽.

용과 양자의 관계를 언급했다. 천지인 속의 근원적 하나가 음양과 만나 작동하여 구체적인 만물로 화생하는 우주적 과정에 대한 묘사이다. 천리, 곧 근원적 '하나'의 분깃인 하늘과 땅 그리고 인간이 자신 속의 음양 작용으로 우주 만물을 생성, 확장하는 경지라 하겠다. 여기서 천일·지일·인일이 본체라면 천이·지이·인이는 그의 작용일 것인바 양자를 체용(體用), 곧 몸과 몸짓의 관계로 보아도 좋다. 한마디로 수운의 '시' 자 풀이가 적시하듯 내유신령과 외유기화가 둘이 아닌 하나라는 말과 뜻이 같다. 우주 안에서 관계 아닌 것이 없다는 시(侍)의 영성을 「중경」이 앞서 설명한 것이다. 인간을 다룬 「하경(下經)」은 삼라만상이 생성과 소멸을 반복하지만 '하나'의 시각에서 볼 때 변한 것이 없음을 역설한다. 우주 만물을 '하나'를 품고 있는 '하나'의 흔적으로 본 탓이다. 핵심은 인간존재가 근원인 '하나'와 다르지 않다는 사실에 있다. 우주의 근원인 하나가 '참나'이기에 나를 찾는 것을 궁극적 '하나'로 돌아가는 일이라 여겼다. 『천부경』의 요체이자 골수인 '인중천지일', 곧 사람 속에서 하늘과 땅이 하나라는 말이 바로 그것이다. 수운의 '오심즉여심'이란 말과 소통할 수 있는 개념이다. 우로보로스의 신화가 말하듯 수행 차원에서 인간과 신은 상호 물고 물리는 관계에 있다.[68] '내가 하느님'이란 수운의 선언은 바로 여기서 비롯했다.

이런 내용적 유사성은 삼수분화(三數分化)적 세계관 즉 『천부경』의 삼일(三一) 사상과 동학에 내재한 삼재론 간의 구조적 일치를 논할 때 더욱 분명하다. 「상경」에서 말하듯 태극이 만물을 낳는 과정, 곧 하나가 셋으로

갈라진다는 말이 뜻하는 '일석삼(一析三)'이 중요한 이유이다.[69] 근원적 하나(一者)에서 천지인 본체가 열리고 삼재로부터 다시 일즉삼(多)의 세계가 출현하기 때문이다. 여기서 본체란 우주의 정신적, 영적 측면을 뜻한다. 본체로서의 천지인을 삼신이라 일컫는 이유이다. 하지만 필시 그것은 물적 차원과 섞여 우주 만물을 생성시킬 수밖에 없다. 정신과 물질, 신과 우주가 불상리(不相離) 상태에 있다는 의미이겠다. 인간 역시 '하나'의 산물(본체)이지만 동시에 천지인 삼재로 구성된 존재이다. 몸적 존재인 인간 속에 깃든 '하나'의 본체는 천지인 삼재에 만물을 낳는 힘으로 내주한다. 그렇기에 이 흐름에 동참하는, 즉 '무위이화(無爲而化)'의 존재로 사는 일은 당위적 차원을 지닌다. 시천주, 인내천 사상을 비롯하여 삼경 사상 역시 삼일(三一(삼일)) 사상과 연루된 것으로 인간이 이룰 과제라 할 것이다. '사인여천(事人如天)'은 하늘·땅·사람이 근본(본체)에 있어서 같다는 논리의 산물이다.

「하경」 속의 '인중천지일'에서 위 사실은 더욱 명료해진다. 천지인 본체와 자신이 하나임을 체득한 상태를 일컫기 때문이다. 자신 속에서 천·지·인 삼신일체를 깨닫는 일, 이것은 거듭 말하나 당위적 차원을 지닌다.[70] 그럴수록 천지에 자신을 일치시켜 삼재를 이룰 필연성이 강조된다. 자신 속에서 '하나'의 본체인 천지를 품으라는 것이다. 천지인 삼재가 인간 속에서 비로소 하나가 될 수 있고, 하나여야 한다는 뜻이다. 성서적 용어로 말하면 '너는 세상의 빛이기에 빛이 되라'는 정언명령인 셈이다. 동학이 성

69 전광수, 위의 글, 81쪽.
70 전광수, 위의 글, 92쪽.

리학의 인의예지와 달리 수심정기를 강조한 이유가 여기 있다. 하나에서 비롯한 본체로서의 삼재가 만유에 내재하며 만물을 생성시키는 힘인바, 바로 그것과의 일치 상태를 『천부경』은 '인중천지일(人中天地一)'이라 했고 동학은 '오심즉여심(吾心卽汝心)'이라 하였다. 사람에 내재한 천지인 삼재의 '인중천지일'과 지기(地氣)로서의 하늘님을 모시는 시천주는 뜻과 구조에서 전혀 다르지 않다. 혹자는 이를 천인합일을 넘어선 천인무간의 경지라 일컫기도 했다.[71]

이렇듯 일즉심, 삼즉일의 전개를 통해 본래 없음인 근원적 '하나'에서 시작하여 다시 그 '하나'로 귀일하는 『천부경』은 삼재 속에 내주한 '하나'의 상호 침투적 조화 작용을 강조했다.[72] 동학에서 드러나듯 신·인간·자연을 하나로 품은 무위이화로서 지기(地氣)의 활동을 선취한 발상이다. 동학의 삼경 사상-경천·경인·경물-또한 천지인 속의 신적인 '하나' 곧 지기에서 비롯한 것이다. 천지인에 내주, 관통해 흐르는 지기로 인해 이 셋은 언제든 나뉠 수 없는 전체로서 인식될 것인바 인류 미래를 위해 남겨질 사상적 씨앗(碩果不食)이라 생각한다. 『천부경』 81자 속에 동학 사유의 원형이 담겼다[73]는 말에 동의하는 이유이다.

---

71 '천인무간'이란 말은 천인합일을 말하는 중국과의 차이를 말하기 위해 이기동 교수가 즐겨 쓰는 말이다. 그의 책 『환단고기』(도서출판 행촌, 2020) 참조. 그는 이 책을 위서가 아니라고 강변했고 역사학을 넘어 철학적으로 읽을 책이라 평가했다.

72 전광수, 위의 글, 95쪽.

73 최민자, 위의 책, 24-26쪽 참조.

2) 『천부경』을 매개로 본 동학과 다석 사상
—개벽 신학의 문화적 요인의 차원에서

유불선 종교(경전)에 견주어 동학에 관한 관심이 적었으나 정작 다석 사상은 동학의 기본 사유 틀과 닮았고 내용 역시도 유사하다. 이들 양자가 『천부경』을 공통분모로 삼은 것이 결정적 이유이겠다. 동학의 표피적 측면들, 미신적 요소나 혁명적 성격 그리고 사회주의적 경향성에 탓에 동학에 대한 다석의 평가가 상대적으로 박했던 것이 사실이다. 하지만 다석이 자신의 기독교를 '비정통'이라 칭했고 그것을 '동양적 기독교'라 일컬은 것은 『천부경』을 공유한 까닭에 동학과의 무의식적인 연결성이 있었기 때문이다. 따라서 이들 양자의 관계를 통해 개벽 신학의 문화(종교)적 차원을 살필 여지가 많다. 동학을 종래의 토착화와 변별된 토발적 기독교의 범례이자 맹아로 생각하기 때문이다. 물론 여기서 동학을 다석 사상으로 환원시킬 의도는 전혀 없다. 오히려 동학을 온전히 수용할 수 없는 다석 사유의 한계도 있는 탓이다.

주지하듯 『천부경』에서 비롯한 귀일 사상은 인간에게 궁신(窮神)의 길을 열어 놓았다. 인간에게 본체로서의 천지와 하나 되는 삶을 명(命)한 것이다. 천지인 삼극이 본래 하나에서 왔고 하나로 돌아가기에 이 과정에 동참하려면 천지를 잇는 참나의 존재가 되어야 한다. '인중천지일'이란 말이 바로 그를 적시했다. 자신 속의 '하나'와 일치하는 내면의 길을 요구한 것이다. 이는 'A=Non A'라는 깨침(믿음)을 바탕으로 치열한 수행을 통해 얻

을 수 있는 열매이다.[74] 동학이 '시'천주에 근거하여 '양(養)'천주-수심정기
를 강조했듯이 다석 역시 '얼(靈)'에서 스승 예수론으로 무게중심을 이동
시켰다. 여기서 예수는 보편적으로 주어진 바탈(얼)을 추동하는 역할을 한
다. 십자가와 부활이 몸(탐진치)을 줄여 마음을 크게 넓히는 수행론 차원
에서 이해되는 까닭이다. 동학과 다석의 길이 다를 수 없는 이유라 하겠
다. 하지만 이들의 공통감은 '일즉삼', '삼즉일'의 원리를 펼쳐 낸 각자의 사
상적 전개 과정에서 적시되었다. 이들은 삼수분화(집일함삼)를 전제로 하
나로 돌아가는 회삼귀일(會三歸一) 사상을 『천부경』에서 배웠고 그 틀에서
자신들의 종교체험을 서술한 것이다. 앞서도 언급했지만 '시천주'의 '시'를
'내유신령', '외유기화', '각지불이'로 풀이한 것이 대표적 경우이겠다. 이들
각각은 영원한 '하나(일)'로부터 비롯한 천·지·인에 해당한다. 내 안의 영,
우주 속 기 그리고 어떤 경우도 옮겨질 수 없는 인간 본성 각각은 내주한
'하나'의 본체인 까닭이다. 이를 고운 최치원이 말한 '현묘지도'와 연결하
여 이해해도 좋겠다. 유불선 3교로 분화되나 만물에 접해서는 생을 이끄
는 현묘지도 역시 삼수분화 세계관의 산물인 까닭이다. 유불선은 물론 기
독교를 이해하는 다석의 기본 틀 역시 정확히 이에 빚지고 있다.[75]

거듭 강조하나 다석이 『천부경』을 중시한 이유는 천지인 삼극이 하나로
돌아간다는 '귀일' 사상 때문이다. 하나를 품지 않는 것이 없지만 특별히
인간은 그 '하나'의 뜻을 새기며 살아야 마땅한 존재이다. 하지만 이 하나
는 '무(없음)'외에 달리 표현할 길이 없다. 영 혹은 지기로도 표현할 수 있

---

74 이정배, "천부경을 통해서 본 동학과 다석의 기독교 이해', 『없이 계신 하느님, 덜 없는
　　인간』, 138쪽. 이하 내용은 본 논문을 재서술하는 방식으로 정리할 것이다.
75 여기서는 기독교의 경우만 서술하겠다. 이정배, 앞의 글, 140-147쪽 참조.

겠지만 비(非)실체라는 점에서 존재론적 '무'라 통칭해도 무관하겠다. 따라서 다석은 이 '하나'를 '없이 계신 하느님'이라 불렀다. 있음도 아니고 없음도 아닌 차원에서 '하나'는 동시에 불이(不二)적 존재로 명명된다. 여기서 '불이성'은 일(一)과 삼(三)을 매개하는 인식론적-성령론적-토대가 될 수 있다. 이를 통해 다석은 기독교의 삼위일체를 비서구적 방식으로 재구성한 것이다. "불이(不二)면 즉무(卽無)이다. 상대가 없으면 절대이다. 절대는 무이다. 상대적 유, 상대적 무가 아닌 것이 불이이다. … 우리가 참으로 불이즉무(不二卽無)하면 상대계의 종노릇을 벗어날 수 있다."[76] 다석은 이렇듯 없이 계신 하느님에게로 나아가는 길을 자신의 '바탈(본연지성)'에서 찾았다. 인간 속 바탈을 절대인 '하나'의 하강이자 모심으로 본 것이다. 그에게 초월은 자기 '밑둥'을 파고 들어가는 일이기도 했다. 이는 수운이 시천주를 깨친 것과 전혀 다르지 않다. 하느님을 참나로 여긴 까닭이다. 자신을 허공(없음)의 존재로 깨닫고 그 '하나'의 아들 노릇 잘하는 법을 예수에게서 배웠을 뿐이다. 수운이 시천주 체험을 가르쳤듯이 말이다. 바탈을 갖고 태어났기에 누구나 하느님의 독생자라는 것은 '플레타르키아'의 종교적 표현이겠다. 여기서 전통적인 '대속' 개념은 자리할 여지가 없다. 십자가를 통해 '하나'로 돌아간 예수를 앞선 이로 여겨, 믿고 따르면 족할 뿐이다. 이로써 인간은 천지 화육에 동참하며 하나로 돌아갈 수 있는바 이것을 구원이라 했다.

'없이 계신 하느님', '부자불이(父子不二)적 존재인 예수' 그리고 '참나(바

---

76 유영모, 『죽음에 생명을, 절망에 희망을』, 홍익재, 1993, 168쪽. 다석학회 편, 『다석 강의』, 현암사 2006, 744쪽, 747쪽. 「다석일지」(1957. 5.8) 참조.

탈)'를 성령으로 언표하는 다석의 비정통적 기독교는 '시(侍)'의 세 측면, 즉 내유신령·외유기화·각지불이와 한 쌍의 개념으로 묶을 수 있다. 우선 없이 계신 하느님과 내유신령은 무시무종한 근원적 '하나'의 전개로서 천의 본체(성)를 적시한다. 동시에 천중의 천을 속알(바탈)로 보았듯이 내유신령 또한 자신 속 지기(地氣)의 존재를 뜻한다. 이들은 모두 인간 속에서 작용하는 알 수 없는 '하나'의 존재를 이름한다. 동학의 불연기연(不然其然)과 다석의 염재신재(念在神在)는 이렇듯 양의적 존재를 파악하는 방식이겠다. 후자가 사유와 존재의 일치를 강조하듯 전자 역시 기연(사유)을 벗어나는 불연(존재)이 없다고 했으니 말이다.[77] '하나(지기)'가 천주이자 영이며, 동시에 바탈(속알)로 체득되는 까닭이다. 창조주이자 피조물이라는 깨침은 이렇듯 『천부경』이 말하듯 무시무종한 영원한 '하나'에서 비롯했다. 따라서 '인중천지일', '시천주' 그리고 '없이 있는 하느님'은 서로 다르지 않다. 한편 부자불이의 예수와 외유기화는 『천부경』 구조로 볼 때 근원적 '하나'의 활동 장(場)인 땅(지)에 관한 설명이다. 몸속 신령이 밖을 향해 자신을 펼치는 과정을 서술했기 때문이다. 사사처처(事事處處)에서 활동하며 우주 생명을 저답게 규정하는 기를 '하나'의 활동이라 본 것이다. 신학적으로는 우주와 역사 속에서 하느님 영이 단절된 적이 없음을 뜻한다. 여기서 핵심은 누가 우주 생명과 하나 되어 그의 생성 및 화육을 돕는가에 있다. 천지 화육을 이루는 신인간의 출현을 기대한 것이다. 수운이 신령과 기화를 동일시한 이유이겠다. 동학식으로 보면 예수는 자신 속 신령을 깨쳐 우주 생명의 화육에 동참한 자이다. 자신이 깨친 절대 생명에 대한 오롯한 확

---

77 이정배, 앞의 글, 152쪽.

신 때문이었다. 십자가는 자신 속의 신령을 모셔 지키는 일(수행)과 진배없다. 동학의 경우는 수심정기(守心正氣)를 강조한 것에 상응한다. 시천주의 깨침을 실현(양천주)시키고자 함이다. 하지만 다석이 십자가와 예수를 미정고(未定稿)로 여긴 것이 중요하다. 보편적 인간의 역할을 확대할 목적에서였다. 마지막으로 '각지불이'와 '바탈'이 성령론 시각에서 호환될 수 있다. 절대화된 예수 이해를 보편화시키는 근거가 될 것이다. 이 두 개념은 인간 속에 내주한 하느님 영의 역할에 초점을 맞추었다. 각지불이는 앞서 본 대로 우주적 생명이 사람 속에 있기에 그것을 부정하거나 빼앗을 수 없다는 의미이다. 누구나 절대를 품은 영적 존재이기 때문이다. 이는 바탈을 지닌 사람은 누구나 독생자이고 따라서 예수 십자가의 길 보편적 가능성으로 본 다석의 사유와 일치한다. 따라서 각지불이는 '향아설위'의 새 종교를 잇는 발상이다. 제도 종교와 달리 자신 속의 하느님을 찾는 비대상적 신앙의 길을 모색한 까닭이다. 자신의 바탈을 '없이 있는 하느님'의 현존, 곧 영으로 믿고 십자가를 자신 속에서 이루라 하지 않았던가?. '바탈'과 '각지불이'는 이렇듯 중개자(Brocker)-대속-없는 종교를 역설했다. 수운이 깨친 도, '무위이화'는 각지불이의 존재론적 근거라 할 것이다.

3) '역사 유비'로 본 개벽과 묵시
—개벽 신학의 정세적 요인의 차원에서

하지만 동학을 탄생시킨 '개벽'사상은 상술한 문화적 요인만으로 소급, 환원될 수 없다. 중국적 세계관을 상징하는 성리학의 붕괴, 세계정세를 읽지 못한 조정의 무능, 민족 개념을 넘어선 천주학의 유입, 민중 수탈로 인한 뭇 봉기를 비롯하여 중국의 몰락과 일본의 침략 야욕 등 정세적 요인이 함께 작동한 결과였다. 앞선 문화적 제 요인을 이렇듯 정세 판단과 연루시킬 때 그 본뜻이 더 확연해질 수 있다. 정세적 요인들이 이 땅의 고유한 정신적 맹아를 깨워 추동했다고 보기 때문이다. 서세동점의 현실을 문화적, 종교적 차원에서 해석하여 재구성한 결과가 개벽사상 낳은 배경이다. 당시 중국에서 태평천국의 난이 있었으나 수운의 '다시 개벽'과 결코 결이 같지 않았다.[78] 이런 연유로 개벽 신학을 정립하기 위해 『천부경』에 잇댄 다석의 사유만으로 충분하지 않았다. 시기에 따라 다소 달랐으나 다석은 정세 판단보다는 문화적 요인, 인간의 내면성에 무게중심을 둔 사상가였다. 기존 신학의 틀을 크게 허물었지만 '개벽'의 정세적 요인과 접하지 못한 한계가 그의 몫이다. 동학을 긍정적으로 보지 못한 이유도 여기서 찾을 일이다. 이에 동학을 기독교의 아류 혹은 흔적처럼 여긴 이전 신학자들과 달리 수운의 종교체험을 기독교의 모체인 묵시문학과 통째로 연루시킨 이신의 '영의 신학'[79]이 중요하다.

이신은 수운의 '시천주' 종교체험을 '전위(前衛)' 묵시 의식으로 일컫은 신학자이다.[80] 여기서 '전위'는 의식 차원에서의 혁신(새로움)을 적시하나 결코 역사 현실을 도외시하지 않는다. 질곡의 역사에서 새로움이 열리는 개벽과 묵시가 바로 이신이 말한 전위 의식이다. 하지만 '역사 유비'라는 낯선 조어는 본래 그의 언어가 아니었다. 그의 신학적 맹아를 개념화시

---

78 도올 김용옥, 『동경대전』, 1권, 320쪽 이하 내용.
79 이신, 『슐리얼리즘과 영의 신학』, 이은선/이경 엮음, 동연, 2011.
80 이 글은 원고지에 자필로 쓰인 것으로서 미간행 상태로 있다. 1970년에 썼던 글이다.

켜 W. 벤야민의 역사철학과 연계시킨 결과였다.[81] 기존의 '존재 유비'(가톨릭)와 '신앙 유비'(종교개혁)와 변별된 이 개념은 향후 토론의 여지가 많아질 것이다. 개벽 신학을 위해 다석의 사유 이상으로 '역사 유비'의 중요성이 거듭 강조되길 희망한다.[82] '역사 유비'란 조어를 생각한 것은 종교개혁 500년을 맞아서였다. 2천 년 기독교 역사에서 가톨릭과 개신교를 지탱한 두 신학 원리, '존재 유비(Analgia entis)'와 '신앙 유비(Analogia fidei)'로서는 기독교가 더 이상 세상과 옳게 만날 수 없다고 판단했기 때문이다. 전자는 신론에, 후자는 기독론에 방점을 찍었고 각기 포괄주의와 배타주의의 에토스로 세상과 관계해 왔다. 처음 것이 아리스토텔레스의 자연(Physis) 개념에 의존했다면 나중 것은 독일 신비주의에 힘입어 개인 내면성에 무게를 두었다. 이는 개신교 신학이 근대를 추동했다는 의미이겠다. 이에 반해 '역사 유비'는 하느님 영의 활동에 초점을 둔다.[83] 영을 뜻하는 '루아흐'와 기가 본래 같은 뿌리에서 나왔다는 전제하에서다.[84] 지금껏 기독교가 영과 성령을 구별하여 그리스도 없는 영을 '범(凡)허무주의'라 일컫은 것에

---

81 2017년 종교개혁 500주년을 맞아 필자는 관련 주제로 첫 논문을 썼다. 변선환 아키브 편, "종교개혁 '이후' 신학으로서의 '역사 유비' 신학, 그 아시아적 함의", 『종교개혁 500주년과 이후 신학』, 모시는사람들, 2017, 479-506쪽.

82 이정배, 『역사유비로서의 이신의 슐리얼리즘 신학』, 동연, 2023. 본 책 4장, 5장 내용 참조.

83 여기서 하느님 영은 요아킴 휘오레의 개념을 빌려온 것이다. 주지하듯 그는 자신의 시대를 신(구약)과 예수(신약)를 지나 영의 시대라고 규정했다. 이신 역시 휘오레의 입장을 견지했다. G.W. Lamp, God as Spirit, Cambridge 1976. 『슐리얼리즘과 영의 신학』, 244-246쪽.

84 이는 중국의 과학사를 연구한 조셉 니담의 견해이기도 하다. 유아사 야스오. 앞의 책, 서문 참조.

대한 부정인 셈이다.[85] 동시에 기(氣)를 종국에 이르러 '몸(Mom)'과 일치시킨 도올과도 생각이 다르다. 영은 몸만이 아니라 인간 의식과도 관계하기 때문이다. 따라서 하늘이 주신 '바탈'을 영으로 생각한 다석이 여전히 소중하다. 이런 배경에서 이신은 신구약 중간기의 산물로서 기독교 모체인 묵시문학을 연구했고 그 속에 담긴 묵시 의식을 수운의 개벽 사유와 연관 지어 사유했다. 각기 다른 공간에서 펼쳐진 의식의 동일 지향성을 일컬어 하느님 영의 동시성이라 한 것이다.[86] 그가 상상력의 부패를 자본주의 시대의 가장 큰 병폐로 본 것 역시 영과 의식의 관계에서 살필 주제이다. 개벽과 묵시가 우리 의식에 재현되어 타락한 상상력, 둔화한 의식을 치유할 것을 기대하면서 말이다.

주지하듯 이신은 각기 상황적 제 요인을 판단 중지하면 의식은 지향성 차원에서 친족 관계성을 지닌다고 거듭 강조했다. 그가 자주 사용하는 개념으로 '역사적 일관성이 없는 유사성', '우연의 일치에 의한 혈족 관계' 그리고 '관계성 없는 관계성'[87] 등이 있다. 필자는 이를 W. 벤야민의 성좌 개념으로 설명코자 시도했다. 시기적으로 다르나 성좌, 별자리가 성립되듯 의식 역시 지향성 차원에서 일정한 관계를 형성한다고 봤기 때문이다.[88]

---

85 J. 몰트만, 『생명의 영(Der Geist des Lebens』, 김균진 역, 기독교서회 2017. 독일어 원
    서 56-60 참조. 이정배, 『기독교 자연신학』, 기독교서회, 2005, 62-63쪽.
86 앞서 인용한 『슐리얼리즘과 영의 신학』 1부에 이신의 박사논문 전문이 번역되어 있
    다. 미국 밴더빌트 대학교 신학부에 제출된 논문 제목은 "전위 묵시문학 현상- 묵시문
    학의 현상학적 고찰"이다.
87 앞의 책, 107쪽.
88 강수미, 『아이스테시스-발터 벤야민과 사유하는 미학』, 글항아리, 2011, 27-50쪽. '존
    재 유비'가 아리스토텔레스의 자연 개념에 근거했고 '신앙 유비'가 독일 신비주의를 배
    경 했다면 '역사 유비는 벤야민의 역사철학에 힘입었다고 생각한다. 『역사 유비로서

여기서 핵심은 영의 동시성에 근거한 '일치'이다. 신과 자연이 '다름'에도 공통적이라는 '역설'의 '존재 유비'나 타락한 개인의 구원을 '변증'하는 '신앙 유비'와도 크게 다르다.[89] 자연과 개인에 견주어 역사(우주사 포함)를 강조하는 것 역시 이들과 변별된다. 앞선 유비들이 역사의 진보를 추동했다면 후자는 실패한 역사에 방점을 두었기 때문이다. 묵시 의식은 '병든 역사를 치유하려는 부단한 투쟁의 역설, 곧 영적 양극성을 강조했던바[90] 수운의 '다시 개벽'도 이런 차원에서 이해될 수 있다. 오죽했으면 그가 세상을 다시 열고자 했을까! 사실 묵시와 개벽의 역사적 배경 및 정세적 판단도 비슷했다. 시공간적 차이가 크겠으나 포로기 이후 외세에 굴복, 정체성의 붕괴에서 야기된 서기관들의 자의식 역시 다른 세상을 열려는 의식의 산물인 것이다. 영적 양극성을 전제하는 묵시와 새로운 세상을 기대하는 다시 개벽을 '역사 유비'로 묶을 수 있었다. 이 둘은 다른 세상을 위한 의식의 모체(Matrix)가 될 것이다. 역사를 변형시키는 전위(아방가르드) 의식의 동시적 현시란 뜻이다. 이신에 의하면 묵시적 의식은 다음 세 가지 계기를 품는다. 초의식, 변환 그리고 인자 사상이 바로 그것이다.[91] 우선 초의식은 신과의 접촉, 곧 접신(接神) 상태로서 고양된 의식이겠고, 변환(메타모포시스)은 영적 양극성을 전제로 부정을 통한 긍정을 뜻하는바 '다시 개벽'과 흡사하며, 마지막 인자 사상은 새로운 인간상의 출현을 뜻하는데 '오심즉

의 이신의 슐리얼리즘 신학』, 165-200쪽.

89 『역사유비로서의 이신의 슐리얼리즘 신학』, 150쪽.

90 현장아카데미 편, 『환상과 저항의 신학-이신의 슐리얼리즘 연구』 동연 2017. 본 책에 기고한 필자의 글 참조.

91 『슈르리얼리즘과 영의 신학』, 125-150쪽 참조.

여심', 곧 '시천주'의 인간 이해와 다르지 않다. 메시아 예수가 그랬듯 수운 역시 계급, 성별을 비롯한 일체 모순에서 해방된 새로운 공동체를 열망했고 탄생시켰기 때문이다. 여기서 핵심은 인자(메시아)가 특정 존재가 아니라는 점이다. 이신이 슈르리얼리즘 사조를 영의 신학으로 수용한 이유도 여기에 있다. 수운이 그랬듯이 그리고 다석처럼 그 또한 초월의식의 보편성을 강조한 것이다. 인간 누구나 하늘을 품었다는 말이겠다. 이렇듯 이신은 수운의 개벽 사유를 통째로 신학과 관계시켰다. 개벽을 기독교를 탄생시킨 묵시와 같게 보았고 동학과 기독교를 '역사 유비' 차원에서 동등하게 연결시킨 것이다. 1972년에 쓴 「최제우 사상」이란 글에서 동학을 한글 창제 이후 가장 독창적인 한국적인 것으로 칭했던 바, 결코 우연이 아닐 듯싶다.[92]

5. 기독교의 동학적 재구성과 개벽 신학의 세 토대
─공(空)·공(公)·공(共)

필자는 모두에 종래와 달리 동학의 시각에서 기독교를 조망할 것이라 말했다. 기존의 전달자 차원 대신 수용자의 입장에 서고자 한 것이다. '토착' 대신 '토발'론의 입장을 견지하겠다는 의미다. 이렇듯 주객의 위치를 바꿀 수 있었던 것은 앞서 보았듯이 영의 동시성과 의식의 지향성에 근거한 '역사 유비' 신학의 결과이자 열매였다. 이전의 '존재 유비'의 자연신학이 기독교 중심의 포괄주의에 함몰되었고 개신교의 '신앙 유비'가 타자 부

---

92 『이신의 묵시의식과 토착화 신학의 새 차원』, 79쪽.

정적인 배타주의 에토스를 띠었으며 그리고 이 두 사조를 대신하여 출현한 신 중심적 다원주의가 개별 종교 간의 관계성에 주목하지 못했다면 '역사 유비'는 상호 '일치'에 방점을 찍었고 이들 간의 관계성을 역설한 까닭이다. 이런 연유로 '역사 유비'는 주객 도식의 난파를 통해 '토착(뿌리내림)'을 넘어 '토발(솟남)'의 종교로서의 기독교를 말할 근거를 제시했다. 전위 묵시 의식 차원에서 기독교는 충분히 '개벽 종교'로 불릴 수 있고 반면 동학 역시 토발적 기독교로 일컬어질 여지가 생긴 것이다. 여기에는 문화적 제 요인에 더해 정세적 요인의 영향이 컸다. 포로기 이후 심각한 정체성 위기에 직면한 유대적 정황과 유불선의 몰락과 중국의 붕괴를 경험한 조선의 현실에서 전혀 다른 신과 세상을 요청한 것이다. 묵시문학 연구자로서 이신이 유대적 지평에 머물지 않았고 수운의 종교(개벽)체험에서 묵시 의식의 맹아를 보았다는 사실이 중요하다. 이로써 '역사 유비' 신학의 확장 가능성이 생겨났다. 유대주의에 머물지 않고 이 땅의 사유, 곧 동학을 전위 묵시 의식의 한국적 표현이라 여긴 것이다. 그가 말한 영의 신학은 비(非)케리그마화된 다석의 얼(바탈) 기독론과도 아주 흡사하다.[93] '역사 유비'가 개인의 내적 측면 그 이상을 말하기에 차이가 있을 뿐이다. 전위 묵시 의식은 세계의 궁극성(힌두교), 상호 관계성(불교)을 인정하나 그보다 현실의 부정성에 초점을 맞춘다. 개벽 사유를 논하는 데 문화적 요인과 함께 정세적 판단을 중시한 이유이겠다. 그럴수록 앞서 말한 절대부정과 절

---

93 지면 관계상 이신과 다석의 신학적 유사성을 밝히지 못해 유감이다. 이후 다른 글에서 양자의 신학적 관련성을 살필 생각이다. 이신이 남긴 유고 장서 중 이 땅의 고대사 및 철학에 관한 책이 다수인 점도 유사성을 말할 수 있는 한 방증일 것이다. 그의 이른 타계(54세)가 아쉬울 뿐이다.

대 긍정의 양면성을 지칭하는 '영적 양극성'이란 말이 묵시 속에 내포된 것을 기억해야 옳다.

그렇다면 개벽 종교로서 기독교, 나아가 동학을 토발적 기독교로 본다는 것의 의미가 무엇일까? 물론 이 경우 기독교는 서구에서 유입된 기성 종교가 아니라 묵시 의식의 연장선상에서 살필 일이다. 묵시 의식을 동학의 개벽 사유로 풀어내는 과정이 요구된다. 우선 개벽은 육화(성육신)의 동학적 표현이라 보아도 좋겠다. 육화란 초월을 초월한 것으로서 이 땅 외에 다른 초월은 없다는 뜻을 담고 있다. 마치 '시천주' 풀이에서 '천'에 대한 해석을 삼갔듯이 말이다. 초월의 뜻이 담긴 이 땅을 새롭게 하는 것이 개벽이자 육화의 본뜻이다. 이 세상을 하늘 상태로 변형시켜 다른 세상을 열자는 것이다. 신이 인간이 되었기에 그래서 이 땅 외에 다른 초월이 없다(모른다)고 해야 옳다. 하지만 기독교는 자신의 모체인 묵시 의식을 망각했다. 하느님 나라 대신 태어난 교회 조직을 위해, 유대인과의 변별될 목적으로 예수에게 대속적 이미지를 덧씌웠기 때문이다. 예수를 구약의 영웅 모세처럼 여겼거나 이사야서 속죄양의 이야기로 예수를 채색했다. 최근에는 욥의 항변을 예수 십자가 죽음과 견주는 무신론적 학자도 생겼다.[94] 하지만 묵시 의식에 따를 때 예수는 희년 사상(메시아)을 재현시키는 존재여야만 했다. 예언자들이 이루려 했으나 실패한 희년을 다시 열어 펼치는 일이 삶의 목적이었고 그가 본 새 하늘과 새 땅의 현실이었다. 예수를 잉태한 어머니 마리아의 노래(누가복음 1장 46-55절)에 예수가 열어 펼칠

---

94 슬라보예 지젝이 바로 이런 입장이다. J. 밀뱅크와 함께 짓고 배성민 등이 옮긴 『예수는 괴물이다』, 새물결 플러스, 2014 참조.

세상의 모습이 담겼다. 실패한 역사를 반복적으로 살고 있지만 태중의 예수가 회복시킬 것이란 확신을 마리아가 선포한 것이다. 비록 후대로 갈수록 의미가 퇴색되었으나 예수는 이런 뜻에서 본디 개벽사상가일 수밖에 없다. 그가 혹독하게 체험한 세 차례의 유혹-권력·명예·돈은 개벽을 위한 준비이자 독특한 종교체험이기도 했다. 하느님 아들이란 자의식을 온몸으로 수용한 순간이었기 때문이다. 한마디로 '오심즉여심', 달리 말하면 초의식의 경지에 이른 것이다. 지금껏 기독교는 이것을 메시아적 자의식이라 일컫곤 했다. 예수는 '신이 자신 안에서 함께한다'(임마누엘)는 의식을 넘어 자신을 하느님과 같게 여겼다. '자신을 본 자가 곧 하느님을 본 자'라 말하지 않았던가. 우리 역시도 그런 존재가 될 것을 하느님 영이 이끌어 가르치고 있다. 하느님과 자신의 관계처럼 중보자 없는 길을 가라고 지속적으로 추동한다.

여기서 중요한 것은 수운처럼 그렇게 예수가 종교 해방의 길을 선포했다는 사실이다. '안식일(종교)이 사람을 위해 있는 것이지 사람이 안식일을 위해 존재하지 않는다'는 선포가 그것이다. 하지만 예수 당시처럼 그렇게 목하 현실은 종교를 위해 사람이 필요한 형세가 되었다. 죄인을 양산하는 종교가 되어 버린 것이다. 죄인이 있어야 종교의 역할이 생기고 돈이 조직으로 유입되는 까닭이다. 이 점에서 예수는 당시 실정법인 유대 율법을 뒤집었다. 율법의 뜻은 유지하되 그 형식을 전도시킨 것이다. 신(대상)을 향한 종교를 자신을 향한 영성으로 뒤바꿨다. 죽은 글자 대신 들의 백합화와 공중을 나는 새로 눈길을 돌리게 한 일도 종교 해방의 한 척도였다. 자연 속에서 하느님을 찾고 보라는 뜻이었다. 여기서 동학의 경천, 경인, 경물 사상을 떠올려도 좋겠다. 이렇듯 종교 해방을 통해 예수나 수운 모두 개벽, 육화의 길을 몸소 보였다. 모든 피조물을 비롯하여 '네 이웃을 네 몸처럼 사랑하라'는 말이 여기서 비롯했다. 바울의 경우(고린도전서 9장 19-13절) 사랑은 '마치 …가 아닌 듯이(As if not…)'란 말로 표현된다. 가졌으나 가진 것 없는 사람처럼, 힘이 있으나 없는 사람처럼, 자유인이나 노예처럼 역지사지하여 살아 보(내)자는 것이다. 사람이지만 자연의 입장에 서보자는 말도 성립한다. 베 짜는 힘없는 여인을 하느님처럼 여기라는 해월 신사의 말씀도 같은 뜻을 지닌다. '시천주' 의식에서 '사인여천(事人如天)'의 길이 열렸듯 이 역시 그리스도를 자신 속에 모셨기에(In Christo) 가능한 일이다. 오죽했으면 '하느님 영이 피조물을 대신하여 탄식한다'(로마서 8상 18-25장)고까지 했겠는가! '서로 사랑하라'는 말은 예수의 마지막 유언이기도 했는데 그 뜻은 공동체를 일구라는 명령이었다. 이 경우 공동체는 동학의 접(接)과 같고 두레 공동체의 모습을 지닌다. 의식 변혁, 종교 변혁을 통해 오롯이 세상을 개벽시킬 목적에서였다. 코로나 시절에도 예배를 강행할 만큼 단순한 예배 공동체만이 아니었다는 것이다. '동학하다'라는 말이 있듯 '예수 살기'라는 말이 더욱 (원시) 기독교적이다. 예수께서 자신에 대한 믿음을 강조하지 않았고 자기 속을 알아 달라고 했다는 이신의 말뜻도 이에 잇대어 있다.[95]

　이상의 내용을 근거로 필자는 '역사 유비' 차원에서 개벽 신학의 골자를 다음처럼 정리할 생각이다. 종래의 서구 신학이나 기존 토착화론과 변별된 토발적 차원의 신학 서술로서 3개의 '공'-공(空)·공(公)·공(共)-개념을 근본 토대로 삼고자 한다. 이를 한 문장으로 축약하자면 다음과 같다. "서구

95　이신, 『돌의 소리』, 이경 엮음, 동연, 2012, 65쪽 이하.

기독교는 '공(空)'을 몰랐고, 경제(자본주의)는 '공(公)'을 독점했으며, 정치(민주주의)는 '공(共)'을 파괴했다.[96] 뒤집어 말하면 '공(空)'을 알고 '공(公)'을 회복시켜 '더불어(共)' 사는 세상을 이루는 일인바 개벽 신학의 존재 이유를 적시한다. 바로 이 말속에 개벽의 문화적, 정세적 요인들이 통섭되어 있는데 예수의 하느님 나라 운동 역시 이 지평에서 이해될 수 있다. 이는 개벽 사유에 힘입어 자신의 모체인 묵시 의식을 더욱 체화시키는 일이기도 하다. 민중 해방과 종교 해방은 물론 인류세는 물론 자본세를 넘는 문명 전환의 과제가 개벽 신학의 몫인 까닭이다. 첫 번째 '공'을 통해 종교학적으로는 '잃어버린' 하느님을, 철학적으로는 존재자의 존재로서의 '없음'을, 동학의 언어로는 '무위이화(無爲而化)'를, 다석의 말로는 '없이 계신 하느님'을 상상할 수 있다. 지금껏 '있음(유)'만을 추구해 온 서구가 놓친 개념으로서 민중, 종교, 문명 해방을 위해 개벽 신학은 이의 복귀를 선결 과제로 삼아야 옳다. 두 번째 '공'은 앞선 '공'의 육화로서 세상이 모두의 것, 사사(私事)화 될 수 없는 공유지인 것을 선포한다. 공유지 사사화가 첫 번째 '공(空)'의 망각에서 비롯한 비극임을 밝히면서 말이다. 공유지의 상실은 본래 '사이 존재'를 뜻하는 시간, 공간, 인간, 아니 문명 전체를 파괴하는 독소가 아닐 수 없다. 개벽 신학은 '이천식천(以天食天)'의 개념으로 두 번째 '공(公)'의 의미를 파악할 것이며 사적인 것을 모두의 것(公)으로 돌리는 것-희년 사상-을 개벽 신학의 두 번째 과제로 인식한다. 증산의 말로는 천지공사(天地公事)가 해당할 것이다. 여기서는 자속/대속의 종교적 이분법도 난파될 수 있다. 소위 신유물론과의 대화도 여기서 비롯할 수 있을 것이

---

96 이정배, "개벽 신학의 세 토대로서 공 · 공 · 공", 1-10, 2024, 미간행논문 참조.

다. 마지막 '공(共)'은 시민사회의 정치적 책무와 관계된 것으로 개벽 신학의 세 번째 과제를 적시한다. 남남갈등으로 통일 논의가 연목구어(緣木求魚)가 된 현실도 반성할 것이다. 대의민주제조차 소수 특권 정치로 타락했기에 시민의 자발적 자치 운동이 더없이 요구된다. 이를 위해 인간의 의식 변화가 중요하나 이는 신관의 변화와 필시 동행할 수밖에 없다. 필자는 여기서 '오심즉여심(吾心卽汝心)'과 더불어 '노이무공(勞而無功)'의 하느님 존재를 언급할 것이다. 하느님은 인간을 통해서 일하시는바 그럴수록 묵시 의식의 핵심인 '인자(人子)', 동학의 언어로 '시천주'의 자각, 다석의 말로는 '바탈' 의식 등이 중요하나. 수심정기(守心正氣)를 통해 자신의 본질을 닦고[修] 지킬 때[守] 인간은 하느님을 도와 함께 공적을 쌓을 수 있다. 인간의 우주 생태적 주체성 확립이 중요한 이유이다. 교회 공동체의 역할 및 과제 역시 새롭게 모색될 것이다. 접신(接神)이 '모심'이 되어 '돌봄'과 반드시 연루되어야 하는 까닭이다.[97] 언급한 세 개의 '공'은 필자가 종교개혁의 과제로서 내건 3개의 '탈(脫)'-탈성장[空]· 탈성직[公]· 탈성별[共] 개념과 상호 엮어져 보완될 수 있다.[98] 앞서 말했듯 반공주의를 벗는 '탈이념'도 개벽 신학 속에 담길 새로운 주제가 되었으나 다룰 여백이 크지 않다.

1) 무위이화와 '공(公)'

개벽 신학의 첫 토대인 '공(空)'은 서구 기독교에 낯선 문화적 요인의 산

---

97 이은주,『나는 신들의 요양 보호사입니다』, 헤르츠 나인, 2020(초판 3쇄) 참조.

98 이정배,『두 번째 종교개혁과 '작은교회' 운동』, 동연 ,2017. 생명 평화마당 엮음,『한국적 작은 교회론』, 대한기독교서회, 2017. 이 책 서문을 쓴 이은선 교수의 글 참조.

물이나 생태 붕괴 및 문명 위기에 처한 인류세를 치유할 화두이다. '있음(존재)'을 강조하는 서구와 달리 동학의 '무위이화', 다석의 '빈탕(없이 있음)'은 내부적 차이에도 불구하고 다른 세상을 상상할 수 있는 열쇠가 될 수 있기에 말이다. 주지하듯 '공'은 본래 유무(있없)상통의 개념이다. 어떤 존재도 홀로 자족할 수 없기에 실체로서는 없으나 관계로서만 존재하기 때문이다. 성리학에서는 이를 '태극이 무극(無極)', 곧 있음이 없음이란 말로 표현했고, 동학에서는 생성 및 변화에 역점을 두고 '무위이화'라 고쳐 불렀으며,[99] 다석은 없음이 곧 있음의 근거이자 토대라는 차원에서 빈탕, 곧 없이 있는 '허공'을 중시했다. 이은선은 여기서 수운의 마지막 글, '불연기연(不然其然)'을 떠올렸던바 의미상으로 일리가 없지 않다.[100] 육신(몸)과 역사, 만물을 떠나서는 불연(不然)도 없기 때문이다. 이는 모두 자연은 물론 신까지도 실체화시키는 서구 사조에 경종을 울릴 만큼 '다시 개벽'의 맹아를 담았다. 물론 무위이화와 빈탕은 중첩되기 어려운 부분도 있다. 전자는 생성 및 변화에 방점을 두었고 후자는 없음을 있음의 존재 근거라고 본 탓이다. 다석의 경우 '없음'의 우선성을 중시한 발상이었다. 후자의 경우 빈탕의 존재처를 인간 '바탈'에서 찾았던 반면 전자는 인간 '몸'을 강조한 측면 또한 부정할 수 없다. 성리학적 용어로 말하자면 '리'적 측면을 강조한 다석과 달리 동학의 경우 '기'적 차원에 무게를 실었기 때문이다. 시베리아 수렵 문명권에서 발생한 삼재론에서 '없이 있는' 세계(영혼)를 본 다석에게 그를 향한 인간의 자기 초월은 대단히 중요했다. '무위이화'가 사

---

99 "吾道는 無爲而化矣",「論學問」. "造化者 無爲而化也",「논학문」.

100 이은선, "참된 인류세 시대를 위한 이신의 영의 신학-N. 베르다이에프와 한국 信學과 仁學과의 대화 속에서",『이신의 묵시의식과 토착화의 새 차원』, 161쪽.

회 및 우주 변화에 역점을 두었다면 빈탕은 인간 속에서 내재적 초월을 목적했기에 양자 간 온전한 일치는 어려울 수 있다. 하지만 어느 경우든 이 기묘합(理氣妙合)의 진리는 유효하고 없음과 생성은 곧 있음[有], 실체의 세계관과 짝할 수 없으며 또한 각자위심의 종교성(욕망)을 철저히 무화, 탈각시켰기에[101] 개벽 신학은 이들 간 차이보다 일치를 추구한다. 도올이 삶의 의지에 근거한 A. 슈바이처의 생명 외경론을 '무위이화'의 서구적 레퍼런스로 인용한 것에 주목한다.[102] 그 역시 서구 문명의 몰락을 예견하고 생명 외경론으로 다른 세상, 개벽을 꿈꾼 존재였으니 말이다. 그는 니체 이후 몰락한 기독교 및 서구 형이상학을 의지로 재구축하려던 사상가였다. 하지만 슈바이처는 살려는 의지를 지녔으나 살려고 하는 다른 의지(생명체)를 꺾어야 하는 의지의 분열상태에 재차 절망했다.[103] 살려는 의지 속에 몸의 요구[氣]와 마음의 지향성[理]이 함께 작동했기 때문이다.

이렇듯 기독교는 '공' 개념을 수용할 때 개벽 종교로서 재탄생이 가능하다. 지금껏 서구 기독교는 '있음[有]'을 신을 이해하는 절대 범주로 여겨 왔다. 숨어 계신 하느님(Deus Absconditus)을 말한 신비주의 사조도 있었으나 그것을 항시 계시된 하느님(Deus Revelatus), 곧 예수의 십자가와 부활로 환원, 축소시켰고 하느님 영의 활동을 그리스도 사건에 종속시켜 자신만의 아성을 구축했다. 앞서 말했듯 존재자의 존재(M. Heidegger), 과정으로서

---

101 여기서 무위이화는 不仁, 어질지 않은 하느님으로 언표된다. 한마디로 탈인격적 존재란 뜻이다.

102 도올, 『동경대전』 2권, 63쪽.

103 A. 슈바이처, Kultur und Ethik, Bern 1924, 232쪽. 이정배, "A. 슈바이처의 '생명 외경론'의 자연 신학적 의미", 『종교와 과학의 대화에 근거한 기독교 자연신학』, 이정배, 대한기독교서회, 2005, 139-155 특히 142쪽 참조.

의 신(A. Whitehead) 사유를 배웠으나 전자는 존재 신비주의에 빠져 역사를 간과했고 후자는 신을 미래적 '목적' 개념으로 치환했다. 불[火]이 불이 아닐 때 불이고 물[水]이 물이 아닐 때 물이듯이[104] 신(神)은 신이 아닐 때 신이라는 배중률(A=NonA)의 논리가 애당초 부재했기 때문이다. 여기서 수운의 '오심즉여심', 네 마음이 곧 그 마음이라는 종교체험은 서구 기독교로서는 대단히 낯설고 불가능하며 불편할 것이다. '무위이화'의 하느님이 여기서 '오심즉여심'의 존재로 일컬어지는 것에 주목한다. 비(非)실체성으로서의 신이 인간과 함께 다른 세상을 만들어 갈 목적에서다. 이는 '빈탕'인 허공이 인간의 '바탈'로 주어져 있다는 다석의 사유 틀과 중첩된다. 『천부경』등 고문서에서 비롯한 '천인무간(天人無間)'의 경지라 말할 수 있을 것이다. 이렇듯 시천주 체험은 사인여천(事人如天)으로 귀결되어 서구적 폭력과 전통의 억압으로부터 백성을 구했으며 '향아설위'를 통해 신/인간의 틈을 벌린 기성종교와 갈등, 투쟁했고 결국 인습화된 '향벽설위'의 종교를 허물었다. 계시된 신(예수)에게로 집중된 기독교의 대상성, 배타성, 표층성 역시 부정되었다. 신/인간의 직접성으로 인해 대속 교리에 목을 맬 이유도 사라졌으며 안식일 또한 사람을 위한 날로 역전시켜 인간을 해방시켰다.

다시 무위이화(無爲而化)의 개념으로 되돌아가 보자. 이것은 변화의 항

---

104 불은 자신을 태울 수 없어야 모두를 태울 수 있고 물은 자기를 적실 수 없어야 흐를 수 있다. 불 속에 불 아닌 속성이 있어야 불이고 물에 물 아닌 속성이 깃들어야 물일 수 있다는 것이다. 교토 학파 소속 선불교 철학자 케이지 니시다니, 『종교란 무엇인가?(Religion and Nothingness)』, 정병조 역, 대원정사, 1993. 1장 논문 참조.

상성(상연)을 뜻한다.[105] 이로부터 일체 존재가 생겨나는 것은 당연지사다. 마찬가지로 허공 없이는 어떤 존재도 있을 수 없는 것 또한 옳다. 앞의 말이 동학의 언어라면 나중 말은 다석의 생각이다. 변화와 허공은 같은 존재 사건의 동적 또는 정적 표현일 뿐이다. 오히려 생성과 변화조차 허공에서의 일로 볼 수도 있겠다. 이런 허공은 지기로 가득 찼고 그것이 인간 속에 바탈(영)로 주어진 것이다. 이 경우 지기와 바탈은 허공의 양면으로서 영의 다른 표현들이다. 자신 속의 영(내유신령)과 우주에서 활동하는 기운(외유기화)이 다르지 않다는 것이 시천주의 풀이였다. 이는 서구의 범재신론 개념으로도 충족히 설명될 수 없다. 있음[有]/없음[無], 그 자체를 초월하는 개념인 까닭이다. 앞서 말했듯이 수운은 기독교 서구는 인간(내유신령)만 알았고 우주(외유기화)를 몰랐으며 성리학은 나중 것만 생각했기에 인간의 신적 측면을 놓쳤다고 비판했다. 따라서 서구는 허공을 잃었고 성리학은 영적 주체성과 그에 따른 평등한 개인을 상실했다는 말은 옳다. 잃어버린 민족 고유의 신을 동학에서 다시 찾았다고 말하는 이유가 그래서 중요하다.

이렇듯 허공을 잃은 서구는 홀로세 말기를 인류세, 나아가 자본세로 변질시켰다. 없음을 지웠기에 견물생심(見物生心)의 자본주의적 소비문화를 추동한 결과이다. 개신교 신학이 자본주의를 잉태했으나 자본에 자신의 영혼을 저당잡혔다는 말까지 회자되고 있다. 인간뿐 아니라 우주 자연을 '있음[有]'의 차원으로 소급, 환원시킨 결과가 기후 붕괴를 초래한 것이다. 과학기술의 발전으로 재생에너지 사용 비율을 높인다 한들 GDP 위주의

---

105 도올, 『동경대전』, 2권, 67쪽.

경제체제는 달라지기 어렵다.[106] 여전히 '있음[有]'의 세계에 마음을 빼앗기기 때문이다. 모심의 주체, 곧 시천주의 인간 역시도 '그것(It)'의 존재로 환원되고 말 것이다. 포스트 휴먼 시대의 긍정성을 염원하나 오히려 인간 몸을 확장시킨 기계적 인간 탄생을 부추길 여지 또한 크고 많아졌다. 따라서 '몸'을 강조하는 도올의 취지에 전적으로 공감하기 어렵다. 시천주의 정신과 뜻은 사라지고 기계와의 공존으로 영생불사하는 신이 된 인간(Homo Deus)의 출현을 걱정해야 한다. 이 점에서 자신 속에서 활동하는 신, 영, 기화의 자각이 더없이 요구된다. '없이 있는 하느님' 앞에서 자신의 '덜' 없음을 거듭 성찰할 때 '견물생심'의 인간이 '견물불가생(見物不可生)'의 존재가 되어 노이무공(勞而無功)한 하느님을 도울 수 있다. '미정고'인 예수 삶을 이어 우리는 더 큰 일을 감당할 수 있고 감당해야 한다. 다석의 '꽃구경' (1967.5.3.)이란 시를 소개하고 풀어내는 것으로[107] 개벽 신학의 첫 토대인 '공(空)'을 마감한다.

　　〈잇〉끗 작되 〈업〉 않이건 〈업〉등ㄱ이크냐

　　〈잇〉 않임

　　남이 닭보다 밝고 츩이 풀렆만큼 공을가

106　재생에너지 사용 비율이 다소 높아지고 있으나 기후 붕괴는 조금도 경감되지 않고 있다. GDP 위주의 경제체제 탓이다. 매년 2-3% 씩 GDP를 늘려가면 23년 이내에 국민총생산량이 지금의 배가되는 현실을 살펴야 한다. 나오미 클라인, 『이것이 모든 것을 바꾼다: 자본주의 대 기후』, 이순희 역, 열린책들 2021. 이정배, "자본세 속의 기독교에서 회복력(탈성장) 시대를 위한 기독교로- 자본주의와 기후 위기, 그 상극성에 관한 소론-", 2023, 5월, 미간행 논문(사랑의 시튼 수녀원 강의록), 9.

107　이하의 시 풀이는 김흥호의 『다석일지 공부』 5권 334-5쪽을 자의적으로 참조했다.

꽃공ㄴ데 네곬을 건 뭣 잠고대는 멈출일

"있음의 끄트머리가 아무리 작고 작아도 없음이라 말할 수 없고 없음의
원대함이 아무리 커도 있음은 결코 아니다. 세상의 만물은 있음과 없음 사
이에 존재한다. 아무리 곱고 고운 꽃일지라도 그 자체를 있다고 말하지 말
라. 꽃만 보는(꽃구경) 있음의 문화는 온전할 수 없다. … 허공 없이 꽃이
있을 리 없다. 자연은 그대로 아름답다. 기성불(旣成佛)이다. 고운 꽃 보고
꺾고자 하는 자들은 아직 미성불(未成佛)에 불과하다. 공을 잃은 자본주의
문화의 실상이 바로 그와 같다. 더욱 갖고자 하는 잠꼬대와 같은 일은 이
제 그만 멈춰야 옳다."

2) 이천식천(以天食天)과 공(公)

개벽 신학의 두 번째 토대로서 '공(公)'을 언급할 차례다. 공(公)적인 것
일체를 사사화한 서구 자본주의 체제 비판이 핵심 주제가 될 것이다. 사
실 모든 종교 속에 담긴 인류의 미래를 위한 석과불식(碩果不食), 곧 끝까
지 존속해야 할 희망의 씨앗이 있다면 바로 두 번째 '공(公)'이 아닐까 싶
다. 하지만 홀로세를 망가뜨린 인류는 지표권 정치학[108]을 통해 공적 영역
을 거듭 축소시켰다. 하늘과 바다는 물론 전자파, 종자에 이르는 지구 공
유지를 소유하고 파괴시킨 것이다. 제1세계 국가들의 값싼 식탁(쇠고기)을

---

108 제레미 리프킨, 『생명권 정치학』, 이정배 역, 대화출판사, 1996. 여기서 지구의 공유
    지를 점령했던 지표권 정치학에 반해 리프킨은 공유지의 확장과 회복을 통한 생명권
    정치학을 주장했다. 가이 스탠딩, 『공유지의 약탈』, 안효상역, 창비, 2021. 2장 참조.

위해 아마존 밀림이 망가졌고, 재생에너지 개발이란 미명으로 남미와 아프리카의 공유지가 지금도 거듭 약탈 중이다. 코비드 19를 겪으면서 '자본주의는 당연하지 않다'는 주장이 급부상하고 있다. 탈성장, 기본소득, 공유경제, 돌봄 가치 등 자본주의에 반하는 개념들이 우후죽순처럼 발아하여 토론되고 있다. 우리는 자본의 공유지 약탈을 근원적으로 '공(空)'의 부재 혹은 망각의 결과로 인식했다. 첫 번째 공(空)을 잊은 결과가 두 번째 공(公)의 상실을 초래했기 때문이다. 따라서 없음이 있음의 존재 근거라는 사실을 놓치면 자본주의 이후의 세상은 앞으로도 요원할 수밖에 없다. 이렇듯 첫 번째 공(空)의 전제 속에서 두 번째 공(公) 역시 뜻을 얻을 수 있을 뿐이다.

앞에서 유(있음)로부터 무(없음), 혹은 허공으로의 전회를 말했다면 여기서는 사(私)로부터 공(公)으로의 전환을 논한다. 앞서 보았듯이 우주가 지기로 가득 찼고 없음이 있음의 근거였으며 인간 개체 또한 허공(하늘)을 품었기에 애초에 사적인 어떤 것도 존재하지 않는다. 이 점에서 필자는 두 번째 공(公)을 첫 번째 공(空)의 육화로 이해한다. 일체를 품는 허공, 존재 아닌 변화가 바로 없이 계신 이였고 무위이화의 도였기 때문이다. 시편 기자가 세상 것 모두가 하느님의 것이라 말한 것(시편 24장 1절) 역시도 이와 잇대어 있다. 창조 신화 속 선악과 이야기는 하느님의 것, 즉 공적인 것을 사적으로 취한 행위를 문제 삼았다. 사사화한 것을 공적으로 되돌리는 일을 구원이라 했고 이는 희년(禧年) 개념에서 절정에 이른다. 기존의 종교, 자본주의라는 경제체제가 틈을 만든 것일 뿐 태초에 허공만이 존재했고 세상이 그 속에 있는 한, 모든 것이 하늘의 것인 까닭에 전체로부터의 분리란 없다. 여기서 필자는 개벽 신학의 두 번째 토대로서의 공(公)을 시천주의 '시(侍)', 그 마지막 풀이인 '각지불이(各知不移)'와 이천식천(以天食天)의 시각에서 살피려 한다.

앞선 언급도 있었으나 각지불이는 하늘이 곧 나이고 우주가 곧 개체 속에 있기에 이런 관계를 파괴하고 빼앗는 일을 그치라는 뜻을 담았다. 개체에서 전체를 보고 전체에서 개체를 보라는 생태 영성 혹은 양자 간 일치에 주목하는 씨알사상과도 흡사하다. 우주의 기운과 내 속의 영이 다르지 않기 때문이다. 따라서 사람은 누구든지 자신의 위치와 자리를 자각해야 옳다. 스스로든 강요에 의해서든 잊지도 잃지도 빼앗겨서도 아니 될 일이다. 만물은 모두 터-사이(공간), 때-사이(시간)에 있고 사람 또한 사이 존재이기에 누구도, 무엇도 사이[間]를 독점할 수 없다. 사이 없이는 터도, 때도, 사람도 존재할 수 없다. 여기서 사이는 첫 번째 공(空)의 다른 말이겠다. 허공을 독점할 수 없기에 첫 번째 공(空)은 반드시 공(公)일 수밖에 없다. 앞서 두 번째 공(公)을 첫 번째 공(空)의 육화라 말했으나 역으로 첫 번째 공(空)이 두 번째 공(公)의 존재 근거라 말해도 좋겠다. 이 공(公)을 지켜내는 일이 하늘을 공경하는 것이자 사람을 하늘처럼 대하는 것이고 우주 속의 영을 살리는 일인 까닭이다. 후술할 주제나 동학의 삼경 사상, 경천, 경인, 경물은 두 번째 공(公)을 첫 번째 공(空)의 육화라 생각할 때 가능한 발상이다.

아울러 이천식천(以天食天), '하늘로서 하늘을 먹는다'는 말도 공(公) 없이는 생각할 수 없다. 우리 삶 전체가 하늘로서 하늘을 먹는 일인 까닭이다. 이를 다석이 풀어낸 대속 사상으로 설명할 수 있다.[109] 주지하듯 다석

---

109 다석학회 편, 『다석 강의』, 현암사, 2006, 25강 내용.

은 기독교의 대속을 일상(상대)적 경험 차원에서 설명했다. 남의 생명 없이 자기 생명을 지킬 수 없기에 사람이 사는 일상에서 대속을 말한 것이다. 이천식천은 바로 대속의 일상성을 의미한다. 여기서 핵심은 생명이고 이 생명은 나뉠 수 없는 전체(至氣)로서 공(公)의 다른 말이다. 공(公)을 나누는 일이 생명과 평화의 삶인 까닭이다. 생명 외경 사상가 A. 슈바이처는 밖의 생명을 취해야 사는 대속, 곧 이천식천을 의지 분열로서 비극으로 보았으나 개벽사상가들은 오히려 은혜라 여겼다. 원불교의 사은(四恩) 개념이 이 점을 분명히 적시했다. '공(公)'을 나누는 것이 허공이자 변화인 하느님을 사랑하는 길이고 은혜라는 것이다. 그럴수록 공(公)의 사사화, 독점은 철저히 부정되어야 마땅하다. 이에 대한 각성이 각지불이의 뜻이자 이천식천의 본질이다. 첫 공(空)의 육화로서 나중 공(公)을 위해 슈바이처는 희생의 최소(단순)성을 말했고 다석은 자속(自贖)의 길, 곧 몸(욕망)을 줄이는 십자가를 역설했다. 수심정기에 근거한 동학의 삼경 사상 역시 이런 방책의 일환이다. 공생을 위한 공빈의 삶이 요구되는 현실에서 이들의 의미와 가치는 대단히 중하다. 하지만 자본주의가 거듭 공유지를 약탈했고 기후 붕괴를 추동했으며 90%의 약자들을 더욱 곤경에 빠뜨렸으니 앞선 지혜가 목하 현실에서 공허하다. 개벽적 사유가 더욱 절실히 요구되는 이유이다. 각지불이의 자각을 통해 진리이자 권리인 '이천식천'의 일상을 회복해야 마땅하다. 서구에서 논의 중인 신유물론 철학과 포스트 휴먼 이론 그리고 공유경제 사상이 일정부분 도움이 될 수 있다.

주지하듯 자본주의는 전 지구를 자본축적을 위한 최적의 공간으로 만들었다. 한마디로 공(公)을 폐기 처분했고 이천식천의 일상을 차단했으며 공유지에서 사람을 내몰았다. 당연히 자연의 권리를 배제했고 소수를 제외한 나머지 인간마저 축출했다. 이에 신유물론 철학이 등장했고 공유경제에 대한 논의가 활발하다. 이들은 두 번째 '공(公)'의 논의를 위해 필요한 주제들이다. 주지하듯 경물은 사근취원(捨近取遠)하지 말라는 차원에서 가장 소중한 가치다. 일상에서 사물(자연) 없이는 한순간도 살 수 없기 때문이다. 따라서 '경물'에는 삶에 소중한 자연 및 사물도 하늘처럼, 사람처럼 공경하라는 뜻이 담겼다. 그 역시 내 안의 영과 같은 지기의 활동 장인 까닭이다. 성리학의 인식론, 대상인 물(物)과 하나 되는 길을 추구한 격물과도 달랐다. 애당초 물을 인간과 맞선 대상(객체)이라 생각하지 않은 까닭이다. 생물/무생물 간 존재의 동등성을 강조한 신유물론과의 대화가 비롯할 수 있는 지점이다.[110] 인/물 간의 종 차(差) 없는 연계성에 사회적, 종교적 의미를 부여하기 시작한 것이다. 인간의 책임보다 사물 간의 상호 '응답' 능력에 우선성을 부여했고 이를 '객체 지향적' 혹은 '사변적' 은혜라 불렀다.[111] 최근 기독교가 적색을 넘어 녹색 은총의 감각을 강조한 것도 맥락이 다르지 않다. 신유물론자들에게 은혜는 이미 충분하며 조건 없이 주어진-수동적인-어떤 것으로 설명되었다.[112] 여기서 공(公)의 존재 근거인 첫 번째 공(空)을 일체 생성을 낳는 '변화'로 볼 때 경물은 '은혜'를 말하는 이들의 생각과 흡사하다. 하지만 이들과 달리 종 차 부정을 능사로 여기

---

110 사실 신유물론 가이아 학설에 근거한 것으로서 인간과 자연의 이분법을 폐기할 목적에서 생겼다. 사이보그 현실에 대한 적극적 이해의 산물이기도 하다. 브뤼노 라트르, 『라트르의 과학, 인문학 편지: 인간과 자연, 과학과 정치에 관한 가장 도발적인 생각』, 사월의 책 2012. 참조.

111 애덤 S. 밀러, 『사변적 은혜-브뤼노 라트르와 객체지향 신학』, 안호성 역, 갈무리 2024.

112 앞의 책, 38-39쪽.

지는 않는다. 오히려 공감력, 상상력을 지닌 인간의 능력을 소중하게 생각한다. 다음 주제인 '노이무공(勞而無功)'한 하느님이 인간과의 동행(협력)을 요구하기 때문이다. 체험의 주체인 인간이 자연과의 소통과 응답에 더 예민하며 은혜에 쉽게 감응할 수 있다. 따라서 경물은 퇴계의 '물격(物格)'이나 다석의 진물성(盡物性) 개념으로 이해하는 것이 더 좋다. 물(物)의 본성이 내게로 향해 자기 자신을 물과 하나 된 상태로 변화시킬 것이기 때문이다.[113] 예컨대 닭의 본성과 내 본성이 응답, 소통하여 인간존재 양식을 닭처럼 근면하게 바꿀 수 있다고 믿었다. 물론 인식 주체로서의 인간의 노력과 책임- 이에 더해 민중의 자각-이 앞서 요구되겠지만 말이다. 하지만 신유물론 철학은 '공유지 약탈'을 목적한 자본주의 철학 사조와 맞설 이론적 힘을 주기에 '공(公)'의 회복 차원에서 공조할 수 있다. 신유물론 철학에서 첫 번째 '공(空)'의 사유와 잇댈 여지를 찾는 일이 우리 몫이다. 그렇지만 여기서 첫 번째 공(空)과 두 번째 공(公)의 관계-육화 혹은 존재 근거로서-가 성립될 여지는 없을 듯하다. 양자 모두 유신론에서 빗겨 있다는 점에서 같으나 신유물론으로 동학의 삼경 사상을 환원시킬 수도 없고 시켜서도 아니 될 것이기 때문이다.

공유지 회복에 따른 공유경제 역시 '공(公)'의 회복을 위해 역할이 크나 '외유기화'의 차원을 결핍한 듯 보인다. 첫 번째 '공(空)'의 감각 없이 정치, 경제적 차원만으로서 '공(公)'을 강조할 때 개벽적 차원은 실종될 수밖에 없다. 신유물론에서 '은혜'를 논하고 사람/자연 간의 감응 및 응답력을 통해 정치적 입장을 표현하는 일에 귀기울여야 한다. 후기 마르크스 역시 자

---

113 이정배, "기독교의 개벽적 전회", 『창비』, 2023, 겨울(202호), 291-292쪽.

연의 생산력만이 아니라 그 생명력에 관심을 가졌기 때문에[114] 두 '공' 간의 관계는 거듭 살필 주제이다. 그렇지만 지구 공유지를 함께 돌보고 이익도 함께 나누자는 제안에 세계가 당장 공조할 필요가 있다.[115] 인류 모두에게 속한 지구 차원의 자연적 공유 자산의 수익, 지식, 그리고 빅데이터, 네트워크 등과 같은 인공적 공유 자산의 수익이 옳게 배분되지 않고 소수 자본가에게 귀속되는 악순환의 고리를 끊어 낼 목적에서다. 지구 공유지가 파괴될수록 자본은 더욱 축적되고 자연과 약자들의 생존은 거듭 열악해지는 까닭이다. 특정 주체의 성과로 귀속시킬 수 없는 수익, 특정 주체의 몫으로 돌릴 수 없는 부를 총칭하여 '공유부'라 하는바 자본주의 체제에서 각지불이(各知不移)와 이천식천(以天食天)을 가능케 하는 토대가 될 것이다. 여기서 비롯한 기본소득은 이천식천의 최소한의 실상이라 말해도 좋다. 공유부를 통해 사회에 공공재(公共財)가 많아지면 소득에 대한 압력이 줄 것이며 자연 파괴의 감소 또한 기대할 수 있다. 기후 붕괴 시기에 코비드-19를 겪으면서 시작된 커먼스 운동을 이 시대가 요구하는 '다시 개벽' 차원에서 더욱 살필 일이다. 성장주의 대신 탈성장 혹은 선택적 역성장의 가치를 추동하는 까닭이다.[116]

이렇듯 공유경제는 사회주의와 유사한 점이 많다. 자본주의 이후를 위

---

114 J. 포스터, 『마르크스주의의 생태학-유물론과 자연』, 김민정 외, 인간사랑, 2016. 이 책의 내용에 관해서는 다음을 참조하라. 이정배, 『세상 밖에서 세상을 걱정하다-이정배의 수도원 독서』, 신앙과 지성사, 2016, 390쪽 이하.

115 가이 스탠딩, 위의 책. 참조. 책의 부제가 '새로운 공유시대를 위한 선언'인 것을 기억하라.

116 제이슨 히켈, 『적을수록 풍요롭다-지구를 구하는 탈성장』, 김현우 역, 창비, 2021, 31쪽.

한 석과불식 차원에서 남겨진 씨앗이 사회주의이고 그 핵심에 '공(公)'이 있다. 성장주의 대신 분배의 정치학에 초점을 맞춘 경제체제를 일컫는다. 커먼스 이론에 근거하여 공유경제로 변형된 사회주의는 지금도 유효하다. 이런 사회주의는 지구의 미래를 위해 '예외(비상) 상태'[117]를 요구받는 현실에서 수용해야 옳다. 동시에 공생을 위해 공빈의 삶이 전제될 수밖에 없을 것이다. 불평등 지수가 더 높아지면 사회는 요동칠 수밖에 없는 탓이다. 개벽이 아닌 파괴적 혁명의 시대가 오히려 눈앞에 있다.[118] 그럴수록 GDP 위주의 성장이 아닌 공유지 회복에 따른 공유부의 분배가 필요하다. 이때 비로소 대속의 일상성, 즉 '이천식천'의 현실이 지속될 수 있다. 동시에 북쪽의 사회주의 체제를 이해할 여지도 생겨날 것이다. 남북 간의 하나 되는 길도 이런 물적, 정신적 토대에서 비롯할 수밖에 없다. 동학의 경우 여타 종교에 견주어 해방 전후 공간에서 사회주의에 개방적이었다.[119] 따라서 '개벽 신학'의 두 번째 토대로서 '공(公)'은 자본주의뿐 아니라 반공주의와의 결별 또한 선포해야 옳다. 민족 과제를 부여잡고 통일신학의 길로 나서야 한다. 최근 평화공존을 이유로 갑작스레 두 국가론이 부상하고 있으나 위험 천만하다. 동학의 경우 잃어버린 민족의 신을 재발견했기에 남북 간 일치에 앞장설 수 있다. 이념화된 기독교에 대한 개벽 신학의 역할이 필요한 지점이다.

---

117 철학자 지젝은 기후 붕괴 및 바이러스 시대에 인류가 비상 상태, 예외 상태로 살 것을 호소했다.
118 피케티는 프랑스 대혁명 시기보다 지금의 불평등 지수가 훨씬 높다고 분석했다. 김동진, 『피케트 패닉』, 글항아리, 2014, 1장.
119 강경석 외, 『개벽의 사상사』, 창비, 2022, 이 책 5장(115-142쪽)에 실린 정혜정의 논문 "김형준의 동학 사회주의와 네오 휴매니즘"을 보라.

3) 노이무공(勞而無功)의 하늘님과 '공(共)'

앞서 서구는 '공(空)'을 몰랐고 자본주의는 '공(公)'을 약탈했음을 말했다. 첫 번째 공(空)이 종교와, 두 번째 공(公)이 경제와 연관된다면, 본 장의 주제인 마지막 '공(共)'은 정치, 즉 서구 민주제의 한계는 물론 교회 공동체의 본질과 잇대어 있다. 한마디로 대의제를 명분 삼았으나 서구 정치가 '공(共)', 곧 함께함을 망각한 것과 교회의 사사화에 대한 비판이 중심 내용이 되겠다. 주지하듯 서구 정치사가 공유지 약탈사와 궤적을 함께했고 교회 역시 공공성을 잃었기에 '공(公)'의 정치가 성/속을 막론하고 부정당했다. 생명권 정치학을 넘어 신유물론 사조가 등장한 것도 인간과 인간은 물론 인간과 자연의 공생을 위한 서구적 처방이라 할 것이다. 하지만 동학의 경우 신(神)/인(人)의 관계 역시 상호 의존성으로 파악했다. 신을 탈각시켜 자연(물)에 귀속시켰으며 '약한 인간중심주의'조차 부정한 신유물론과 달리 동학에서는 경천, 하늘 섬기는 일을 사람 간의 상호성, 물(자연) 간의 감응성과 동전의 양면처럼 생각한 것이다. 수운에게 나타난 '노이무공(勞而無功)'의 하느님을 주목해야 할 이유가 바로 여기에 있다. "한울님 하신 말씀 개벽 후 5만 년에 네가 또한 첨이로다. 나도 또한 개벽 이후 노이무공(勞而無功) 하다 가서 너를 만나 성공하니 나도 성공, 너도 득의(得意) 너희 집안 운수로다."[120] 5만 년 동안 세상을 위해 애썼으나 하느님은 자신의 적공(積功)이 부족했음을 수운에게 솔직히 토로했다. 이후로 수운, 네가 필요하다는, 너를 통해 내 뜻을 펼치겠다는 놀라운 말씀을 전한 것이다. 필

---

120 『동경대전』, 「용담유사」. 윤노빈, 『신생 철학』, 학민사, 1989, 243쪽.

자가 보기에 이는 다석의 예수 이해와도 정확히 일치한다. 예수를 미정고 (未定稿)의 존재로 보았기에 이후 우리가 그보다 큰일을 할 수 있을 것이란 선포였다. 수운이 성리학과 달리 수심정기(守心正氣)를 강조했고 성경신 (誠敬信)의 기존 순서를 바꿔 신(信)을 강조한 것[121]과 다석이 '바탈'에 역점을 둔 사실도 이런 선상에서 이해할 수 있다. 앞서 본 대로 수운의 하느님은 무위이화(無爲而化)의 존재였고 이 존재가 한 말이 바로 '노이무공'이다. 주자하듯 하느님은 인간을 통해 일하고 사물의 감응을 통해서 우주를 펼치는 존재다. 하지만 그가 인간의 일(노동)과 떠날 수 없는 오롯한 존재인 것 또한 명백하다. 세계 초월자가 아니라 세상 안에서 일하는 하늘님이란 뜻이다. 따라서 무위이화의 신, 노이무공한 존재를 신/인/자연 속 공(共)의 실상이라 보아도 좋을 것이다.

주지하듯 근대는 사적 개인이 출현한 시기였다. 정치와 종교, 정치와 경제가 분리되면서 인간은 홀로 선 섬 같은 존재가 된 것이다. 개신교는 개인의 믿음을 강조했고 그 토양에서 자란 경제는 사적 재산을 추동하여 자본주의 체제를 견고히 했다. 급기야 공(公)을 빼앗은 자본주의 체제가 '사적 개인'을 정치의 주체로 여기며 대의민주제를 출현시켰다. 신앙 유비에 근거하여, 믿음을 중보자에 대한 신앙으로 이해한 기독교와 대의 민주주

---

121 동학 연구자 표영삼은 종래의 성경신(誠敬信) 순서를 바꿔 信의 우선성을 강조했다. 하지만 여기서 신을 믿을 신이 아니라 판단의 뜻이라 봤다. "신자를 믿을 신으로 해석하지 않는다. 바른길이 무엇인지 따지는 신으로 해석한다. 살아가는데 바른길이 무엇이며 참된 길이 무엇이며 거듭 묻고 따져보는 판단에 판단을 거듭하라는 뜻이다. 일단 판단을 내리면 다른 것을 '신'하지 않는 것이 바로 신이요 신의 마음을 지키는 것이 敬이고, 그 결과로 말을 이룰 때 '誠'이 된다. 그때 인간의 말이 天語가 된다" 표영삼, 『동학』 1, 통나무, 2004. 김용옥, 『동경대전』 2권, 187-188쪽. 참조

의가 동체를 이룬 것이다. 민의를 대변하는 의회 제도가 마치 중보자 역할과 유사했다. 마치 오직 믿음의 종교와 자본주의의 핵심인 사유재산제도가 한 쌍으로 결합 되었듯 말이다. 이는 세 유일신 종교 중에서 기독교만의 고유한 경우다. 기독교가 지닌 절대적 중보자 개념 때문이다. 앞서 보았듯이 동학은 서구적 근대로부터 탈주를 시도했다. 토착적 근대란 말조차 거부하며 동학을 근대 이후 차원에서 조망, 수용하고자 한 것이다. 과거처럼 '근대'가 열등감의 근원처일 수 없었다. 특히 마지막 '공(共)'이 정치와 관계된 차원인바 다수를 대변한다는 명목하에 오히려 '함께'를 내쳤고 편을 갈랐으며 소수 이익을 대변했다. 동서를 막론하고 정치가 결과적으로 '공(公)'을 약탈하는 자본에 힘을 싣고 있다. 그럴수록 시민 사회주의의 등장, 직접적 민주제에 대한 열망이 더욱 커져만 간다. 촛불혁명 이후 우리 전통 속에서의 '두레'[122]와 같은-개인보다 공동체를 앞세운-민회(民會)의 출현을 기다리고 있다. 필자는 이런 정치 전환을 마지막 세 번째 '공(共)'의 개벽적 차원이라 생각한다.

사실 에클레시아로 불리는 교회도 발생 초기 두레, 민회와 같은 형태를 지녔다는 것이 성서학자들의 공통된 견해이다. 직면한 정치 현안을 놓고 해결 과정에 모두가 참여하는 직접민주주의가 실현되는 장이었다. 오늘날처럼 예배에 국한하지 않았고 계급제도 없었으며 민주적 토론 과정을 중시한 공론의 장이 교회의 처음 모습이었던 것이다. 이런 교회 상은 개벽

---

122 두레는 단순한 노동조직만이 아니라 놀이문화를 비롯하여 생활 전반에 걸쳐 협력하는 마을 공동체였다. 일제 강점기 이전까지 마을 단위의 조직으로서 활성화되어 있었다. 혹자는 희랍 시대 직접 민주제를 시도한 아고라 공동체와 비유하기도 한다.

종교로 시작한 원불교 삼동윤리[123]의 중 하나인 동척사업(同拓事業)과도 뜻
이 통한다. 분리된 세상을 하나로 만들기 위해 밖이 아닌 세상 속으로의
출가를 말했던 까닭이다. 주지하듯 바울은 당시로서 세계를 뜻하는 유대
인과 이방인, 기독교인과 유대교 나아가 유대적 배경의 기독교인과 이방
적 기독교인들 간의 일치를 꿈꾼 사람이었다. 그리스도 안의 존재(Sein in
Christo)란 본래 이를 위해 불려 졌다는 뜻이었다. 일의 효(성)과를 위해 각
기 다른 역할이 있었을 뿐 오늘처럼 위계 구조가 있었던 것은 아니었다.
다석이 내적 귀일(歸一)과 외적 대동(大同)을 동전의 양면처럼 함께 본 것
도 결국 취지가 다를 수 없다. 성/속의 구별을 철폐하고 세상 자체를 달리
만들고자 했던 동척사업과 민회 형태의 초기 교회의 사명은 이처럼 변별
되지 않는다. 원불교 창시자 소태산 대종사가 도를 깨친 후 세상으로 나
올 때 삭발했다는 사실은 대단히 의미가 깊다. 세상을 위해 종교가 있다는
말인바, 안식일이 사람을 위해 있다는 예수 정신과 그대로 중첩된다. 앞
서 동학은 해월의 입을 통해 이를 향아설위(向我設位)라 일컬었다. 이렇듯
동척사업을 위해 종교가 할 일은 힘을 합쳐[共] 하나[公]를 회복하는 데 있
다.[124] 이것이 실현되지 못하는 한 기독교 구원(정신)은 아직 실현되지 않
았다고 보아야 옳다. 하지만 지금껏 기독교회는 사(私)의 영역에 머물러
제국, 자본, 특정 이념, 계층에 편드는 역할에 자족했다. 원불교는 이를 사
은(四恩)[125]에 대한 배은(背恩)이라 부를 것이다.

---

123 동원도리, 동기연계, 동척사업을 일컬어 삼동윤리라 한다. 원불교 2대 교주 정산이
   주장했다.
124 이정배, "기독교의 개벽적 전회", 『창비』, 202호(2023 겨울), 297-299쪽.
125 필자 보기에 사은은 불교 연기론에 인격적 의미를 부과한 것이자 동학의 '시' 개념- 세

이처럼 종교는 다른 세상을 위해 함께 할[共] 책임과 사명이 있다. 다석의 말처럼 귀일의 종교가 되어 대동의 주체가 되어야 할 것이다. 그래야 정치, 경제가 달라질 것이며 앞선 두 개의 공(空, 公)도 더욱 절실히 요청될 수 있다. 편 만드는 정치, 사적 욕망을 키우는 경제 체제하에 종교가 편승하고 있으니 미래가 없다. 종차(宗差)를 넘어 종교가 개벽할 이유이다. 앞선 언급대로 두레 및 민회 차원에서 새로운 정치가 실험되고 있다. 마을(지역) 단위로 지역 살리기 운동이 이곳저곳에서 확산 중이다.[126] 저출산, 고독사, 지역 소멸의 위기를 극복하기 위해 읍, 면, 동 최소 단위에서 거대 이념에 휘둘리지 않는 직접 민주제를 소환하고 있다. 공(共)의 공간인 마을의 실종을 아프게 자각한 결과였다. 상술한 난제들은 개인이 감당할 수 없는 사안이다. 출생과 더불어 부모 손을 떠나야 하는 아이들이 가엾다. 부모와 자식이 집에서 최소 관계를 맺을 수 있는 재정적 행정적 여건을 마련해야 한다. 아이를 낳고 키우는 사회적 자궁으로서의 마을 역할도 소생시켜야 옳다. 이는 노인들과도 직결된 사안이다. 효용성(?)을 잃은 노인들이 의지와 상관없이 요양 시설로 내몰리고 있는 현실에서 말이다. 마을 공동체가 회복되면 아이와 노인 모두가 함께 살 수 있다. 관계를 잃고 처리의 대상이 된 인간을 구원하는 길이 여기에 있다. 성숙한 문명은 관계, 곧 돌봄의 문화를 추동한다. 실패한 역사를 구원하는 일이 역사의 진정한 발

상에 관계 아닌 것이 없다-에 대한 나름의 해석이라 생각한다. 천지, 부모, 동포, 법의 은혜를 뜻한다. 자신의 출생에 앞서 존재하는 일체를 적시한다고 봐도 좋을 것이다.

126 이하 내용은 임진철이 시민언론지 「민들레」(2024. 4.21)에 기고한 글에서 자유롭게 인용한 것이다. 이외에도 주요섭의 "만물 공동회 제안"(「민들레」(2024. 8.4)도 풍부한 상상력을 제공한다. 하지만 신유물론자 라트르에 의거한 이론이기에 앞서 필자가 밝힌 이유로 여기서는 논외로 하겠다.

전이란 말과 뜻이 같다. 마을 공동체는 가족수당, 기본소득, 무상교육, 지역(농어광산촌) 일자리 확충 등 제 여건이 갖추어질 때 제대로 기능할 수 있을 것이다. 하지만 관계가 깨진 상황에 대한 인식, 곧 '돌봄'의 가치가 인간 의식 속에서 우선되어야 할 것인바 종교의 존재 이유이겠다. 돌봄이 모심이자 나아가 정치적 권리라는[127] 생각에 이르도록 종교는 현실을 견인해야만 한다. 숱한 외국 서적을 번역할 만큼 좋은 교육을 받은 한 여성이 요양 시설에서 일한 자기 경험을 묶어 책으로 펴냈다.[128] 그녀는 시설로 내몰린 뭇형태의 노인들을 '신'이라-여자 노인을 뮤즈로, 남자 노인을 제우스로-칭하며 성심껏 돌보고 섬겼다. 자신과 그들이 다르지 않음을 보았고 그들이 행복할 때 자신도 행복을 느꼈다고 고백했다.[129] 이런 돌봄이 있을 때 시천주, 인내천이란 말에 힘과 뜻이 실릴 수 있다. 세상을 돌보고, 인간을 살피며 민족을 구하라고, 한마디로 관계를 맺으라고 노이무공(勞而無功)의 하느님이 인간을 찾고 있다. 인간이 곧 하느님이고 인간의 일과 하느님의 일이 다르지 않은 까닭이다. 개벽 신학은 사람이 하늘이고 하늘이 다시 사람임을 의심 없이 믿고 가르칠 것이다. 모심이 곧 돌봄이다.

6. 짧은 마무리

계획보다 긴 글이 되었다. 그간 생각한 모든 관점과 내용을 함께 엮고

---

127 백영경, "돌봄이 정치적 기획이 되려면", 『창비』, 204(2024 여름), 305-318쪽 참조.
128 이은주, 『나는 신들의 요양 보호사입니다』, 헤르츠나인, 2020.
129 돌봄 노동의 외주화에 익숙한 우리를 부끄럽게 하는 말이다. 돌봄 노동이 결코 가치 없지 않음을 깨닫게 했다. 백영경, 위의 책, 315-318쪽 참조.

자 했으니 처음부터 길게 생각했어야 했다. 동학을 이해하는 과정에서 위로는 고운 최치원과 『천부경』, 「단군신화」까지 소환했고 동학 연구자들의 다양한 관점을 상호 비판적으로 수용하여 나름 판단하여 단점은 버리고 장점을 취해 연구했다. 동학을 성리학의 연장선상에서 본 김용옥의 방법론을 따른 이유는 평소 지론인 가종(Adversion)론과 원시 기독교를 긍정적 차원에서 종교 혼합주의적인 현상으로 본 성서학자 R. 불트만 시각을 선호했기 때문이다. 하지만 앞서의 말대로 필자는 성리학 지평에 머물지 않았고 「단군신화」로까지 소급했다. 이런 과정을 소중히 여긴 것은 결국 동학과 다석 간의 교집합을 이룰 목적에서였다. 동시에 동학에 대한 다석의 견해가 상대적으로 빈곤한 이유를 밝혔으며 양자 간의 구조적, 내용적 일치점을 가능한 한 많이 찾아 서술하고자 했다. 본 글에서 다석이 중요한 이유는 동학의 개벽사상을 기독교적으로 수용할 수 있는 토대였던 까닭이다. 다석은 비정통적 기독교로 자기 생각을 칭했고 그의 제자 김흥호는 선생의 입장을 '동양적 기독교'라 했으며 필자는 '비(非)케리그마화'의 기독교라 언급했다. '비(非)케리그마화'란 기독교의 절대성을 벗긴 신학 방법론으로서 다른 문화권에서도 유사한 케리그마가 발생할 수 있다는 이론이다. 본 논문에서 새로운 것은 신학자 이신에서 비롯된 '역사 유비'의 신학 원리에서 동학의 개벽사상을 논한 데 있다. 기독교의 모체인 묵시 의식과 개벽사상을 잉태한 수운의 시천주 종교체험을 판단 중지된 순수 의식 차원에서 동일시한 이신의 슈르리얼리즘(Surrealism) 신학, 곧 영의 신학의 절대적 공헌이다. 영의 활동에 따른 '역사 유비'는 가톨릭을 낳은 존재 유비와 개신교 신학의 토대인 신앙 유비와 변별된 새로운 기독교, 종교 다원주의 시대를 넘을 수 있는 다른 기독교의 길을 제시했다. 동학의 토발성은 물론 그와 기독교의 관계성을 강조한 까닭이다. 필자는 역사 유비로서의 동학을 개벽적 기독교, 혹은 개벽 신학이라 칭했고 그 내용을 다음 세 쌍의 개념으로 서술하였다. 무위이화와 공(空), 이천식천과 공(公) 그리고 노이무공과 공(共)이 그것이다. 본 논문의 절반 이상의 분량을 차지했으나 아직도 채울 말이 아직도 적지 않다.

본 논문은 수운 탄생 200주년을 맞아 쓴 글이다. 이 글의 의미를 다음처럼 정리해 본다. 동학을 통해서 우리는 잃어버린 신을 다시 발견했다. 주체성의 상실과 더불어 잊힌 신이 개벽 신학을 통해 역사의 전면에 나설 수 있게 되었다. '무위이화'의 하느님, 곧 없이 계신 하느님은 세상 안에서 세상을 통해서 일하기에 인간의 바탈을 떠날 수 없고 일하는 하늘님으로만 현존한다. 그럴수록 인간에게 요구되는 것은 수심정기(守心正氣)이다. 하늘이 주신 것을 잘 지켜 만인은 물론 만물과 소통하는 인간이 되어야 한다. 세상 속에 있되 필시 세상 이상의 힘이 요구된다. 지켜야 할 마음[守心] 속에 이기(理氣)의 양면이 함께하기에 가능하다. 이를 일컬어 만민과 만물이 아우르는 탈(脫)인본주의 정치라 한다면 거부할 이유가 없다.[130] 하지만 시천주의 깨침과 인내천의 자각이 새 세상을 열 수 있다. 수운은 서구가 초래한 종교·경제·정치의 파국, 곧 자본세와 맞섬으로 인류세의 위기를 극복할 희망을 선사했다. 그가 선포한 종교 해방이 여타 모든 것을 해방시킬 것이라 확신한다. 예수의 하느님 나라 운동이 그랬듯이. 개벽 신학을 말하는 이유가 여기에 있다.

---

130 각주 126)에 언급한 주요섭의 '만물 공동회 제안'을 참조.

참고문헌 / 찾아보기

참 인류세를 위한 동학(東學)과 서학(西學), 그리고 신학(信學) / 이은선

『여유당전서(與猶堂全書)』 전 6책, 한국문집총간 281-286, 민족문화추진회, 2002.

『신편 국역 하곡집』, 민족문화추진회, 2007.

퇴계 이황 지음, 『이자수어』, 성호 이익 · 안정복 엮음, 이광호 옮김, 예문서원 2010.

이황(李滉) 지음, 『성학십도』, 이광호 옮김, 홍익출판사, 2001.

신후담 지음, 『하빈 신후담의 돈와서학변』, 김선희 옮김, 사람의무늬, 2014.

수운 최제우 지음, 도올 김용옥 역주, 『도올심득 東經大全 1』, 통나무, 2004.

윤석산 주해, 『동경대전』, 동학사, 2004.

윤석산 역주, 『도원기서』, 도서출판 모시는사람들, 2012.

강경석 외, 『개벽의 사상사』, 창비, 2022.

금장태, 『다산의 유학사상과 서학사상』, 다섯수레, 1997.

김선희, 『마테오 리치와 주희, 그리고 정약용』, 심산, 2012.

김순석, 『근대 유교개혁론과 유교의 정체성』, 모시는사람들, 2016.

김승혜 외, 『다산사상 속의 서학적 지평』, 서강대학교 인문과학연구원, 2004.

김승혜, 『동아시아 종교전통과 그리스도교의 만남』, 영성생활, 1999.

김용해 외, 『동학의 재해석과 신문명의 모색』, 모시는사람들, 2021.

김재형 역해, 『동학편지』, 모시는사람들, 2013.

김지하, 『동학이야기』, 솔, 1994.

나종석, 『유교와 한국 근대성』, 예문서원, 2024.

노대환 지음, 『위정척사』, 예문서원, 2024.

노관범, 『껍데기는 가라-한국근대유학탐史』, 푸른역사, 2022.

도올 김용옥, 『도올 주역 계사전』, 통나무, 2024.

도올 김용옥, 『동경대전』 1, 통나무, 2021.

도올 김용옥, 『동경대전』 2, 통나무, 2021.

도올 김용옥, 『혜강 최한기와 유교』, 통나무, 2004.

도올 김용옥, 『독기학설(讀氣學說)』, 통나무, 1990.

도올 김용옥, "안병무 민중신학과 조선사상사(3)", 『기독교사상』 통권 770호, 2023.

모시는사람들 기획, 『개벽의 징후』, 모시는사람들, 2020.

박맹수 편저, 『최제우 최시형 강일순』, 한국사상선 16, 창비, 2024.

박맹수, 『생명의 눈으로 보는 동학』, 모시는사람들, 2015.

박찬승 · 이승일 · 김지형 편, 『세계사 속의 한국 근현대사』, 경인문화사, 2024.

백낙청, 『근대의 이중과제와 한반도식 나라 만들기』, 창비, 2021.

백낙청, 김용옥, 정지창, 이은선 외, 『개벽사상과 종교공부』, 창비, 2024.

변선환 아키브 편, 『3 · 정신과 '以後' 기독교』, 모시는사람들, 2019.

변선환 아키브 · 동서종교신학연구소 편, 『동서 종교의 만남과 그 미래』, 모시는사람들, 2007.

삼암 표영삼 지음, 『동학 1』, 통나무, 2004.

삼암 표영삼 지음, 『동학 2』, 통나무, 2005.

예문동양사상연구원/김교빈 편저, 『하곡 정제두』, 예문서원, 2005.

옥성득, 『한국 기독교 형성사』, 새물결플러스, 2020.

유명종, 『한국의 양명학』, 동화출판공사, 1983.

윤노빈, 『신생철학』, 학민사, 2010.

이규성, 『한국현대철학사론』, 이화여자대학교출판부, 2015.

이규성, 『최시형의 철학』, 이화여자대학교출판부, 2011.

이매뉴얼 월러스틴, 『유럽적 보편주의: 권력의 레토릭』, 김재오 옮김, 창비, 2022.

이숙진, 『한국 근대 기독교와 여성의 탄생』, 모시는사람들, 2022.

이신 지음, 『슐리얼리즘과 영(靈)의 신학』, 이은선 · 이경 엮음, 동연, 2011.

이은선, 『한국 페미니스트 신학자의 유교 읽기-神學에서 信學으로』, 모시는사람들, 2023.

이은선, 이정배, 심은록 외, 『李信의 묵시의식과 토착화의 새 차원』, 동연, 2021.

이은선, 『동북아 평화와 聖 · 性 · 誠의 여성신학』, 동연, 2020.

이은선, 『사유하는 집사람의 논어 읽기』, 모시는사람들, 2020.

이은선, 『다른 유교 다른 기독교』, 모시는사람들, 2016.

이은선, 『잃어버린 초월을 찾아서-조선 유교의 종교적 성찰과 여성주의』, 모시는사람들, 2009.

이은선 · 이정배 지음, 『현대이후주의와 기독교』, 다산글방, 1993.

이정배, 『토착화와 세계화』, 한들출판사, 2007.

이정호, 『훈민정음의 구조원리-그 역학적 연구』, 아세아문화사, 2017.

이정호, 『원문대조 국역주해 정역』, 아세아문화사, 1996.

이황직, 『군자들의 행진-유교인의 건국운동과 민주화운동』, 아카넷, 2017.

정민, 『서학, 조선을 관통하다』, 김영사, 2022.

정약용 지음, 『유배지에서 보낸 편지』, 박석무 편역, 창비, 2009.

조동일, 『동학성립과 이야기(개정판)』, 모시는사람들, 2011.

조성환, 『하늘을 그리는 사람들』, 소나무, 2022.

조성환, 『한국 근대의 탄생-개화에서 개벽으로』, 모시는사람들, 2018.

조성환·이병한, 『개벽파선언-다른 백년 다른 개벽』, 모시는사람들, 2019.

최동희, 『서학에 대한 한국실학의 반응』, 고려대학교 민족문화연구소, 1988.

최석우 외, 『다산 정약용의 서학사상』, 다섯수레, 1993.

한형조, 『주희에서 정약용으로-조선 유학의 철학적 패러다임 연구』, 세계사, 1996.

함석헌, 『뜻으로 본 한국역사』, 제일출판사, 1993.

로널드 C. 아네트 지음, 『어두운 시대의 한나 아렌트』, 홍원표 옮김, 신서원, 2022.

브루스 커밍스, 『한국현대사 Korea's Place in the Sun: a modern history』, 김동노 외 옮김, 창비, 2003.

제임스 B. 팔레 지음, 『유교적 경세론과 조선의 제도들-유형원과 조선 후기 1,2』, 김범 옮김, 산처럼, 2023.

칼 폴라니, 『거대한 전환-우리 시대의 정치·경제적 기원』, 홍기빈 옮김, 도서출판 길, 2009.

폴 데이비스 지음, 『생명은 어떻게 물질에 깃드는가』, 류운 옮김, 바다출판사, 2023.

프라센지트 두아라 지음, 『민족으로부터 역사를 구출하기-근대 중국의 새로운 해석』, 문명기·손승회 옮김, 삼인, 2004.

한나 아렌트, 『과거와 미래 사이』, 서유경 옮김, 푸른숲, 2005.

한나 아렌트, 『전체주의의 기원』, 이진후/박미애 옮김, 한길사, 2006.

J. F. Lyotard, *Das postmoderne Wissen, Ein Bericht*, Graz & Wien, Edition Passagen, 1986.

M. C, Taylor, *Erring-A Postmodern A/Theology*, Chicago & London: The university of Chicago Press, 1984.

Mark Setton, *Chong Yagyong-Korea's Challenge to Orthodox Neo-Confucianism*, SUNY Press, 1997.

Prasenjit Duara, *The Crisis of Global Modernity-Asian Traditions and a Sustainable Future*, Cambridge University Press, 2015.

동학의 수행과 기독교 영성의 전위적 만남 / 최대광

길희성,『마이스터 엑카르트의 영성사상』, 서울: 분도, 2003.

김용옥,『동경대전2』, 서울: 통나무, 2023.

마이스터 엑카르트, 매튜 폭스 해제, 주석, 김순현 역,『마이스터 엑카르트는 이렇게 말했
　　다』, 서울: 분도, 2006.

미르치아 엘리아데, 심재중 옮김,『영원회귀의 신화』, 서울: 이학사, 2015.

박소정,「동학공동체의 철학적 근대」, 강경석 외,『개벽의 사상사』, 서울: 창비, 2022.

송찬성, 이덕주 옮김,『대자대비하신 하느님』, 서울: 분도, 1997.

윤석산,『일하는 한울님: 해월 최시형의 삶과 사상』, 서울: 모시는사람들, 2022.

위디오니시우스, 엄상욱옮김,『위디오니시우스 전집』, 서울: 은성, 2007.

최제우,「용담유사」일여, 최제우 외, 이병도 유동식 외 역,『한국의 민속-종교사상』, 서
　　울: 삼싱출판사, 1992.

최시형, 라명재 역주,『해월신사법설』, 서울: 모시는사람들, 2021.

한인철,『예수 선생으로 만나다』, 서울: 청송, 2017.

Fox, Matthew, Original Blessing, New York: Jeremy P. Tarcher, 2000.

Merton, Thomas, Mystic and Zen Masters, New York: The Noonday Press, 1967.

구원 신학으로서의 초월적 휴머니즘 / 김정숙

강지언, "하시디즘(Hasidism)의 예로 본 신비주의 이론 고찰-창시자 바알 쉠 토브를 중심
　　으로",「차세대 인문사회연구」15, 2019.

권진관, "동학의 신관과 서학의 신관: 민중신학적인 관점에서",『신학사상』127, 2004.3.

김용옥,『동경대전 2』, 서울: 통나무, 2023.

김용휘,『최제우의 철학: 시천주와 다시개벽』, 서울: 이화여자대학교출판부, 2012.

_____,『우리 학문으로서의 동학』, 서울: 도서출판 모시는사람들, 2021.

김인환 역주,『수운선집: 용담유사·동경대전』, 고려대학교 출판문화원, 2023.

댄, 조지프,『카발라 유대교 신비주의』, 김종인 역, 서울: 안티쿠스, 2010.

백낙청 외,『개벽사상과 종교공부』, 창비, 2024.

이재봉, "사실로서의 侍天主,"「코기토 77」, 2015.

조동일,『동학의 성립과 이야기』, 모시는사람들, 2011.

표영삼,『동학 1: 수운의 삶과 생각』, 통나무, 2004.

황경선, "한국 고대 사유와 수운 최제우에서 인간관의 문제"『동양문화연구』19, 2014.

Besserman, Perle. *Kabbalah and Jewish Mysticism: An Essential Introduction to the Philosophy and Practice of the Mystical Traditions of Judaism.* Boston & London, Shambhala. 1997.

Dauber, Jonathan. "The Baal Shem Tov and the Messiah: A Reappraisal of the Baal Shem Tov's Letter to R. Gershon of Kutov" *Jewish Studies Quarterly*, 2008, 212.

Elior, Rachel. *the Mystical Origins of Hasidism.* Liverpol: the Littman Library of Jewish Civilization, 2008.

Greenspahn, Frederick E. ed. *Jewish Mysticism and Kabbalah: New Insights and Scholarship* New York& London: New York University Press. 2011.

Silva, Mari. *Jewish Mysticism.* Primata. 2021.

'내면의 빛'과 '시천주' / 정경일

김승혜 편저, 『종교학의 이해』, 분도, 1986.

김용옥, 『동경대전 1 : 나는 코리안이다』, 통나무, 2021.

조지 폭스, 문효미 옮김, 『조지 폭스의 일기』, 크리스챤다이제스트, 1994.

Pink Dandelion, An Introduction to Quakerism, Cambridge, UK; New York: Cambridge University Press, 2007.

천도교중앙총부, 『동경대전』, https://www.chondogyo.or.kr/bbs/board.php?bo_table=sub31&wr_id=1

천도교중앙총부, 『용담유사』, https://www.chondogyo.or.kr/bbs/board.php?bo_table=sub32&wr_id=1

천도교중앙총부, 『해월신사법설』, https://www.chondogyo.or.kr/bbs/board.php?bo_table=sub33&wr_id=1

한상봉, 『장일순 평전 : 걸어 다니는 동학, 장일순의 삶과 사상』, 삼인, 2024.

동아시아 문학이 보는 '가족', 그리고 동학과 기독교 / 김응교

노태성, 『원시 기독교 공동체의 자기이해』, 크리스천헤럴드, 2005.

박영희, 『근·현대 천황상에 대한 민중의 의식 변화 연구』, 부경대학교 석사논문, 2017.

박정수, 「헬레니즘 시대 유대교와 기독교의 가족 에토스」, 『다문화와 평화』, 제14집 2호. 2020.

방정환, 「소년의 지도에 관하여 - 잡지 어린이 창간에 제하여 경성 조정호 형께」, 『천도교
　　회월보』 제150호. 1923년 3월.
백세명, 『동학사상과 천도교』, 동학사, 1956.
오문환, 「동학의 네오휴머니즘 정치철학」, 『한국정치학회보』 29집, 1995.
최시형, 리영재 역주, 「개벽운수」, 『해월신사법설』, 모시는사람들, 2021.
황현, 김종익 옮김, 『오하기문』, 역사비평사, 1994. 1

루쉰, 「수감록 40」, 『루쉰전집.1 : 무덤. 열풍』, 그린비, 2010.
루쉰, 「광인일기」, 『루쉰전집.2 : 외침.방황』, 그린비, 2010.
가라타니 고진, 조영일 옮김, 『세계공화국으로』, 도서출판b, 2006,
栗原彬, 「日本民族宗教としての天皇制」, 『昭和の終焉』 岩波書店, 1990.
나쓰메 소세키, 송태욱 옮김, 올ㄹ윔『마음』, 현암사, 2018.

명멸하는 개벽과 신국 / 이찬수

고마쓰 히로시, 『참된 문명은 사람을 죽이지 아니하고』, 오니시 히데나오 옮김, 상추쌈,
　　2020.
기윰 피트롱, 『'좋아요'는 어떻게 지구를 파괴하는가』, 양영란 옮김, 갈라파고스, 2023.
기타지마 기신, "'토착적 근대'와 평화: 서구중심주의적 근대에서 평화·공생(상생)의 근
　　대로, 지역에서의 실천 사례", 『한국종교』 41집, 2017.
무위당사람들 엮음, 『무위보감 누가 알랴』, 무위당사람들, 2022.
박맹수, 『개벽의 꿈, 동아시아를 깨우다』, 모시는사람들, 2012.
박소정, "동학 공동체의 철학적 근대: 개벽 개념의 성립과 계승 및 변용", 『개벽의 사상사:
　　최제우에서 김수영까지, 문명 전환기의 한국 사상』, 창비, 2022.
백낙청 외, 『개벽사상과 종교공부: K사상의 세계화를 위하여』, 창비, 2024.
北島義信, "研究年譜 『土着的近代研究』 創刊にあたって", 『土着的近代研究 : 二項対立·
　　欧米型近代を超えて』, 創刊號, 2023.
오문환, 『봄觀, 본래의 나를 찾는 마음공부』, 모시는사람들, 2009.
이찬수, "비전(非戰), 반군국주의, 비핵화로서의 평화: 일본 평화 개념사의 핵심", 『세계
　　평화 개념사: 인류의 평화 그 거대 담론의 역사』, 인간사랑, 2020.
이찬수, "인간과 자연의 점선적 경계에 대하여: 차크라바르티, 모턴, 해러웨이, 켈러의 인
　　류세 담론을 중심으로", 『경계연구』 2집 1호, 2020.
조성환, 『한국 근대의 탄생: 개화에서 개벽으로』, 모시는사람들, 2018.

조성환 · 이병한, 『개벽과 선언: 다른백년 다시개벽』, 모시는사람들, 2019.

티머시 모턴, 『인류』, 김용규 옮김, 부산대출판문화원, 2021.

한상봉, 『장일순평전: 걸어 다니는 동학』, 삼인, 2024.

한승훈, "開闢과 改闢 : 조선후기 묵시종말적 개벽 개념의 18세기적 기원", 『종교와 문화』 34호, 2018.

허수, "『개벽』의 종교적 사회운동론과 일본의 '종교철학'", 『인문논총』 72권 1호, 2015.

허수, "근대 전환기 동학 · 천도교의 개벽론", 『개벽의 사상사: 최제우에서 김수영까지, 문명 전환기의 한국 사상』, 창비, 2022.

Haraway, Donna J., *Staying with the Trouble: Making Kin in the Chthulucene*, Durham & London: Duke University, 2016.

Harman, Graham, *Object-Oriented Ontology,* London: Penguin Books, 2017.

Latour, Bruno, "We don't seem to live on the same planet" - A Fictional Planetarium, in Bruno Latour & Peter Weibel (eds.), *Critical Zones. The Science and Politics of Landing on Earth*, Cambridge and Karlsruhe: MIT Press and ZKM, 2020.

Morton, Timothy, *Being Ecological*, London: Pelican Book, 2018.

오심과 모심 / 이찬석

김균진, 『현대신학사상: 20세기 현대신학자들의 삶과 사상』, 서울: 새물결플러스, 2021.

김동건, "몰트만의 그리스론의 구조와 특징", 『신학사상』 169, 2015.

김용옥, 『동경대전 2: 우리가 하느님이다』, 서울: 통나무, 2021.

_____, 『용담유사』, 서울: 통나무, 2022.

김용휘, "동학의 수양론: 수심정기를 중심으로", 『도교문화연구』 22, 2005.

_____, "최제우의 동학과 개벽의 꿈", 『지식의 지평』 17, 2014.

_____, 『최제우의 철학: 시천주와 다시 개벽』, 서울: 이화여자대학교 출판부, 2012.

김정형, "종말의 시제로서 도래(Adventus): 위르겐 몰트만의 종말론적 미래 개념 연구", 「한국조직신학논총」 34, 2012.

백낙청 외 8인, 『개벽 사상과 종교 공부: K 사상의 세계화를 위하여』, 파주: 창비, 2024.

버캠, 리처드/김도훈 · 김정형 옮김, 『몰트만의 신학』, 서울: 크리스천헤럴드, 2008.

벨커, 미하엘 · 전 철, "위르겐 몰트만(1926-2024)-희망의 신학자", 『신학사상』 205, 2024.

서남동, 『민중신학의 탐구』, 서울: 한길사, 1983.

신옥수, 『몰트만 신학 새롭게 읽기』, 서울: 새물결플러스, 2015.

위르겐 몰트만/ 김균진 옮김, 『신학의 방법과 형식: 나의 신학 여정』, 서울: 대한기독교서회, 2009.

_____, 『십자가에 달리신 하나님』, 서울: 한국신학연구소, 1983.

_____, 『오시는 하나님: 기독교적 종말론』, 서울: 대한기독교서회, 2010.

위르겐 몰트만/전경연 · 박봉랑 옮김, 『희망의 신학』, 서울: 대한기독교서회, 1992.

윤석산, "천도교의 수도법 수심정기에 관하여", 『동학학보』 7, 2004.

_____. 『동학교조 수운 최제우』, 서울: 모시는사람들, 2006.

윤승용, 『한국 신종교와 개벽 사상』, 서울: 모시는사람들, 2018.

윤이흠, "동학운동의 개벽 사상", 『한국문화』 8. 1987/12.

이길용, "치양지와 수심정기에 대한 종교학적 이해", 『동학학보』 9, 2005.

_____, "크리스텐센의 인간 이해에 비추어 본 동학의 인간관", 『동학학보』 13, 2007.

_____, "하나님 나라와 시천주", 『동학학보』 17, 2009.

이정용 · 신재식 옮김, 『마지널리티: 다문화 시대의 신학』, 서울: 포이에마, 2014.

이형기, 『모더니즘과 포스트모더니즘 논의에 비추어 본 몰트만 신학』, 서울: 한들출판사, 2006.

_____, 『알기 쉽게 간추린 몰트만 신학』, 서울: 대한기독교서회, 2002.

최동희 · 이경원, 『새로 쓰는 동학:사상과 경전』, 서울: 집문당, 2003.

동학과 개벽 신학 / 이정배

『동경대전』, 「논학문」 「포덕문」 「용담유사」 「교훈가」 「안심가」 「권학가」
『다석일지』
『다석강의』
『천부경』
『맹자』, 「진심편」

강수미, 『아이스테시스-발터 벤야민과 사유의 미학』, 글항아리, 2011.

기조 오구라, 『한국은 하나의 철학이다』, 조성환 역, 모시는사람들, 2017.

김상일, 『동학과 신서학』, 지식산업사, 2000.

김성순, 『황악산 거북이의 꿈』, 모시는사람들, 2021.

김영호, 『동학 천도교와 기독교의 갈등과 연대, 1893-1919』, 푸른역사, 2024.

김용옥, 『동경대전』 1.2, 통나무, 2021.

_____, 『도올 주역 계사전』, 통나무, 2024.

김지하, 『동학이야기』, 솔출판사, 1994.

김형기, 『후천개벽 사상연구』, 한울아카데미, 2004.

김홍호, 『다석일지 공부』, 전 7권, 솔출판사, 2001.

노관범, 『기억의 역전』, 소명출판사, 2016.

니시다니 케이지, 『종교란 무엇인가?』, 정병조 역, 대원정사, 1996.

밀러 애덤 S, 『사변적 은혜-라트르와 객체 지향 신학』, 안호성 역, 갈무리, 2024.

라트르 브뤼노, 『라트르의 과학, 인문학 편지- 인간과 자연, 과학과 정치에 관한 가장 도
    발적인 생각』, 4월의 책, 2012.

리프킨, J, 『생명권 정치학』, 이정배 역, 대화출판사, 1996.

몰트만 J, 『생명의 영』, 김균진 역, 기독교서회, 2017.

백낙청, 『문명의 대전환과 후천개벽』, 모시는사람들, 2020.

_____, 『서양의 개벽사상가, D.H.로렌스』, 창비, 2020.

_____, 『근대의 이중과제와 한반도식 나라 만들기』, 창비, 2021.

_____, 『개벽사상과 종교공부』, 창비, 2024.

백영서, 『동아시아 담론의 계보와 미래』, 나남출판사, 2022.

백영서 외, 『개벽 사상사』, 창비, 2022.

변선환 아키브 편, 『종교개혁 500주년과 이후 신학』, 모시는사람들, 2017.

불트만, R, 『서양 고대 종교사상사』, 허혁 역, 이대출판사, 1977.

스탠딩 가이, 『공유지의 약탈』, 안효상 역, 창비, 2024.

유아사 야스오, 『몸과 우주』, 이정배, 이한영 역, 지식산업사, 2004.

윤노빈, 『신생철학』, 학민사, 1989.

이기동, 『환단고기』, 도서출판 행촌, 2020.

이정배, 『기독교 자연신학- 종교와 과학의 대화에 근거하여』, 대한기독교서회, 2005.

_____, 『없이 계신 하느님, 덜없 는 인간』, 모시는사람들, 2009.

_____, 『작은교회 운동과 두 번째 종교개혁』, 동연, 2019.

_____, 『유영모의 귀일신학』, 신앙과 지성사, 2021.

_____, 『역사 유비로서의 이신의 슐리얼리즘 신학』, 동연, 2023.

이신, 『슐리얼리즘과 영의 신학』, 이은선, 이경 엮음, 모시는사람들, 2017.

_____, 『돌의 소리』, 이경 역, 동연, 2012.

이은선, 『한국 페미니스트 신학자의 유교읽기』, 모시는사람들, 2022.

이은선 외, 『이신의 묵시 의식과 토착화의 새 차원』, 동연, 2021.

이은주, 『나는 신들의 요양보호사입니다』, 헤르츠 나인, 2021.

이찬구, 『천부경과 동학』, 모시는사람들, 2007.

조동일, 『동학 성립과 이야기』, 모시는사람들, 2011.

조성환, 『한국 근대의 탄생-개화에서 개벽으로』, 모시는사람들, 2018.

조성환, 이병한,『개벽파 선언-다른 백년, 다시 개벽』, 모시는사람들, 2019.

지젝 슬라보예 외,『예수는 괴물이다』, 배성민 역, 새물결 플러스, 2014.

최민자 주해,『천부경, 삼일신고, 참전계경』, 모시는사람들, 2006.

최영성,『고운 최치원의 철학사상』도서출판 문사철, 2012.

클라인 나오미,『이것이 모든 것을 바꾼다-자본주의 대 기후』, 이순희 역, 열린책들, 2014.

표영삼,『동학』1, 통나무, 2004.

한상봉,『장일순 평전』, 삼인, 2024.

현장아카데미 편,『환상과 저항의 신학-이신의 슐리얼리즘 연구』, 동연, 2017.

히켈 제이슨,『적을수록 풍요롭다 - 지구를 구할 탈성장』, 김현우 역, 창비, 2021.

Schweitzer A, *Kultur und Ethik*, Bern 1924.

Lamp, G.W, *God as Spirit*, Cambridge 1976.

백영경, "돌봄이 정치적 기획이 되려면",『창비』204집, 2024.

이정배, "자본세 속의 기독교에서 회복력 시대를 위한 기독교로", 사랑의 시튼 수녀원 발표, 2023, 5.

_____, "기독교의 개벽적 전회",『창비』202집, 2023.

이재봉, "동학의 본체론",『대동철학』5집, 1999.

전광수,「천부경과 삼일 사상의 관계성 연구-동학에 나타난 삼재 사상을 중심으로」,『동학학보』46호, 2018.

조남호, "최치원의 풍류 해석",『동학학보』68집, 2023.

_____, "최치원의 천부경 해석",『선도문화』10, 2011.

최동희, "천도교와 단군신화-하늘 신앙을 중심으로",『단군학연구』2집, 2000.

한우근, "동학사상의 본질",『동방학지』10집, 연세대 동방학, 1956.

동학연구총서002

동학과 서학

등록 1994.7.1 제1-1071
1쇄 발행 2025년 1월 20일

기 획 한국信연구소
지은이 이은선 최대광 김정숙 정경일 김응교 이찬수 이찬석 이정배
펴낸이 박길수
편집장 소경희
편집·디자인 조영준
관 리 위현정
펴낸곳 도서출판 모시는사람들
        03147 서울시 종로구 삼일대로 457(경운동 수운회관) 1306호
전 화 02-735-7173 / 팩스 02-730-7173
홈페이지 http://www.mosinsaram.com/

인 쇄 피오디북(031-955-8100)
배 본 문화유통북스(031-937-6100)

값은 뒤표지에 있습니다.
ISBN   979-11-6629-218-7   94100
ISBN(세트) 979-11-6629-213-2   94100